国家社科基金一般项目
"旅游目的地文化展示与旅游形象管理研究"
（13BGL088）成果

旅游目的地文化展示
与形象管理研究

邓明艳◎著

中国社会科学出版社

图书在版编目（CIP）数据

旅游目的地文化展示与形象管理研究/邓明艳著．—北京：中国社会科学出版社，2021.10
ISBN 978 – 7 – 5203 – 8162 – 8

Ⅰ.①旅…　Ⅱ.①邓…　Ⅲ.①旅游地—旅游文化—研究—中国②旅游地—形象—研究—中国　Ⅳ.①F592.3

中国版本图书馆 CIP 数据核字(2021)第 051182 号

出 版 人	赵剑英	
责任编辑	王　曦	
责任校对	殷文静	
责任印制	戴　宽	

出　　版	中国社会科学出版社	
社　　址	北京鼓楼西大街甲 158 号	
邮　　编	100720	
网　　址	http：//www.csspw.cn	
发 行 部	010 – 84083685	
门 市 部	010 – 84029450	
经　　销	新华书店及其他书店	

印刷装订	北京君升印刷有限公司	
版　　次	2021 年 10 月第 1 版	
印　　次	2021 年 10 月第 1 次印刷	

开　　本	787 × 1092　1/16	
印　　张	23	
插　　页	2	
字　　数	533 千字	
定　　价	128.00 元	

凡购买中国社会科学出版社图书，如有质量问题请与本社营销中心联系调换
电话：010 – 84083683

序

　　7月下旬，明艳来函，邀我为其即将出版的著作《旅游目的地文化展示与形象管理研究》写序，并将该书初稿交于我。见到内地旅游学人又添新作，很是高兴，是一个难得的学习机会，我应允了。

　　该书从旅游目的地文化展示与形象管理的现状与问题出发，以苏州、乐山和丽江三个世界遗产旅游目的地为案例，借助景观生态系统、游客行为、旅游形象与感知等理论视角，对旅游地文化展示与形象管理的有关问题展开深入研究，并得出了旅游目的地实施形象管理战略、建立目的地文化展示与旅游形象互动模式、构建"时空—文化"三维展示体系、促进目的地文化与旅游深度融合发展、提升目的地竞争力和可持续发展等重要结论。

　　该项研究的选题，切合世界文化遗产地旅游发展之需，案例的选取也极具典型性与代表性。苏州既有园林之美，又有山水之胜，兼具众多物质与非物质文化遗产于一身。乐山是有着悠久历史的文化旅游胜地，还是一座佛教文化名城。历史文化名城丽江，有独特的纳西民居与浓郁的民俗风情，是游人心目中的梦幻天堂。该书通过对上述三个世界文化遗产地的实证研究，分析了旅游目的地文化展示的空间结构和特征，探讨了旅游者感知行为规律和形象演变机制，并揭示了旅游目的地文化展示与形象互动的共性规律和差异。

　　该书内容丰富，经验研究数据翔实，案例讨论镶嵌于理论表述之间。案例地分析与比较研究，表现出严谨缜密的方法过程以及原创性思想内容，读来令人回味、颇有启发。该书对三个世界文化遗产地的地方文脉、资源状况、区位因素以及游客对旅游形象感知等要素作了深入的分析与讨论。在此基础上，作者进一步提出了遗产地文化展示调控措施和未来文化展示策略等构想，对遗产地今后文化展示与形象管理实践具有指导意义。

　　该书的优点与新意颇多。作者将文化展示研究从景点和景区拓展到目的地层次，构建了目的地文化展示系统，探讨了以目的地整体形象塑造为基础、独特形象塑造为目标的文化展示路径，拓宽了旅游地文化展示研究的内涵与外延。此外，该书还侧重地方文脉、资源、区位等要素在旅游地形象塑造方面的论述，探讨基于目的地文化展示的旅游形象演变机制，读者可以从中窥见人文地理学与市场营销在旅游目的地形象研究方面的学科交叉与融合。在案例方法与数据取材等方面，书中也不时流露出旅游地理学者研究工作之严谨与扎实。

总之，该项研究之完成，达到了预设的目标；该书的出版，可喜可贺。旅游学人、旅游院校学生以及文化遗产地旅游营销策划与管理者，也因此多了一本值得认真一读的好书。

肖洪根　博士

香港理工大学

2020 年 9 月 14 日

摘　　要

　　在目的地全球竞争背景下，独特形象已成为目的地竞争利器，以独特旅游形象塑造为导向的目的地文化展示全球化趋势对目的地旅游业发展的影响越来越重要。然而，我国旅游目的地发展过程中文化展示与形象管理脱节。在形象塑造上，主要采用"形象定位—形象设计—媒体渠道形象宣传"的路径，推广形象往往脱离游客实地感知形象。在目的地文化展示方面缺乏形象导向，更多是模仿、盲目和无序展示，导致目的地旅游形象趋同、形象错位和形象模糊等制约目的地竞争力的形象管理突出问题。这些问题一定程度反映了相关研究的不足。国内外文化展示在目的地层次上研究不足，目的地形象研究重心在目的地营销，形象塑造研究聚焦营销途径忽视目的地管理途径，将目的地文化展示与旅游形象结合研究不多见。所以，迫切需要基于旅游形象塑造的目的地文化展示研究指导目的地旅游发展实践，促进目的地旅游业可持续发展。

　　本研究以问题为导向，以多维度目的地形象研究为视角，遵循"表象—机制—控制"的研究路线，引入景观生态学理论，采用多学科综合研究方法、结构主义方法和比较研究方法，以及规范研究与实证研究相结合、定性与定量相结合、实地调研与问卷调查相结合的方法，选择苏州、乐山和丽江三个世界遗产旅游目的地作为研究案例地，将目的地文化展示与旅游形象管理结合进行研究，探讨目的地独特形象塑造的文化展示路径，试图破解国内外相关研究的不足，解决目的地文化展示与旅游形象管理脱节、目的地形象塑造聚焦营销途径忽视目的地管理途径等突出问题。研究发现：目的地文化展示动态变化引起并制约旅游形象演变，主导文化因子演替是关键，旅游投资是重要驱动因素；文化展示与旅游形象互动模式是最佳的形象管理工具；目的地应实施形象管理战略，动态管理旅游形象；实施目的地文化展示管理工程，可把控目的地形象的演变方向；目的地应着力构建"时—空—文化"三维文化展示体系，培育独特旅游形象；目的地培育休闲旅游形象的文化展示策略有共性途径和不同突破方式；世界遗产资源保护和文化展示是遗产地旅游可持续发展的基石。

　　本研究拓展和深化了文化展示和旅游形象研究，在理论研究、研究内容、研究视角和研究方法、应用研究等方面创新性突出，在旅游形象演变研究、旅游形象影响因素研究、旅游形象管理研究和旅游流网络特征研究等方面有重要的学术价值，对解决目的地形象管理突出问题、促进目的地文化与旅游深度融合发展，提升目的地旅游竞争力和旅游可持续发展能力，有重要参考价值。

Abstract

Under the background of global competition of tourist destinations, unique image has become a distinctive feature of destination competition. The globalization of destination cultural display oriented by unique tourism image building exerts more and more influence on the development of tourist destinations. However, cultural display is incompatible with image management during the development of tourist destinations in China. In terms of image building, the main path is "image positioning—image designing—media channel image publicity", and the image promotion is often separated from tourists' perception of image on the destination. In terms of displaying destination culture, there is a lack of image orientation; what is more, there are more and more imitation, blind and disorderly display, leading to the prominent problems of image management that restrict the competitiveness of tourist destinations such as convergence, dislocation and indistinctiveness of tourism image. To some extent, these problems reflect the deficiencies of related research. The research on cultural display at home and abroad is insufficient at the destination level, and the focus of destination image research is on destination marketing. The focus of image – building research is on marketing, ignoring destination management, thus it is not common to combine the study of destination cultural display with tourism image. Therefore, there is an urgent need to guide the practice of destination tourism development based on tourism image building research on destination cultural display, which aims to promote the sustainable development of destination tourism.

This project is problem – oriented, and follows the research route of " phenomenon – mechanism – control" from the multi – dimensional perspective of destination image. By introducing Theory of Landscape Ecology, adopting multi – disciplinary comprehensive research methods, structuralism methods and comparative research methods, as well as methods of combining normative with empirical research, qualitative with quantitative research, and combining field research with questionnaire survey, taking three tourist destinations of the World Heritage Site—Suzhou, Leshan and Lijiang as examples, this study combines the destination cultural display with tourism image management to explore a cultural display path for building the unique image of tourist destinations, tries to solve the shortcomings of relevant studies at home and abroad, and solves prominent problems such as the disconnection between destination cultural display and tourism image management, the focus of destination image building on marketing approach and the neglect of destination management approach. Findings suggest dynamic changes of destination culture display cause and restrict the evolution of tourism image, in which the succession of dominant cultural factors is the key, and tourism investment is an important driving factor; The interactive mode of cultural display and tourism image is the best tourism image management tool; Destinations should implement image management strategies and dynamically manage tourism images; implementing the management project of destination culture display can control the evolution direction of the destination image; The destination should focus on construction of "time – space – culture" three – dimensional cultural display system to cultivate a unique image; There are common ways and different breakthrough ways in destinations' cultural display strategies to cultivate the image of leisure tourism; World heritage resource protection and cultural display is the cornerstone of sustainable tourism development in heritage sites.

This study expands and deeps the study of cultural display and tourism image. It is innovative in theoretical research, research content, research perspective, research methods, and applied research, and it has important academic value in the study of tourism image evolution, tourism image influencing factors, tourism image management and tourism flow network characteristics. From a managerial perspective, this study has important reference value to the capability of destination image management, promote the in – depth integration of destination culture and tourism practice, enhance the tourism competitiveness of destination and sustainable development ability of tourism industry.

目　录

第一章　绪论

第一节　选题背景

一　现实背景：文化展示问题带来旅游目的地形象趋同

文化展示已经全球化。20世纪70年代后，随着全球化进程的加快，国际经济格局的变化和发展中国家的崛起，资本重组降低了西方国家在工业生产方面的垄断地位，这些国家从制造业转向高科技产业和服务业，刺激了国内休闲业的发展，许多地方转向了消费导向的经济更新战略，而多数国家选择了旅游消费。为了塑造新的地方形象，吸引投资、吸引人才来发展消费经济，在当地经济发展中，营销地方成为一个重要力量。以前依赖于制造产品的地区，明显将它们的部分工业用地转向休闲和服务的房地产开发，构建城市商务区（CBD）和旅游商务区（RBD），建设城市新景观、新博物馆等，吸引旅游者到本地消费。美国的芝加哥就是通过文化展示，成功地从一个世界知名的重工业城市转型为世界著名的商业文化城市，成为旅游休闲业发达的目的地。类似的例子还有英国的利物浦、加的夫等。基于地方的更新战略不限于20世纪80年代西方和日本的产业重构，欠发达国家也越来越多地认识到旅游业的朝阳产业地位和吸引国际旅游者对发展带动本国经济的重要性，它们迅速投资发展旅游基础设施，利用丰富的旅游资源发展旅游业，加入全球旅游竞争行列。在竞争过程中，文化被看作重要资产。越来越多的地方致力于文化展示，通过构建可欣赏和可参观的场所吸引游客，相互竞争购物、餐饮消费者和观众，促使文化展示在全球蔓延。

可参观性依赖于文化展示，文化是生产可参观性的中心，因为它使一个地方变成可观赏的去处。[①] 今天的城市和乡村都变成了展示它们自己的场所。通过对建筑、街道、艺术、设计、展览空间、景观等不同类型再开发项目的大量投资，城市和乡村宣传着它们不同的文化价值。例如，不改变的自然、有历史价值的过去、动态的未来、文化多样性、愉悦、玩世不恭、艺术性的创造或简约时尚等。这些文化价值已被作为一个地方的身份象征，是

---

① Bella Dicks. *Culture on Display：The Production of Contenmporary Visitability*，北京大学出版社2007年版（英文影印版），第1页。

吸引游客的关键因素。那些身份模糊或矛盾的地方不能被旅游者选择而成为旅游目的地。所以，旅游目的地要充分利用自身的自然和文化资源，用设计美观的建筑、艺术品、购物广场、街道、人行道或花园等构成风景来表达地方，彰显自己独特的文化生活，提供一种有吸引力的旅游体验环境。用文化展示这种方式，地方能在新的文化经济中找到它们的立基市场。然而，在文化展示全球化背景下，只有那些文化展示具有显著特点的地方，才能形成差异，受到旅游者追捧。如果只是将文化看成一种符号，脱离了当地历史文化和社会环境进行展示，或者盲目复制其他地方已被检验的成功模式，就只能制造那些平淡乏味的奇怪景观，根本不能表现地方的独特性，也不会进入信息时代国际旅游者的地图。

在我国，通过文化展示打造目的地独特形象以增强旅游吸引力已形成共识。在国家和地方的旅游产业扶持政策导向下，各地旅游开发浪潮越来越高，目的地文化展示无处不在：城市美化运动争先恐后，景观大道、标志性建筑、滨水区开发、夜景观和仿古商业街的打造热情不减，各类主题公园、风情小镇的建设如火如荼。但我国许多旅游目的地只注重旅游项目的投资和建设，很多地方少有按照文化发展规律和从目的地整体形象构建上进行文化展示，少有在探讨游客文化体验规律上进行科学展示，文化展示中出现展示重点错位、展示趋同、无序展示和盲目展示等不良现象，最终导致旅游目的地形象趋同，没有形成个性突出、有吸引力的目的地。主要的表现有：

（1）重景区营销，轻目的地整体打造。目的地营销的重点在景区，忽视城市旅游文化展示。这是形成观光旅游"点—线"模式的重要原因，使得很多著名的旅游目的地目前仍然处于观光阶段，不符合旅游市场休闲旅游发展趋势和我国正在向全域旅游新模式转变的实际。对于把旅游作为一种经历而不仅是产品消费的旅游者而言，景点型目的地在国际市场上难以成为独立的首选产品，降低了国际旅游营销效果。同时，景点营销说明我国大多数旅游城市文化建设没有形成特色和亮点。高军等[1]对中国旅游热点城市的研究显示，城市形象是吸引外国游客来该城市的仅次于景区景点的第二位吸引力因素，中国旅游城市最主要的特征是安全性，而非文化性。城市以其完善的基础设施和旅游服务设施，以及提供综合性旅游消费和体验，成为区域旅游发展的极核和引擎，对城市进行文化建设和营销是目的地营销的发展方向。

（2）旅游目的地营销强调"走出去"促销战略，忽略目的地文化体验。中国国际旅游交易会和中国国内旅游交易会成为地方旅游促销的重要平台。王国新[2]对杭州国际旅游者的问卷调查显示，不同传播媒体对旅游者的目的地选择的影响中，旅游交易会影响最小（0.7%），朋友推荐影响最大（35%）。而这种推荐来自朋友对目的地文化的深度体验。

（3）旅游产品开发重自然景观轻人文挖掘，难以满足外国旅游者求新、求知、求文化的心理需求。外国旅游者的学历较高，文化动机强烈。但章尚正[3]对世界遗产地外国游客

① 高军、马耀峰、吴必虎等：《外国游客对华旅游城市感知差异——以 11 个热点旅游城市为例的实证分析》，《旅游学刊》2010 年第 5 期。
② 王国新：《论旅游目的地营销误区与新策略》，《旅游学刊》2006 年第 8 期。
③ 章尚正：《从黄山市看目的地国际营销的误区》，《旅游学刊》2006 年第 8 期。

的调查显示，外国游客的文化动机普遍没有得到满足，不利于游客口碑宣传和重游。

在珠三角甚至出现人文资源闲置浪费的现象。一些旅游管理部门对文物景点的利用大都停留在"吃现成饭"阶段，投入的资金远不如造人造景观或造假古董多①。

我国五千年文化遗产是海外旅游市场推广的独特卖点，如丝路文化、运河文化、园林文化、巴蜀文化等享誉全球。2007 年 10 月 CNN《中国旅游业认知调查》显示，"历史文化"已成为海外游客对中国印象最深、兴趣最大的因素。世界经济论坛发布的《2017 年旅游业竞争力报告》显示，我国旅游业在全球竞争力排名升至第 15 位，排名领先的指标有自然资源（第 5 位）和文化资源（第 1 位）。② 我国旅游业"十三五"发展规划中，提出要促进旅游与文化融合发展，为文化旅游产品创新带来巨大空间，为文化旅游目的地发展带来极大机遇。

（4）文化展示的盲目性和碎片化。很多旅游目的地认识到文化是旅游业发展的灵魂，想要通过文化展示打造吸引力，但采取了盲目跟风的办法，不顾自身的自然条件，不考虑是否有可以演绎的文化资源，也缺乏对本地文化的深刻理解，大搞大型实景演出。随之而来的是同质化倾向严重，很多因缺乏创意而惨淡经营，最后以失败告终；③ 很多地方热衷于"旅游造神"，以高度和规模为追求，建各种材质、姿态的佛像、观音像，简单粗暴地利用宗教文化；④ 各地疯建"老子文化园"，有的"老子文化园"甚至规划成了"大杂烩"，连"土地爷""财神爷""送子观音"都请到园子里；⑤ 有的古镇目的地文化展示碎片化，如设计一个马的雕塑代表古镇的茶马文化，设计一个有彝文化元素的广场代表古镇的彝文化。对古镇所蕴含的文化进行碎片化布局和展示，无法形成清晰的古镇文化脉络和形象，难以产生吸引力。

在文化展示全球化背景下，独特形象正是决定旅游者选择目的地，在目的地停留、重游和推荐目的地的重要因素。因上述文化展示中存在的问题，我国许多目的地因形象模糊而开展恶性竞争和低水平发展就不可避免，不利于参与全球竞争，不利于我国把旅游业培育成国民经济的战略性支柱产业和人民群众更加满意的现代服务业。

（5）目的地旅游管理实践中缺乏形象管理战略，形象塑造与目的地文化展示脱节是目的地形象管理的突出问题，也是目的地难以塑造独特形象的关键因素。目的地形象是动态的、不断变化的。通过对目的地形象的测量可以建立一个参照点，使我们能够一方面针对竞争塑造目的地形象，另一方面实施允许积极发展和改进的战略。⑥ 所以，形象管理战略是目的地旅游管理的重要内容，是目的地旅游可持续发展的重要途径。实施旅游形象管理

① 邹统钎：《中国旅游目的地发展研究报告》，旅游教育出版社 2008 年版，第 173 页。

② 凌馨、施建国：《中国旅游业竞争力升至全球第 15 位》，《中国旅游报》2017 年 4 月 10 日。

③ 冽玮、李思默：《中国大型实景演出十年嬗变：繁荣与危机并存》，中国新闻网，http://www.chinanews.com/cul/2015/06 - 07/7327469.shtml。

④ 刘思敏、霍光：《东方意义的摩天追求与宗教旅游和谐发展——"对城市飙高和旅游造神的凝视"之三》，《中国旅游报》2010 年 3 月 12 日第 8 版。

⑤ 周宁：《各地疯建"老子文化园"》，《新华日报》2010 年 6 月 3 日第 3 版。

⑥ Marcelo Royo - Vela, Rural - cultural Excursion Conceptualization: A Local Tourism Marketing Management Model Based on Tourist Destination Image Measurement, *Tourism Management*, 2009, 30: 419 - 428.

与目的地文化展示互动策略，以及实施旅游形象动态管理策略，是目的地形象管理战略的关键，将不断提升、培育或修复目的地旅游形象，使游客实地感知形象不落后于或者错位于目的地发射形象，提高游客满意度评价。然而，实践中的旅游形象管理仅仅是进行形象征集与宣传，与目的地文化展示脱节。由于缺乏对旅游市场的深入调研，缺乏对目的地文化展示的科学分析，往往出现征集形象与旅游者实地感知形象错位。在目的地旅游开发方面，通常是通过招商引资，由开发商提供旅游产品，导致目的地文化展示与形象定位不一致。目的地文化展示与旅游形象脱节将增加旅游者的购买风险，降低旅游者对目的地的满意度评价。例如，有很多目的地的形象宣传口号迷恋"浪漫"，诸如"浪漫之都·中国大连""浪漫之城·中国珠海""唯美山水·浪漫新津"等，其中一些并没有展示"浪漫"的旅游产品。还有很多城市钟情于"自在"，如"养生问道，自在十堰""人间天堂，自在苏州""海定波宁，自在甬城""因为这座山，爱上这座城，峨眉好自在"等，然而其中很多还处于观光旅游阶段，且基础设施还不太完善。这些雷同的宣传口号模糊了目的地旅游形象，又与自身文化展示脱节，必定让旅游者失望。

旅游目的地形象管理实践中还缺乏旅游形象动态管理意识，缺乏在目的地品牌管理中起重要作用的持续性形象管理实践，相应地必然缺乏基于形象变化的文化展示策略，导致一些目的地旅游形象的破坏，降低旅游者对目的地的选择，直接影响目的地旅游业发展。云南丽江就是一个最典型的案例。丽江多年凭借独特的纳西文化和"小桥流水人家"的香格里拉形象，使旅游业成为支柱产业。但由于没有进行形象动态管理实践，在丽江古城过度展示商业文化，挤出大部分代表纳西文化的当地纳西族居民，导致现在旅游者感知到的丽江商业化太浓重，环境氛围太喧嚣，丽江古城现在只是一个空间的存在，没有活力，没有灵魂。当地纳西族人也认为丽江已经成为一个低劣商品的大卖场，不再是他们的丽江了。丽江古城整体形象经历了从世外桃源到人世繁华的变化，旅游形象的破坏直接导致丽江旅游业的衰退。我们在对外地人的访谈中得知，他们很多都不想去丽江，转而去大理或者其他旅游目的地。当地一些旅游行业经营者也开始退出丽江。可见，目的地旅游形象的动态管理和目的地文化展示与旅游形象互动策略的实施，是目的地旅游业可持续发展的重要途径。

所以，我国旅游业发展迫切需要以目的地文化展示视角的专门研究来指导实践，需要关注形象塑造与文化展示的互动，提高目的地旅游管理有效性。

二 理论背景：基于目的地整体形象和独特形象的文化展示研究较为缺乏

文化视角的旅游目的地研究较为缺乏。文化因素是目的地旅游形象形成的重要影响因素，由文化驱动的形象形成机制是区域旅游发展的重要机制。从文化视角探讨目的地旅游发展机制近年已进入国内学者的视野，南京师范大学黄震方教授 2009 年国家自然科学基金项目"基于文化视角的区域旅游发展机制与模式研究——以长江三角洲地区为例"的立项就是标志。该项目以长三角地区为典型研究区，借助 GIS 技术和数学建模等多种方法，对区域文化特征与空间分异规律进行研究；对区域旅游文化价值及竞争力进行了量化评价；揭示区域文化对区域旅游增长的影响机理；提出区域旅游协同发展的方法路径及提升区域旅游文化软实力的主要对策，为实现区域文化与区域旅游经济的耦合与互动提供理论支撑和应用模式。① 但目前这方面的研究成果还较少，文化旅游空间的研究意义和价值尚未得到足够的重视，这与文化要素作为地区竞争的软实力、大力发展文化旅游的现实背景存在较大偏差。②

目的地层次的文化展示研究缺乏。空间是文化的载体，目的地文化展示的空间体系有区域、城市、景区和景点等不同层次。其中，目的地层次（城市）起到承上启下的关键作用。在目的地视角下，不同层次的文化展示不是孤立的，景区景点微观的文化展示相互联系、相互作用，构成一个有机整体，形成目的地整体形象。在现有研究中，几乎都是孤立地研究景区和景点的文化展示，很少探讨它们的相互关系，更缺乏从目的地角度探讨文化展示整体性的系统研究。目前，区域旅游空间结构"四理论"（核心—边缘理论、点—轴理论、增长极理论和中心地理论）主要从定"点"和定"量"的角度考察区域旅游空间结构，定性分析与对"面"的分析不够深刻，"点"和"量"在理论体系中的作用和影响是绝对的，这就使区域空间结构研究的内容和方法十分相似，缺乏明显的针对性。③ 所以，对目的地旅游文化空间单元之间关系的研究，在定性和面上要加强，即加强研究空间单元间相互联系相互作用形成的整体性。目的地文化展示过程正是旅游文化空间相互作用相互联系，形成目的地整体形象的过程。

从整体上进行文化展示形成目的地的整体形象，符合旅游者对目的地的空间认知规律。因为旅游地属于地理空间中的一种认知客体，旅游者对目的地的位置及其内涵等空间形象特征的认知，满足一种依据地理空间等级层次而展开的认知链过程。即人们总是先认知高等级的区域，然后才认知低级别区域，服从一个自上而下的过程。④ 同时，旅游者对目的地的选择、感知和评价也都从目的地整体形象出发。因而，目的地文化展示不能仅停留在景区、景点等部分空间上，而是既要研究不同类型空间的文化展示，更要研究目的地各种游憩空间文化展示的协调对形成目的地形象的作用机制，指导目的地实现文化展示的有序性和整体性，给旅游者传递完整清晰的展示信息，提高旅游者对目的地的感知和评价，塑造整体的目的地形象。

对目的地独特形象研究关注较少。在一个存在不同目的地激烈竞争的全球性市场中，创建一个有差异的旅游形象已成为目的地生存的基础。一个强大、独特的旅游形象是目的地定位的精髓，因为它能区分目的地和竞争者，从而进入消费者的头脑。⑤ 所以，目的地

---

① 国家自然科学基金委员会：《2017 自然科学基金查询与分析系统（基础查询版）》，http：//www. medsci. cn/sci/nsfc_ ab. do? q =636124868855。

② 侯兵、黄震方、徐海军：《文化旅游的空间形态研究——基于文化空间的综述与启示》，《旅游学刊》2011 年第 3 期。

③ 徐小波、沈伟丽、许俊：《旅游区域：对四种常见"区域旅游空间结构理论"的质疑初探》，《桂林旅游高等专科学校学报》2007 年第 3 期。

④ 李蕾蕾：《旅游目的地形象的空间认知过程和规律》，《地理科学》2000 年第 6 期。

⑤ Qu H. , Kim L. H. , Im H. H. A Model of Destination Branding：Integrating the Concepts of the Branding and Destination Image. *Tourism Management*，2011，(32)：465 –476.

文化展示的最终目标是形成个性独特的旅游形象。目的地形象概念框架也强调整体性和独特性。艾科特纳与瑞奇①提出支持任何尺度目的地形象的概念框架，包括属性—整体链、功能—心理链、共同性—唯一性链 3 个连续链，是对目的地形象认知成分较好的概括。目的地形象主要来源于它的属性——整体链维度，即目的地形象属性的单个变量的感知（如气候、居民的友好态度等）和对目的地的总体形象（如意境地图、轻松休闲的氛围等）的印象。这样才能满足旅游者对单个属性的功能需求和对整体属性的心理需求。但目前仅见曲（Qu）、克姆（Kim）和艾姆（Im）研究目的地品牌模型时提出，目的地品牌应该强调目的地独特性形象，这有助于区别竞争对手，从而将独特形象作为一个品牌联想维度。②

目的地文化展示与形象管理研究缺乏。文化展示所形成的目的地景观是目的地形象形成的重要外部刺激因素③，但目前还未有从该角度研究目的地形象构建的研究成果，而主要集中在节庆和影视剧对目的地形象的构建研究④。有研究者（Espel & Benito）探讨了西班牙赫罗纳（Girona）文化型旅游目的地的形象塑造问题。认为文化型旅游目的地的形象塑造是"继承性"与"发展性"相融的过程。就是说，一个文化型旅游目的地的形象是在一定的历史背景基础上，通过整合其他新发展要素而增加其新意。⑤ 理论上缺乏从文化角度探讨目的地景观构建与形象塑造的关系，这正是实践中形象塑造与目的地文化展示脱节，目的地缺乏形象管理和文化展示战略的反映。所以，从理论和实践上都亟须进行目的地文化展示与形象管理的研究，尤其要对两者的互动进行研究。

三　政策背景：国家层面大力推动文化与旅游业互动融合发展

目的地文化展示符合国家发展战略的要求。党的十七届五中全会提出，文化是一个民族的精神和灵魂，是国家发展和民族振兴的强大力量，强调要推动文化大发展大繁荣、提升国家文化软实力，推动文化产业成为国民经济支柱性产业。2009 年 9 月，我国第一部文化产业专项规划——《文化产业振兴规划》由国务院常务会议审议通过。⑥ 这是继钢铁、汽车、纺织等十大产业振兴规划后出台的又一个重要产业振兴规划，标志着文化产业已经上升为国家战略性产业，意味着我国文化产业正迎来一个历史性拐点，将进入一个高速增长周期。目的地通过文化展示，丰富人们的精神文化生活，培育文化产业消费的良好氛

①　Echtner，C. M.，Ritchie，J. R. B.，The Measurement of Destination Image：An Empirical Assessment. *Journal of Traval Research*，1993，31（4）：3 – 13.

②　Qu H.，Kim L. H.，Im H. H.，A Model of Destination Branding：Integrating the Concepts of the Branding and Destination Image. *Tourism Management*，2011，（32）：465 – 476.

③　Kelly MacKay，Daniel R. Fesenmaier，Pictoyial element of destiuation in image formation. Annals of Tourism Research，1997，24（3）：537 – 565. Seyhmus Baloglu，Ken W. McCleary，A Model of Destination Image Formation. *Annals of Tourism Research*，1999，26（4）：868 – 897.

④　季群华、许欣、朱睿：《旅游节庆旅游城市目的地形象建设的推动作用》，《经济地理》2006 年第 S2 期。魏宝祥、欧阳正宇：《旅游目的地推广与影视旅游研究》，《人文地理》2008 年第 6 期。

⑤　臧德霞、黄洁：《国外旅游目的地形象研究综述——基于 Tourism Management 和 Annals of Tourism Research 近 10 年文献》，《旅游科学》2007 年第 6 期。

⑥　《文化产业振兴规划》发布（全文），http：//www. chinanews. com/gn/news/2009/09 – 26/1887707. shtml.

围，促进文化繁荣和文化产业的发展。

目的地文化展示体现了我国文化与旅游业互动融合发展的新方向。文化是旅游的灵魂，文化旅游具有塑造国家形象、提升文化软实力、提升民族素养、促进旅游业转型升级等诸多功能。为了大力推动文化与旅游业融合互动发展，中华人民共和国文化部和国家旅游局于 2009 年 8 月联合下发了《关于促进文化与旅游结合发展的指导意见》，要求加快文化产业发展，加强文化和旅游的深度结合，促进旅游产业转型升级，满足人民群众的消费需求。[①]《国务院关于加快发展旅游业的意见》[②] 提出，把旅游业培育成国民经济的战略性支柱产业和人民群众更加满意的现代服务业。强调大力推进旅游与文化、体育、农业、工业、林业、商业、水利、地质、海洋、环保、气象等相关产业和行业的融合发展。丰富旅游文化内涵，把提升文化内涵贯穿到吃、住、行、游、购、娱各环节和旅游业发展全过程。旅游开发建设要加强自然文化遗产保护，深挖文化内涵，普及科学知识。旅游商品要提高文化创意水平，旅游餐饮要突出文化特色，旅游经营服务要体现人文特质。要发挥文化资源优势，推出具有地方特色和民族特色的演艺、节庆等文化旅游产品。充分利用博物馆、纪念馆、体育场馆等设施，开展多种形式的文体旅游活动。集中力量塑造中国国家旅游整体形象，提升文化软实力。

文化旅游成为我国"十三五"时期旅游业发展的巨大新空间，为目的地文化展示研究提供了巨大的新机遇。我国"十三五"旅游业发展规划提出目标：旅游综合效益显著提升，旅游业对国民经济的综合贡献度达到 12%；旅游经济稳步增长，到 2020 年，旅游市场总规模达到 67 亿人次，旅游业总收入达到 7 万亿元，旅游投资总额 2 万亿元，国内旅游、入境旅游和出境旅游年均增速分别达到 9.86%、2.28% 和 5.09%；国际影响力大幅提升；人民群众更加满意。[③] 同时，提出"创新驱动，增强旅游业发展新动能"的新路径。在这些新路径中，大部分以文化旅游的发展为引领。例如，旅游产品创新方面，要发展休闲旅游、乡村旅游和红色旅游等；在业态创新拓展的新领域，通过旅游与城镇化、新型工业化、农业现代化和现代服务业的融合，推动主题公园创新发展和旅游实景演出发展，发展工业遗产旅游、创意农业和文化演艺旅游，打造传统节庆旅游品牌，推动"多彩民族"文化旅游示范区建设，打造一批民族特色村镇等；在优化空间布局、构筑新型旅游功能区方面，成渝旅游城市群和长江中游旅游城市群等跨区域旅游城市群，都要依托独特的生态和文化资源，发展文化旅游；要培育的香格里拉民族文化旅游区、太行山生态文化旅游区等二十个跨区域特色旅游功能区，重点打造的丝绸之路旅游带、京杭运河文化旅游带等十条国家精品旅游带，无一不是文化旅游区和文化旅游带；建设的特色旅游目的地都是文化特色旅游目的地。可见，文化旅游在"十三五"旅游业发展中获得前所未有的发展

---

① 《关于促进文化与旅游结合发展的指导意见》，http：//www.cnta.gov.cn/xxfb/jdxwnew2/201506/t20150625_459191.shtml.

② 《国务院关于加快发展旅游业的意见》，http：//www.china.com.cn/policy/txt/2009 - 12/04/content_19005236.htm.

③ 《国务院关于印发"十三五"旅游业发展规划的通知》，http：//www.cnta.gov.cn/xxfb/jdxwnew2/201612/t20161226_810476.shtml.

机遇，发挥前所未有的引领带动作用，受到前所未有的关注。通过文化展示聚焦各种层次旅游文化空间的整体性和独特性塑造，是释放文化旅游巨大潜力、促进实现我国"十三五"旅游业发展目标的关键，文化展示研究正当其时。

目的地文化展示是我国旅游发展向全域旅游模式转变的重要途径。《"十三五"旅游业发展规划》提出，"发展全域化"是我国旅游业"十三五"时期的发展趋势，要"向区域资源整合、产业融合、共建共享的全域旅游发展模式加速转变，旅游业与农业、林业、水利、工业、科技、文化、体育、健康医疗等产业深度融合"[①]。为了推进全域旅游发展，国家旅游局已公布两批全域旅游目的地示范区创建名单，全国共 500 个目的地将创建全域旅游示范区。空间整合是推进和实现目的地全域旅游的重要问题。不管是全域选择资源，以大旅游观进行产业融合，还是全域公共服务供给和管理等，都需要进行目的地全域空间整合。同时，全域旅游目的地建设，也必须关注目的地独特性，构建具有差异和各具特色的全域旅游目的地。这与目的地文化展示的整体性视角和独特性视角相一致。既要从整体上展现目的地丰富的文化内涵，又要突出目的地有吸引力的独特性，才能使目的地在全球化的文化展示中进行全方位竞争。

旅游是文化的载体，文化是旅游的内涵，目的地进行文化展示，走文化竞争之路，是文旅互动融合发展的具体体现，顺应我国旅游业发展的方向，反映我国旅游目的地的科学发展。在旅游市场全球化、旅游竞争国际化，竞争领域从争夺客源市场扩大到旅游业发展的各个方面的全球旅游发展趋势下，将文化展示植入目的地旅游产品、旅游空间等供给侧诸多方面，对提升我国旅游业发展水平和质量、促进旅游业转型升级和塑造我国国家旅游形象等方面，都有重要的现实意义。

第二节　相关概念辨析

一　旅游文化

旅游文化还没有统一的定义，美国学者罗伯特·麦金托什和夏希肯特·格波特最早提出旅游文化概念，他们在 1977 年出版的著作《旅游学——要素·实践·基本原理》中指出，旅游文化"实际上概括了旅游的各个方面，人们可以借助它来了解彼此之间的生活和思想"，它是"在吸引和接待游客与来访者的过程中，游客、旅游设施、东道国政府和接待团体的相互影响所产生的现象与关系的总和"[②]。

20 世纪 80 年代以后，我国学者对旅游文化的概念做了很多探讨，最能集中反映这些学者观点的是于 1990 年 10 月 24 日至 26 日在北京举行，由中国旅游文化学会、北京旅游学会和中国旅游学院（北京第二外国语学院）联合召开的"首届中国旅游文化学术研讨

① 《国务院关于印发"十三五"旅游业发展规划的通知》，http://www.cnta.gov.cn/xxfb/jdxwnew2/201612/t20161226_810476.shtml.
② 转引自马波《现代旅游文化学》，青岛出版社 2010 年版，第 34 页。

会"。对旅游文化的定义有三种代表性的观点。第一，旅游文化是人类过去和现在所创造的与旅游有关的物质财富和精神财富的总和。第二，旅游文化是旅游主体、旅游客体和旅游媒体相互作用所产生的物质和精神成果。第三，旅游文化是以一般文化的内在价值因素为依据，以旅游诸要素为依托，作用于旅游生活过程中的一种特殊文化形态，是人类旅游过程中（一般包括旅游、住宿、饮食、游览、娱乐、购物等要素）精神文明和物质文明的总和。同时，普遍认为旅游文化具有综合性、地域性、继承性和时代性特征。[①] 上述观点中，第一种观点将旅游文化等同于一般的文化概念，第二种观点突出了旅游文化与旅游的关系，即创造旅游文化的主体是旅游主体、旅游客体和旅游媒体。第三种观点较为完善，既把旅游文化放在一般文化概念之中，又指出了它的特殊性。正如贾祥春提炼的那样，旅游文化是一种全新的文化形态，是环绕旅游活动有机形成的物质文明和精神文明的总和。[②]

还有一些定义围绕旅游活动来定义旅游文化。如旅游文化及其关联要素应包括旅游文化场景及环境、旅游文化符号系统、旅游文化景观、旅游价值观念及差异、旅游活动方式及过程、旅游产品及服务。旅游文化是以旅游行为为核心、旅游产品为依托、旅游环境为背景的系统性场景文化。按旅游活动的对象划分，旅游文化可分为旅游客体文化、旅游主体文化和旅游中介文化；按旅游活动的过程划分，旅游文化可分为旅游时空文化、旅游行为文化、旅游环境文化、旅游产品文化、旅游休闲文化和旅游资源保护文化等。

在西方，"旅游文化"没有具体的定义，一般也没有将它作为一个单独的研究学科或领域，更多的是将它作为一种研究系统和研究视角。[③] 借鉴西方对旅游文化概念表述的人本主义角度，肖洪根认为旅游文化是在跨文化交际媒介的背景下，以广义旅游主体为中心，在旅游活动中的各种文化行为表征的总和。[④]

有的学者从旅游文化时代特征上进行解读。王大悟认为当代旅游文化是消费性文化、生活文化、资本驱动型文化和创意文化。消费性文化的特点使旅游文化必须成为当代人能读懂的文化，适应当代的购买力。同时，旅游文化已成为一种泛精神文化，旅游者文化消费的指向性减弱，更偏重于精神放松和消遣。旅游文化与社会生活密切相关，脱离了生活，旅游文化就成了无源之水、无本之木。旅游文化还要借助资本，才能将旅游文化资源转化为旅游产品，才可能产生物有所值、供大众享用的旅游文化，塑造人类又一种美好的生活方式——旅游。旅游文化必须创新才有生命力，才能显现市场价值。[⑤]

旅游文化是与旅游活动相关的人类文化的组成部分，由于旅游业的综合性，从不同角度出发都可以定义旅游文化，要形成一个统一的定义较为困难。从指导旅游目的地文化展示实践角度看，把握旅游文化的特征更为重要。旅游文化具有综合性、地域性、多样性、继承性、时代性、层次性和镶嵌性等特征。

① 冯乃康：《首届中国旅游文化学术研讨会纪要》，《旅游学刊》1991年第1期。
② 贾祥春：《旅游文化的特点及其在旅游业中的地位和作用》，《复旦学报》（社会科学版）1997年第3期。
③ 徐菊凤：《旅游文化与文化旅游：理论与实践的若干问题》，《旅游学刊》2005年第4期。
④ 肖洪根：《国内外旅游文化研究述评》，《华侨大学学报》（哲学社会科学版）1994年第1期。
⑤ 王大悟：《旅游文化之当代解读》，《旅游科学》2007年第4期。

二 旅游目的地文化展示

展示（Display）一词来源于拉丁文 displycare，它的原意是专指动物（鸟兽）中雄性向雌性所做出的"求偶"（示爱）的举动和表演，最初一直用在动物学的论著中。后来将 Display 一词扩展并引申为夸耀、显示、展示、演示，同展览（Exhibition）区别开来。通俗地讲，对个人而言，展示是向大众展现自己的风度气质和才能；对组织、团体、公司、阶层或国家、区域而言，展示是向外界宣传自身，让公众了解其观念、主张、成就等，扩大其影响的行为。展示活动就是为了某种目的向外界传达特定信息的行为活动，它需要用空间作为传播信息的载体和依托。以现代广告学的内容去解释，展示的动机不仅仅是让人们能够接触到信息，也不仅仅是要人们知道信息，还要让特定的受众，在展示的空间内被信息"感动"，进而与展示环境形成互动，被信息说服。因此，展示本身是强化信息的重要过程，信息由设计者挑选和组织，带有放大信息的功能。①

与特定场馆展示空间相比，旅游目的地文化展示虽然在信息传达上与之有一些共性，即都要通过展示突出竞争力，但旅游目的地作为一个文化展示空间载体，既是文化空间也是地理空间，自然景观和人文景观丰富，且各具特点。这使得目的地作为文化展示的空间更加复杂，影响因素更多。这就要求目的地要高度重视空间整合和优化，通过创新旅游空间规划整合资源，塑造真实、整体和具有旅游体验感的空间，提供优质文化旅游活动，形成目的地整体氛围和形象，使游客和社区建立起与目的地更深的共生关系。

与人文旅游资源景点开发对文化内涵的挖掘和外化不同，目的地文化展示是目的地不同类型旅游文化空间相互影响和作用的过程，通过构建目的地可参观性空间，以塑造目的地整体形象和独特形象为目标。虽然两者都有文化选择行为，但前者是目的地单体旅游资源文化展示，后者是目的地层次的文化整体展示。所以，为了形成吸引力，目的地文化展示首先要体现整体性，其次要突出重点区域、强化重点内容，从而使目的地形象具有整体性和独特性。

文化景观构建是旅游目的地文化展示的重要内容，要注重与当地自然相融合以及与当地文化的有机联系，为旅游者营造美的文化体验环境，创造难以忘怀的旅游经历。对于世界遗产旅游目的地，文化展示的过程也是创新发展的过程。世界遗产具有突出的全球普遍价值，探索与世界遗产景观有机联系的文化展示途径，可进一步发挥世界遗产品牌的影响力，增强目的地旅游形象的独特性，带动遗产地经济社会和文化全面发展，增强遗产地社区认同感，实现世界遗产的可持续保护、传承和发展。

旅游目的地文化展示的对象是旅游者，旅游者将全方位感知和体验目的地的自然与人文环境，广泛参与目的地的旅游文化活动，从而形成对旅游目的地的总体印象和评价，即旅游目的地形象。所以，目的地要根据游客的感知规律和行为规律，如游客的地理空间感知规律、游客对文化的感知规律、游客的空间行为规律和游客的决策行为规律等，科学地

---

① 范龙：《批量化与个性化的共存——量产标准展示设备的异化设计研究》，硕士学位论文，江南大学，2007 年。

进行文化展示。目的地还要实施旅游形象管理战略，使目的地文化展示与形象互动，使目的地对外宣传的形象与旅游者在目的地的实地感知形象保持一致，增强目的地旅游形象的吸引力。另外，旅游者购买的旅游产品不同于其他有形的物质产品，它是一次体验和经历，加上客源市场的多样性，目的地要构建独特的旅游形象具有挑战性。这就要求目的地文化展示既要遵循文化展示的一般规律，还要结合自己的实际构建独特形象，创新展示路径和手段，防止盲目模仿。

可见，目的地文化展示是一种整合行为，要整合目的地不同类型的文化空间和资源，形成整体的目的地形象；目的地文化展示是一种选择行为，要选择凸显目的地特色、具有较高旅游价值的文化类型，选择有利于承载特色文化和旅游活动的空间，形成目的地各具特色的文化空间，丰富目的地文化景观，使旅游者体验更多样化；目的地文化展示是一个创造过程，要在地域文化的基础上，根据当代旅游需求发展趋势，利用新的文化要素，进行文化拓展和创新，创造目的地的标志性文化空间和旅游活动场所，进而彰显目的地形象的独特性。所以，目的地文化展示是指目的地为了提高其吸引力，形成整体形象和独特形象，利用景观文化，规划、设计、建造旅游体验环境的过程；是通过对目的地文化的选择，将文化内涵外化并强化文化信息，向旅游者传递文化旅游形象信息，唤起旅游者注意的过程；是通过文化体验场景和文化氛围营造，以及旅游者文化体验过程和产品的设计，满足旅游者求新、求异、求知、怀旧等旅游动机，形成有吸引力的旅游环境，塑造目的地整体而独特的旅游形象，促进旅游者选择目的地的过程。

三 文化景观

文化景观是景观整体含义中的一个支系，早期被人们称为历史景观，与人为景观或人文景观具有词义等同性。我国现代人文地理学奠基人李旭旦教授认为，"文化景观是地球表面文化现象的复合体，它反映了一个地区的地理特征"。德伯里（Deblij）给出文化景观的广义定义，"文化景观包括人类对自然景观的所有可辨认出的改变，包括对地球表面及生物圈的种种改变"。综合上述各种定义，王恩涌认为文化景观是指人类为了满足某种需要，利用自然界提供的材料，在自然景观之上叠加人类活动的结果而形成的景观。

文化景观不仅包括有形的物质形态因素（聚落、服饰、工具等），而且更注重景观构成中非物质性的文化因素（思想意识、生活方式、风俗习惯等）。文化景观内涵丰富，储存的信息量巨大。[①]

文化景观是景观的一种类型，许多学者对景观的认识有助于我们对文化景观的理解。文化地理学家米切尔建议将景观看作一个动词而不是一个名词，它是"社会和主体身份得以形成的过程"。可以将景观作为一种社会过程，[②] 一种空间生产的结果。杰克逊探索了景观的"象征性"问题："（一个）景观不是环境的自然特征，而是一处综合性的空间，

① 王纪武：《人居环境地域文化论——以重庆、武汉、南京地区为例》，东南大学出版社 2008 年版，第 30 页。
② 丹尼斯·科斯格罗夫（Denis Cosgrove）：《景观和欧洲的视觉感——注视自然》，载凯·安德森、莫娜·多莫什、史蒂夫·派尔、奈杰尔·思里特夫《文化地理学手册》，商务印书馆 2009 年版，第 325 页。

一个添加在土地上的人造空间体系，其功能和演化不是依据自然法则，而是为了服务于社群。"因此，景观是有意创造出来的加速或延缓自然过程的一处空间。① 景观并不是我们在地表上看到的风景或景象，而是一种观看方式（Ways of Seeing）作用的后果。② 对景观的研究不应局限在传统景观形态学上，还要结合社会学与文化理论来解释和研究景观，强调景观本身在这个过程中的作用。③

联合国教科文组织世界遗产中心实施《世界遗产公约》操作指南④中，将"人类与大自然的共同杰作"作为对文化景观的定义。文化景观展示了经济、社会和文化内外部的发展力量，见证了在自然限制和（或）自然环境影响下人类社会和居住地随时间推移而产生的进化，体现了人类与其所在的自然环境之间的多种互动表现。在《世界遗产名录》中的文化景观主要被分为三类：第一，人类刻意设计及创造的景观。其中包含出于美学原因建造的园林和公园景观，它们经常（但不总是）与宗教或其他纪念性建筑物或建筑群相结合。第二，有机演进的景观。它们产生于最初始的一种社会、经济、行政以及宗教需要，并通过与周围自然环境的相联系或相适应而发展到目前的形式。这种景观反映了其形式和重要组成部分的进化过程。第三，关联性文化景观。这类景观体现了强烈的与自然因素、宗教、艺术或文化的关联，而不仅是实体的文化物证。这一定义，强调文化景观与自然的联系，尤其强调与文化的联系和文化的有机进化。

国际古迹遗址理事会《关于作为人类价值的遗产与景观的佛罗伦萨宣言（2014）》（以下简称《宣言》）还强调了景观的人文价值，将景观作为文化的生境，在基于社区的途径中，景观的多功能性表现在：无论是城市还是农村，景观的概念正日益成为和谐发展的新范式，它提供一种可以整合经济、社会和环境过程的方法；在与文化、社会经济、环境过程以及人民福祉有关的城市和乡村景观之间存在多种相互关系；地方社区的参与，对其文化遗产的承认和尊重，以及创新和传统实践有利于更有效地管理和治理多功能景观，有助于增强其恢复力和适应性。《宣言》同时将景观视作文化与自然的融合，认为文化景观不仅应被解释为保护区，而且应当成为可以成功应用可持续发展战略的地方；在许多景观中，诸如"自然"和"文化"的概念已经失去了它们应有的许多意义，而被生物文化理解所取代，在这里，居住区和农业，以及物种和栖息地都由人类决定和保护；对人为地将保护与创新分离进行挑战的时候到了，应在经济发展、应对气候变化、风险管理、生物多样性保护和人类福祉等新模式下吸取文化景观保护利用的经验教训。景观还被视作"增长驱动器"，《宣言》提出为了更好地理解生态和文化多样性在景观层面的相互作用及其对生活和福祉的影响，需要进一步进行各学科之间和跨学科的研究；有必要克服因自然科学、社会科学以及人文学科之间的区别所产生的重要智力差异；需要公众意识和政治行

① 提姆·克雷斯韦尔（Tim Cresswell）：《景观、实践的泯灭》，载凯·安德森、莫娜·多莫什、史蒂夫·派尔、奈杰尔·思里夫特：《文化地理学手册》，商务印书馆2009年版，第393页。
② 李蕾蕾：《从新文化地理学重构人文地理学的研究框架》，《地理研究》2004年第1期。
③ 廖卫华：《消费主义视角下城市遗产旅游景观的空间生产》，博士学位论文，暨南大学，2010年。
④ 联合国教科文组织世界遗产中心：《实施〈世界遗产公约〉操作指南（2013）》，中国古迹遗址保护协会编印，2013年7月。

动，以有效地执行与文化景观有关的国家和国际承诺。

目的地文化展示也是一个景观创造的过程，学者将景观看成一个动态演化过程、一个塑造社群身份的社会过程、一个空间生产的结果，认为景观的功能和演化服务于社群，强调景观在社会文化中的作用等观点，以及国际权威机构强调的文化景观与自然的联系、与文化的联系、景观的人文价值和对地方发展的贡献等，对目的地文化展示的理解和深入研究具有重要启示意义。

四 景观文化

景观文化到目前为止还没有统一明确的定义。陈宗海[①]提出景观文化由景观的"形"、景观的"意"、景观的"背景文化"和景观的"阅读文化"四部分内容组成。景观的"形"体现景观外在的、物化的成分；景观的"意"体现景观内在的、它所直接依托的文化；景观的"背景文化"是外在于景观的文化、思潮和社会；景观的"阅读文化"是一种审美与被审美的文化关系，也是对景观的认识、理解和利用。周剑[②]则认为景观文化有广义与狭义之分，强调景观文化中人与地的相互作用。广义的景观文化包含景观的物质文化、自身的意识文化和蕴藏的精神文化，是人类在营建和使用景观过程中所产生的所有物质和精神产品。狭义的景观文化是景观设计、建造、规范、意识等所表现出的文化，是仅从景观自身出发的意识形式。本研究所指的是狭义的景观文化。

第三节 国内外研究述评

一 目的地文化展示研究

（一）国外相关研究

1. 旅游、文化与地方的关系

第一，旅游与文化的真实性。真实性是与过去的"原始事物"相联系、反对现代性的一个西方文化概念。文化真实性一直是国外旅游影响研究的热点。2000 年以前，研究文献中一个共同的观点是，旅游是文化商品化的根源，旅游把文化转化成商品，包装起来卖给了旅游者，导致真实性缺失，商品化破坏了文化的真实性，导致社会文化变迁。研究者探究了手工艺、演出、摄影、当地居民的态度和身份如何通过旅游者的出现而改变。[③] 2000 年以后，西方学者对文化真实性的概念、旅游文化影响的作用有了新的认识。

Franklin 和 Crang 认为，应该离开"真实地方"的概念，转向"旅游促进地方意识"。[④] 贝拉·迪克斯（Bella Dicks）认为，真实性是一个太含糊的概念，对分析旅游观览

① 陈宗海：《旅游景观文化论》，《上海大学学报（社会科学版）》2000 年第 3 期。
② 周剑：《从人地作用到景观文化——浅析景观文化的含义》，《安徽建筑》2006 年第 6 期。
③ Graburn, N. , The Evolution of Tourist Arts. *Annals of Tourism Research*, 1984, 11：393 – 419.
④ Franklin, A. , M. Crang, The Trouble with Tourism and Travel Theory? *Tourist Studies*, 2001, 1：5 – 22.

物的文化效果作用不大。她认为停留在一个不变的文化特性的形象上，就会不重视世界大同主义、变动、当代性和今天的地方文化差异。① MacCannell 承认一些旅游者满足于非真实性，同时认可它。② Feifer 早就指出，真实性不再被旅游者群体严肃地对待。旅游既不真实也不严肃，只是一种多主题的游戏，许多风景为旅游者凝视而设计和构建。③

Stroma Cole④ 基于长期对印度尼西亚的研究，从政府、旅游者和村民的视角研究了真实性，提出了完全不同的新观点。他认为，真实性被具体化并被政府和旅游者定在过去。如果真实性是基于与过去有关的文化符号，基于作为不改变的传统，或基于固定的物质元素，结果将是在保持居民的不发达状态上起作用而不是作为一种发展的工具。人们能把文化商品化作为一条途径，确认他们的身份，讲述他们自己的故事，建立有意义的当地体验，抛弃对文化进行肤浅的和无意义的演绎，商品化能够被看作一个非常积极的过程的一部分，让当地人形成了自我意识和对他们文化的自豪感。

从文化动态发展的角度，关于真实性的新观点更有利于文化的多元化发展，更有利于民族地区的可持续发展，使地区在多元发展中认识和彰显自己的独特性。但按照文化"螺旋式回归"的理论，后工业文明将在更高层面，回归本真意义的传统和自然，越是原汁原味的保护，越适合走向未来的文明人类之文化消费口味。⑤ 因此，旅游目的地文化展示中，怎样把握文化动态发展与文化真实性之间的平衡点至关重要。我们认为，在保持文化基因、遵从文化有机进化的原则的基础上，探索符合时代特点的文化展示方式是可选择的途径。

第二，文化与地方。认识文化与地方的关系是文化展示的起点，能够在目的地文化展示过程中处理好传统与现代、民族文化与西方文化，以及全球化与本土化的关系。英国达勒姆大学的迈克·克朗对这些问题作了深入的研究，他的观点具有代表性，他强调地方性，不赞同地区趋同性，认为文化是发展变化的，但要用地方感应对全球化。他的主要观点如下：⑥

地方是被赋予了特定文化意义的空间，文化通过一系列特定的空间形式和活动得以再现。文化具有地域性，地理景观是文化的表达。应该把地理景观当作可解读的"文本"，讲述某个民族的故事、观念信仰和民族特征。地方不仅仅是地球上的一些地点，每个地方代表的是一整套的文化。地区意识和归属感对于人类至关重要。

与具有特定文化意义的地方相反的是地区趋同性。为了吸引人们的注意力、吸引来访者，一些地方制造了一些模仿复制的景观。这样的景观只注重功能上的有效性，不注重和

---

① Bella Dicks, *Culture on Display: the Production of Contenmporary Visitability*, 北京大学出版社 2007 年（英文影印版）第 63 页。

② 转引自 Bella Dicks, *Culture on Display: the Production of Contenmporary Visitability*, 北京大学出版社 2007 年（英文影印版）第 63—64 页。

③ 转引自 Bella Dicks, *Culture on Display: the Production of Contenmporary Visitability*, 北京大学出版社 2007 年（英文影印版）第 64 页。

④ Stroma Cole, Beyond Authenticity and Commodification, *Annals of Tourism Research*, 2007, 34 (4): 943–960.

⑤ 庄志民：《文化遗产旅游价值的新探索》，《旅游学刊》2012 年第 5 期。

⑥ ［英］迈克·克朗：《文化地理学》，杨淑华等译，南京大学出版社 2005 年版，第 131—138 页。

地方文化的联系，降低了在其中体验的质量，仅仅是一些象征物而已，对当地人意义不大。

文化变化（Cultural Change）在不断进行着。城市是多元文化交汇的地方，应把地方文化与全球文化融合起来。同时，形成地方感以应对目前全球化，时间极为紧迫。

迈克·克朗阐述的"地方精神"正是地方特色、地方凝聚力和地方依恋的源泉。从中我们可以得到的启示是，文化是地方的灵魂，地方实际上是文化符号，正是地方精神使一个地方难以复制，"地方特色"就是地方特殊的精神，就是地方最有吸引力的东西，这也正是地方的魅力所在，也正是旅游目的地需要展示和呈现的。所以，只有让旅游者体验到"地方那些超出物质和感官上特征的东西"，即地方精神，才能真正形成旅游目的地的独特形象，让旅游者形成"地方依赖"，成为忠诚的旅游者，实现目的地文化展示的目标。

国际古迹遗址理事会（ICOMOS）阐释的"场所精神"（the Spirit of Place）为目的地展示地方精神提供了可操作的思路。第 16 届 ICOMOS 大会通过的《通过保护物质与非物质遗产来保存场所精神的魁北克宣言》（以下简称《宣言》），将"场所精神"界定为"有形的（建筑物、场所、景观、线路、物件）和无形的（记忆、口述、书面材料、仪式、节庆、传统知识、价值、肌理、色彩、气味等）成分，也就是指赋予场所意义、价值、情感和神秘感的物质和精神成分"。《宣言》主张把"场所精神"作为一个完整概念来对待，不应该把"精神"从"场所"分开、把"无形遗产"从"有形遗产"中分离，要将遗产的非物质部分和物质部分作为整体来研究和保护。认为场所精神是由各个社会角色、社会建筑师、管理者和使用者共同构建而成，场所精神具有多元动态特质，故能拥有多重意义及与众不同的特色，能与时推移，同时隶属于不同群体。据此，目的地文化展示通过构建场所精神，既要营造独特美丽的景观和环境，又要赋予场所的地方意义、价值和文化脉络，成为旅游者解读地方的文化符号，形成自己的差异性和独特性。

2. 文化展示的特征

贝拉·迪克斯从空间上系统总结了以参观性为基础的文化展示的特征，[①] 强调互动和体验是可参观性空间的关键。主要特征有：

第一，从 20 世纪 80 年代以来，可参观性成为公共空间规划的关键原理。即生产或修整不同类型的空间（物质的或虚拟的），以便积极地引起游客的注意。

第二，文化展示首先要承诺有意义的体验。城市要有文化意境，乡村要有能体验生态和美感的信息。

第三，文化展示正在全球化。日益增长的国际旅游促进了展示地的蔓延。

第四，技术是当代文化展示的中心。文化生产中，展示技术的提高使目的地更生动，让目的地更具体验性而不仅仅是被凝视。

第五，互动（Interactivity）是当代文化展示的关键特征。通过让旅游者沉浸其中并参与活动，旅游者与环境之间的互动提供了一个连接游客和被展示文化的桥梁。

---

① 参见 Bella Dicks. Culture on Display：the Production of Contenmporary Visitability，北京大学出版社 2007 年版（英文影印版），第 7—11 页。

第六，文化展示正在采用混合的形式，把不同类型的游览空间放到一起。巴黎的蓬皮杜国家艺术和文化中心是最早混合了博物馆参观、购物和休闲的空间之一。

第七，文化展示中，展示内容以复制品和模型的形式出现。通过包装、模拟和小型化技术，将文化包装进风景、步行道、小道和公园。

第八，利用解说技术，在游客渴望的环境中细致构建意义。解说赋予事物和地方象征性，把它们放在一定的时空或主题的背景下来认识相关的人类生活方式。

第九，文化展示涉及"易读性"原理。用指南、符号、分区和路标的形式提供细致的目标信息，使城市和乡村、博物馆和商业街成为使用者友好的场所，避免模糊、混乱和无秩序。

3. 文化展示类型

第一，城市和乡村的体验展示。空间是文化展示的载体，城市和乡村作为两种异质空间，满足游客不同的体验需求，因而需要不同的文化展示方法。

城市是人口集聚的场所，是人类活动最频繁的区域，文化结构功能复杂。因而城市空间的文化展示要体现易读性。贝拉·迪克斯认为，城市环境应该是"一个巨大的交流装置"，能使人们去感知"相关的复杂事物"。城市设计应围绕一个更宽广的、更多以体验为中心的文化视野，不再满足于被凝视，而是要构建一个完整的感官的生活世界（Life–World）。这样才能让旅游者全方位体验城市的特质。[1]

与城市一样，乡村也进入了"符号经济"时代。不同于18世纪的"自然作为未受破坏的荒野"的浪漫思想，最近20年出现了一个新的阶段，即自然的"文化表征"（Culturalization）。这一阶段，"文化和自然统一"的思想，引导乡村把文化展示带入自然公园，乡村中的自然地被铸造为文化消费和可参观地，同时，把保护和可参观性生产及户外体验结合起来，从而提高这些地方的可参观性。[2]

第二，文化和自然的主题化展示。主题化展示目标是在主题上使环境具有一致性，营造主题环境。通过配置特殊的、可辨识的符号设施来达到目的，消除"呆板空间"。主题出自主题公园，环境主题是现在主题公园的中心主题，很多发现公园都以此为特征。如英国爱丁堡的动态地球（the Dynamic Earth），英国南部约克夏（Yorkshire）的马格拉（Magna）科学探险中心等。[3]

第三，餐饮文化的本土化展示。餐饮产品是独特的文化产品，餐饮文化是目的地文化展示的重要内容。Cohen 和 Avieli[4] 认为，旅游者在不熟悉的目的地体验当地的餐饮产品

① 参见 Bella Dicks. Culture on Display: the Production of Contenmporary Visitability，北京大学出版社 2007 年版（英文影印版），第 71—72 页。

② 参见 Bella Dicks. Culture on Display: the Production of Contenmporary Visitability，北京大学出版社 2007 年版（英文影印版），第 110—116 页。

③ Bella Dicks. *Culture on Display: the Production of Contenmporary Visitability*，北京大学出版社 2007 年版（英文影印版）第 93—94 页，第 107—108 页。

④ Erik Cohen, Nir Avieli, Food In Tourism Attraction and Impediment. *Annals of Tourism Research*，2004，31（4）：755–778.

会遇到一些复杂因素和障碍，当地餐饮产品要成为流行的吸引物，就要用旅游导向的烹饪规则来加以转化。转化过程是多向和多维的，用不同维度和适合旅游者的不同方法转化当地食物，才能受到大多数旅游者欢迎。被旅游引入当地的外国菜肴也要转化，从而适合当地口味。

第四，购物空间混合展示。购物是旅游者最普遍的休闲活动，被学者公认为是旅游者有意义的经济、心理和社会追求。旅游者常常通过购买纪念品把他们的体验物质化。购物是人类实践中极具文化启迪性的活动，购物的时候，消费者展示了他们的动机、价值和生活方式。所以，购物空间成为目的地文化展示的主要空间之一。

Snepenger 等[1]利用购物空间研究旅游生命周期模型，描述了旅游购物空间的特点。作为休闲场所的充满活力的购物空间，常常是旅游者和当地居民的共享空间。购物街区具有混合零售的特点，那里的零售店通常包括时尚服装店、艺术画廊、餐馆、礼品店等，有时还有剧院。在许多购物区域还有一个普遍的特征，就是存在和保留了具有时代感的历史建筑。在美国和加拿大，许多城镇和城市保留和重塑了它们的传统商业街区，因为那里的建筑有重要意义，是令人满意的特别场所。

第五，线形廊道展示。线形廊道包括风景道和文化廊道等类型。

风景道（Parkway）起源于美国，目前在欧美发展较为成熟，是具有交通运输和景观欣赏双重功能的通道。风景道长度超过一英里，两侧有显著的自然或文化景观，可以是农田、历史遗迹、沼泽景观、海岸线、茂盛的树林或其他植被，也可以是其他特殊的地貌地形和自然景观，且道路沿线两侧的开发项目不能削弱风景道的风景和视觉效果。[2] 风景道将道路沿线的文化遗迹、人文景观与自然景观完美融合，风景如画，变化多样，令人心旷神怡，带给旅游者不一样的体验。如美国的蓝岭风景道、66 号公路，德国的浪漫之路和城堡之路等。由于风景道的旅游基础设施完善，体验内容丰富，旅游吸引力巨大。随着自驾游不断往纵深发展，风景道沿线的目的地文化展示也迎来巨大机遇，风景道成为重要的文化展示类型。

文化廊道包括文化旅游线路和文化线路。文化旅游线路是指通过旅游规划设计，将具有某个旅游主题的文化景观和旅游资源用交通线连接起来形成的文化特色旅游线路，为旅游者提供较为丰富的主题文化旅游产品体验。如法国的葡萄酒之旅，卢瓦尔河流域的古堡之旅等。文化线路（Cultural Route）属于文化遗产概念的范畴，是以某种非物质文化联结多种文化景观形成的线性整体性空间，如茶马古道、蜀道等。作为世界文化遗产的文化线路是典型代表，被认为是动态生成与富有生机的，它的动态性和历史文脉已经生成或仍在继续生成相关的文化要素，[3] 如丝绸之路、京杭大运河等。

---

① David J. , Snepenger, Leann Murphy, Ryan O'Connell, Eric Gregg. Tourists and Residents Use of A Shopping Space. *Annals of Tourism Research*, 2003, 30（3）：567－580.

② 克莱尔·A. 冈恩，特格特·瓦尔：《旅游规划理论与案例（第四版）》，东北财经大学出版社 2004 年版，转引自余青、樊欣、刘志敏《国外风景道的理论与实践》，《旅游学刊》2006 年第 5 期。

③ 姚雅欣、李小青：《"文化线路"的多维度内涵》，《文物世界》2006 年第 1 期。

4. 文化展示的相关影响因素

第一，政府的作用。Wood[1] 提出，全球化背景下旅游和文化身份之间关系的构建是以政府为媒介的过程。一开始，政府作为单方面的旅游规划者，常常与最小的社区磋商。同时，政府的角色是文化意义的营销者。后来，又作为向旅游者展示文化实践的仲裁者，通过干预进一步卷入，进而保证这种实践的真实性。有时，政府会将旅游发展的经济责任放到当地社区。然而，在这个过程中，由于政府的目标和当地社区或其他群体目标之间的冲突而产生矛盾。于是，政府就要规治内部群体竞争，决定社区的文化身份和实践如何呈现给旅游者。

借鉴 Wood 的研究，Cano[2] 对墨西哥的亡灵节（Day of the Dead）从民俗转变为旅游吸引物的过程做了实证研究，分析了政府的不同作用如何在若干年内促进节庆变为旅游吸引物。

总之，很多国家政府在目的地文化展示中占据主导作用，具有决定性影响力。

第二，旅游者行为。作为目的地文化展示感知行为的主体，旅游者的感官和体验行为将影响目的地文化展示的方式。

Garrod[3] 提出，形象的构建不只来自地方的外观，还来自它的氛围和它能唤起的情感。文化展示通过构建旅游者特殊的"观看方式"（Urry 将它称为"旅游凝视"），可以创造使目的地更容易作为消费产品来销售的形象。在构建一个特别地方的凝视时，一些特征被突出，而其他的被作为背景。例如，保留某种即使被当地居民看作过时的建筑风格，因为这些可被旅游业利用于形象营销。

很多旅游研究文献主张，对地方的理解（地方体验）很大程度上是社会的构建，由许多因素支配。如旅游者过去的旅行、体验、感知和实际的"知识"，对东道主的反应，商业部门的承诺，地方的"实际特征"（它的历史、文化、地形和审美）和旅游者喜欢的公司特征等。[4]

总体来看，国外相关研究虽然涉及面还不太宽，但研究内容较为深入，如在文化与地方的研究中强调地方化的重要性和意义，提出以参观性为导向的展示空间互动体验的关键性，对文化以自然主题化展示的提炼，在影响因素中强调政府作用、突出旅游者行为的影响等。这些观点对今后的文化展示研究有重要启示作用，对文化展示实践有重要指导作用。特别是强调了以地方性为特征的文化展示的重要性，这是全球时代文化展示发展的极其重要的方向。

---

① Wood, R. Ethnic Tourism, The State and Cultural Change in Southeast Asia. *Annals of Tourism Research*，1984，11：353 – 374.

② Lucero Morales Cano, Cultural Tourism, the State, and Day of the Dead. *Annals of Tourism Research*，2004，31（4）：879 – 898.

③ Brian Garrod, Exploring Place Perception：A Photo - based Analysis，*Annals of Tourism Research*，2008，35（2）：381 – 401.

④ Birgit Trauer, Chris Ryan, Destination Image, Romance and Place Experience—an Application of Intimacy Theory in Tourism. *Tourism Management*，2005，26：481 – 491.

（二）国内相关研究

1. 城市文化特色塑造研究

第一，城市的主题文化与城市文化特色建设。全球化带来了城市文化和建筑上的特色危机，我国城市"千城一面"，城市文化传统被涤荡一空，城市个性丧失，陷入相互抄袭和克隆的恶性循环中，导致城市特色文化毁灭，城市文脉被割断，城市特色文化遭到空前的破坏。

为抵御城市特色危机，付宝华[①]提出构建现代城市主题文化。把城市形象、城市文化、城市经济和城市建筑变成一个以城市主题文化为特征的城市四维空间系统，形成城市形象对城市文化的昭示、城市文化对城市经济的引领、城市经济对城市建筑的影响，从而形成一个完整的城市主题文化发展空间。同时他还提出创新城市规划理论，建立城市特色规划机制——城市主题文化发展战略规划，使单纯的城市技术规划变成城市主题功能规划，使之成为自然与人和谐、历史与现代相融、经济与文化相协调、环境与建筑相统一、具有诗一样意境的城市，从根本上解决城市特色危机。

第二，文化遗产保护与城市文化特色的营造。城市文化特色是多方面的，体现在物质或非物质的文化形态中。单霁翔[②]认为，创造城市特色应通过保护与营造各类人文景观与历史遗迹等人文因素来实现，反对不切实际、急功近利和通过大规模推倒重建的野蛮途径来"打造"崭新的城市文化特色的做法，并提倡将一座城市具有象征意义的不同时代文化遗存保留下来，体现城市特色和内涵，展示富有创造性的个性特征，让城市成为一个充满着文化气息、生机勃勃的地方。由于城市文化特色的发展和演变有时间的积淀，更有深刻的文化背景，因而，保护利用好历史遗存，并在传承的基础上加以富有智慧的创新，才能塑造古今交相辉映、优雅而独特的城市形象。

2. 城市文化资源的利用

第一，游憩空间文化特色塑造。王珏的研究显示，全球化过程使得东西方游憩空间类型趋于一致，都越来越多地包含了广场、绿地、公园、体育馆、电影院等，所以，塑造富于文化特色的游憩空间就成为现代游憩发展的重要战略。

在游憩空间体系中体现民族的特色是一个系统工程，需要同时在政策、规划、空间建设等方面综合考虑解决方案。此外，还要在游憩环境中培养大众的文化观念，增加市民与文化艺术接触的机会，创造有文化氛围的城市环境、着力对环境进行文化和艺术方面的渲染。都柏林（Temple Bar）的《2004 城市结构规划》，就是通过对地区软环境的改善与提高，有效增强文化氛围，进一步提高人们在其中的文化感受，使每个在都柏林漫步的人，都能深切感受到那里的富裕、活力、多变和令人惊讶。[③]

第二，城市文化空间结构研究。城市文化建设中，文化资源的空间布局是核心问题之一。文化能够改善和营造城市空间环境，但城市空间要更好地体现城市文化，首先要对城

---

① 付宝华主编：《城市主题文化与名牌城市战略》，中国经济出版社 2008 年版，第 126—134 页。
② 单霁翔：《从"功能城市"走向"文化城市"》，天津大学出版社 2007 年版，第 215 页。
③ 王珏：《人居环境视野中的游憩理论与发展战略研究》，中国建筑工业出版社 2009 年版，第 348—349 页。

市文化空间结构有较深入的研究。

王承旭[1]系统研究了城市文化空间结构形成机制，建立了城市文化空间结构系统。构建了"人""活动""场所"城市文化空间三要素。从城市文化角度，按照不同空间尺度，根据人的聚居分异、文化活动强度不同及场所的空间分布，将城市文化空间划分为四个层次，即整体城市文化意象空间、文化分区、文化片区和文化设施。按照需求层次，将城市文化空间需求划分为基础型、提升型和标志型三个层次。城市文化空间结构系统是形成有机统一而又充满活力的城市文化系统的有效手段，对提升物质空间的文化含量、增强城市文化竞争力以及提高城市在区域中的文化"能见度"都具有重要意义。

黄鹤[2]提出3种文化资源的空间布局模式，塑造有吸引力、集聚力和观赏性的空间。①层级化文化空间。对于不同层次的文化需求做出回应。②网络化文化空间。对历史地区、公共空间、文化设施和绿化体系等城市空间文化要素进行整体规划设计。③混合化空间发展。这种混合化空间特征包括了城市全天候不同时间段活动的混合；空间功能的混合（居住、工作、服务和休闲等）；文化生产与消费空间的混合；室内外的空间混合。混合发展模式一方面促成城市活力的塑造，另一方面有利于形成一个社会作用和经济作用双管齐下的具有活力的公共艺术地区。

第三，西方国家利用文化资源的经验和启示。全球城市竞争最终是文化竞争，文化策略已经成为当今城市竞争力和魅力的源泉。西方国家最早利用文化资源促进城市更新和经济发展，并取得了成功。它们积累了很多值得借鉴的经验。

黄鹤[3]研究了西方国家文化政策主导下的城市更新（Culture–led Regeneration）的成效和问题。认为成效是在近30年的实践中塑造了积极的城市形象、营造了良好的吸引投资的环境、繁荣发展了文化旅游、留住和吸引了城市需要的人才。存在的问题和局限主要是文化认同和经济发展问题。其原因是不注重对当地居民的文化需求的回应和文化潜在的精神作用，仅仅将文化当作经济发展的资本。所以，西方国家在20世纪90年代就开始广泛讨论和实施侧重经济、社会整体发展的文化规划。

避免对单一经济发展目标的追求，回应居民的文化需求，回应地方的文化特色，是西方国家利用文化资源促进城市发展的重要经验。

3. 景观文化构建

景观是文化的载体，景观文化构建是对目的地文化的集中展示，直接影响旅游者对目的地文化的感知和体验水平。景观文化含有更多的社会文化性，包括大量的艺术文化内容，与社会伦理、宗教、习俗及种种观念形态有关。[4] 景观文化具有时间性、空间性和民族性特征。[5] 国内学者研究了不同空间载体的景观文化构建。

---

① 王承旭：《城市文化的空间解读》，《规划师》2006年第1期。
② 黄鹤：《文化规划：基于文化资源的城市整体发展策略》，中国建筑工业出版社2010年版，第113—125页。
③ 黄鹤：《文化政策主导下的城市更新——西方城市运用文化资源促进城市发展的相关经验和启示》，《国外城市规划》2006年第1期。
④ 沈福煦：《中国景观文化论》，《南方建筑》2001年第1期。
⑤ 陈宗海：《旅游景观文化论》，《上海大学学报（社会科学版）》2000年第3期。

第一，现代城市景观特色营建。特色是城市景观的生命，独特的景观能增添城市无穷魅力，展示城市与众不同的风韵。然而，中国现代城市景观空间由于缺少深层次人文背景的挖掘，城市的地方和传统特征开始弱化甚至消失，景观也失去了自己独特的个性魅力和特征。[①] 为此，许多学者认为，现代城市景观特色的营建思路来自地方性和传统文化。

地方的即是世界的。城市景观依托的地方性，包括当地的自然特征、历史文化和事件等，都是难以复制的，是形成城市景观独特性的灵魂。姜艳和陈超指出，城市景观设计的本质在于与场所之间紧密联系，发展一种源自场地的设计途径，以求与城市的自然背景、历史文脉和地域特点相结合，营造城市独特的景观空间。[②] 张晓明认为，传统文化推动了现代景观与历史、地域的相互渗透，使城市自身的景观特色凸显，景观文脉得以延续。背离了传统，城市景观必将面临历史背景的淡化和地域特点的消亡，最终失去其生存的土壤。因而他提出，传统文化影响下现代城市景观特色营建的原则是：历史景观遗迹的保护、传统文脉的传承与扬弃、国际语言和手段的呈现、当代景观文化的构建。[③]

第二，休闲度假景区景观文化的挖掘展示。随着旅游业的蓬勃发展，休闲度假已经成为旅游的重要形式。休闲度假景区不能只偏重一些娱乐活动项目的开展，而忽略了当地景观文化的挖掘研究和利用。在满足功能需求的同时，注重结合场地风貌，充分挖掘当地的景观文化，有利于更好地提升景区的文化品位，更好地满足和服务人们的身心。殷利华提出，[④] 在规划中把握和体现景观文化内涵的途径：充分尊重和利用原有场地特征；挖掘主要构景要素相关景观文化；突出地方人文艺术；利用服务项目展示景观文化魅力。总之，提高文化品位，立足场地精神，可以使景区的规划设计更好地突出当地的文脉，凸显地方精神。王莹、李晟在研究旅游者旅游文化消费偏好的基础上，提出景区文化展示的建议：文化与自然环境的协调性展示、文化体验性展示、文化时空延伸展示、文化网络信息化展示、文化优化展示。[⑤]

第三，景点文化展示。在景点层次的景观文化构建方面，国内学者主要研究了文化遗产和公园的景观文化展示。

工业遗产是城市发展过程中所遗留下的遗迹，是一座城市或地区经济发展和历史进程的见证。运用景观设计手法，使其环境更新、生态恢复和文化再生，形成观赏、生产和消费空间，是工业遗产再利用的有效途径。马承艳认为，工业遗产再利用的景观文化重建应遵循以下原则：师法自然、因地处理；和谐统一、持续发展；资源节约、整体保护。[⑥]

对城市历史地段景观文化的展示要考虑与周边环境的关系。田晓提出了处理这一关系

① 张晓明：《传统文化影响下的现代城市景观特色》，《南京林业大学学报》（人文社会科学版）2006 年第 4 期。
② 姜艳、陈超：《景观设计的"四维"价值探讨》，《南京林业大学学报》（人文社会科学版）2006 年第 2 期。
③ 张晓明：《传统文化影响下的现代城市景观特色》，《南京林业大学学报》（人文社会科学版）2006 年第 4 期。
④ 殷利华：《景观文化融注休闲度假景区规划——以峡山湖休闲度假景区规划为例》，《小城镇建设》2004 年第 10 期。
⑤ 王莹、李晟：《旅游文化消费行为研究及其对旅游区文化展示的研究》，《江苏商论》2008 年第 12 期。
⑥ 马承艳：《工业遗产在利用的景观文化重建——以北京 798 和上海 M50 为例》，硕士学位论文，西安建筑科技大学，2009 年。

的五个原则：体现城市历史地段景观文化的形象关系原则；突出景观文化的主从关系原则；城市历史地段与周边环境之间的生态关系原则；延续继承城市历史地段景观文化原则；城市历史景观文化保护与经济发展之间的平衡关系原则。①

公园是城市游憩的重要空间。公园的景观文化决定着品位和吸引力。王永庶等认为，要运用景观造园手法，在公园集中回归展示场所文脉，给游人提供从视觉观赏到心理感触的思考空间，为游人提供一个可游、可赏、可居的景观环境。②

综合上述国内学者的研究可以看出，虽然在空间层次上建立了城市—休闲度假区—景点的较为完善的文化展示研究层次，但缺乏整合目的地不同层次文化空间机制的研究。在内容上较为局限，研究较多的是景观文化的构建，对怎样构建景观特色达成了共识。不管是城市特色塑造，还是游憩空间文化特色塑造、景观特色塑造，学者一致认为特色来源于地方文化和传统文化，尤其是地方的文化遗产，是地方文化的精华，是地方人文风情和富有创造力的个性特征的集中体现。因而，在继承的基础上，与自然相融，结合现代经济和旅游文化发展特点，创新利用地方文化和传统文化是塑造目的地独特形象的重要途径。这对我国处于城市化快速发展时期的城市文化展示实践有重要指导意义。较深入的研究是城市文化空间结构体系研究，建立的空间结构体系考虑了不同层次的文化需求和社会、经济双重作用，使城市文化空间更有序、更有活力，为目的地进一步整合文化资源奠定了基础，更能发挥其促进城市发展的巨大作用。一些学者注意到环境氛围的重要性，提出要创造环境的文化氛围。此外，西方国家利用文化资源的经验对今后我国的相关研究和实践有重要意义。

（三）评述

1. 国内外旅游目的地文化展示研究处于初级阶段

文化展示对形成目的地特色、增强其吸引力的重要性已形成较广泛的共识，但专门研究较少，主要是一些相关研究。唯一较系统的专门研究是英国学者贝拉·迪克斯的著作《被展示的文化：当代"可参观性"的生产》，论述了文化展示的发展历程、以生产可参观性空间为基础的不同空间的文化展示原理和文化展示方式。同时，相关研究的数量也非常有限。截至2017年8月31日，在Elsevier数据库中检索外文文献，用关键词"Culture Display"检索篇名，从1960年至今，在艺术与人文研究领域只有2篇，都是关于博物馆文化展示和博览会文化展示的著作简介；在商业和管理研究领域只有1篇，是关于博物馆文化展示的述评。然而，相同时段其他相关研究领域的专门研究较多，如文化旅游172篇，文化景观192篇，景观规划460篇，遗产旅游145篇，展览1065篇，节庆328篇，民族文化403篇。同期，在CNKI数据库中，用"文化展示"进行篇名检索，总共有172篇，大部分是关于博物馆、展览场馆、节庆文化和民族文化展示等的研究文章。这些研究中以目的地为视角的研究不多，与城市有关的研究共9篇，研究主题主要是关于博物馆、历史文化、社区文化和城市品牌的展示，以及城市文化展示技术。另有1篇关于古村落的文化

① 田晓：《城市历史地段在开发规划中的景观设计》，硕士学位论文，西安建筑科技大学，2008年。
② 王永庶、魏开云：《地域场所文脉的回归——以昆明春融公园的景观规划为例》，《广东园林》2010年第3期。

展示、1 篇关于区域民俗文化展示。

由于缺乏专门研究，目的地文化展示只是形成初步的研究体系。国外主要研究了文化展示涉及的一些基础理论，如旅游、文化与地方的关系，文化展示的特征，文化展示的类型，以及影响目的地文化展示的因素。国内主要研究了城市文化特色的营建，城市文化空间结构，重点研究了景观文化营造等。

国内外文化展示研究虽然形成了初步的体系，但仍有待进一步研究：

研究对象上，主要集中在景区、景点等微观层次，在目的地层次上的研究不足。

研究内容上，主要对文化展示本身进行研究，忽视了文化展示产生的影响，特别是对文化展示引起的旅游形象管理突出问题关注不够，将目的地文化展示与旅游形象结合的研究不多见。研究内容在深度和广度上还有待拓展。目的地文化展示是一个涉及旅游、社会、政治、文化、生态、美学、景观设计、传播和城市发展等多学科的综合研究问题，需要从不同学科角度进行细致的深入研究，还需要通过跨学科和学科交叉的方法进行综合研究。但目前的研究局限在旅游、文化、城市发展和景观设计等部分学科。同时，研究问题还不太深入，一些重大问题和关键问题的研究还未涉及，如文化展示与文化生态的关系。随着全球旅游业向纵深发展，目的地文化展示对社会文化的影响越来越突出，尤其是对文化生态走向的影响不容忽视。我们在调研中发现，旅游发展甚至使一些少数民族地区居民的价值观、生活态度和生活方式发生了极大的改变，这些改变不利于民族地区经济社会和文化的可持续发展。所以，对旅游目的地文化展示进行综合和深入研究，可指导我们进行理性的文化展示。

研究方法上，目前较单一，综合研究较少，主要是规范研究、定性研究和个案研究，需要加强实证研究、定量研究和比较研究。此外，还要从不同学科角度对这一涉及旅游、文化、生态、地理、心理和行为等多学科的问题进行细致深入的研究，并通过跨学科和学科交叉的方法进行综合研究。

研究视角上，存在一定的"重表象轻机制；重静态轻动态；重目的地导向轻市场导向；重单体轻整体"现象，以某一阶段单体旅游资源的文化构建策略为主，缺乏时空演进下旅游市场导向的目的地整体展示机制研究。

以上分析说明，无论从哪个角度看，国内外目的地文化展示研究处于初级阶段的特征很明显，对文化展示与旅游形象管理互动研究关注很不够。

2. 研究展望

在现有研究的基础上，今后要关注以下问题：

目的地文化展示的影响研究。随着文化展示全球化进程的推进，文化展示对目的地社会、经济、文化和环境将产生重要影响，与目的地城市的发展关系越来越密切。主要内容有：第一，对文化生态的影响和调控。目的地实际上是一个文化生态系统，文化展示活动本质上是目的地文化的竞争行为。人类活动是文化生态系统变化的主要动力。目的地文化展示作为人类有目的的活动，可以通过改变目的地文化生态系统的结构，而使目的地文化生态发生演变或更替。研究目的地文化展示对文化生态的影响和调控，有利于目的地文化生态趋于良性进化,使目的地更有活力和特色、更具个性、更有魅力和吸引力。第二,对当地居民社会心理和行为的影响。目的地文化展示塑造的文化景观和文化环境是当地居民生活环境的重要组成部分,通过影响当地居民的文化精神生活,影响到他们的归属感和地方凝聚力,进而影响他们对旅游业的态度。当地居民的态度正是旅游业发展的重要因素。第三,对目的地可持续发展的影响和评估。目的地文化展示具有多重效应,文化展示所塑造的优美旅游环境和优雅居住环境,不仅能吸引旅游者,而且能吸引投资和人才,对目的地经济的促进作用明显。目的地文化展示甚至影响到当地人的价值观念,进而对当地社会经济和文化可持续发展产生影响。国外案例显示,单一经济目标的文化展示是不可持续的。因而,要研究文化展示对目的地的多重效应,尤其是要研究基于文化展示的目的地可持续发展战略和框架,以及文化展示对目的地可持续发展的影响和评估。

目的地文化展示与旅游者行为研究。旅游需求是旅游发展的主导力量,旅游者行为,如游客动机、偏好、决策、感知和游后行为等,一直是国内外旅游研究热点。受西方后现代主义反传统、反理性和反整体性观念影响,后现代旅游者需求呈现出动机多样化,需求多元化,消费个性化、感性化和生态化等新特征,随之带来旅游市场出现新变化,旅游方式出现一些新趋势,如生活方式型旅游趋势等,旅游目的地产品供给出现一些新特点,如注重在地文化、回归自然、怀古复旧、绿色和体验的餐饮和住宿产品,以及新乡村旅游产品等。① 把握这些新趋势、新特征和新特点,为目的地文化展示调控和优化提供方向。针对目的地文化展示,在后现代语境下,还要研究旅游者文化消费行为、文化感知行为和旅游体验行为。目的地文化展示的出发点是营造富有吸引力的旅游观光和旅游休闲消费空间,那么,文化展示就必须连接旅游者文化消费行为和旅游体验行为。而且,旅游者文化消费行为和旅游体验行为也随着时代的变化而变化,消费的经济主义观点向着一个新的观点转变,认为消费超出了单纯的购买意义,② 而具有象征性、体验性、休闲性、社交性等。体验经济时代,旅游者的观光已从"凝视"向"旅游体验"转变,旅游景观不再只是"观览物",而是超越了感官,具有丰富的意义,使文化展示朝着情景化的多感官模式发展。③ 所以,符合旅游者文化消费特点的文化展示,才能使文化展示承载更多功能,取得良好的效益,为旅游者创造丰富体验的文化展示,才具有生命力。因而,旅游者文化消费行为和旅游体验行为与目的地文化展示的关系研究值得关注。

目的地文化展示的时空过程整合研究。目的地空间不仅作为"容器",承载景观和旅游活动,而且是一种蕴含意义和价值的空间,是体现目的地格调、氛围与情怀的整体空间。就像游客要看埃菲尔铁塔就要去法国巴黎一样,只有到了巴黎,沉浸在巴黎完整的人文情怀之中,才能感受到法国建筑文化的"优美"与"崇高"。④ 作为对后现代主义时尚

---

① 郑健雄:《后现代旅游产品新风貌》,《旅游学刊》2014 年第 8 期。
② [英] 迈克·克朗:《文化地理学》,杨淑华等译,南京大学出版社 2005 年版,第 112 页。
③ Bella Dicks, *Culture on Display: the Production of Contenmporary Visitability*,北京大学出版社 2007 年版(英文影印版),第 71 页。
④ 郭伟锋:《从景观凝视到生活方式:旅游的后现代转向》,《四川文理学院学报》2013 年第 6 期。

潮流的回应，目的地还要关注空间发展的时间轴，要体现对过去、现在和未来的整合，从而使旅游者回归传统，回归自然，达到"天人合一"的审美境界，实现恢复生活意义的理想，通过活泼的生命体验，并最终超越感性，能动地从生命存在的意义上获得美，将"生命—生存—生活"统一在一起。① 所以，目的地文化展示的时空过程整合对于目的地构建整体吸引力是不可缺少的成分。目的地文化展示的时空过程整合研究主要包括时空整合类型、机制和途径研究，时空整合效应研究。目的地文化展示空间的塑造研究，要反映不同时代的社会文化、科技和艺术发展成就，也要适应不同时代旅游市场对文化展示内容和空间的不同需求，体现不同时代的文化价值观念。随着文化展示的发展，不同阶段呈现出特定的时空格局。研究目的地文化展示的时空过程，关键是研究目的地文化展示的发展规律和走向，尤其是注重对后现代文化展示空间的特点和趋势的研究，对文化展示实践具有现实的指导意义。

文化展示与目的地形象塑造研究。文化展示所形成的目的地景观是目的地形象形成的重要外部刺激因素②，同时，旅游者对目的地的选择、感知和评价也都从目的地整体形象出发。因而，目的地文化展示不能仅停留在景区、景点等部分空间上，还要从整体上研究文化展示如何形成目的地整体形象；否则，会给旅游者传递不完整的或混乱的展示信息，影响旅游者对目的地的选择、感知和评价，影响目的地鲜明形象的塑造。所以，研究目的地文化展示既要研究不同类型空间的展示，更要研究不同类型空间怎样相互联系、相互作用形成目的地形象的整体性和独特性，以及目的地文化展示与形象的互动机制，实现目的地文化展示的有序性和整体性，形成个性独特的目的地形象。

加强案例研究。在研究的初级阶段，大量规律需要从案例的剖析中获得，继而上升为理论，推动理论研究。文化展示的东西方差异性、地域差异性也要从案例研究中体现，即案例研究为比较研究提供实例。案例研究还为指导文化展示实践提供经验和教训。

注重研究方法多样化，尤其要引入自然科学的方法。目的地文化展示是一个综合的复杂开放系统，要用多学科的理论和方法来分析问题，采用定性和定量相结合的方法来研究问题，运用系统研究方法来解决问题。由于目的地文化系统具有与生态系统相似的类生命特征，目的地文化展示可引入自然科学中的生态学理论和方法，深度研究目的地文化展示的生态过程，揭示文化展示的本质、发展趋势。总之，要进行融贯的综合研究。

二 目的地形象研究

（一）早期目的地形象基础理论探讨

自从 Hunt（1975）提出分析旅游形象与旅游目的地之间关系的重要性，目的地形象研究成为旅游研究领域经久不衰的研究主题，到现在已有大量研究。早期的研究主要集中

① 潘海颖：《基于生活美学的旅游审美探析——从观光到休闲》，《旅游学刊》2016年第6期。
② Kelly J. MacKay, Daniel R. Fesenmaier, Pictorial Element of Destination in Image Formation. *Annals of Tourism Research*, 1997, 24 (3): 537–565.

在目的地形象的定义、结构及测量等内容上。① 虽然到目前为止没有一个统一的目的地形象定义，但旅游管理理论将形象定义为旅游者对某一地方的印象、想法、期望和情感思想的集合，体现与目的地相关联的联想和信息片段，反映游客在记忆中形成的目的地的感知。② 从大量实证研究来看，学者们并未将研究重点放在寻求目的地形象定义的一致表述方面，而是在认同目的地形象是旅游者一系列主观感知的基础上，通过揭示其结构来不断深化对这一概念的理解。③ Gallarza 等提出了一个更全面的目的地形象框架概念模型，该模型以四个特征来识别和描述形象结构：复杂的（它不是明确的）、多重的（元素和过程）、相对的（主观的和一般比较的）以及动态的（随时间和空间维度而变化）。针对目的地战略管理，每一个特征都突出了形象概念的有用维度："复杂性"强调分析维度；"多重性"提供了一个行动维度；"相对性"将 TDI 转化为一种战略工具；"动态性"允许基于 TDI 的战术决策。这种目的地战略管理结构的重要性表明：TDI 同时是分析、行动、战略和战术的变量。④ 在结构方面，Echtner 和 Ritchie⑤ 认为目的地形象由三个连续分布的维度构成，即"属性—整体"链、"功能—心理"链和"普遍性—独特性"链。Gartner 提出的基于属性的概念化目的地形象表明，目的地形象由认知、情感和意动三个部分组成。目的地的认知评价包括信念和相关知识，反映游客对目的地感知属性的评价；情感意象成分代表旅游者对目的地的情感反应或评价；意动形象成分是指旅游者对一个作为潜在旅游目的地的地方的积极思考。⑥ 现有研究较多认为目的地形象由三种明显不同但相互关联的成分组成：认知形象、情感形象和整体形象。认知形象与情感形象直接影响整体形象，且认知形象通过情感形象间接影响整体形象。⑦ 对目的地形象测量的探讨主要集中于测量内容和测量方法。在结构化和非结构化测量方法选择中，大多数论文使用结构化技术进行目的地形象建构（Steve Pike，2002）。为了测量一般与属性形象和独特性与整体形象，部分研究采用结构和非结构相结合的综合测量方法⑧。测量内容是目的地形象属性特征，分别从目的地形

---

① 转引自周永博《中国旅游发展笔谈——新时代的旅游目的地形象（一）》，《旅游学刊》2018 年第 3 期。

② Nikolaos Stylos，Victoria Bellou，Andreas Andronikidis，Chris A.，Vassiliadis，Linking the Dots among Destination Images，Place attachment，and Revisit Intentions：A Study Among British and Russian Tourists. *Tourism Management*，2017，60：15 – 29.

③ 沈雪瑞、李天元：《国外旅游目的地形象研究前沿探析与未来展望》，《外国经济与管理》2013 年第 11 期。

④ Martina G. Gallarza，Irene Gil Saura，Haydée Calderón García，Destination image：Towards a Conceptual Framework，*Annals of Tourism Research*，2002，29（1）：56 – 78.

⑤ Echtner C. M，Ritchie J. R.，The Measurement of Destination Image. *Journal of Tourism Studies*，1991，2（2）：2 – 12.

⑥ Nikolaos Stylos，Chris A. Vassiliadis，Victoria Bellou，Andreas Andronikidis，Destinatiou Image，Holistic Images and Personal Normative Beliefs：Predictors of Intention to Revisit. *Tourism Mauagement*，2016，53：40 – 60.

⑦ Sameer Hosany，Yuksel Ekinci，Muzaffer Uysal、Destination Image and Destination Personality：An Application of Branding Theories to Tourism Places. *Journal of Business Research*，2006，59（5）：638 – 642.

⑧ Echtner C. M.，Ritchie J. R.，The Measurement of Destination Image：An Empirical Assessment. *Journal of Travel Research*，1993，31（4）：3 – 13.

象的认知维度①、情感维度②和整体维度③进行测量。

（二）后期以目的地营销管理为导向的形象研究

近十多年来，目的地竞争越来越激烈，由于目的地形象对旅游者决策和行为的重要作用，紧密结合目的地营销管理实践进行形象研究的倾向较为明显，如目的地形象建构、形象效应等，通过理论创新指导目的地营销管理实践，构建有吸引力的目的地形象。

1. 目的地形象影响因素研究

目的地形象是游客对目的地感知的结果，Beerli 和 Martin 通过分析感知形象的不同成分与影响其形成因素之间的关系，探讨影响目的地形象的因素。这些因素包括信息来源（主要和次要）和影响感知形成的刺激，以及访问目的地前后的评价、动机、累积旅游体验和社会人口学特征。④ Marcelo Royo – Vela 通过定性和定量研究，识别了一组跨越旅游认知和情感成分的变量。这些认知和情感成分主要是指城镇的历史文化遗产、所在地的环境卫生和当地的和平氛围，以及游客所受到的待遇和服务，它们与目的地的整体形象高度相关。⑤

名人、影视节目影响。目的地营销方式也是影响目的地形象的重要因素。很多目的地的旅游营销组织已经利用名人代言来吸引更多的国内国际游客。名人效应对目的地形象的潜在影响，以及名人效应与目的地认知和目的地选择结果等方面关系研究受到关注。Petra Glover 强调研究名人代言作用至关重要的三个领域：不同的媒体与名人曝光之间的联系；目的地、名人和消费者之间的适配度；名人代言对目的地认知和购买决策的影响。⑥ 人们对电影如何创造出有吸引力的目的地形象产生了浓厚的兴趣。早期研究主要探讨电影节目构建目的地形象的途径，如通过风景和一些怀旧乡土文化来影响目的地形象。⑦ 随着近年来真人秀电视节目日益普及，电影或电视引致的旅游研究激增，该领域研究不断深化。Tessitore 等研究了真人秀节目中目的地定位对旅游的影响。认为真人秀节目可以改变目的地的形象，积极影响认知、情感和行为结果，增加游客前往目的地的意图。⑧ Fu 等对于影

①　Alhemoud A. M., Armstrong E. G., Image of Tourism Attractions in Kuwait. *Journal of Travel Research*, 1996, 34 (4)：76 – 80；Baloglu S., Mangaloglu M., Tourism Destination Images of Turkey, Egypt, Greece, and Italy as Perceived by Us – based Tour Operators and Travel Agents. *Tourism Management*, 2001, 22 (1)：1 – 9.

②　Baloglu S., Brinberg D., Affective Images of Tourism Destinations. *Journal of Travel Research*, 1997, 35 (4)：11 – 15.
Walmsley D. J., Young M., Evaluative Images and Tourism：The Use of Personal Constructs to Describe the Structure of Destination Images. *Journal of Travel Research*, 1998, 36：65 – 69.

③　Crouch G. I., Ritchie J. R. B., Application of the Analytic Hierarchy Process to Tourism Choice and Decision Making：A Review and Illustration Applied to Destination Competitiveness. *Tourism Analysis*, 2005, 10 (1)：17 – 25.

④　Asuncion Beerli, Josefa D. Matin. Factors Influencing Destination Image. *Annals of Tourism Research*, 2004, 31 (3)：657 – 681.

⑤　Marcelo Royo – Vela, Rural – cultural Excursion Conceptualization：A Local Tourism Marketing Management Model Based on Tourist Destination Image Measurement. *Tourism Management*, 2009, 30：419 – 428.

⑥　Petra Glover, Celebrity Endorsement in Tourism Advertising：Effects on Destination Image. *Journal of Hospitality and Tourism Management*, 2009, 16 (1)：16 – 23.

⑦　Warick Frost, **Bravehearted** Ned Kelly：Historic Films, Heritage Tourism and Destination Image. *Tourism Management*, 2006, 27：247 – 254.

⑧　Tina Tessitore, **Mario** Pandelaere, Anneleen Van Kerckhove, The Amazing Race to India：Prominence in Reality Television Affects Destination Image and Travel Intentions. *Tourism Management*, 2014, 42：3 – 12.

视旅游受众的心理过程做了跨学科研究，探讨观众参与和旅游行为意向之间的关系以及干预机制。实证结果表明，受众参与通过认知和情感形象的中介作用影响旅游者的行为意图。研究结果有助于更好地了解受众参与如何影响旅游行为意向，以及目的地形象介导关系的程度。①

社交媒体、网络与目的地形象构建。众所周知，旅游者通过非正式（如亲戚、朋友等）和正式渠道（如海报、小册子等）来收集目的地信息，这为他们接触当地提供支持形式。互联网服务影响当代旅游业，正在改变信息搜索与传播中的旅游者行为。② 随着网络的普及，新媒体已取代传统媒体成为人们接触信息的第一渠道③，各种旅游网站，如官方旅游网站、旅行社和旅游运营商网站、导游网站和在线旅游杂志，以及社交媒体、在线旅游博客、各种旅游网站的游记等，都成为旅游者信息来源。目的地形象因信息来源不同而不同，网络上呈现的目的地形象具有多样性，因而管理和在线传递期望的目的地形象具有挑战性。④ Stepchenkova 和 Zhan 比较了从目的地营销组织（DMO）网站和一个用户生成内容（UGC）的照片共享网站 Flickr 上收集的秘鲁形象，并确定这些形象在多个维度上的统计差异。⑤ 随着研究的不断深化，网络和新媒体信息内容和信息质量对目的地形象的作用受到关注。Isabel Llodra – Riera 等分析了不同信息源在确定总体信息源结构中的权重。结果表明，不同网站上反映的供应商和用户生成的内容发挥着重要影响，并联合形成信息源结构。此外，在线发布旅游信息的用户在寻找自己的旅游目的地信息时重视用户生成内容的网络平台。⑥ Kim 等（2017）基于新浪微博用户数据的实证分析，研究了社交媒体中内容和非内容线索的旅游信息质量对用户形成目的地形象的作用。研究表明，多个内容线索和作为非内容线索的网页设计与认知和情感形象正相关，从而形成一个意动形象。⑦

营销环境的巨大变化给目的地形象营销带来新的挑战。在新媒体营销背景下，游客与目的地间的信息不对称得到局部改善，目的地内容营销要以精准的市场研判和高水平文化创意作为支撑，立足于目的地的事实基础，开展内容挖掘、生产和创造，提供具有明确市场指向性和文化传承价值的目的地形象内容。⑧ 由于具有高信誉度的用户生成在线旅游信息使传统营销中官方目的地形象的权威受到挑战，DMOs 的形象营销与管理要加大网络渠

---

① Hui Fu, Ben Haobin Ye, Junzhi Xiang, Reality TV, Audience Travel Intentions, and Destination Image. *Tourism Management*, 2016, 55: 37 – 48.

② Dimitrios Buhalis, Rob Law, Progress in Information Technology and Tourism Management: 20 Years on and 10 Years after the Internet——The State of Tourism Research. *Tourism Management*, 2008, 29 (4): 609 – 623.

③ 王晓华、白凯：《新媒体时代目的地形象的解构与重构》，《旅游学刊》2018 年第 3 期。

④ Soojin Choi, Xinran Y. Lehto, Alastair M. Morrison, Destination Image Representation on the Web: Content Analysis of Macau Travel Related Websites. *Tourism Management*, 2007, 28: 118 – 129.

⑤ Svetlana Stepchenkova, Fangzi Zhan, Visual destination images of Peru: Comparative Content Analysis of DMO and User – generated Photography. *Tourism Management*, 2013, 36: 590 – 601.

⑥ Isabel Llodra – Riera, María Pilar Martínez – Ruiz, Ana Isabel Jimenez – Zarco, etc., A Multidimensional Analysis of the Information Sources Construct and Its Relevance for Destination Image Formation. *Tourism Management*, 2015, 48: 319 – 328.

⑦ Sung – Eun Kim, Kyung Young Lee, Soo Il Shin, et al., Effects of Tourism Information Quality in Social Media on Destination Image Formation: The Case of Sina Weibo. *Information & Management*, 2017, 54: 687 – 702.

⑧ 周永博、蔡元：《从内容到叙事：旅游目的地营销传播研究》，《旅游学刊》2018 年第 4 期。

道信息的营销与管理力度；建立多渠道合作，提高官方目的地形象信息的信誉度；最大限度缩小目的地投射形象与感知形象差距。① 此外，新媒体的兴起，极大地改变了传统的目的地形象推广方式，目的地形象必须以全维度的形式进行建构，即全产业联合、全渠道推广、全过程渗透、全地域参与、全员营销。②

旅游目的地的不同信息来源有助于旅游者心理形象的形成。旅游形象形成过程可以定义为，旅游者基于正式和非正式材料收集的有限信息形成的目的地心理表征的发展。③ 宣传小册子，包括专门的视觉内容和对代表性旅游资源的描述，影响旅游目的地形象的形成。有研究认为小册子比其他信息来源具有更大的可信度，因为它们用建设性的语言来描述这些地方，是目的地重要的宣传工具。④ Molina 和 Esteban 通过回归分析，探讨与形象形成和目的地选择高度相关的媒介特征，构建了宣传册实用模型，对宣传册的设计和内容提出相关建议，发展了前人研究中信息源对目的地形象、目的地选择和满足旅游需求的影响的理论解释。⑤

2. 目的地形象感知研究

游客感知是目的地形象形成的起点。形象影响因素感知、感知形象的结构、感知形象的差异等是目的地形象感知研究的主要内容。

形象影响因素感知。目的地形象具有多维特征，但现有研究很少考虑地方更广泛的完形感知（格式塔感知）的影响，⑥ 研究缺乏广度。为了探索地方形象的多维特征及其对购买行为的影响，Elliot 和 Papadopoulos 采用跨学科的方法，将产品、国家和旅游变量同时纳入并建立综合测量模型。揭示了地方形象子成分的相关关系：认知国家形象对产品评价的影响最大；情感国家形象对目的地评价的影响最大；产品信念影响旅游接受性。⑦

一般认为，一个出口国的积极形象肯定会积极影响消费者对该国产品的行为。一个新兴的观念可能存在反向效应，即产品的正面评价导致原产地国家的同样积极的形象。Ryu 等建立产品评价与访问意图相联系的模型进行探讨，证明消费者基于过去的产品购买而与韩国互动的意愿是他们访问该国意图的重要指示器。这表明产品的正面评价确实导致原产地国家的积极形象。⑧

---

① 季少军：《信息化时代目的地形象的话语权之争》，《旅游学刊》2018 年第 4 期。

② 王晓华、白凯：《新媒体时代目的地形象的解构与重构》，《旅游学刊》2018 年第 3 期。

③ Molina A.，Gómez M.，Martin - Consuegra，Tourism Marketing Information and Destination Image Management. *African Journal of Business Management*，2010，4（5）：722 - 728.

④ Raffaella Nicoletta，Rocco Servidio，Tourists' Opinions and Their Selection of Tourism Destination Images：An Affective and Motivational Evaluation. *Tourism Management Perspectives*，2012，4：19 - 27.

⑤ Arturo Molina，Águeda Esteban，Tourism Brochures：Usefulness and Image. *Annals of Tourism Research*，2006，33（4）：1036 - 1056.

⑥ Zeugner - Roth K. P.，Zabkar V.，Bridging the Gap between Country and Destination Image：Assessing Common Facets and Their Predictive Velidity. *Journal of Business Research*，2015，68：1844 - 1853.

⑦ Elliot & Papadopoulos，Of Products and Tourism Destinations：An Integrative，Cross - National Study of Place Image. *Journal of Business Research*，2016，69：1157 - 1165.

⑧ Jay Sang Ryu，et al.，From Branded Exports to Traveler Imports：Building Destination Image on the Factory Floor in South Korea. *Tourism Management*，2016，52：298 - 309.

风险感知逐渐成为目的地形象的一部分。Lepp 等探究了乌干达的旅游形象和风险感知情况，以及乌干达旅游官网所报道的信息是否会导致其旅游形象的改变。研究显示，乌干达旅游官网报道前乌干达被认为是一个危险目的地，官网报道后形成的形象则更为正面，风险感知程度有所减弱。此项研究为目的地使用网络更好地管理形象和游客感知危机提供了依据。[①]

感知形象的结构。目的地形象是一个多维结构，认知形象、情感形象与整体形象成分之间的关系得到广泛研究，但前两者对整体形象的重要性规律还未得到确认。

Hernández – Mogollón 基于对目的地形象的认知和情感因子的评价，评估文化事件对目的地整体形象的影响，认为认知形象相比于情感形象更有利于整体形象的形成。[②] Qu 等发现总体形象除了有认知形象和情感形象维度外，还有第三维度的独特形象，且独特形象对整体形象形成的影响仅次于认知评价，居第二位。[③] Hosany 等致力于探讨目的地品牌形象与品牌个性之间的关系。研究表明两者存在相关性，目的地品牌形象的情感因子占据了目的地品牌个性维度中大多数变量位置，品牌个性更多地与品牌形象的情感成分有关。[④] Stylidis 等探讨认知、情感和整体意象与行为意向之间的关系，结果表明，情感成分对整体形象和未来行为的影响比认知影响更大。[⑤] 刘力把影视剧对潜在游客的目的地形象感知和旅游意向的影响纳入一个整体性框架之中，分析潜在游客的目的地形象形成过程。发现情感形象对整体形象的影响要大于认知形象对整体形象的影响。[⑥]

感知形象的差异。因为年龄、文化、熟悉度和旅游经历等不同，不同人群对目的地形象的感知存在不同程度的差异。

张高军等以杭州为例，以一手调查数据对不同代际的目的地形象进行比较。无论是目的地形象因子，还是目的地形象维度结构，不同代际都存在显著差异，但差异是局部的。[⑦] 本地人与外地游客的目的地形象差异表现在构建城市形象的方式不同。[⑧] 有的表现在认知

① Andrew Lepp, Heather Gibson, Charles Lane, Image and Perceived risk: A Study of Uganda and Its Official Tourism Website. *Tourism Management*, 2011, (32): 675 – 684.

② José Manuel Hernández – Mogollón, Paulo Alexandre Duarte, José Antonio Folgado – Fernández, The Contribution of Cultural Events to the Formation of the Cognitive and Affective Images of a Tourist Destination. *Journal of Destination Marketing &Management*, 2017: 1 – 9.

③ Hailin Qu, Lisa Hyunjung Kim, Holly Hyunjung Im, A Model of Destination Branding: Integrating the Concepts of the Branding and Destination Image. *Tourism Management*, 2011, 32: 465 – 476.

④ Sameer Hosany, Yuksel Ekinci, Muzaffer Uysal, Destination Image and Destination Personality: An Application of Branding Theories to Tourism Places. *Journal of Business Research*, 2006, 59 (5): 638 – 642.

⑤ Dimitrios Stylidis, Amir Shani, Yaniv Belhassen, Testing an Integrated Destination Image Model Across Residents and Tourists. *Tourism Management*, 2017, (58): 184 – 195.

⑥ 刘力：《旅游目的地形象感知与游客旅游意向——基于影视旅游视角的综合研究》，《旅游学刊》2013 年第 9 期。

⑦ 张高军、吴晋峰、周靖超：《旅游目的地形象的代际差异比较——兼论代沟理论的 3 种不同学说》，《旅游学刊》2017 年第 2 期。

⑧ Jutla R. S., Visual Image of the City: Tourists' Versus Residents' Perception of Simla, a Hill Station in Northern India. *Tourism Geographies*, 2000, 2 (4): 404 – 420.

形象和情感形象存在一定差异，① 有的表现在景区认知形象的某些维度上存在差异。② 游客和潜在游客的目的地形象感知差异表现在对目的地形象的建构上，游客主要感知目的地吸引物和美食，潜在游客主要感知设施、服务和气候等旅游基础条件；③ 表现在对景区形象构建上，游客以心理属性为主，潜在游客以功能属性为主。④

另外，冯捷蕴选择中西方旅游者博客话语为切入点，探讨中西方游客对北京旅游目的地形象感知的异同。⑤

不同信息源导致游客感知同一个目的地形象存在差异。如目的地营销组织在网上发布的秘鲁形象和用户在网上用照片构建的秘鲁形象，在多个维度上有统计差异；⑥ 对中国台湾东部目的地，由旅游者产生的内容（TGC）和旅游组织（NTO）生成的内容既有相似性也有差异性，游客感知 TGC 文本内容比 NTO 文本内容更能反映目的地情感形象。⑦

3. 目的地形象效应研究

对游客的目的地选择行为的影响。旅游目的地形象是当代旅游研究面临的主要挑战之一，旅游研究已广泛认识到形象对旅游者行为的影响，包括目的地属性的心理构建到旅游决策过程。⑧ Qu 等开发和测试了一个目的地品牌的理论模型。该模型整合了品牌和目的地形象的概念。研究表明，目的地整体形象（即品牌形象）受三类品牌联想成分（认知、情感和独特形象成分）影响，是品牌联想与旅游者未来行为（重访和推荐意图）的重要中介。⑨ 在影响游客目的地选择因素的研究中，以往的研究很少提及文化因素。刘鹏等对国内各省 2005—2009 年在中央电视台（CCTV）投放的区域旅游目的地形象广告的效果进行实证研究。研究显示，央视旅游形象广告的投放能够显著促进该省国内旅游人次和收入的增长，并具有一定的长期效应。⑩

由于游客忠诚会产生良好的口碑效应，进而主动推荐自己去过的目的地旅游，甚至故

① Ji S., Wall G., Visitor and Resident Images of Qingdao, China, as a Tourism Destination. *Journal of China Tourism Research*, 2011, 7 (2): 207 – 228.

② Aziz A., Zainol N.A., Local and Foreign Tourists' Image of Higland Tourism Destinations in Peninsular Malaysia. *Pertanika Journal of Social Science and Humanities*, 2009, 17 (1): 33 – 45.

③ Phillips W.J., Jang S., Destination Image Differences between Visitors and Non – visitors: A Case of New York City. *Internatioual Journal of Tourism Research*, 2010, 12 (5): 642 – 645.

④ Jani D., Hwang Y.H., User – generated Destination Image Through Weblogs: A Comparison of Pre – and Post – Visit Images. *Asia Pacific Journal of Tourism Research*, 2011, 16 (3): 339 – 356.

⑤ 冯捷蕴：《北京旅游目的地形象的感知——中西方旅游者博客的多维话语分析》，《旅游学刊》2011 年第 9 期。

⑥ Svetlana Stepchenkova, Fangzi Zhan, Visual Destination Images of Peru: Comparative Confent Analysis of DMO and User – generated Photography. *Tourism Management*, 2013, 36: 590 – 601.

⑦ Athena H.N., Mak, Online destination image: Comparing national tourism organisation's and tourists' Perpectives. *Toufrism Management*, 2017, 60: 280 – 297.

⑧ Raffaella Nicoletta, Rocco Servidio, Tourists' Opinions and Their Selection of Tourism Destination Images: An Affective and Motivational Evaluation. *Tourism Management Perspectives*, 2012 (4): 19 – 27.

⑨ Hailin Qu, Lisa Hyunjung Kim, Holly Hyunjung Im, A Model of Destination Branding: Integrating the Concepts of the Branding and Destination Image. *Tourism Management*, 2011, 32: 465 – 476.

⑩ 刘鹏、吴华清、江兵等：《旅游目的地形象广告效应分析：基于双重差分模型的估计》，《旅游学刊》2017 年第 8 期。

地重游，对目的地旅游发展有重要价值。因而，很多研究聚焦目的地形象对游客忠诚的影响。Choi 等调查了俄罗斯游客对韩国旅游形象的感知。研究发现，总体形象和目的地忠诚之间的关系具有统计学意义。回归结果表明，对韩国持积极态度的俄罗斯人更有可能将韩国作为旅游目的地推荐给其他国家的旅游者。[1] Wu 建立模型探讨关键的游客忠诚因素。检验结果发现，目的地形象、旅游经历和旅游满意度都是目的地忠诚度的决定性因素。[2] 有研究探讨由初访游客对目的地访问前后的形象差距引起的目的地形象变化的变量因子，分析变量对旅游满意度和忠诚度的影响。结果显示，积极的形象差距产生更大的满意度，对忠诚度有积极影响。[3]

随着众多目的地依托重游业务，重游意愿已成为一个重要研究课题。Assaker 等利用在法国、英国和德国旅行者中收集的数据，研究新奇寻求、满意度和目的地形象对重访轨迹的影响。研究表明，旅行者的新奇寻求和低满意度都会抑制他们立即重游。相反，目的地的正面形象会增强近期和未来的重游意图。[4] 有证据表明，形象成分（认知、情感和意动）和整体形象的结合对预测游客的再访意图是有意义的。Stylos 等证明所有的形象成分都通过整体形象对再访意图产生正面的间接影响，而意动成分也有直接影响。[5] 实证研究表明，形象能吸引游客注意力，并激发他们的决策过程。[6] Stylidis 等建立了认知、情感和整体意象与行为意向之间关系的模型，考察每个形象要素对整体形象和行为意图的影响。研究表明，在旅游者中，情感成分对总体目的地形象和未来行为的影响比认知成分影响更大。[7] 张宏梅等以江苏周庄旅游形象为例，检验形象结构三维度之间的关系，以及目的地形象与游客行为意图的关系。研究证明，情感形象是影响游客行为意图的最主要的形象成分。[8] 还有研究探讨刻板印象对旅游意图的影响。

除了研究旅游者感知形象对其行为的影响外，还有研究探讨居民的地方形象对其行为

① Jeong Gil Choi, Tamara Tkachenko, Shomir Sil, On the Destination Image of Korea by Russian Tourists. *Tourism Management*, 2011, 32: 193 – 194.

② Chih – Wen Wu. Destination Loyalty Modeling of the Global Tourism. *Journal of Business Research*. 2016, 69 (6): 2213 – 2219.

③ Josefa D. Martín – Santana, Asunción Beerli – Palacio, Patrizio A. Nazzareno, Antecedents and Consequences of Destination Image Gap. *Annals of Tourism Research*, 2017, 62: 13 – 25.

④ Guy Assaker, Vincenzo Esposito Vinzi, Peter O'Connor, Examining the Effect of Novelty Seeking, Satisfaction, and Destination Image on Tourists' Return Pattern: A Two Factor, Non – linear Latent Growth Model. *Tourism Management*, 2011, 32: 890 – 901.

⑤ Nikolaos Stylos, Victoria Bellou, Andreas Andronikidis, et al., Linking the Dots Among Destination Images, Place Attachment, and Revisit Intentions: A Study Among British and Russian Tourists. *Tourism Management*, 2017, 60: 15 – 29.

⑥ Chen C. F., Tsai D., How Destination Image and Evaluative Factors Affect Behavioral Intentions? *Tourism Management*, 2007, 28: 1115 – 1122. Ryan C., Gu H., Destination Branding and Marketing: The role of marketing organisation. In H. Oh (Ed), *The Handbook of Destination Marketing*. Oxford, UK: Elsevier. 转引自: Raffaella Nicoletta, Rocco Servidio, Tourists' Opinions and Their Selection of Tourism Destination Images: An Affective and Motivational Evaluation. *Tourism Management Perspectives*, 2012, 4: 19 – 27.

⑦ Dimitrios Stylidis, Amir Shani, Yaniv Belhassen, Testing an Integrated Destination Image Model Across Residents and Tourists. *Tourism Management*, 2017, (58): 184 – 195.

⑧ 张宏梅、陆林、蔡利平等：《旅游目的地形象结构与游客行为意图》，《旅游科学》2011 年第 1 期。

的影响。Stylidis 等基于旅游感知影响（经济、社会文化和环境）的三重底线方法，采用非强制的方法来测量居民对这些影响的感知，探讨居民的地方形象对形成旅游开发支持态度的作用。模型检验表明，居民的地方形象影响他们对旅游影响的感知，进而影响他们对旅游业发展的态度。揭示更有利的经济、社会文化和环境影响的感知导致更大的支持。[1]

（三）目的地形象动态变化研究

动态性是目的地形象的特征，目的地形象会随着目的地本身的时空变化和游客感知发生动态变化。到目前为止，学术界对于旅游地形象的动态研究仍然较为薄弱。[2] 尤其是对旅游地形象的时间演变研究很少。[3]

1. 随时间变化的感知形象变化研究

旅游目的地作为自然和人文的综合体，存在季节性、生命周期和重大事件引起的感知形象变化。季节性是大部分目的地都有的四季变化，有的目的地因为冬季气候寒冷成为冬季运动胜地，夏季因为凉爽而成为避暑地。但已有的研究认为旅游地形象的季节波动不大。[4]

生命周期是自然界的普遍规律。根据 Plog 提出的旅游地心理位置理论，目的地形象也存在生命周期现象。伴随旅游地从发展起步阶段到兴盛再到衰退的形象变化过程，相应吸引着从开放型（Allocentrics）到中间型（Mid - centrics）再到保守型（Psychocentrics）的旅游者。[5] 乌铁红以 Butler 提出的旅游地生命周期理论为基础，分析旅游地演化过程中的旅游形象演化。她同样认为，旅游地演化不同的阶段产生不同类型的旅游形象，旅游地形象必然随着旅游地的演化而演变。[6]

重大事件往往会吸引社会的关注而影响人们对目的地的看法和态度，相关研究主要包括对重大事件的感知和重大危机事件后的形象修复。从感知角度研究大型节事活动对目的地形象的影响的成果较多，认为大型节事对举办地形象改善或形成积极认识有显著影响。[7] Ketter 认为社交媒体是危机修复极为重要的交流渠道。他分析了在发生 Gurkha 地震之后，Facebook 上尼泊尔旅游管理委员会网页上的宣传海报、内容、图片以及链接，并进行定性内容分析。研究结果阐明了作为形象修复工具的 Facebook 的作用，以及其作为多功能工具的特征。[8]

---

① Dimitrios Stylidis, Avital Biran, Jason Sit, Edith M. Szivas, Residents' Support for Tourism Development: The Role of Residents' Place Image and Perceived Tourism Impacts. *Tourism Management*, 2014, (45): 260 – 274.
② 乌铁红：《旅游地形象的动态研究与其生命周期的演化》，《内蒙古师范大学学报》（哲学社会科学版）2005年第2期。
③ Gallarzam M. G., Saura I. G., García H. C., Destination Image: Towards a Conceptual Framework. *Annals of Tourism Research*, 2002, 29 (1): 59 – 78. 转引自：王媛、冯学钢、孙晓东：《旅游地形象的时间演变及演变机制》，《旅游学刊》2014年第10期。
④ Gartner W. C., Temporal Influences on Image Change. *Annals of Tourism Research*, 1986, 13 (4): 635 – 644.
⑤ 周年兴、沙润：《旅游目的地形象的形成过程与生命周期初探》，《地理学与国土研究》2001年第1期。
⑥ 乌铁红：《旅游地形象的动态研究与其生命周期的演化》，《内蒙古师范大学学报》（哲学社会科学版）2005年第2期。
⑦ Lee Ch, Lee Y., Lee B., Korea's Destination Image Formed by the 2002 World Cup. *Annals of Tourism Research*, 32 (4): 839 – 858.
⑧ Eran Ketter, Destination Image Restoration on Facebook: The Case Study of Nepal's Gurkha Earthquake. *Journal of Hospitality and Tourism Management*, 2016, (28): 66 – 72.

此外，伴随游客旅游过程的感知形象也是动态变化的。Kim 等以澳大利亚游客在澳大利亚旅游前、旅游期间和旅游之后的三个时间段为研究对象，测量澳大利亚作为旅游目的地的形象。结果表明，形象感知随着时间的推移而波动。①

2. 随空间变化的感知形象变化研究

距离在形象形成过程中起着一定作用。② 张宏梅等采用定量方法，选择距周庄不同距离的五个城市（上海、南京、合肥、济南、成都）作为样本地，调查地理距离对旅游形象的影响。研究显示，不同距离的旅游者和潜在旅游者对周庄的旅游形象感知存在差异。随着距离的增加，旅游认知形象和情感形象的美誉度也随之增加。因为距离衰减规律，游客对认知形象和情感形象的知晓度随着距离的增加明显降低。③

（四）研究评述

1. 研究广度和深度不断拓展，但仍有进一步提升的空间

40 多年来目的地形象研究产生了大量成果，从早期对定义、结构及测量等方面基础理论的探讨，拓展到后期以目的地营销管理为导向的形象研究，探讨目的地形象建构、形象感知和形象效应等方面内容，通过理论创新指导目的地营销管理实践，构建有吸引力的目的地形象。整个研究历程不仅拓展了研究广度，而且在信息源对形象构建的影响、形象成分之间关系的研究、感知形象差异，以及目的地形象对游客选择行为、游客忠诚和重游意愿等方面进行了深入研究，但研究广度和深度仍有进一步提升的空间。在广度上，要把握目的地形象的多维特征拓宽研究视角：既要研究整体形象，更要研究独特形象；既要研究目的地功能对形象的影响，更要从心理和精神层面研究目的地对形象的作用；既要研究形象形成的一般规律，更要研究特殊规律。跨学科研究是未来拓展形象研究视野的重要途径。目的地的综合性和形象形成的复杂性，为跨学科进行形象的综合研究提供了巨大空间。此外，随着信息技术的发展，目的地营销环境发生了巨大变化，从而带来目的地形象研究的诸多新课题。在深度方面，要把握目的地形象的复杂性，继续探讨相关规律和机制。尽管很多研究证明情感形象对整体形象的作用更大，然而认知形象和情感形象哪个对整体形象更重要还不确定；虽然形象影响因素不断拓展，但这些因素对形象形成的作用机制还缺乏研究；虽然探讨了不同群体的感知形象差异，但一般规律尚未明确。

2. 研究方法不断进步，但缺乏目的地之间的比较研究

目的地形象的研究方法最初是以结构化的定量研究为主，最流行的数据分析技术是因子分析，其后是 t 检验、感知地图、均值分析、聚类分析和重要性—绩效分析等。④ 随着

---

① Samuel Seongseop Kim, Bob McKercher, Hyerin Lee., Tracking Tourism Destination Image Perception. *Annals of Tourism Research*, 2009, 36 (4): 715–718.

② Martina G. Gallarza, Irene Gil Saura, Hayde'e Caldero'n Garc?'a. Destination image: Towards a Conceptual Framework. *Annals of Tourism Research*, 2002, 29 (1): 56–78.

③ 张宏梅、陆林、章锦河：《感知距离对旅游目的地之形象影响的分析——以五大旅游客源城市游客对苏州周庄旅游形象的感知为例》，《人文地理》2006 年第 5 期。

④ Pike S., Destination Image Analysis: A Review of 142 Papers from 1973 to 2002. *Tourism Management*, 2002, 23 (5): 541–549.

研究进程的发展，研究方法从统计分析方法扩展到结构方程模型方法[1]、交互式叙事方法[2]、内容分析法[3]和视觉符号学方法[4]等方法的运用，实现了从单一方法到混合方法[5]、从单一学科研究到跨学科研究[6]的巨大进步。但缺乏目的地之间的比较研究，很多研究只测量了一个目的地的感知，没有任何竞争目的地的参考框架。[7] 在目的地形象影响游客行为、目的地形象感知差异等方面的研究，主要是对单个目的地的考察。目的地形象的复杂性强调要进行比较分析。形象的成分之间、形象与游客行为之间的关系都是复杂的非线性关系，需要通过目的地之间的比较研究揭示这些复杂关系，提升研究成果质量。缺乏目的地之间的比较研究，制约了共性规律探讨和成果的普适性。

3. 研究重心在目的地营销，缺乏目的地形象战略研究

现有的目的地形象研究主要包括形象塑造、形象感知和形象影响三部分内容，每个部分的研究几乎都聚焦服务于目的地的营销实践，是以目的地营销管理为导向的形象研究。如怎样构建有魅力的形象吸引游客，从而提高游客对目的地的选择；怎样提高游客的忠诚度和重游率，从而提高目的地的旅游经济效益；怎样修正危机带来的负面形象，使目的地重新回到旅游者的视野。为解决目的地当前面临的许多新问题，主要偏重目的地营销的形象研究将受到挑战。

目前，目的地转型升级、旅游市场消费升级和旅游营销环境的巨大变化给目的地形象研究带来许多新的研究问题。我国目的地从观光旅游向休闲度假旅游模式转变，就必然带来形象的转换和培育问题；在旅游业经过快速发展后，旅游消费从数量型向品质型升级，使目的地面临形象品牌建设问题。新媒体时代信息传播和内容生产的变化深刻影响旅游目的地形象构建和传播。怎样管理形象营销环境，让投射的目的地形象发挥更加积极的作用？怎样管理目的地，从而控制影响越来越大的形象危机？回答这些新问题，有必要加强目的地形象的战略研究，支撑目的地形象引领的发展战略，应对越来越激烈的目的地竞争。

4. 形象塑造聚焦营销途径，忽略与目的地建设和管理互动途径

现有的目的地形象塑造研究对不同营销途径做了大量研究，尤其是近年来新媒体成为重要的信息搜索渠道后，关于网络与目的地形象构建的研究不断增加。然而，形象塑造与

① Assaker G., Vizi V. E., O'Connor P., Examing the Effect of Novelty Seeking, Satisfaction, and Destination Image on Tourists' Return Pattern: A Two Factor, Non – linear Latent Growth Model. *Tourism Management*, 2011, 32: 890 – 901.

② Govers K., GOFM, Kumar K., Promoting Tourism Destination Image. *Journal of Travel Research*, 2007a, 46 (1): 15 – 23.

③ 冯捷蕴：《北京旅游目的地形象的感知——中西方旅游者博客的多维话语分析》，《旅游学刊》2011 年第 9 期。

④ Hunter W. C., The Social Construction of Tourism Online Destination Imege: A Comparative Semiotic Analysis of the Visual Representation of Seoul. *Tourism Management*, 2016, 54: 221 – 229.

⑤ Hunter W. C., Suh Y. K., Multimethod Research on Destination Image Perception: Jeju Standing Stones. *Tourism Management*, 2007, 28 (1): 130 – 139.

⑥ Elliot S., Papadopoulos N., of Products and Tourism Destinations: An Integrative, Cross – national Study of Place Image. *Journal of Business Research*, 2016, 69 (3): 1157 – 1165.

⑦ Steve Pike, Destination Image Avalysis – A Review of 142 Papers from 1973 to 2000. *Tourism Management*, 2002, 23: 541 – 549.

目的地建设和管理互动这一重要途径却没有引起形象研究的足够重视。

目的地形象形成要经过游客的信息收集、决策感知和目的地实地感知等阶段，只有当游客参观目的地后才会在游客的脑海中形成。① 而且，实地感知形象对重游和口碑效应都有重要影响。所以，目的地形象塑造不仅要重视营销途径对形象的投射，还要重视游客的实地感知形象，重视目的地的建设和管理。尤其是在新媒体时代和散客时代背景下，目的地的感知空间前所未有地扩大，游客在网络上发布信息构建形象的作用不断提高，目的地形象风险也相应增加，目的地建设和管理对形象塑造的重要性将越来越突出。将形象塑造与目的地建设和管理互动，才能缩小游客的形象感知差距，降低目的地形象风险，塑造有魅力的目的地形象。

第四节　研究目标、意义、内容和拟解决的关键问题

一　研究目标

把目的地文化展示系统看作一个涉及自然、社会、经济和人的心理、精神、美学及内在功能等各个方面的多功能景观系统；应用多学科的理论与方法，通过对文化展示系统特征和结构的分析、旅游者感知的研究和形象演化机制的探讨，建立目的地文化展示与形象互动模式，从而通过调控目的地文化展示进行形象管理，实现目的地文化整体性展示和独特性展示，塑造独特的有吸引力的目的地形象，促进文化与旅游融合互动发展和目的地旅游可持续发展。

二　研究意义

从理论上看，无论在文化展示研究领域还是在目的地形象研究领域，本研究在内容、方法和视角上都是一次积极的探索。

在研究内容上，首先，将文化展示研究从景点和景区拓展到目的地层次，探讨以目的地整体形象塑造为基础、独特形象塑造为目标的文化展示路径，拓宽了文化展示研究内容。从目的地地域本身和游客对目的地地域空间认知规律来看，目的地是一个整体的复杂开放系统。从目的地层次研究文化展示，体现目的地的整体性，符合旅游者的认知规律，进而达到塑造目的地整体形象的目的。其次，将目的地形象管理研究从单纯的形象定位、形象设计和促销等静态管理研究拓展到当前形象优化与未来形象塑造的动态管理研究，突出了目的地形象的动态性，丰富了形象研究内容。最后，探讨文化展示中目的地文化演变和形象演变机制，并构建文化展示与形象互动模式，深化了文化展示研究和形象研究。

在研究方法上，采用多学科综合研究、案例比较研究，以及定性和定量相结合的方法，尝试探讨解决目的地综合问题的途径。本研究运用文化理论、景观生态学理论、心理

---

① Qu H., Kim L. H., Im H. H., A Model of Destination Branding: Integrating the Concepts of the Branding and Destination Image. *Tourism Management*, 2011, 32 (3): 465 – 476.

学理论、旅游者行为理论和旅游形象理论等，综合运用景观生态学方法、结构方程方法、内容分析法和社会网络研究方法等，对目的地文化展示和形象管理问题进行综合研究，使研究结论更具科学性。

在研究视角上，本研究把握目的地旅游文化生态系统特征和旅游形象的多维度特征，采用文化生态视角，整体性和独特性视角，以及时空动态视角等多维视角聚焦旅游形象研究，探讨目的地形象调控和培育的文化展示途径。

从实践上看，探讨文化展示调控路径，对有效解决我国旅游目的地形象管理实践中的突出问题，对塑造各具特色、有吸引力和竞争力的旅游目的地有重要参考价值；有助于推动我国文化与旅游业的深度融合发展和世界旅游强国建设。

在实践中，本研究对目的地文化展示方向的选择、文化展示结构的调控、文化空间的构建等方面具有重要的指导意义。以目的地形象动态管理为目标的文化展示，能较为有效地解决展示重点错位、展示趋同、无序展示和盲目展示等不良现象，提高目的地创新开发意识，让文化展示发挥其积极重要作用，避免文化生态破坏和形象模糊混乱。以塑造有吸引力、独具特色的旅游形象为目标的目的地文化展示途径，能协调目的地在各个层面和环节上的文化展示，创造具有地方感、有整体吸引力的目的地环境，使目的地文化展示发挥更大的经济、社会、文化和环境综合效益，促进目的地可持续发展。

此外，本研究的成果可为城乡规划、目的地旅游规划、景观规划和文化规划等提供理论支撑。这些规划都涉及文化要素，但目前主要注重了地域文化的挖掘，而对通过规划体现整体地域意象，从而提高现代城市建设水平和城市品质，实现城市可持续发展这一极其关键的问题关注不够。无疑，本研究的成果对完善上述规划目标是可借鉴的基础研究。

三 研究内容

（1）目的地文化展示与旅游形象互动假设。从现实背景上，分析目的地文化展示和旅游形象管理存在的问题，提出目的地文化展示与旅游形象互动假设；从理论背景和政策背景上，分析本研究的必要性和重要性。

（2）文化展示时空结构。以文化学为指导，分析作为展示对象的"文化"本身具有的特点，探讨目的地文化展示的类型、层次结构和动态趋势，以此作为探讨目的地文化展示与旅游形象互动模式的基础；引入景观生态学理论，构建目的地文化展示的生态空间架构——目的地旅游文化景观生态系统概念框架，作为文化展示的空间载体；按照景观生态原理，解构与分析目的地旅游文化景观生态系统结构与规律，从时空维度探讨目的地旅游文化景观生态单元的整合和系统的演变规律。分析和评价案例地旅游文化景观生态系统的特点，作为目的地文化展示调控依据。

（3）旅游者目的地空间感知和文化感知。研究旅游者的感知行为规律，建立目的地文化展示与目的地旅游形象之间的关联，作为构建目的地文化展示与形象互动模式的依据。

首先，探讨旅游者目的地空间感知规律。运用"格式塔"心理学原理、地理空间"认知链"理论和凯文·林奇的意向理论等，分析旅游者对目的地空间层次和空间单元关系的感知，分析区域背景下目的地形象独特性感知特点和目的地文化展示内容。探讨目的地独特形象塑造的空间整合路径。

其次，探讨旅游者文化感知规律。运用旅游者行为学理论，结合文化学理论和旅游形象感知理论，采用问卷调查，探讨旅游者文化感知对目的地旅游形象的影响，分析基于形象塑造的文化展示问题，重构旅游文化展示方式。

（4）目的地形象演变机制。引入生态位理论，创建旅游文化生态位维度，对旅游文化生态单元生态位进行定量研究和潜力评估；采用内容分析法，分析目的地不同阶段旅游形象的演变；运用结构方程原理、定性和定量相结合的方法，检验并分析文化展示过程中目的地文化景观生态单元演变与目的地旅游形象演变的规律，建立目的地文化展示与形象塑造的动态关联模型，作为建立目的地文化展示与形象管理互动模式的理论依据。

（5）目的地文化展示与旅游形象互动模式。根据认知心理学原理，以"文化展示—旅游者感知—目的地形象"为理论逻辑，以文化展示的层次结构为基本框架，从空间和文化两条主线上，构建目的地文化展示与形象互动模式，并分析阐释互动路径。

（6）案例地比较研究。选择我国三个不同类型的世界遗产地苏州、丽江和乐山作为案例地进行比较研究，揭示目的地文化展示与形象互动中的共性规律和个性差异，提出解决目的地形象管理突出问题的文化展示路径。指导遗产地将文化展示、形象管理和城市发展整合起来，进行科学整体的文化展示，塑造遗产地鲜明的整体形象和具有魅力、吸引力、影响力的独特形象，引领旅游目的地可持续发展。

四　拟解决的关键问题

（1）目的地文化展示系统结构及演变规律。
（2）基于文化展示的目的地形象演变机制。
（3）旅游者目的地空间和文化感知规律。
（4）区域背景下旅游目的地形象独特性塑造。
（5）目的地文化展示与旅游形象互动模式。

第五节　研究方法、技术路线

一　研究方法

本研究采用多学科综合研究方法、结构主义方法和比较研究方法，以及规范研究与实证研究相结合、定性与定量相结合、实地调研与问卷调查相结合的方法。

目的地文化展示系统是一个涉及社会、经济和人的心理、精神、美学及内在功能等各个方面的多功能景观，研究该景观的结构、功能和整体效应，探讨文化展示与旅游者感知之间的关系，建立目的地文化展示与形象的互动模式，涉及文化学、景观生态学、旅游者行为学、传播学和营销学的理论，必须借助相关学科采用多种方法来解决这一综合问题。

在理论探讨的基础上，分析案例地旅游文化景观生态系统的结构、功能和效应，以及当前形象和未来形象，探讨案例地文化展示的调控途径和未来文化展示策略。

通过案例地研究问题的比较研究进行规律探讨，使研究结论更具普适性。

目的地形象是旅游者感知目的地的结果，旅游者感知是目的地文化展示与旅游形象之间关系的桥梁。借助定量与定性相结合的方法，通过问卷调查和深度访谈，研究旅游者空间感知和旅游文化感知；借助内容分析法，挖掘旅游者游记文本所表达的目的地形象感知；运用结构方程方法，探测旅游文化对旅游形象的影响。引入生态位理论，通过测算旅游文化生态位，分析旅游文化因子生态位变迁与旅游形象演变的关系。

在目的地形象整体性和独特性构建方面，运用社会网络分析方法，分析目的地旅游流网络的动态演变特征，探讨目的地整合途径。运用景观分析方法，构建目的地独特基质。

二 技术路线

本研究在收集整理统计数据、文献资料和实地调研资料的基础上，以结构主义方法为指导，从当前相关研究和文化展示实践中的问题入手，通过文化展示和形象演变机制研究，构建文化展示和形象互动模式，从而探讨目的地当前形象优化的文化展示调控和未来形象培育的文化展示策略。研究的逻辑思路是：问题—机制—措施。首先分析相关研究理论和实践问题，提出研究问题；其次，以文化的时空特征为依据，分析目的地文化展示系统中文化展示的途径方法和展示调控的空间机制，引入生态位理论，探讨基于旅游文化因子演替的形象演变过程，以旅游者感知行为研究建立文化展示与形象的关联；最后在此基础上构建目的地文化展示与形象互动的模式，进而探讨目的地当前形象的文化展示优化和未来形象的文化展示策略（见图1-1）。

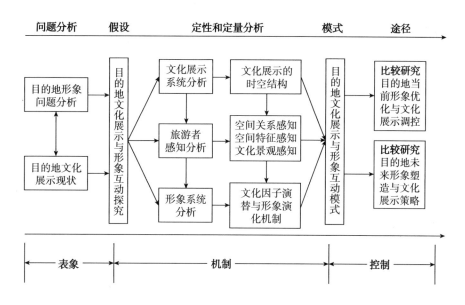

图1-1 本研究技术路线

第六节　案例地概况及典型性

一　苏州市概况

苏州是长三角中心城市之一，位于江苏省东南部，太湖之滨，长江南岸的入海口处。东部濒临东海，与上海市区相距 81 公里；西部与无锡为邻，拥抱太湖；北部濒临长江，隔江遥望南通；南部紧临浙江，与嘉兴接壤。京沪铁路、京沪高铁、沪宁城际高铁和多条高速公路贯穿全境。

苏州总面积 8657.32 平方公里。全市地势低平，境内河流纵横，湖泊众多，太湖水面绝大部分在苏州境内，河流、湖泊、滩涂面积占全市土地面积的 36.6%，是著名的江南水乡。苏州属亚热带季风海洋性气候，气候温和，四季分明，雨量充沛，土地肥沃，物产丰富，自然条件优越。[①]

2019 年年末，全市常住人口 1075 万人，其中城镇人口 827.7 万人，城镇化率 77%。[②]苏州是长江三角洲经济圈的中心城市之一，是江苏省重要的交通枢纽城市，是文化、艺术、金融、教育中心城市，也是全省重要的经济、工商业、对外贸易和物流中心。苏州的经济实力居江苏省第一，为全国地级市之首，主要经济指标居中国城市前列。

苏州有 2500 多年的悠久历史，其突出特征是至今犹存的古代"水陆并行、河街相邻"的双棋盘格局、"三纵三横一环"的河道水系和"小桥流水、粉墙黛瓦、古迹名园"的独特风貌，且规模宏大。最为罕见的是至今城市仍然坐落于原址上。苏州是吴文化的发祥地和集大成者，历史底蕴深厚、传统文化发达。苏州山清水秀、景色如画，自然、人文景观交相辉映，既有山水之胜，又有园林之美，"江南园林甲天下，苏州园林甲江南"的美称中外流传，因而被誉为"人间天堂"。苏州又因其小桥流水人家的水乡古城特色，有"东方水都"之称。苏州已发展成为古典与现代完美结合、古韵今风和谐发展的国际城市。[③]

苏州是全国重点旅游城市。有以拙政园、留园、网师园、环秀山庄、沧浪亭、狮子林、艺圃、耦园和退思园 9 个古典园林为代表的世界文化遗产资源，有中国历史文化名街和中国最受欢迎的旅游历史文化名街平江路、山塘街等历史街区，有昆曲、周庄古镇和阳澄湖大闸蟹三个国际级、重量级的品牌，还有著名的风景名胜区虎丘、盘门、灵岩山、天平山和虞山。[④] 苏州"城中有园""园中有城"，山、水、城、林、园、镇为一体的优美景观格局成就了苏州旅游魅力。

苏州因其得天独厚的资源优势，成为我国现代旅游业起步发展较早的城市。21 世纪

---

① 苏州市人民政府：《2017 苏州市情市力》，苏州市人民政府官网，http://www.suzhou.gov.cn/szgl2017/。

② 苏州市人民政府：《2019 年苏州市国民经济和社会发展统计公报》，苏州市人民政府官网，http://www.suzhou.gov.cn/szsrmzf/tjxx3/202006/.

③ 《苏州市简介》，http://www.114huoche.com/zhengfu_SuZhou。

④ 苏州市人民政府：《2017 苏州市情市力》，苏州市人民政府官网，http://www.suzhou.gov.cn/szgl2017/。

初，苏州旅游业进入向产业化发展、建设旅游强市的新时期。2002 年，明确"三古一湖"为苏州旅游品牌，"人间天堂、苏州之旅"为苏州旅游形象。通过开发建设，使旅游产品开发从关注园林、古镇的单一开发模式，逐步过渡到关注文化与生态、历史与现代相融合的综合性开发模式，形成以观光产品为主，休闲度假、特色产品为补充的旅游产品体系，出现了古镇旅游、古村落旅游、农家乐旅游、农业生态休闲游等"乡村旅游"产品。2004 年，苏州提出"旅游即城市，城市即旅游"理念，确立"天堂苏州、东方水城"为城市旅游品牌。

当前，苏州旅游发展势头正盛。"十二五"时期，苏州旅游基本完成了"建设国际一流旅游目的地，打造历史文化与现代文明相融的文化旅游城市"的总体目标和"延续苏州历史文脉，彰显老苏州城市记忆，保持苏州生活的原真性。提升苏州的国际知名度、美誉度，增强以文化软实力为核心的城市综合竞争力和城市品牌"的文化发展目标。"十三五"以来，苏州旅游供给结构不断优化，旅游经济稳步增长。2016 年，苏州成为全省唯一的全域旅游地级创建城市，2019 年，旅游接待总人数 13609 万人次，同比增长 4%；旅游总收入 2751 亿元，同比增长 5.8%。

本研究所分析的苏州旅游文化展示系统所指范围为苏州市区，包括姑苏、吴江、吴中、相城、苏州高新技术开发区——虎丘区（简称高新区）五个区和中新合作苏州工业园区（简称工业园区）。

二 乐山市概况

乐山位于四川省西南部，北部接壤眉山，南部与凉山相接，东部毗邻自贡和宜宾，西部紧临雅安。交通便捷，距成都双流国际机场 100 公里。

乐山属亚热带湿润季风气候。总面积 1.28 万平方公里，以山地为主，山地连片分布在该市西南部。整个地势西南高、东北低，平均海拔 500 米。境内江河纵横，岷江、大渡河、青衣江在市中区城区汇流，于宜宾注入长江。乐山市辖市中区、沙湾、五通桥和金口河 4 个区、1 个县级市峨眉山市，以及夹江、犍为、井研和沐川 4 个县和峨边、马边 2 个彝族自治县。2019 年全市总人口 349.46 万人，城镇人口 132.58 万人，常住人口城镇化率 53.36%。①

乐山历史悠久，文化璀璨，以佛教文化为代表的宗教文化历史久远，峨眉道教兴起于周成王时，佛教由印度传入峨眉山，于公元 1 世纪中叶在峨眉山金顶落成了中国第一座佛教寺庙。乐山是大文豪郭沫若的故乡，被誉为"士大夫之郡"，文化底蕴深厚。

乐山是国家园林城市、四川省首批规划建设的大城市。中心城区与乐山大佛隔江相望，坐落在三江交汇处，融山、水、佛、城于一体。乐山的生态环境优势突出，森林覆盖率 53.2%，至今保持着良好的自然和人文环境。8.7 平方公里绿心居于城市之中，城市景观格局优美，被联合国教科文组织誉为"森林在城市里，城市在山水中"。

---

① 乐山市统计局：《2019 年乐山市国民经济和社会发展统计公报》，http：//stjj.leshan.gov.cn/stjj/tjgb/1ist.shtml。

乐山是成都、攀西、川南三大经济区的结合部，四川重要的工业城市、重要的农产品生产和加工基地，是成都经济区核心圈层重要的枢纽城市、四川商贸重镇和古南方丝绸之路必经之地，是全国首批对外开放城市。2019 年乐山 GDP 在四川省 21 个市（州）中位居第八，处于中上游水平。[①]"十三五"乃至更长一段时期，乐山发展总体战略定位为：建设国际旅游目的地、全省高新技术产业增长极、四川综合交通次枢纽、大小凉山脱贫攻坚示范区。[②]"建设国际旅游目的地"成为乐山市今后发展的第一定位目标，而"四川综合交通次枢纽"的建设，将为乐山社会经济发展，尤其是旅游业发展奠定良好的通达性基础。

乐山是中国优秀旅游城市，旅游资源品位一流。亿年峨眉山、千年乐山大佛、百年文豪郭沫若与中国历史文化名城交相辉映，形成响亮的名佛、名山、名城和名人四位一体的城市名片。旅游资源优势显著，世界遗产峨眉山—乐山大佛蜚声海内外，是全国四处世界文化与自然双遗产之一。峨眉山以雄、秀、神、奇、灵著称，是秀甲天下的生态王国。普贤菩萨道场所在的峨眉山是全国四大佛教圣地之一。乐山大佛是世界最大的古代石刻弥勒坐佛，脚踏三江，近瞰乐山，远眺峨眉。凌云、乌尤、东岩三山联襟而成的巨型睡佛仰卧三江之上，形成"心中有佛、佛中有佛"的奇观。乐山素有"天下山水之观在蜀，蜀之胜曰嘉州"的美誉。乐山旅游资源丰富多样，截至 2021 年 7 月，有国家级 5A 级景区 2 处、4A 级景区 13 处、国家级风景名胜区 1 处、国家森林公园 2 处、国家地质公园 1 处、国家级自然保护区 2 处。此外，还有汉代崖墓、寺庙古刹和战国离堆等众多文物古迹。现有国家级非物质文化遗产 4 个、全国重点文物保护单位 12 处、中国民间艺术之乡 2 个。

乐山是成乐旅游通道的重要旅游目的地和服务区，旅游业是乐山经济发展的支柱产业。"十三五"时期，乐山发挥文旅资源的核心竞争优势，将旅游文化资源优势转变为旅游经济优势，以建设国际旅游目的地为总目标，坚持全球视野、文化为魂，着力推进全领域各行业与旅游融合，加快旅游产业和城市发展国际化进程，建成国家级旅游业改革创新先行区，实现旅游业向观光、休闲、度假复合型转变。[③] 2019 年，乐山市接待国内外游客7013.51 万人次，同比增长 22.3%，实现旅游总收入 1041.43 亿元，同比增长 16.7%。乐山旅游发展再上台阶值得期待。

本案例研究区域主要包括乐山市市中区和峨眉山市两个行政区域。

峨眉山景区和乐山大佛景区是乐山市旅游业发展的核心和拳头产品，世界遗产观光旅游一直引领着乐山旅游的持续发展。在长期的观光旅游发展中，以峨眉山—乐山大佛观光为主的旅游线路已融入四川旅游、国内旅游和国际旅游线路中，在国内外享有盛誉。两大世界遗产景区所在的市中区和峨眉山市还拥有其他丰富的自然与人文旅游资源，具备进一

① 乐山市统计局：《2019 年乐山市国民经济和社会发展统计公报》，http：//stjj. leshan. gov. cn/stjj/tjgb/1ist. shtml.

② 乐山市人民政府：《乐山国民经济和社会发展"十三五"规划纲要》，《乐山日报》，http：//leshan. scol. com. cn/ttxw/201603/54401433. html.

③ 乐山市人民政府：《乐山国民经济和社会发展"十三五"规划纲要》，《乐山日报》，http：//leshan. scol. com. cn/ttxw/201603/54401433. html.

步发展休闲度假、乡村旅游、康体健身旅游、工业旅游、会展旅游、研学旅游和民宿旅游等多样旅游产品的条件和潜力。因基础设施、旅游设施和旅游产品供给等方面的因素，乐山市所辖的其他区县旅游发展差距较大。

"乐峨国际休闲度假旅游区"是四川省规划的三大国际旅游度假区之一。在《四川省乐山市旅游发展总体规划（修编）2010—2030》中，策划"乐峨国际休闲度假旅游区"为未来乐山旅游发展重点项目中的龙头项目，发展为以世界文化与自然双遗产品牌为依托，以峨眉河为纽带，在世界遗产观光功能基础上，集自然观光、休闲度假、文化体验、会展商务、餐饮购物、康疗养生于一体的国际一流休闲度假旅游目的地和黄金旅游大市场，从而辐射带动乐山其他区县旅游业发展。

总之，选择乐山市市中区和峨眉山市作为本案例研究的研究区域具有代表性。

三 丽江市概况

丽江位于青藏高原东南缘滇西北高原，金沙江中游。全市总面积21219平方公里，山区、平坝、河谷等多种地貌类型并存。其中山区面积高达92.3%。地势西北高而东南低，最高峰玉龙雪山主峰海拔5596米。丽江水系发达，金沙江在丽江市境内长615公里。境内有泸沽湖、程海及拉市海三个天然湖泊。丽江动植物资源种类繁多，是我国著名的植物保护基地之一。有许多国家珍稀植物树种，还有大量的珍贵蝴蝶资源。丽江属低纬暖温带高原山地季风气候，昼夜温差大而年温差小，兼具大陆性气候和海洋性气候特征。①

丽江是汉唐时代通往西藏和尼泊尔、印度等地的"丝绸之路"和"茶马古道"重镇，历史上就是滇西北政治经济文化中心。现在丽江市下辖1区4县，分别是古城区、玉龙纳西族自治县、华坪县、永胜县、宁蒗彝族自治县，共63个乡（镇、街道办事处），其中民族乡有18个。丽江民族多样特色鲜明，现有纳西、彝、傈僳、白、普米等22个少数民族，其中有12个世居民族。2019年年末全市常住人口130.24万人。2019年丽江地区生产总值（GDP）4725113万元，同比增长9.9%，增速高于云南全省1.8个百分点。第一、第二、第三产业对经济增长的贡献率分别为7.7%、53.3%和39.0%。②

丰富灿烂的民族文化造就了多姿多彩而又神奇的丽江。丽江文化以纳西文化、东巴文化和茶马文化为主，荟萃多民族文化，民族文化资源丰富，文化表现形式多样，如建筑、工艺品、服饰、饮食、艺术、节庆、技能、语言、婚嫁习俗和宗教等。而且文化资源品位高，丽江古城为世界文化遗产，东巴古籍为世界记忆遗产。各民族在传奇的神话传说、神秘的宗教信仰、优美的音乐舞蹈、文学艺术和语言文字、婚丧、节庆、娱乐活动、饮食和服饰以及心理素质、生态环境等方面都保留着自己独特的个性和多样的风格。各民族有众多特有节日，如纳西族的三朵节、正月十五棒棒节，傈僳族的阔时节，彝族的火把节，普米族的吾昔节等。丰富的文化和自然旅游资源成为丽江创建中国国际民族文化旅游目的地

---

① 《丽江市情简介》，丽江政务网，http：//www.ljs.gov.cn/others/article/2013－09/03/content_ 1304.htm.

② 丽江市统计局：《2019年丽江市国民经济和社会发展统计公报》，丽江市人民政府官网，http：//www.lijiang.gov.cn/html/2020/tongjigongbao_ 1120/283.html.

的有力支撑。

丽江历史悠久、民族众多、文化灿烂，又地处世界自然遗产三江并流区域，山川壮丽，蕴含十分丰富独特的旅游资源。全市共有上百处旅游风景点，最具代表性的有：二山、一城、一湖、一江、一文化、一风情。"二山"即玉龙雪山和老君山。玉龙雪山是国家级风景名胜区、省级自然保护区和省级旅游开发区，有著名的阳春白雪、绿雪冰川奇观，是北半球距赤道最近的现代冰川。老君山有"滇省众山之祖"的称号，有众多的国家级保护动植物，以杜鹃王国、丹霞地貌及99个龙潭等景观闻名于世。"一城"即是神秘的、具有800余年历史的丽江古城，是世界文化遗产和国家级历史文化名城，为我国保存最为完整、最具纳西族风格的古代城镇。"一湖"即是世界上仅存母系氏族的"高原明珠"泸沽湖风景名胜区。"一江"即金沙江，以虎跳峡的壮美、惊险和雄奇景观为代表，著名景点还有"长江第一湾"、宝山石头城和石鼓镇等。"一文化"即纳西东巴文化，包括列入世界记忆遗产名录、世界上"唯一活着的象形文字"——东巴文、蜚声中外的纳西古乐和东巴绘画，以及独特的纳西族建筑艺术和宗教文化。"一风情"即泸沽湖"女儿国"摩梭人风情。其走婚习俗为人类母系社会婚姻形态的最后领地，被称为"人类母系文化最后一片净土"。

丽江世界遗产地民族文化特色突出，自然风光迷人，人与自然和谐相融的"世外桃源"旅游意境令人向往，是中国旅游热点城市。截至2021年8月，全市共有A级旅游景区19家，其中：5A级景区2家，4A级景区7家，3A级景区4家。旅行社184家。星级宾馆159家，其中：五星级宾馆3家，四星级宾馆11家，三星级宾馆35家。旅游业平稳发展，2019年接待国内外游客5402.35万人次，同比增长16.35%，实现旅游总收入1078.26亿元，同比增长8%。[①] 值得注意的是，虽然旅游接待人数和旅游收入都在逐年增长，但国内旅游从2012年开始，入境旅游从2011年开始，旅游接待人数和旅游收入的增长率呈现连年下滑走势，丽江旅游市场出现明显不利态势。

丽江旅游资源主要集中分布在丽江的古城区和玉龙县境内。由于丽江市区县经济发展水平差异较大，旅游业发展所依赖的基础设施和旅游设施也主要分布在古城区和玉龙县这一区域范围。本研究案例地丽江研究区域主要包括丽江古城和玉龙县区域范围。

四 案例地典型性

（一）区域类型和自然环境代表性

本研究所选案例地苏州市、乐山市和丽江市，都是我国旅游热点城市，且代表了典型旅游发展区域的类型。同时，三个城市的自然地理环境有代表性，三个城市分别位于江南平原区、四川盆地区和滇西北高原区。

东部长三角地区经济及交通等基础设施发达，旅游流强度大，而西部地区相对落后。东西部区域发展的差异，形成了东西部旅游目的地发展进程的差异。位于长三角的苏州

---

① 丽江市文化和旅游局：《2019年丽江市旅游接待情况》，丽江市文化和旅游局官网，http：//whlyj. lijiang. gov. cn/c100672/zfxxgk_ gknrz. shtml.

市，目的地旅游流网络化发展明显，而西部城市乐山和丽江的旅游流网络仍然是核心—边缘结构。案例地这种发展进程差异有利于比较不同发展阶段目的地文化展示的差异。

（二）文化资源典型性

三个世界遗产地文化资源典型性突出。苏州、乐山和丽江都是世界遗产地，苏州和丽江拥有世界文化遗产，乐山拥有世界文化与自然遗产。这些世界遗产资源具有突出的普遍价值，又具有典型的独特性：苏州以园林文化为代表，乐山以佛教文化为代表，丽江以纳西民族文化为代表，都是遗产地城市旅游发展的原始吸引力，对遗产地旅游发展的影响巨大。

在城市旅游发展进程中，三个遗产地在展示世界遗产代表性文化的同时，展示了其他旅游文化，形成典型文化资源与其他文化资源共存的目的地旅游文化景观生态系统。苏州从关注园林、古镇的单一开发模式，逐步过渡到关注文化与生态、历史与现代相融合的综合性开发模式，形成以观光产品为主，休闲度假、特色产品为补充的旅游产品体系，出现了古镇旅游、古村落旅游、农家乐旅游、农业生态休闲游等旅游产品。乐山则大力打造城市旅游空间、滨水休闲空间和乡村旅游空间，展示城市历史文化、休闲文化和乡村文化。在丽江旅游发展进程中，丽江古城的商业文化、休闲度假文化等得到大力展示。由于世界遗产地旅游发展在我国起步早、发展历程较长，易于探讨不同发展阶段遗产地典型文化与其他的展示文化之间生态关系的变化。由于世界遗产地旅游文化动态发展明显，有利于探讨旅游文化景观生态系统文化因子重要性的演变，以及旅游文化展示与旅游形象互动机制。

民族文化、宗教文化和园林文化是三个世界遗产的代表性文化。文化类型不同载体不同，有利于比较不同文化类型对目的地形象影响的差异。

由于少数民族地区旅游发展中民族文化受到的冲击较大，旅游对社会文化影响显著，有利于探讨文化展示的变化与旅游形象演变的关系。

（三）区域旅游重要城市代表性

选择区域旅游重要城市有利于探讨目的地形象构建与区域的关系。本研究所选三个案例地都是所在区域的重要旅游目的地。苏州是长三角区域旅游的明珠；乐山是四川精品旅游线路的重要节点，是四川三大重要旅游区之一的"大峨眉国际旅游区"的核心；丽江是滇西北旅游区门户城市。

第二章　目的地文化展示与旅游者文化行为

第一节　目的地文化概述

一　文化、旅游文化与目的地文化

（一）文化的概念

"文化"一词源远流长，在许多文献和人们的生活中使用频繁，但人们对文化有着不同的认识和理解。截至 20 世纪 50 年代，可收集到的使用在各类学术著作中关于"文化"的不同定义有 150 种之多。迈克尔·克朗①将"文化"视为一整套的思想观念和价值观念，它们使不同的生活方式产生了意义，生活中那些物质的形式和具有象征性的形式产生于这些思想观念和价值观念。

文化学奠基者、人类学之父泰勒在 1871 年给"文化"的定义是：（文化）"是由知识、信念、艺术、伦理、法律、习俗以及作为社会成员的人所需要的其他能力和习惯所构成的综合体"②。

《苏联大百科全书》（1973 年版）从广义和狭义上定义文化。广义的文化"是社会和人在历史上一定的发展水平，它表现为人们进行生活和活动的一种类型和形式，以及人们创造的物质和精神财富"。狭义的文化"仅指人们的精神生活领域"。③

《中国大百科全书·社会学》对文化的定义更易于理解："广义的文化是指人类创造的一切物质产品和精神产品的总和。狭义的文化专指语言、文学、艺术及一切意识形态在内的精神产品。"④

文化具有层次结构。对于文化的结构，最常见的是"二分法"，即划分为物质文化与精神文化两个层次。中国学者庞朴将文化划分为"物质的—制度的—心理的"三个层次。其中，"文化的物质层面是最表层的；而审美趣味、价值观念、道德规范、宗教信仰、思

---

①　［英］迈克·克朗：《文化地理学》，杨淑华等译，南京大学出版社 2005 年版，第 2 页。

②　转引自沈祖祥《旅游文化学导论》，福建人民出版社 2006 年版，第 5 页。

③　转引自程庆《旅游文化》，广西师范大学出版社 2014 年版，第 3 页。

④　转引自李琼英、方志远《旅游文化概论》，华南理工大学出版社 2008 年版，第 2—3 页。

维方式等，属于最深层；介乎二者之间的是种种制度和理论体系"。① 冯天瑜等将文化分为"物质文化""制度文化""行为文化""心态文化"四个层次。②

文化是人类所创造的一种符号，任何文化形态都有与之相对应的文化符号，任何文化形态的演变都有与之相对应的文化符号加以记录，表达它的形式、功能和发展演变过程。③

（二）旅游文化

旅游文化是文化的一个分支，应建立在文化概念的基础上。本质上，分支文化也具有一般文化的特征，如文化的层次结构和时空特性等。现在，不同的学者对旅游文化有不同的认识。

张国宏认为，旅游文化及其关联要素应包括：旅游文化场景及环境；旅游文化符号系统；旅游文化景观；旅游价值观念及其差异；旅游活动方式及其过程；旅游产品及服务。旅游文化是一种系统性的场景文化，其核心为旅游行为，依托旅游产品并以旅游环境为背景。旅游文化学是以文化的属性、功能、结构及其变迁规律为研究内容，以旅游及其相关要素为研究对象的科学。④ 贾祥春认为旅游文化是一种全新的文化形态，是环绕旅游活动有机形成的物质文明和精神文明的总和。⑤

有学者以文化的定义为基础定义旅游文化，即人类通过旅游活动改造自然和化育自身的过程中所形成的价值观念、行为模式、物质成果和社会关系的总和。⑥

还有学者认为，旅游文化和文化没有严格界限，凡能直接或间接为旅游服务的文化都应纳入旅游文化范围。⑦

本研究涉及的旅游文化是围绕旅游活动产生的一切文化现象，研究中把握旅游文化的特性最为重要。旅游活动是引起一切与旅游有关的文化现象的根源，没有旅游活动，就不存在旅游文化。从系统的观点看，旅游文化可划分为旅游主体的行为文化、旅游活动对象的目的地文化，以及连接旅游主体和旅游客体的媒介文化三个部分。

（三）目的地文化

目的地文化是旅游文化的一部分，是旅游活动体验的对象。

目的地文化是指为满足旅游者旅游活动需求而引起的相关文化现象。包括旅游资源、旅游产品组合、旅游设施、旅游基础设施和旅游服务等旅游吸引物，也包括目的地的人文因素，如民风民俗、生活方式、地域条件等。特定的地域之所以成为旅游目的地，是因为它能够满足旅游者需求，能承载传统观光旅游活动或新兴旅游活动如商务、会展、休闲、健身养生等活动的开展。围绕旅游者需求，目的地要进行旅游资源的开发，基础设施和旅

---

① 转引自陈建裕、李振明《中国传统文化概要》，崇文书局2006年版，第6页。
② 转引自王纪武《人居环境地域文化论——以重庆、武汉、南京地区为例》，东南大学出版社2008年版，第43页。
③ 陈华文：《文化学概论》，上海文艺出版社2001年版，第133页。
④ 张国宏：《旅游文化学：研究选位与学科框架》，《旅游学刊》1999年第1期。
⑤ 转引自辛建荣、路科、魏丽英《旅游商品概论》，哈尔滨工程大学出版社2012年版，第173页。
⑥ 谢贵安、华国梁：《旅游文化学》，高等教育出版社1999年版，第133页。
⑦ 侯兵：《区域文化旅游空间整合的理论与实践探索》，中国轻工业出版社2014年版，第14页。

游设施的配套建设，旅游产品的设计和营销，旅游服务的提供和旅游市场的规范管理，等等。同时，满足旅游者需求的活动引发的旅游经济现象涉及目的地众多行业部门、居民的就业和生活，影响目的地社会文化环境。所有这一切都是目的地政府、企业经营者和当地居民等旅游利益相关者共同创造的与旅游活动有关的物质财富和精神财富。正是这些创造，使目的地展现出丰富多彩的、与一般地域不同的文化和魅力，形成目的地旅游吸引力。

旅游目的地文化具有明显的时空性、差异性和动态性特点。时空性是指目的地文化存在于特定的地域空间，不同时代有不同的目的地文化内容和结构；正是因为地域性，使不同目的地文化之间呈现出极大的差异性；目的地文化与一般文化一样是发展的，它的发展反映了社会文化的变化和旅游消费文化的变化，体现了它的动态性。

存在于特定地域空间的目的地文化实际上属于地域文化。借鉴王纪武对地域文化的发展及其内涵构成的概括："地域文化包括地域传统文化和外来文化，传统文化线性的历史发展和外来文化的多元移植，共同构成地域文化发展的主脉。地域传统文化一般指在地域空间中自身繁衍发展的地域文化，其地域空间特征显著，往往具有历史积淀深厚、个性突出的特征。外来文化泛指区别于地域文化的不同文化。"[1] 地域传统文化发展缓慢，外来文化往往代表着先进的观念和技术，是推动地域文化发展演进的重要力量。

目的地文化的时代性源于目的地居民在不同时代的生产、生活和建设活动，创造了属于那个时代的物质和精神文化。随着时代的发展，目的地积淀的文化越来越深厚。具有悠久历史文化底蕴的名城、名镇和名村往往都拥有文化内涵和意蕴丰富突出的物质和精神文化遗产，成为现代旅游者向往的目的地。同样，当代人的创造实践也在发展文化。那些对人类和当地人具有重要意义的当代创造，也必将成为未来的文化遗产，为当代的历史挥洒光辉灿烂的笔墨。

目的地文化的差异性是吸引旅游者的根本原因，旅游就是寻求差异的活动。不管是为了逃避城市的喧嚣，到乡村享受大自然的宁静，还是为了寻找一个风光秀丽迷人的地方度假，或者为了考察游览历史胜迹、到国外学习语言等，无一不是脱离了自己生活的惯常文化环境，接触体验与居住地相异的文化。世界是一个文化的嵌块体，[2] 由于自然环境和人文环境的差异，目的地文化呈现出斑斓的色彩。有的是在适应环境中创造的农耕文化景观，如菲律宾著名的稻米梯田；有的是在改造环境中形成的工业文化，如三峡大坝；还有的是在与环境和谐相处中创造的人居文化，如安徽的宏村。一些新兴的城市，因为文化底蕴不足，通过创造文化吸引旅游者，如深圳的主题公园。一些城市为了满足旅游者不断提高的文化需求，不断挖掘和展示文化，如杭州宋城。所以，展示文化差异和特色是目的地可持续发展的源泉，文化差异和特色越显著，目的地的吸引力就越大。

旅游目的地文化的动态性是指目的地文化的变化和发展。目的地是一个开放系统，经

① 　王纪武：《人居环境地域文化论——以重庆、武汉、南京地区为例》，东南大学出版社 2008 年版，第 27 页。
② 　Bella Dicks, *Culture on Display: the Production of Contenmporary Visitability*，北京大学出版社 2007 年版（英文影印版），第 45—46 页。

济、社会和环境不断与外界进行着物质、能量和信息交流，各种文化在这里汇聚、碰撞，从而导致文化的变化和发展。当旅游开发资金进入目的地，开发商的空间开发行为使旅游目的地出现一些新的文化景观。有的是以当地文化挖掘为内容的景观，如乐山的乌木博物馆、峨眉山的武术文化村等；有的是以展示异域风情为内容的景观，如国内一些城市建造的外国风情小镇和风情街。当旅游客流进入目的地，往往引起目的地社会文化的变化。在云南丽江，随着游客流的进入，大研古镇的商业文化越来越发达，外地商人大量涌入，原住民大量迁出，出现人口置换现象，古镇的社会文化出现了极大的变化，纳西文化特色面临逐渐消失的危机。在乡村旅游目的地，旅游者的到来，带来了新观念、新信息，使乡村居民开阔了视野、更新了观念。在旅游经营活动中村民增强了市场意识和商品意识，提高了乡村旅游经营水平，从而增强了自信心。为适应旅游业的要求，乡村居民树立了文明友好的理念、保护环境的生态意识，改变了原来的一些生活陋习。随着收入的增长，居住环境得以改善，现代化生活设施使用增加，生活质量明显提高。但由于激烈的经营竞争，乡村人际关系变得紧张，乡村民风改变，商业化气息增加，乡村文化的核心价值被干扰。随着乡村旅游中城市旅游者与村民交流的增加，城市文化对乡村文化产生了很大冲击，乡村的服饰文化、民俗文化和农耕文化被逐渐削弱，使乡村文化出现退化。当先进技术和信息进入目的地，往往引起目的地产业的提升和飞跃发展，出现一些特色产业园区景观，如生态农业园、文化产业园、高新技术产业园等，丰富了目的地文化。在全球化时代，目的地文化还不断受到西方文化的影响，出现西餐厅、酒吧等西方文化景观，引起目的地餐饮文化和生活方式的一些变化。目的地文化的所有这些变化和发展，使目的地地域文化呈现出多样性和多元化的发展格局，同时也带来目的地优秀传统文化保护的问题。

二　目的地文化的类型、层次结构和功能

（一）类型

按照不同标准可以划分出不同类型。按照形态，分为物质文化和非物质文化。物质文化包括各类旅游景点、旅游设施、公共设施、文化场馆、城市建筑、产业景观等。非物质文化包括民间文化、传统习俗和居民的生活方式、文学、艺术和教育等。

按照区域位置可分为城市文化和乡村文化。

按照目的地文化的属性特点，可将目的地文化分为景观文化、居民生活文化、历史文化、休闲文化（娱乐、养生、体育、学习等）、民间文化、名人文化、旅游服务文化（宾馆、旅行社等）、相关行业服务文化（通信、医疗等）、商业文化、产业文化（农业、工业等）、饮食文化、生态文化（生态景观、生态经营等）和外来文化（酒吧、圣诞节等）。

将文化体系中集中对应于人类某一特定类型的行为或意识所产生的人化形态称为文化元。[①] 按文化元将目的地文化分为商业文化、休闲文化、餐饮文化、产业文化、名人文化、生态文化、宗教文化、科教文化、历史文化、建筑文化、西方文化等。

---

① 徐小波：《纵横聚焦：旅游城市连绵区文化资源整合的必然趋势——以宁镇扬旅游文化圈为例》，《旅游学刊》2007年第11期。

（二）层次结构

根据本研究的需要，把一般文化分为三个层次，即物质文化层、制度文化层和精神文化层。物质文化表现一定社会生产力发展水平和科技水平，并为精神文化的发展提供源泉和保证；物质文化具有很强的时代特点，反映民族心理特点；物质文化中积淀、凝聚着制度文化因素，又积淀、凝聚着观念形态的文化。制度文化由人类在社会实践中组建的各种行为规范、准则以及各种组织形式所构成。制度文化既要受到人们文化心理素质的制约，也要受到物质生产水平和智慧水平的制约。制度文化是文化系统中最具权威性的因素，它规定着文化整体的性质。精神文化由人类在社会实践和意识活动中长期化育出来的思维方式、价值观念、审美趣味、民族性格和宗教情感等因素构成，是文化整体的核心部分。精神文化的发展需要一定的物质载体，而它所达到的历史水平也应该与物质文化的发展水平相适应；精神文化最终要受物质文化的决定和制约。各层次文化各有重点，在特定的结构功能系统中，则融为一个有机整体，这个有机整体的各层次之间，既有联系又有区别。文化结构的诸层次在发展变化过程中，由外层到中层再到内层，呈现逐步深入的趋向；同时又相互依存、相互渗透、相互制约、相互推动，构成一个完整的有机整体。

目的地文化三个层次的内涵分别对应着目的地旅游开发建设的三个层次内容，即旅游景观层、规划和管理制度层、目的地发展理念和发展取向层。如图2-1。

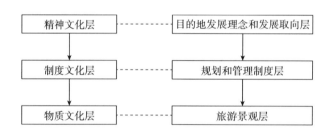

图2-1 一般文化层次与目的地文化层次的对应关系

与一般文化三个层次的关系一样，目的地文化对应的三个层次也是相互依存、相互渗透、相互制约、相互推动，构成一个完整的有机整体，促进目的地旅游业可持续发展。旅游景观的建设状况与一定时代的社会经济发展水平有关，因为旅游是高层次的精神文化消费活动，只有在社会经济发展到一定阶段才可能产生旅游需求，目的地才能根据旅游市场需求状况和发展趋势进行开发建设，形成能够承载旅游活动的旅游景观。随着社会经济的发展和繁荣，旅游需求也将发生变化，目的地旅游景观建设将越来越丰富。旅游规划是目的地开发的依据。为了保证目的地的开发和景观建设的科学性、前瞻性，必须要规划先行。目的地旅游总体规划从形象设计、旅游资源开发的空间布局、旅游产品设计、环境保护、设施建设等方面，从宏观层面控制着目的地开发的总体格局。微观的景区景点建设和开发，由景区景点控制性详规控制。景区景点的建设和运作需要目的地政府制定配套政策和措施来规范旅游市场、引导旅游投资等。目的地的旅游企业要通过一系列管理制度进行旅游产品生产的组织、管理和营销，进而实现旅游产品的价值。所以，目的地规划和各种管理制度，确立了目的地总体的文化展示格局。一般来说，多元文化形成浓厚的文化氛围，突出的文化类型彰显目的地的地域独特性。这种文化格局，通过旅游活动和旅游者感知，表现为旅游目的地的意象。目的地规划和管理制度体现了目的地管理者和当地居民对当地旅游发展的思维和价值观念，又规定和制约着目的地旅游资源的开发和目的地旅游景观建设的方向，起到承上启下的作用。当地的旅游资源和旅游景观的格局和现状，是目的地开发的基础，也制约着当地发展理念和发展取向的确立，如关于目的地旅游资源市场的大小、吸引力的大小和开发潜力的大小等问题，是确定目的地开发规划总体目标的前提。

（三）功能

目的地文化的功能指它的价值和作用，对不同的利用途径，目的地文化有不同的功能。

目的地文化本身就是旅游资源，是开发文化旅游产品、开展文化旅游的基础。文化旅游是人们为了满足自身的文化需求而前往目的地，欣赏、体验和感受旅游目的地文化内涵深厚的活动。文化旅游市场的繁荣，给目的地文化旅游资源的开发带来了极大的机遇。历史城镇的历史文化、名人文化、民俗文化，现代城市的休闲娱乐文化、商业文化、餐饮文化，现代产业的各种产业文化，乡村的农耕文化、农业遗产文化和节庆文化等，为目的地开发文化旅游产品提供了丰富的资源基础，关键是发掘和展示具有地方独特性的文化资源，与其他目的地形成差异，培育目的地文化旅游品牌，增强目的地吸引力。

目的地文化通过影响目的地品牌而提升目的地品质和吸引力，增强目的地竞争力。Qu等将文化传统和文化节庆作为影响目的地品牌联想认知维度的重要因素，将文化和历史吸引物作为影响目的地品牌联想独特性的重要因素。[①] 文化是旅游的灵魂，文化为目的地增添了丰富内涵，让旅游者在目的地有更多停留的机会去体验与享受，对目的地产生由衷的欣赏和赞美，从而提升目的地品质。例如杭州西湖，不仅有可观赏的湖光山色，更有很多可体验的历史遗迹、文化典故和文学作品。有雷峰塔、六和塔、岳飞墓、秋瑾墓、灵隐寺、苏堤、孤山等历史遗迹让人凝视，有白蛇与许仙的爱情传说、苏小小的故事、济公的传说等文化典故让人回味，还有很多历史文化名人在西湖留下的诗歌、文章等各种文化作品让人品鉴。正是因为拥有这些丰富的文化，才使西湖的旅游更有魅力和吸引力。又如江西庐山，虽然自然风景不具有垄断性，但因为见证了中国历史上许多重大事件，成为中外著名的旅游胜地。可见，文化展示是目的地品牌的成功之道。

目的地文化满足旅游者对文化体验的需求。旅游活动是文化活动，旅游者为了寻求文化差异而外出旅游。因而，在旅游活动的食、住、行、游、购、娱各个环节体现文化，才能提高旅游者的满意度。例如，目的地的风景道让旅游者在乘车时也能体验目的地文化，产生愉悦兴奋感；很多目的地注重文化主题酒店建设，让目的地的特色文化融入旅游者的住宿环境，增强目的地文化的感染力；饮食文化更是目的地重点展示的文化，在任何目的

① Qu H., Kim L. H., Im H. H., A Model of Destination Branding: Integrating the Concepts of the Branding and Destination Image. *Tourism Management*, 2011, (32): 465 - 476.

地，美食都是重要的旅游活动，也是旅游者寻求目的地差异的重要方面；在购物方面，旅游者更愿意在文化特色街区消费，购买能代表当地特色的纪念品；有文化吸引力的游览和娱乐活动，旅游者选择倾向更大。

三　目的地文化生态

文化生态就是文化适应其生存环境而产生的不同形态和内容，它反映文化发育的地理环境背景给予文化的影响、作用和制约。美国人类学家朱利安·斯图尔德在《进化与过程》（1953）一书中，吸收了生物生态学的内容，从自然环境和社会环境来寻找与文化发生、发展和变异规律相关的因素，第一次提出了文化生态的概念。生物生态学认为，一定区位的有机体是一个生物集，它们的数量、种类和分布受环境的影响。自然环境中的各种生命都有自己的位置，相生相克形成生物链，保持着自然生态的平衡。如果一方失控，生态环境就会遭到破坏，甚至是不可逆转的破坏，所有物种的生存都会受到威胁。地理环境对文化有直观的影响和作用，形成了不同形态的文化，如海岸文化、流域文化、高地文化和纬度文化等。生态环境对文化的作用和影响，在各层次之间是不同的，由外向里逐渐降低，自然环境对价值观念有一定影响，但是比较弱。对人类的社会化影响最近、最直接的却是价值观念，即风俗、道德、宗教、哲学等观念形态的精神文化。[1] 所以，在地理环境的作用下，目的地文化带着特定环境的基因，表现出自己的独特性。如在独特自然环境格局基础上形成的文化格局、在地域环境中形成的地方精神和孕育的独有的地方文化等。也就是说，目的地文化与之形成的环境之间所构成的文化场景，才是旅游者最能体验目的地独特性的空间。

文化生态理论的观点说明，与生物一样，在一定地理环境中形成的文化群落，相互联系相互作用，共同构成目的地文化生态系统，并按照一定的规律发展。研究目的地文化生态系统的内在发展规律，是探讨目的地文化展示与形象互动机制的重要内容。在目的地文化展示中，既要展示目的地文化，也要注重保护文化赖以生存的环境，为旅游者提供文化与自然相结合的独特文化体验。

第二节　目的地文化展示

一　文化展示的发展

目的地文化展示经历了从面向代表特权阶层和精英的少数人到面向大众的转变；从物的展览到以参观性为基础的文化空间展示的转变。随着世界旅游业的纵深发展，未来文化展示的发展趋势将是旅游目的地文化的整体展示。归纳贝拉·迪克斯对文化展示发展的描述，展望未来的趋势，可将文化展示划分为五个阶段。

---

① 陈华文：《文化学概论》，上海文艺出版社2001年版，第132页。

（一）18 世纪的文化展示

古董和艺术品的收藏是文化展示的基础，博物馆的产生才是文化展示的开始。文艺复兴时期在欧洲盛行古董和艺术品的收藏。从 17 世纪开始，许多皇室、贵族和教堂的收藏品对"公众"开放参观，这时的"公众"通常是指特权阶层、艺术家、鉴赏家等，参观场所通常在私人内室。直到 17 世纪末，才有了提供整体性展示的专门展览（Exhibiting）场所。世界上具有现代意义的最早的博物馆位于巴黎塞纳河畔的法国卢浮宫博物馆，过去一直是法国帝王的皇宫，17 世纪末改为皇家美术陈列馆，供达官贵人观赏消遣。文化最初成为公共的、可参观的空间来展示是在 18 世纪期间，那时，发展了"Exhibition"这个词的现代用法——"向公共显示"。皇家收藏也开始面向公众展出，展现皇室的财富、品位、权力和知识，作为一种宣布国王权力合法化的手段。梅第奇收藏在意大利佛罗伦萨的乌飞齐艺术馆展出就是早期公共博物馆的突出例子。然而，那个时代绝大部分收藏是向少数精英展览的，而不是面向一般的大众，参观者都是学者、出身名门的旅行者和统治阶层的各种成员。

（二）面向大众的文化展示的产生

18 世纪的展览实际上并没有真正面向广泛意义的大众。直到 19 世纪才发生一个重要转折，艺术和文化收藏开始向市民（Citizenry）而不是目标人群（Subject People）进行展示。1793 年，卢浮宫博物馆改为法兰西第一共和国的国家美术馆，并在同年 11 月 18 日起对公众开放，从而成为由皇家独占到大众观赏游览的场所，真正具有现代博物馆的性质和意义，它因此被视为世界上第一个博物馆。

19 世纪，文化展示广泛面向大众，展示内容拓展，展示功能多样，从展示商品到展示整个城市的不同场所。普通商品以新的方式，通过品牌和包装相互区别，有文化差异的图画、各个地方的风景和有异国情调的人物画像，通过火柴盒、香烟盒、牙膏管和巧克力棒等商品，进入英国普通工薪阶层家庭，成为日常景观。

城市结构中折射着文化展示的影子。城市利用建筑、道路和庭院，把自己作为风景或一幅画呈现给游客，让游客对它产生一个整体意象。一些城市主张通过改造城市来加强政治和文化秩序的展示。因此，19 世纪文化展示进入了城市的结构。同时，文化突破了贵族化私人收藏品和画室的限制。随着各种可参观性机构如"展览综合体"（Exhibitionary Complex）的发展，文化展示进入了公共领域。这些公共领域包括历史和自然科学博物馆，国家级和国际级展览，拱廊街和百货商店，服务于相关场合，达到多个目的，如发展和传播新学科（历史、生物、艺术史、人类学）并促进它们话语的形成（过去、进化、美学、人类）、发展新的视觉技术等。

（三）以参观性为基础的文化展示

19 世纪，空前地产生了以吸引大量游客为主的新形式的公共文化景观，突出表现在 19 世纪后半期世界博览会（World Expositions）的出现。1851 年在伦敦水晶宫举办的首届伦敦国际博览会（London's Great International Exposition），是首次在博物馆举办的大规模展览。首届伦敦国际博览会由殖民地的宗主国主持，作为向世界展示它们的殖民成果、技术成就和科学技术知识的手段。这次博览会意味着展览从简单的商品交换到新的生产技术、新的生活理念交流的重大转变。因此，1851 年的伦敦国际博览会被认为是现代意义上的首届世博会。

这个时代的展览开始与社会进步的价值观密切联系起来，主张科学和文化展览不是简单寻求留下印象或通过展示政治和经济力量来令观众感到敬畏，而是将展示内容转化成公众赞同的景观，让参观者不会感到与展览的境界分离，而是被展览环境氛围拥抱并融入，使博物馆成为普及科学和艺术的重要场所。几乎整个 20 世纪，面向公众的文化展示也呈现出等级特征。尽管宣扬自己是公众启迪机构，但大多数博物馆满足于提供最基本的标牌注释和公共信息，几乎没有把努力延伸到广泛的观众，只是迎合了少数受过良好教育的人，没有考虑社会大众的需求。

（四）以文化为基础的可参观性空间的生产

直到 20 世纪晚期才发生了另一个转折，就是重视文化展示的场所。从 20 世纪 80 年代初开始，文化展示开始朝着真正大众化的方向转变。博物馆开始重视普通访问者的需求。为了更生动地展示国家过去的历史，出现了新的、"活的历史"场所。文化在购物商场、街道和休闲娱乐综合体中被展示；混合的"发现中心"把艺术、技术和科学放到一起；艺术融入了城市街道和乡村。在城镇和城市再开发地带围绕购物中心、建筑和"节日零售"综合体装饰文化符号。总之，文化走出了精英机构的围墙，进入新的、差异性大的可参观环境和用户至上的空间，从而吸引参观访问者。

在许多方面，文化展示的目的仍然是增强人们在文化上的见识，从而使他们得到滋养。然而，从 20 世纪晚期开始，博物馆和其他展示场所复制的文化知识的构成，已经变得更具综合性，文化展示的等级秩序已经不太明显。文化差异越来越被看作"生活方式"，而不是品位和等级。在这个意义上，文化展示越来越转向典型消费者的培养。这是与 20 世纪晚期开始世界旅游的快速发展紧密联系的。

（五）文化展示未来发展趋势——目的地文化整体展示与独特性展示

进入 21 世纪后，随着世界经济产业格局的调整和经济全球竞争加剧，旅游业获得了巨大发展机遇，旅游方式、旅游产品和旅游产业出现了新趋势，创新、知识、营销、管理和智力等要素在旅游业发展中越来越重要，推动旅游目的地文化向整体性展示和独特性展示方向发展。

1. 中远程旅游趋势与独特性文化展示

考虑空间距离的目的地选择行为主要表现在首先选择近距离的区域内旅游，然后是中远程的区域外旅游。在交通工具越来越便捷越来越先进的今天，收入和时间的制约作用趋于下降，中远程旅游正在兴起并迅速发展。随着科技的发展，空间距离对旅行的阻力越来越小，只要目的地有足够的吸引力和价值。所以，中远程旅游兴起是趋势。

中远程旅游一般是在近距离旅游需求满足以后的需求，通常中远程旅游者旅游经验丰富，在目的地竞争全球化背景下，目的地要吸引中远程旅游者是一个巨大的挑战。只有足够独特的目的地，才能唤起旅游者的选择兴趣，进入旅游者的选择域，因此独特性文化展示就显得至关重要。

2. 自助旅游和无景点旅游趋势与整体性文化展示

随着大众旅游的纵深发展，在追求个性化的浪潮下，标准化的大众旅游受到挑战。人们不再满足于疲于奔命式的固定景点游览观赏模式，更希望按照自己的方式，自由地对目的地进行全方位的深度体验游。科技进步、目的地服务和设施的便利化和汽车的普及，推动了这种个性化的大众旅游发展。现在，世界预订网络日益普及和完善，让旅游者实现了快捷信息获取和各种旅游简便预定。基础设施和公共服务逐步完善和无缝对接，使旅游者自助服务成为可能。尤其是汽车的普及，使人们实现了说走就走的畅游旅行。所以，自助旅游市场获得迅猛发展。

近几年来，"无景点旅游"正在悄然兴起，并逐渐在游客中流行起来。很多人已经舍弃出游逛景点的传统思维，不去名山大川，不游名胜古迹，而是选择绕过景点自由自在地欣赏沿途风景，找个地方休息发呆、呼吸新鲜空气或参加极限运动、观鸟钓鱼打猎等，来一次新鲜的旅行体验。实践表明，"无景点旅游"这种极富存在价值和生命力的新型旅游方式正成为国际旅游的一种新趋势，人们的旅游行为特征和旅游消费观念正在发生改变。

散客时代的到来和无景点旅游的兴起，带来旅游目的地整体性文化展示趋势。要求目的地全域整合自然旅游资源、文化旅游资源和社会旅游资源，开展丰富多样的体育旅游、创意旅游、节庆旅游、生态旅游、医疗旅游、会展旅游、康疗旅游和山地旅游等，从整体上构建目的地旅游流网络，整体展示目的地文化。过去，目的地主要注重展示历史文化和文化遗产，以及自然胜景为代表的自然生态文化。今后，目的地还要注重展示艺术、科技文化、经济景观文化、社会景观文化和生态智慧文化等。在旅游全过程进行文化展示，根据旅游体验规律，精心设计每一个环节的文化展示，使旅游者感知目的地文化的丰富性和独特性，形成对目的地的清晰印象。在未来旅游向纵深发展的过程中，旅游者的动机和需求将扩展，对目的地文化展示整体性要求越来越突出。即使是观光旅游，旅游者选择目的地也不只是考虑要游览的几个景区景点，而是目的地的旅游线路和其背景。度假旅游和其他新兴旅游类型对目的地整体要求就更高。所以，目的地文化展示应该朝着整体展示的方向发展。

目的地文化整体展示是从时间上整合目的地历史文化、现代文化和未来文化，结合旅游活动，从空间上构建目的地旅游感知的意象点、意象流和意象场，全方位展现目的地文化，形成富有吸引力的目的地整体形象。同时，要突出目的地文化的独特性，形成有竞争力和影响力的形象。

3. 休闲度假旅游趋势与休闲文化展示

随着社会经济的发展，人们追求品质生活的愿望表现在旅游业中，就是对品质旅游的追求。从国际旅游市场近年来的发展特点看，旅游者越来越不满足于到目的地看景点看风景的观光旅游，而希望能够在目的地停下来，与当地人交流，分享彼此的文化，结合自己的兴趣爱好进行积极的探索、参与和休息，体验当地的民俗风情，了解当地人的生产生活，并享受其周围的大自然景观所带来的喜悦，自由地度过一段与日常生活不一样的时光。虽然旅游目的地被精心设计以吸引各种不同目光，但显然旅游体验本身并不只是"看"。

观光已经不能反映当代旅游者的需求，游客真正想要的似乎是亲身参与"文化交往"，而不是简单地注视景点。[①] 那些单纯游山玩水的消遣观光，将逐渐为多样化的休闲度假旅游方式和项目所取代，休闲需求进入百姓的日常生活（高频化）。[②] 这就要求目的地要展示有吸引力的休闲生活方式，构建更多主客共享的休闲活动空间，将观赏与参与和体验当地人的休闲生活结合起来，设计丰富多样的运动、康养、娱乐、学习等休闲活动，大力开发冰雪、温泉、海岛、滨海、森林、养生、山地等休闲度假旅游产品，让旅游者在目的地度过一段有趣的、能引起情感共鸣、能触动内心的难忘时光和值得今后回忆的美好经历。

4. 绿色旅游趋势与生态文化展示

环境问题已成为全球共同关注的问题，继工业化、信息化之后，绿色化发展浪潮将成为又一次世界经济浪潮。绿色旅游是目的地有效应对环境问题挑战，实现旅游业可持续发展的必经之路，是全球旅游业发展的大势。目的地要深入践行可持续发展思想，立足于发展低碳、绿色旅游业，为旅游市场提供安全健康、环境友好的旅游产品，树立高度的社会环境使命感和责任感，以节能减排为基础，科学有效地开发和利用各类旅游资源，降低和防控碳排量，营造人与自然和谐共生的绿色旅游环境，实现生态环保的最终目标。更重要的是，以展示生态智慧为引领展示生态文化的发展，将生态智慧应用于定义场所的欣赏，从而提醒人们，一个地方的福祉反映在人类的总体生活质量中，从而避免城市问题，[③] 促进城市可持续发展。

二 文化展示的类型和层次

从展示手段划分：文化场馆（博物馆、博览会、主题馆、美术馆、文化展）、主题公园、旅游景区景点、节庆、表演、居民生活场景、产业园（文化产业、高新技术产业、农业生态园）、文化街区（商业街区和历史文化街区）、旅游设施（餐饮、住宿、交通）、解说系统等。此外还有网络的虚拟展示、文学作品等。由于本研究主要从旅游者实地感知的角度探讨目的地的感知形象，因而本研究的文化展示不包括虚拟展示类型。

空间是文化的载体，从空间类型划分为文化景点、文化廊道和文化区域。分别对应意象点、意象流和意象场的产生。

从时间维度划分为历史文化展示、现代文化展示和未来文化展示。

从吸引层次划分为国际级和国家级、区域级、城市级和社区级。不同的层次对应不同的文化资源类型，级别越高，文化资源等级越高，吸引范围越大。

---

① 转引自 Bella Dicks, *Culture on Display: The Production of Contenmporary Visitability*，北京大学出版社 2007 年版（英文影印版），第 43 页。

② 中国旅游研究院：《2016 年旅游经济运行分析与 2017 年发展预测》，搜狐网，http://www.sohu.com/a/126935837_376259.

③ Wang X. H., Palazzo D., Carper M., Ecological Wisdom As an Emerging Field of Scholarly Inquiry in Urban Planning and Design. *Landscape and Urban Planning*, 2016, 155: 100 – 107.

从文化层次划分为物质景观展示、规划展示和文化理念展示。

由于目的地文化展示系统是一个综合性的、动态的系统，因而需要通过多种展示方式，从不同层次上展示目的地文化。

三 文化展示的影响和作用

（一）形成目的地旅游发展的文化导向

未来目的地竞争是文化竞争，目的地发展的文化导向是目的地应对未来竞争需要具备的基本思路。在城市旅游形象塑造、旅游资源开发和营销等方面运用文化展示是其具体路径。

塑造目的地有竞争力的文化形象。大众旅游兴起后，目的地开始有意识、有目的地进行形象塑造。由于文化因素对旅游形象塑造的决定作用越来越显著，要塑造成功的旅游形象关键在于展示目的地文化的独特性。然而，在城市从古至今的变迁中，城市始终在更迭其功能和意象。从商贸、军事之城，到工业、消费之城，直至现代、综合之城，城市正在从差异走向趋同。当城市具备了越来越多、越来越齐全的功能之时，其意象也在不断地模糊，不断破碎。而且，当中西方城市游憩空间体系的构成越来越趋同时，更需要强调在游憩活动引导、城市规划和相关活动设计中对地域文化内涵的挖掘。文化展示将成为铸造目的地风格、体现地方精神的重要途径。通过文化展示，目的地形成有序的文化空间格局，文化成为这些空间流淌的"血液"，将旅游场所、旅游产品、旅游服务和旅游体验都注入丰富的地域文化内涵，让旅游者感知和体验目的地的文化特色、变化和包容等文化特征，形成目的地独特的有吸引力的文化形象。

旅游资源开发是文化展示和文化拓展过程，是旅游景观的符号化过程。从自在的旅游资源到旅游景观，各旅游文化主体不仅把自在景观符号作为一个整体加以改造，形成旅游景观符号的"能指"，而且在此基础上赋予它新的文化内涵，形成旅游景观符号的"所指"，从而完成旅游景观的符号化过程。为了满足旅游需求的不断变化，旅游景观的符号化过程使旅游景观的意义不断丰富。

人文旅游资源的开发是资源文化内涵的外化过程，本质上是一种文化创造和展示，即通过可行的科学的方式，将旅游资源所蕴含的无形文化内涵用具体的物化产品形式外显表现出来。旅游产品的外显系统主要有三个方面：一是旅游产品本身及其环境所营造的艺术氛围或艺术意境，如神秘的、恬静的、梦幻般的、田园般的等；二是旅游产品所显示的文化气质，如富有浪漫色彩的、含蓄典雅的、质朴的、富丽华贵的、庸俗浅薄的、狂野的等；三是旅游产品传递的时代气息，如具有开拓精神的、超前的、模仿复制的、古典的、落后的等。三个方面的特征相互关联，共同构成旅游产品的表情和魅力，与旅游者互动和交流。其中，文化气质是旅游产品外显系统的灵魂。[①]

在文化展示导向下，旅游企业经营者往往采用文化营销手段，展示目的地文化，运用

---

① 马波：《现代旅游文化学》，青岛出版社 2010 年版，第 188—190 页。

文化因素吸引旅游者注意力，增加旅游产品的文化品位，激发旅游者文化冲动，引起旅游者价值共鸣，从而促进旅游产品的销售。

（二）促进传统文化保护和复兴

传统文化是文化旅游的重要资源，也是目的地独特性的源泉。通过文化旅游活动，旅游者在对传统文化的欣赏、审美、学习、体验和感悟中获得愉悦经历。所以，在目的地旅游业的发展中挖掘、整理、展示传统文化，有利于促进传统文化保护和复兴。尤其是一些非物质文化遗产，在文化生态发生极大变化后濒临消亡。当这些非物质文化遗产被开发、整理、展示后，将产生极大的旅游价值，促进当地旅游业发展，提高当地人的收入，从而调动当地人保护非物质文化遗产的积极性，培养新一代的传承人。如西安市抢救整理的仿唐乐舞、山东潍坊市的木版年画和风筝等，都实现了保护和发展双赢。

实际上，传统文化不仅是被展示以制造文化氛围、被观赏，而且因旅游文化具有明显的二元结构——传统性与现代化的极化互补结构，[①] 在旅游业各环节传统文化都得到利用，见表 2-1。

表 2-1　　　　　　　　　旅游业各环节的二元文化结构特征[②]

旅游业环节	二元文化结构	
	传统性	现代化
风景	传统、天然为主	现代为副
娱乐	传统为补充	现代为主
购物	传统地方产品	现代新产品，传统工艺结合现代内容的产品
餐饮	传统的茶道、酒道和餐道方式的复兴	世界食品饮料大交流
接待服务设施	传统外表或形式更具有吸引力	现代设备和内容
管理	需要有传统文化知识	现代管理

所以，目的地文化展示必定是传统与现代的有机结合。这就要求在目的地旅游发展实践中树立这样一种指导思想：要保护和弘扬典型传统，在推崇设施设备现代化、思想观念现代化、管理手段现代化的同时，不忘以传统文化作为底蕴；在继承和发扬传统的过程中，必须结合现代化中的合理性内涵，作为传统的发展和创新。[③]

（三）提高当地居民的生活质量

地方的生活方式是目的地的社会旅游资源，对当地生活方式的展示是目的地文化展示的重要内容。作为外来游客，了解和接触本地文化，感受目的地真实的民俗风情是旅游体

[①]　陈传康：《旅游文化的二元结构——传统性与现代化的极化互补》，载白槐主编《旅游文化论文集》，中国旅游出版社1991年版，转引自马波《现代旅游文化学》，青岛出版社2010年版，第255页。

[②]　陈传康：《旅游文化的二元结构——传统性与现代化的极化互补》，载白槐主编《旅游文化论文集》，中国旅游出版社1991年版，转引自马波《现代旅游文化学》，青岛出版社2010年版，第256页。

[③]　马波：《现代旅游文化学》，青岛出版社2010年版，第255页。

验的重要组成部分，也是现代自助游和入境游旅游者的重要动机。尤其是休闲度假者，在目的地停留本质上就是体验异地的生活方式。所以，在目的地文化展示过程中，营造主客共享的居民生活环境，对当地居民生活场景进行展示，为旅游者提供接触居民生活的机会，才能满足旅游者需求。要提高目的地的环境品质，让目的地成为宜居城市，提高当地人的生活品质和幸福感，从而提升目的地的吸引力。

目的地新景观的地方化为当地居民提供了良好的休闲场所，也让新景观富有吸引力。文化在动态发展，旅游需求也在不断变化。目的地为了丰富和完善旅游活动内容、美化旅游环境，着力从功能和观赏性上建设一些新景观。如果新景观成为居民重要的文化精神享受场所和文化休闲场所，成为居民生活的一部分，成为当地人津津乐道的地方，就能让旅游者感受到文化展示的真实性。这种具有地方意义的新景观就会产生吸引力，不仅丰富了旅游活动内容，有利于目的地文化形象构建，还提高了当地居民生活质量。

实际上，当旅游发展真正提高了目的地居民的生活品质时，居民对旅游发展的态度更加积极，对旅游者的态度更加友好热情，目的地的主客关系更加和谐，目的地旅游业将会更加繁荣昌盛。

（四）促进旅游业转型升级

经过 30 多年的发展，我国实现了从旅游短缺型国家到旅游大国的历史性跨越，旅游业全面融入国家战略体系，走向国民经济建设的前沿，成为综合性大产业和吸引社会投资的热点领域。[1] 旅游业的综合带动功能和效益全面凸显，2016 年中国旅游业对国民经济和社会就业的综合贡献都超过 10%，与世界平均水平持平。[2] 旅游业国际地位和影响力大幅提升，2017 年中国旅游业的国际竞争力在全球排名升至第 15 位。[3] 但我国现在仍处于对资源依赖较高的粗放型旅游大国阶段，[4] 旅游产业结构尚待优化，旅游业发展质量和效益还需提升。我国要成为世界旅游强国，旅游业就要转型升级，针对发展短板进行供给侧结构性改革。

文化展示有助于打开目的地旅游发展新空间，为旅游业注入新动能，转变旅游方式、发展方式和增长方式，全面促进旅游业转型升级。

文化展示带动旅游业与文化的融合发展，是旅游业向其他产业融合渗透的重要方式。我国旅游业应跳出旅游看旅游、跳出景区景点发展旅游。全面挖掘目的地的文化内涵，如产业文化、科技文化、休闲文化等，注重对现代文化的展示和在地域文化基础上的文化创新展示。这将引导旅游业不断向其他产业渗透融合形成新产业要素、新旅游业态、新旅游产品和新旅游市场，打开旅游发展新空间，注入发展新动能。

---

① 石培华：《中国"十三五"旅游业发展规划——中国"十三五"旅游业发展规划解读》，人民网，http：//travel. people. com. cn/n1/2017/0111/c41570 - 29014156. html.

② 沈仲亮：《中国发展旅游综合效应凸显去年 GDP 贡献 11%》，《中国旅游报》2017 年 1 月 15 日。

③ 凌馨、施建国：《中国旅游业竞争力升至全球第 15 位》，新华网，http：//news. xinhuanet. com/fortune/2017 - 04/06/c_ 1120764265. htm.

④ 李金早：《积极实施"三步走"战略　奋力迈向我国旅游发展新目标——2017 全国旅游工作报告》，国家旅游局，http：//www. cnta. gov. cn/xxfb/jdxwnew2/201701/t20170113_ 812249. shtml.

文化展示形成旅游者地方依附，促进旅游方式转型。"某些地方与人之间似乎存在着一种特殊的依赖关系"是一个广泛存在的客观现象，而这个"地方（或是场所）"的尺度可以是宏观、中观和微观的。① 通过文化展示创造意义，让目的地具有对旅游者的特殊意义，地方就不仅是观光旅游的地方，还是一个吸引旅游者经常停留的地方，使游客产生对地方的依恋，乐意沉浸在地方的某种文化氛围中，体验对他有特别意义的文化，目的地因此成为有魅力的休闲度假旅游地。于是，游客的旅游方式升级——从观光旅游向休闲度假旅游转变。

目的地通过文化展示，打造目的地文化旅游品牌，从低水平竞争和价格竞争转向品牌竞争，依靠品牌吸引市场，占领市场，拓展市场，实现旅游发展方式的转变，推动目的地旅游业高水平高质量发展。

文化展示提高旅游产品的附加值，促进旅游业增长方式转型。旅游产品的附加值来源于文化，有深厚文化内涵的旅游产品，旅游者愿意以高于一般产品的价格付费。文化增加旅游产品附加值的机制在于旅游产品的文化体验迎合了体验经济时代旅游者的体验式消费心理，为旅游者提供一种值得回忆的难忘的愉悦和审美的身心享受。旅游过程的食、住、行、游、购、娱各个环节都可以通过文化展示，增加旅游产品附加值，使旅游业本身从数量型向质量效益型转变。

第三节　旅游者文化行为

消费者的文化背景决定其价值取向、偏好和行为的整体观念。② 旅游者是目的地文化展示的主要目标群体，目的地文化展示符合旅游者的文化行为才能达到展示目标。

一　文化动机

旅游动机是推动人们进行旅游活动的内在驱动力。如果根据麦金托什等人提出的将旅游动机分为身体动机、文化动机、交际动机、地位与声望动机四种基本类型的话，现代旅游中文化旅游动机正在得到明显强化，旅游者越来越注重对文化多样性的体验。文化传统是否完整、文化积淀是否深厚、文化景观是否独特往往是旅游者选择目的地的重要衡量标准。③

出于求知的欲望，希望学习和探索异国他乡的文化、历史、艺术、风俗、语言、宗教的旅游者日益增多，文化旅游成为一种颇受青睐、生机盎然的旅游形式。从文化旅游的游客规模逐渐增加和文化旅游所带来的庞大收入，以及发展文化旅游成为许多城市和区域的发展战略，可以证实旅游者出游的文化动机日益突出。20世纪80年代以来，文化旅游成

---

① 黄向、保继刚：《场所依赖（Place Attachment）：一种游憩行为现象的研究框架》，《旅游学刊》2006年第9期。

② 李琼英、方志远：《旅游文化概论》，华南理工大学出版社2010年版，第137页。

③ 谢元鲁主编：《旅游文化学》，北京大学出版社2008年版，第78页。

为国际旅游市场的重要成分。据统计，1996 年有 5400 万美国人进行了至少一次 161 公里行程的旅游活动，参观博物馆和历史景点，有 3300 万人专门为参加文化活动或艺术节而旅游。欧洲的城市集中了歌剧院、音乐厅、剧场以及芭蕾表演等艺术场所。这些表演艺术作为当地的旅游产品吸引了大量休闲旅游者。例如与艺术相关的旅游活动产生的旅游花费占英国海外旅游者花费的 41%，占国内游客花费的 13%。奥地利的音乐旅游每年吸引数百万游客前往。作为文艺复兴摇篮的意大利，其丰富的绘画、雕塑和建筑珍品，每年吸引大量的旅游者前来游览观光。意大利统计局提供的数据显示，2005 年，文化旅游接待人数占比达 33.5%，高于阳光和沙滩旅游的 22.8%。① 文化遗产旅游也是欧洲旅游的显著特征。据官方调查，来英国的旅游者均有着共同的最重要的动机，那就是访问历史文化遗产。② 据法国媒体报道，法国众多的博物馆在文化旅游中扮演了重要角色，2011 年共接待参观者 2700 万人次，同比增加 5%，仅卢浮宫一个博物馆就接待参观者 850 万，其他的如凡尔赛宫接待参观者 600 多万，具有艺术多元化特点的盖布朗利原始艺术博物馆接待参观者 130 万，而专门展示现代艺术和前卫艺术的蓬皮杜文化艺术中心也接待了 360 万参观者。③ 据 2011/2012 年旅游品质监测者论坛报道，德国国家旅游局和欧洲旅行保险集团联合进行的一项德国旅游业调查表明，到德国旅游的外国游客中，有 50% 是因文化而前来德国度假旅游的。④ 在我国，以开展历史文化旅游为主的城市，都吸引了大量的中外旅游者，如北京、西安等。一些默默无闻的城镇成为世界遗产地后，遗产地旅游迅速成为它们的经济支柱，并成为国际知名的城镇，如云南丽江、山西平遥等。

随着城市基础设施的日渐发达，游客兴趣的文化转向和内涵搜寻倾向日益突出，城市文化的展示状况正成为游客感知目的地的重要影响力。⑤ 美国著名学者杰里米·里夫金认为，"经过了数百年将有形资源转变成财产形式的工业产品之后，如今创造财富的主要手段是将文化资源转变成需要付钱的个人经历和娱乐了"⑥。

二　文化体验

体验是旅游现象的核心。迪士尼研究所指出"……客户体验已经成为一个组织取得成功的最重要途径。通常来说，这正在成为其关键的排他性竞争优势"，并且"……这意味着对全面的客户体验给予超乎寻常的关注——关注服务体验发生之前、之中和之后的所有细节"。⑦ 可见，旅游者的文化体验行为是贯穿整个旅游过程的重要内容。从产生旅游动机开始，文化就与旅游活动如影随形。文化动机是旅游者动机之一，并且越来越突出。在

① Cuccia T., Rizzo I., Tourism Seasonality in Cultural Destinations: Empirical Evidence From Sicily. *Tourism Management*, 2011, 32: 589 - 595.
② 吴承忠:《西方国家历史文化旅游发展的现状和趋势》,《人文地理》2004 年第 6 期。
③ 管宁:《时尚创意铸就的朝阳产业——法国文化产业的经验与启示》,《东岳论丛》2012 年第 12 期。
④ 重庆中国国际旅行社:《2014 年德国旅游主题"世界遗产游"》, http://www.citscq.com/NewsFile/15226.html.
⑤ 何燕:《游客感知下的城市——景区旅游流空间响应研究》, 硕士学位论文, 西北大学, 2007 年。
⑥ 转引自王雅林《休闲经济: 21 世纪初的主导经济》,《特区展望》2001 年第 4 期。
⑦ 乐山市人民政府委托亚太旅游协会 (PATA):《乐山山地旅游行动五年计划》, 2017 年。

收集目的地信息中，旅游者就开始解读目的地的文化事物，在头脑中构建目的地形象。在目的地旅游中，从观赏景观到参与活动，在与目的地的人和物的互动中，进行文化体验。旅游后，旅游者又从目的地购买的纪念品和照片中，延续对目的地文化的体验。所以，任何旅游景区所面临的挑战都是如何将广泛的资源转化为独特的游客体验，并制造重要的回忆。[1]

旅游活动是文化活动，旅游体验的类型都具有文化特征。约瑟夫·派恩和詹姆斯·吉尔摩在《体验经济》中把体验分为4种类型：娱乐（Entertainment）、教育（Education）、逃避（Escape）、审美（Estheticism）。邹统钎[2]在此基础上又补充了一项移情（Empathy），用"5E"来表示。邓明艳从世界遗产资源的特殊性出发，在"5E"的基础上进一步挖掘出世界遗产旅游体验的另一类型，即探索与研究（Exploration），简称"6E"。这些类型都反映了体验的文化属性。再从具体的旅游活动项目体验来看，历史古迹体验、城镇村落体验、艺术审美体验、经典建筑体验、宗教体验、工业遗迹旅游体验、农业景观旅游体验和目的地生活方式体验等，更是显著的文化体验。窦清[3]把旅游体验分成情感体验、文化体验、生存体验、民族风情体验、学习体验、生活体验、自然体验、梦想实现体验和娱乐体验9类。其中，文化体验、民族风情体验、生活体验和娱乐体验本身就是直接的文化体验，而其他类型的体验对象都要依托相应的文化场景和文化设施。即使是自然体验，也是对人化了的自然的体验，是解读人类凝结在自然中的某种意义和价值，也属于文化体验的范畴。

旅游目的地的消费活动也充满了文化体验。李翔宇、梅洪元指出，当代社会正经历着一场深刻的变革，消费文化正在从大众消费向充满审美和文化意义要求的消费过渡。[4] 为了满足旅游者消费的文化需求，许多目的地都在致力于营造特色文化旅游街区，一方面利用城市的历史文化和地方文化资源提升城市形象，另一方面为旅游者营造浓郁的文化环境氛围，刺激旅游消费，提高消费附加值。如北京的五道营胡同、上海的新天地、成都的宽窄巷子等。这些特色文化街区都有自己的主题，游客在这里观光，可以欣赏街巷景观、建筑景观和历史遗存等实体景观，可以领略当地的特色文化，满足怀旧情结、对历史事件的想象和对当地居民生活方式的感知。游客在特色文化街区进行餐饮、购物、文化活动等休闲活动，参加中国传统的或西方的文化主题活动，如春节、情人节、圣诞节、跨年晚会、音乐季等，都极具文化体验性。

旅游者文化体验是符号解读过程。旅游世界是一个充满了符号的时空，不论是人还是物，都是表述意义的具体符号或是具有符号意义的事项，甚至连时间和空间也是蕴涵了丰富意义的符号，一个个符号编织成了一幅宏大美丽的描绘旅游世界的织锦。[5] 所以，旅游

① 重庆中国国际旅行社：《2014年德国旅游主题"世界遗产游"》，http://www.citscq.com/NewsFile/15226.html.
② 邹统钎，吴丽云：《旅游体验的本质、类型与塑造原则》，《旅游科学》2003年第4期。
③ 窦清：《论旅游体验》，硕士学位论文，广西大学，2003年。
④ 李翔宇、梅洪元：《消费文化视角下的城市商业空间建构》，《华中建筑》2010年第2期。
⑤ 谢彦君等：《旅游体验研究——走向实证科学》，中国旅游出版社2010年版，第46页。

活动总是伴随着符号的解读。在旅游者决策信息收集阶段，要对目的地空间意义、旅游产品和媒介符号价值进行解读，然后主观构建旅游空间。到达目的地后，要对目的地的人和物进行解读。旅游者的文化体验就是符号的解读过程，通过与目的地环境、旅游客体的相互作用，借助于观赏、交往、模仿、消费和游戏等活动方式实现。符号解读包括从形式到内容的步骤，遵循结构主义从部分到总体的规则。旅游者文化体验效果与符号本身的特点、符号的数量和符号解读结果有关。

旅游者文化体验中涉及本真性问题。旅游者在旅游过程中通过各种物质层面的感官接触来达到精神层面的文化认知（包括审美和愉悦），这是旅游的"体验"本质所在。在这一过程中，文化的"真实"是关键，但对真实性的认识理解难以统一。麦肯耐尔（Mac-Cannell）认为旅游者生活在现代化、异化（Alienated）的社会中，因而他们的旅游动机正是去寻找本真性，现代旅游者在接受自己所处的现代社会的不真实性的同时，仍然在寻求旅行的意义——了解旅游地居民的真实生活。[1] 国际游客更喜欢真实的体验，大量游客在获得真实本地体验需求时将产生更高水平的游客满意度。[2] 在现代旅游中，旅游场景或旅游事件不可避免地被设计化、舞台化；而这种舞台化的表演以及由此引起的不真实的体验，不是由于旅游者对"伪事件"的需求造成的，而是"旅游发展的结构化后果"。珀尔斯汀在其《从旅行者到旅游者：旅行艺术的丧失》一书中就将大众旅游称为"伪事件"（Pseudo-event），认为旅游者所经历的其实是被旅游业设计好的、失真的旅游体验。[3] 而谢彦君认为，"旅游者的旅游体验过程，从个体评价标准来看，在一定程度上会满足于眼见为'实'。而只要他满足于此，这种'真实'就是他所要的'真实'"。[4] 马凌认为，简单地将旅游者的旅游动机归结为对本真性的追求是理想化的。旅游经历的真实与否重要的是"整体的游客体验"以及这种旅游体验之于个体旅游者的意义。本真性既存在于过去也存在于现在，本真性概念的发展过程说明了"本真性"本身并不是一个"静止、客观、固定的标准"或"某种产品或吸引物的固有属性"，它往往是主观的、建构的以及不断发展和被创造的。[5] 笔者认为，真实性是旅游者获得精神满足和文化体验质量的关键。旅游体验过程中真实性的体现既要依据客观真实，又要具有动态性。应考虑通过哪些"真实的符号"可以达到体验的真实，从而让游客通过"前台"的"真实性"表演感受到"后台"的文化魅力。同时要考虑在游客体验真实的过程中，如何使当地传统文化可持续发展，从而保持真实性的延续。

在真实性体验塑造方面，很多学者强调居民参与，认为文化不等同于文物，缺少了与时代的同步和人（旅游地居民和旅游者）的参与，文化的活力将逐渐丧失，对旅游者而言，其吸引力也会逐渐丧失。对旅游目的地居民文化的展现，本身就是"真实的文化符

① 转引自邓永成《基于消费心理的商品真实性研究》，上海财经大学出版社2011年版，第76页。
② 乐山市人民政府委托亚太旅游协会（PATA）：《乐山山地旅游行动五年计划》，2017年。
③ 转引自邓永成《基于消费心理的商品真实性研究》，上海财经大学出版社2011年版，第76页。
④ 谢彦君：《旅游体验研究——一种现象学的视角》，南开大学出版社2005年版，第230页。
⑤ 马凌：《本真性理论在旅游研究中的应用》，《旅游学刊》2007年第10期。

号"的重要组成部分。基于真实性的旅游体验塑造要从三个层面进行思考：一是旅游地文化的客观真实；二是旅游地文化的象征真实；三是旅游活动的过程真实。①

三　文化符号价值消费

现在的消费已进入文化和精神的消费时代，出现了一种新的消费，即"符号价值"取向的消费。符号学认为，一个物质性的可供感知的事物如果能代表它以外的其他事物，那么该事物就成为一种符号。从结构上分析，符号具有"二元结构"，包括"能指"和"所指"两部分。能指是符号的物质构成，所指是符号所表达的思想和意义。两部分使事物不仅具有使用价值、交换价值，也具有符号价值、象征价值。商品的使用价值来源于商品具有的品质和功能等塑造出来的价值。商品的符号价值来源于商品的品牌、广告、设计、包装以及企业形象等塑造出来的价值。持有符号价值观点的学者认为，"符号价值"是更广泛、更神奇的一种消费大市场。因为符号价值消费的出现，使市场竞争方向逐步从物品价值向符号价值转变，市场竞争要素从物品的实用性要素向文化性和精神性要素转变，使符号价值消费观念不同于物品消费观念而具有三个新特征。首要特征是在物品价值消费的基础上，更偏重于符号价值消费。其次，在商品的购买选择上，主要是感性选择，而不以理性选择为主。最后，消费者的消费目的不是物品的使用价值，而是拥有差异性的符号价值。②

现代旅游也具有"符号价值"取向消费的特征。法国社会学家波德里亚认为，消费是"一种操纵符号的系统性行为"，人们购买商品，只是部分与商品的物质消费有关，关键是把它作为一种标签。现代旅游也面临符号化的过程，如果我们把旅游看作"一种生活方式"，它明显地具有符号性特征，它可以被定义为"社会中某一群体的特殊生活"。在这种意义上，现代旅游往往成为一种身份的符号象征。

有研究表明，成都宽窄巷子的游客不太了解它的历史文化背景，但仍然把它作为成都旅游的首选景点，在那里消费、观光、体验文化。这时，"过去"和"历史"更多成为一种符号，体现它作为"老成都底片"的景象，满足游客对过去的回顾和对历史的联想。成都宽窄巷子主要通过刻意保留历史遗存元素、原真生活体验馆（博物馆）、历史文化景观墙和老照片等方式构建遗产景观。但对于游客而言，他们消费的只是遗产景观所具有的历史符号，而不是真正的历史。这其实属于一种现代性背景下的怀旧行为，并体现了消费社会对符号的需求。③

那么，怎样才能将目的地符号化是目的地文化展示中值得探讨的问题。于赫认为，旅游活动已经成为一种符号与体验消费，消费对象不再限于有形的物质，无形的象征、氛围

---

① 陈兴：《基于人类学视角对"旅游体验"的新思考》，《成都理工大学学报（社会科学版）》2011 年第 2 期。
② 赵加积：《从物品价值到符号价值》，《光明日报》2000 年 7 月 18 日。
③ 廖卫华：《消费主义视角下城市遗产旅游景观的空间生产》，博士学位论文，暨南大学，2010 年。

甚至愉悦感，都可以透过符号价值的交换而被购买。① 这样，旅游被各种符号所代替，人们旅游也像在进行符号收集。对于有象征价值的旅游景观，旅游者会在有限的时间和经济条件下，重点"阅读"。因为此时的旅游景观是作为城市和地区文化历史的"代言人"，拥有文化象征符号的功能。所以，旅游景观的符号化是突出目的地文化的有效途径。目的地在挖掘景观文化内涵的同时，要让旅游景观具有象征意义。在全面展示目的地文化的同时，要重点塑造城市和地区的标志性景观和标志性文化区域。此外，要为目的地的文化形象构建文化象征符号，以使目的地形象明晰化，有利于目的地形象的传播。如雪山、冰川、草甸、湖泊构成"香格里拉"的象征符号。

符号价值消费的时代背景是消费性成为后现代文化的一个重要特征。在后现代社会，特别是进入全球化时代以来，人们的物质生活变得极为丰富多彩，这使得他们在很大程度上并不仅仅依赖于物质文化的生产，而更多地崇尚对这些物质文化进行享用和消费。生活在后现代消费社会的人们所关心的并不是如何维持最起码的日常生活，而是如何更加舒服地或"审美地"享受生活。这表明，后现代社会的人们需要"审美地"而非粗俗地实现对文化产品的享用和消费。

后现代消费社会的文化是一种追求时尚的文化。所以，产生于后现代时期的消费文化产品所具有的审美价值是表面的、浅层次的。后现代消费社会的人们生活节奏都很快，不可能细心地品味高雅的文化精品，同时又不可能花钱去消费连自己的视觉也难以满足的文化赝品。后现代消费文化的审美特征具体体现在：首先是表演性。消费文化产品一般并非精雕细琢的文化精品，常常是为了在瞬间吸引人们的视觉注意，以满足在短时间内激起的审美愉悦。其次是观赏性。再次是包装性。最后是时效性。②

后现代消费文化给我们的启示是，在目的地文化展示中构建美的意境、美的感受很重要。古城不能破破烂烂，乡村也不能到处是垃圾。在保护历史文化遗迹的同时，要改善古城人居环境，让绿地遍布城市的角落，让鲜花装点城市，使古城更为优雅，可游可留。后现代社会的目的地文化展示要将时尚文化融入旅游者的多样化文化体验中，尤其是国际旅游城市，要有时尚建筑、时尚消费品、时尚街区、时尚节庆活动和时尚生活方式等元素，更要具有时尚气息。

---

① 转引自：宋晓蓬：《旅游地空间商品化的形式与影响研究——以云南省的丽江古城为例》，《旅游学刊》2005年第4期。
② 王宁：《后现代社会的消费文化及其审美特征》，《学术月刊》2006年第5期。

第三章 目的地旅游文化景观生态系统结构及其演化

第一节 目的地旅游文化景观生态系统

一 景观生态学与目的地文化展示

国际景观生态学会（IALE）1998 年指出，景观生态学是对于不同层域（Scale）上景观空间变化的研究。肖笃宁（2003）认为，景观生态学是研究景观空间结构与形态特征对生物活动与人类活动的影响的科学。简而言之，景观生态学是研究景观结构、功能和动态的一门新兴学科。景观生态学的中心问题是对景观格局与生态过程相互作用的研究，研究对象是由不同空间单元镶嵌组成的景观地理实体。作为一门综合性学科，景观生态学属于宏观尺度生态空间研究范畴，注重从整体综合观点研究景观生态系统的格局、功能与动态，景观格局（空间格局）是其研究的基础内容和目前的研究重点，[①] 已形成了一些描述和解释景观格局特征的原理和方法，如景观整体性原理、景观异质性原理、景观层域原理、景观结构与功能关系原理、景观镶嵌性原理、景观格局和过程关系原理等。

目的地文化展示系统是一个包含自然和人文要素的地理综合体，在满足旅游者文化体验的过程中，旅游活动与目的地原生景观系统之间形成了相互联系、相互作用的密切关系。因而，目的地文化展示系统本质上是一个旅游文化景观生态系统，它是由旅游者、当地居民、旅游文化景观和自然环境空间等旅游文化空间要素，遵循相应的生态、经济与社会规律，相互作用、相互影响所形成的，具有旅游功能的地域综合体，具备一定的格局、功能与动态变化特征。景观生态学原理为认识和研究目的地文化景观空间系统特征、格局和动态，提供了分析途径和理论指导。此外，景观生态学能够为旅游地可持续发展的研究提供整体性的理论与方法框架。该框架将生态系统的格局、过程、功能与人类的文化、感知、价值判断、行为方式和决策紧密联系起来，对旅游地可持续发展进行动态观察、综合研究和空间表达，有助于旅游地可持续发展研究的概念化和理论化，[②] 有助于目的地文化

---

① 苏伟忠、杨英宝：《基于景观生态学的城市空间结构研究》，科学出版社 2007 年版，第 2 页。
② 蒋依依等：《旅游景观生态系统理论》，《生态学报》2008 年第 4 期。

展示系统的优化。

2001 年美国景观生态学会年会总结出"21 世纪景观生态学十大前沿议题"，其中，景观镶嵌体中的生态流、人类及其活动与景观生态的整合和景观格局的优化研究等，与目的地旅游文化景观系统研究的重点，如旅游活动空间分布、旅游流对目的地旅游文化景观的整合和目的地文化景观的优化等相契合。

人类活动是景观格局及其变化的主导者。旅游目的地是旅游活动过程发生的主要空间，在目的地旅游文化景观生态系统中，旅游活动是系统内部人类活动的核心，是系统中最为重要的组成部分。因为旅游流是目的地旅游文化景观生态系统的生态流，旅游流的输入和输出体现了目的地旅游文化景观生态系统与区域旅游文化景观系统的相互作用，旅游流在目的地内部的流动体现了目的地文化景观系统内各景观单元之间的相互作用，使系统内部产生空间的重新组织，形成不同的文化空间，如餐饮文化空间、历史文化空间、民俗文化空间和休闲文化空间等，满足旅游者不同的文化体验。所以，目的地旅游文化景观生态系统的主体功能是旅游功能，主要内容是承载旅游活动与满足旅游需求，系统内部主要的生态过程均围绕旅游者及其活动发生与演化。

二　概念框架

根据景观生态系统理论和原理，目的地旅游文化景观生态系统是地表自然要素与人文要素相互作用形成的以整体性为特征并具有旅游功能的地域综合体。它是介于区域旅游文化景观生态系统和景点景区文化景观生态系统之间的一个中尺度景观系统，由自然—人文环境空间、旅游者、当地居民和旅游文化景观等景观要素组成。其中，自然环境空间是基础，人类是主体，文化是主导，旅游者是关键，具有特定的格局、功能和动态特征。在该概念框架内，目的地旅游文化景观生态系统是自然演化过程与人类活动相互作用的产物，人类活动在自然环境空间上创造的文化景观，主导着目的地旅游文化景观生态系统的发展演化，旅游者的旅游文化需求是控制景观演化方向和发展速率的驱动力。

（1）自然—人文环境空间。指目的地范围内的自然环境空间和人类在自然环境中创造的物质实体空间。在目的地旅游文化景观生态系统中，自然环境有两方面的作用。一是作为旅游资源，是旅游活动的对象，尤其是世界自然遗产，具有垄断性吸引力，是现代人回归自然的理想休闲地；二是作为旅游活动的物质空间载体和环境基础，其类型、规模、空间分布、生态质量等因素决定着旅游开发的方向、质量和影响，也明显影响着旅游者体验质量。人文环境空间是目的地社会、经济、政治和文化现象的综合体，是不同历史时期各种文化叠置而成的。不仅包括各种可视可触的物质形态空间，还包括那些能让游客感知到的、非物质的"气氛"和"精神"。由于现代旅游者对独特文化的搜寻，旅游活动对人文环境空间的依赖性越来越突出。

（2）当地居民。指目的地的当地常住居民，他们是目的地旅游文化景观生态系统不可缺少的最有活力的要素，与目的地旅游发展有着密切的联系。首先，当地居民是旅游业的直接或间接从业者，参与旅游业的规划、管理和经营服务，通过设计生产旅游产品，将旅游资源转化为当地的旅游发展资本，在很大程度上影响着旅游业的发展。同时，当地居民又是旅游经济收益的直接或间接获得者。我国"十三五"时期，年均新增旅游就业人数100万人以上。当地居民获得大量就业机会。[①] 其次，当地居民是目的地传统文化、旅游景观文化和旅游服务文化的创造者，以及未来文化的开拓者，也是文化的活载体，是"真实的文化符号"的重要组成部分，他们承载的传统习俗、生活方式、旅游经营和服务文化是旅游文化体验的重要组成部分。地方的生活方式也是旅游资源，以社区为基础的旅游业可以让游客观赏和体验到当地的文化、习俗，观赏到野生动物，欣赏并尊重当地的文化、礼仪和智慧。[②] 当地居民甚至成为目的地氛围营造不可缺少的要素，如江南水乡的"小桥·流水·人家"，没有"人家"就没有江南水乡的温婉意境。作为外来的游客，他们更愿意通过与当地人的交往接触本地文化，全球民宿的发展就是一个很好的证明。另外，目的地的交通、商业、城市公共开敞空间等基础设施和服务设施，为当地居民与旅游者共享使用，提供了旅游者接触当地居民的机会。当地居民对旅游者的态度和好客程度，对旅游者的感知质量有重要影响，对于营造有吸引力的环境氛围至关重要。最后，当地居民是旅游业发展所带来的社会、经济、文化影响的主要承担者。让居民在当地旅游发展中直接获益，他们就会积极支持当地旅游发展，重视自然生态和自身文化特征的价值及其吸引旅游者的重要性，建立对自然生态环境的强烈保护意识和对自身文化的积极展示意识，有利于目的地文化生态系统的良性发展。所以，目的地文化展示要强调社区参与，提高当地居民的获得感和对地方文化的认同感。

（3）旅游者。旅游者是出于寻求愉悦目的而前往异地并在该地做短暂停留的人，是目的地旅游文化景观生态系统形成的关键。对于原有的景观生态系统而言，旅游者的输入输出以及餐饮、住宿、游览等活动表现为一种全新的生态流，在空间的流动方向、速度和方式上都有自身的规律性。旅游流改变了原有生态系统要素的空间组织与相互作用，系统内部逐渐出现各种功能区域，同时输出满足旅游者需求的各类物质与旅游服务产品。所以，旅游活动已与原景观生态系统的各要素形成相互依赖、密切联系的关系，成为系统中最为重要的成分。

（4）旅游文化景观。旅游文化景观是目的地文化景观的组成部分。包括一定的景色、景象和形态结构、可供观赏的景致，能为旅游者提供旅游活动内容的目的地自然、社会、经济和文化综合体，旅游服务接待设施，当地居民的生活空间，以及能让旅游者感受、体验的文化精神现象，等等。总之，旅游文化景观主要是由目的地当地居民的现代生产、生活空间，旅游景区景点和现代旅游服务体系空间组成的目的地文化景观。旅游文化景观具有动态性。目的地旅游发展过程就是旅游文化景观从单一向多样不断丰富的过程，从而满足旅游者需求的日益多元化。另外，旅游文化景观是有机生长的。它的生长源于目的地独特的自然格局和特征、地方文化，以及旅游景观在利用过程中产生的物质与精神产品。旅

① 国务院：《国务院印发"十三五"旅游业发展规划（全文）》，人民网，http：//travel. people. com. cn/n1/2016/1226/c41570 - 28977992. html.

② 乐山市人民政府委托亚太旅游协会（PATA）制定：《乐山山地旅游五年行动计划》，2017 年。

游文化景观具有整体性，是目的地发展的见证，反映目的地从过去到现在的发展历程。所以，旅游文化景观应包括目的地的历史、经济、文化和社会景观，是旅游者希望了解的目的地整体性的文化景象。

三　系统结构

（一）景观空间单元的基本类型

Forman 认为景观空间单元有三种基本类型：斑块（Patch）、廊道（Corridor）和基质（Matrix）。斑块指在外貌上与周围地区（本底）有所不同的一块非线性地表区域。廊道指与本底有所区别的一条带状区域。基质指范围广、连接度最高并且在景观功能上起着优势作用的景观要素类型。景观空间单元具有等级结构、独立的功能特性和明显的视觉特征，是具有明确边界、可辨识的地理实体。斑块—廊道—基质的组合是最常见、最简单的景观格局构型，是景观功能、格局和过程随时间变化的主要因素。

（1）斑块。根据景观生态学原理，旅游文化景观生态系统的景观空间单元中，斑块是由景点及其周围环境组成的旅游活动集中分布的非线性空间单元，是旅游者游览和消费场所。由于文化景观吸引力的差异，旅游活动在目的地分布是不均匀的，具有明显的聚集特征，景区景点、历史文化区域、旅游活动设施、旅游服务设施和文化及创意产业空间等，是旅游活动的空间聚集区域。这些区域是文化体系中集中对应于人类某一特定类型的行为或意识所产生的人化形态，称为文化元。[①] 每一种类型的旅游文化景观就是一种文化元，目的地文化景观系统就是由若干不同的文化元组成的景观系统。如餐饮文化元、休闲文化元、历史文化元等。斑块的等级由斑块内旅游资源等级和旅游服务功能的大小决定，斑块的等级决定旅游活动的空间聚集程度。等级越高，游客停留时间越长，旅游活动空间聚集程度越高；反之，游客停留时间越短，旅游活动空间聚集程度越低。目的地不同等级的斑块相互补充、相互作用，共同增强目的地的吸引力。景观斑块的组合类型有规则型、随机型、集聚型、树枝状、环状和线状等，如图 3－1 所示。其中，随机型和集聚型是主要形式。

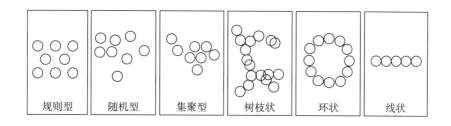

| 规则型 | 随机型 | 集聚型 | 树枝状 | 环状 | 线状 |

图 3－1　旅游文化景观斑块类型

资料来源：苏伟忠、杨英宝：《基于景观生态学的城市空间结构研究》，科学出版社 2007 年版，第 43 页。

---

① 徐小波：《纵横聚焦：旅游城市连绵区文化资源整合的必然趋势——以宁镇扬旅游文化圈为例》，《旅游学刊》2007 年第 11 期。

（2）廊道。廊道是连接斑块的线状通道，也是旅游活动的线状空间，如公路、河流、自行车道和步行道等。旅游者通过廊道在斑块间流动，产生聚集和扩散。因而，廊道是维持旅游文化景观系统运行和功能的基础。旅游廊道不仅仅是一个交通通道，它还具有旅游服务功能，是由旅游路线、交通车辆、旅游导示、导游、沿线景观共同构成的为旅游服务的通道。旅游廊道是风景道，它所连接的景观斑块构成了旅游廊道的风景，成为展示目的地文化的重要方式。旅游廊道的连通性、服务功能性、方便性、景观性决定了旅游者对旅游目的地的第一印象，因而它也是旅游形象通道。① 廊道具有层次性，廊道的等级由运力、舒适度和景观质量等组成。

（3）基质。除斑块和廊道外，在旅游文化景观生态系统内的所有地域空间就是基质。基质是斑块和廊道得以存在的背景生态环境，更加能体现出一个目的地的文化气质。如城市基质主要是建筑和街巷，是人口聚集的场所，给人的印象是景象繁荣、物质文化生活丰富；而乡村目的地，广阔的自然空间和农田是其基质，体现出宁静、祥和的气息。

游客对基质的感知形成旅游目的地氛围，它是影响目的地形象的激励因素，对目的地的社交价值、情感价值、认识价值均有显著的促进作用，对游客的购后行为，如满意度、推荐意愿和支付意愿等，有显著的促进作用，由目的地自然和人文环境构成的整体气氛、目的地活力和居民态度等构成。② 跨越旅游认知和情感成分的目的地和平气氛也是形象的重要影响因素，与目的地的整体形象高度相关。③

在旅游文化景观生态系统中，斑块与廊道是旅游活动的主要空间单元。除了等级外，斑块和廊道相对于系统的功能来说，还有重要性大小的区别。例如，以影响目的地形象的重要性为标准，文化元可分为形象主导文化元和一般文化元；在廊道中，"绿道"因保护了具有重要生态价值的自然系统和连接了重要历史文化遗迹、为都市人提供了休闲娱乐场所而成为重要廊道。

旅游文化景观系统要素的联系有两种方式，即网络结构和边界。网络结构是指斑块通过廊道联系形成的斑块网络，或由廊道相互连接形成的廊道网络，是旅游流在旅游文化景观系统内运动的通道。边界是由不同类型斑块空间邻接形成，如城乡交界处、景城交界处等。边界可以产生比相邻区域更为优良的特性，如多样性和异质性等边缘正效应。

旅游流是旅游文化景观生态系统的景观生态流，它通过廊道在不同类型的斑块间流动。按照系统论能量消耗最小化原理，系统间的物质和信息流将选择最小的能耗路径运行。受景观格局的影响，旅游流运动分别表现为集聚和扩散，旅游产品的吸引力是旅游活动空间集聚的原动力。斑块间的旅游流可视为在不同能级上的有序运动，斑块的能级特征由其空间位置、功能和其他环境参数所决定。

① 王昕、陈婷：《基于旅游行为的旅游目的地空间层次与管理》，《人文地理》2009年第6期。
② 吴抚生：《旅游目的地形象对游客推荐意愿、支付意愿的影响研究：以杭州为例》，博士学位论文，浙江大学，2009年。
③ Marcelo Royo - Vela, Rural - cultural Excursion Conceptualization: A Local Tourism Marketing Management Model Based On Tourist Destination Image Measurement. *Tourism Management*, 2009, 30: 419-428.

（二）景观格局

景观格局是指景观的空间异质性或景观的整体构型。空间异质性是景观生态系统最基本的特征，包括"结构异质性"和"功能异质性"。旅游活动的空间分异是系统功能异质性的具体表现。有两种情况：第一，当地政府在目的地现有的自然和社会经济条件下，规划旅游业发展，设计旅游产品和旅游线路，为旅游者提供旅游服务，引导旅游者在目的地的集聚和扩散。第二，对目的地的选择，是旅游者根据目的地形象作出的个人判断。在目的地停留时间、花费、选择旅游活动内容等，都与旅游者个人的兴趣、动机、职业、年龄和收入等特征有关。旅游活动空间分异的规律能够直观地认识和理解各要素的相互作用机理，可以将旅游文化景观生态系统格局理解为旅游活动在旅游文化景观生态系统地域范围内的空间分异与组织形式。所以，旅游文化景观格局反映了旅游景观中各个要素之间的空间组织关系，包括诸要素在空间中的相互关联、相互作用、集聚程度、集聚规模以及系统整体的相对平衡关系等，这些关系最终体现在诸要素结合成具有旅游功能的空间整体，形成目的地的整体旅游形象。

从旅游文化景观整体构型看，不同大小和内容的斑块、廊道、基质、网络和边界共同构成了异质景观。常见的景观空间格局构型有镶嵌格局、网状格局、点状格局、点阵格局和带状格局等。目的地文化景观空间格局一般是镶嵌格局、网状格局和点状格局。

格局分析包括景观空间单元特征，即各单元规模、形状、空间分布与组合等空间属性，以及旅游流空间的流动和分布特征。

旅游文化景观格局具有动态性。首先由于组成系统的景观空间要素在发生变化，遵循从简单到复杂、由低级到高级的演化规律，景观系统格局也必然由孤立向互联，从平面向等级网络演化。其次，旅游流规模的变化也是改变旅游文化景观格局的重要因素。

目的地旅游文化景观生态系统的目标，取决于文化景观格局是否优化。重要斑块和廊道是目的地旅游文化景观生态系统空间格局调控的主要对象。

（三）景观空间尺度

借鉴蒋依依等的研究，根据研究尺度的相对大小，将旅游文化景观生态系统研究所涉及的空间尺度分为小、中、大三类。旅游文化景观生态系统的组成要素、要素之间的相互作用关系，均随着尺度的不同而发生变化。[①]

（1）小尺度旅游文化景观生态系统主要指相对独立的景区（点）。其特征在于：具有独特的资源特色，与其他景区（点）有明显区别；面积较小；包含要素相对单一。旅游者的活动特征表现为在空间上高度集聚，停留时间较短，活动类型相对较少，对自然环境的影响作用直接。由于空间规模的制约，自然环境自身调控能力较弱，同时受到更大尺度上限制性因素影响。该尺度的旅游文化景观生态系统的空间范围决定了其影响因素较为简单。因此，对旅游活动与自然环境的调控便于实际操作。

（2）中尺度的旅游文化景观生态系统由数个小尺度旅游文化景观生态系统组成。组成

---

① 蒋依依等：《旅游景观生态系统理论》，《生态学报》2008 年第 4 期。

的方式主要包括旅游者的空间流动以及旅游功能的相互补充等。与小尺度旅游文化景观生态系统相比,中尺度旅游文化景观生态系统空间范围大,所包含的要素更为复杂且相互作用密切。作为旅游活动的主要空间,旅游者从外部空间向中尺度旅游文化景观生态系统集聚,在停留期间满足多样化的旅游需求。旅游活动的发生发展通过对生态—经济—社会要素的影响,深刻改变着当地自然环境和社会经济人文环境及当地居民的状态。较大的空间范围使自然环境自我调节能力得以提高。当地则能通过景区建设以及监测管理自然环境和社会经济环境等方式,协调整个景观生态系统的状态。

(3) 大尺度旅游文化景观生态系统由几个在地域上邻近的中尺度旅游文化景观生态系统共同组成。组合方式包括旅游经济、行政隶属、文化等方面的联系,或者旅游资源上的相似性等。与中尺度旅游文化景观生态系统相比,彼此之间的相互作用和相互联系要松散得多。大尺度旅游文化景观生态系统包括旅游目的地与旅游客源地,旅游者与当地居民可相互转换,两者之间的界限难以划分。随着空间尺度的扩大,自然环境所包含的要素越复杂,所受到的影响也要在更长的时间才能表现出来。

本研究所涉及的尺度是小尺度和中尺度。小尺度旅游文化景观系统主要探讨影响旅游形象的重要景区和景点,它们代表的是形象的主导文化因子,或者是对形成目的地独特形象有重要意义的景区景点。中尺度旅游文化景观系统就是目的地层次的文化景观系统,探讨目的地各景观要素在空间的相互作用关系对形成目的地整体形象的作用。

四 功能和效应

(一) 功能

景观生态系统是多功能系统,目的地旅游文化景观生态系统的基本功能是旅游功能和生态功能。这两种功能是旅游文化景观系统各要素相互作用所形成的相应于人类社会需求的表现形式。两种功能之间相互依存、互为发展条件。生态功能的保护和提升是实现旅游功能的前提和保障;旅游功能的完善和发展为生态功能的发挥提供强有力的经济支撑和重要途径。旅游功能是旅游文化景观生态系统的主体功能,是区别于其他景观生态系统的标志。相应于旅游需求,旅游功能包括两个层面的内容。一是满足旅游者"食、住、行、游、购、娱"等基本旅游需求,这是旅游者实现整个旅游过程的必要条件;二是满足旅游者文化体验的提高层次需求,这是目的地旅游可持续发展的根本保证。

生态功能既是旅游文化景观生态系统的基础功能,满足维持人类生存的生态效用,生产生物,净化环境,涵养水分,保持水土,调节气候等,又具有旅游吸引功能,如森林系统的大量负氧离子对康疗目的旅游者的吸引,一些农业生态系统的生态功能对观光旅游者的吸引,自然遗产地对研学旅游者的吸引,等等。

目的地旅游文化景观生态系统的功能随着系统结构的变化而变化。当旅游文化生态斑块出现新类型时,或者原来斑块功能被提升时,旅游文化景观生态系统将承载新的功能,从而使系统功能得以拓展。发展趋势是旅游文化景观生态系统的功能将不断增加并不断优化。

（二）效应

效应来自功能。目的地旅游文化景观生态系统功能产生的效应有经济、社会、文化和环境等综合效应。

（1）经济效应。产生直接和间接旅游经济效应。旅游是一个庞大的产业，旅游流的输入，旅游者在目的地进行"食、住、行、游、购、娱"等活动，带动了旅游和相关行业的发展，产生了较大的经济效益。当旅游与其他产业融合就会涌现出许多新业态，产生巨大的直接和间接经济效益，如宋城集团的演艺业。由杭州宋城旅游股份有限公司打造的一台立体全景式大型歌舞《宋城千古情》，以杭州的历史典故、神话传说为主要元素，融合了歌舞、杂技等艺术形式，每年吸引的观众超过 300 万人，收入超过 3 亿元，带动其他行业旅游收入达几十亿元。① 此外，目的地以旅游为导向的特色文化塑造，生态环境优化，宜居宜养的人居环境建设，为目的地吸引投资创造了条件，这将加速目的地产业转型升级，使经济发展再上台阶。这样，目的地的文化资本就转化为经济资本，产生间接经济效应。

（2）社会效应。目的地旅游文化景观生态系统的旅游功能可发挥教育作用，通过学习传统文化，感受红色文化，见识现代科技发展，提高旅游者的素质。旅游有益于人的全面发展，促进社会和谐。因为旅游是异地的休闲活动，能让旅游者实现各种梦想，如掌握语言、做一回外地人、更加美丽健康等。另外，旅游者的输入，使旅游者有机会与当地居民进行文化交流和思想碰撞，增强目的地居民的自豪感和对地方文化的认同感，从而产生归属感，提高目的地居民的生活幸福指数。

（3）文化效应。促进地方文化的保护、发展和传播。为了满足旅游者对文化体验的需求，应对全球旅游竞争，目的地越来越注重通过文化展示、文化的挖掘和创新来塑造目的地特色，增强目的地吸引力。为此，目的地规划建设大量代表地方历史和文化的旅游景观，设计丰富多彩的文化活动，使地方文化内涵展现出来，被关注、阅读、欣赏和传承，使目的地的地域文化得到有效保护和发展。旅游者在参与目的地的旅游文化体验活动中，增强对目的地文化的理解和赞扬，将文化带到世界各地，有利于传播目的地文化，塑造目的地良好形象。

（4）环境效应。增加环境的文化意义和可观赏性，促进生态环境教育。为增加目的地的趣味和意义，城市、乡村和景区的标识、解说小道、解说面板、雕塑、艺术品和游客设施等，都披上了有文化意义的景观外衣。即使在一些自然保护区，也远离了产生于 18 世纪的"自然作为未受破坏的荒野"的浪漫思想，主张把保护和可参观性生产及户外体验结合起来，运用"文化和自然统一"的思想，将自然地重新铸造为文化消费地和可参观地。如英国南威尔士的国家湿地中心，以湿地看守者——鹭为主题，设计湿地公园的景观、雕塑和设施，有木制的鹭的翅膀、被雕刻成鹭的羽毛的景观长椅，还有复制的鹭巢"栖息"在墙上。这些富有趣味性又蕴涵丰富文化意义的景观，消除了"呆板空间"，提高了目的地环境品质和吸引力，是人们了解自然、认识自然和保护自然最生动有效的途径，有利于

---

① 央视《经济半小时》：《押长商业表演的价值链》，中国新闻网（2010 - 09 - 08）［2017 - 09 - 19］，http：//www. chinanews. com/cj/2010/09 - 08/2518556. shtml.

开展环境生态保护的体验教育。

第二节 目的地旅游文化景观生态单元整合与系统演化

一 旅游文化景观生态单元的整合

目的地旅游文化景观生态单元的整合是旅游流在景观系统内流动的结果。旅游流的流动使各景观生态单元之间发生相互作用，通过景观生态单元各自功能的发挥，满足旅游者在目的地的文化消费和文化体验活动，目的地旅游文化景观生态单元从空间上得以整合。

（一）整合作用力

目的地文化景观空间结构的形成和变化，是该景观系统内部和外部各种力量相互作用的物质空间反映。在市场经济条件下，目的地文化景观系统不可能完全由单一的力来决定。在经济全球化背景下，国际资本也参与地方旅游经济发展，成为影响目的地文化景观系统的一个重要力量。但某一种力会最终成为合力的主导，成为影响旅游文化景观变化的主导力。综合来看，目的地文化景观空间结构的影响力主要有政府力、市场力和社会力。

政府力主要指政府的制度、政策和规划。政府是地方经济、社会、文化和环境的管理者，政府制定的规划规定了一个产业在地方的发展方向、规模、速度和空间格局，政府制定的制度和政策是规划实施和实现产业发展目标的基础和保障，如优惠的投资政策、投融资平台建设的制度和政策、环境保护政策、软环境建设制度等。因而，政府力对目的地文化景观空间发展具有最后的决定作用。

市场力主要指旅游者需求和内、外部资本的投资行为。旅游者需求是产生旅游活动的前提条件，满足旅游者需求是资本赢利、旅游产业发展的前提，是政府制定旅游政策和旅游规划的重要导向。旅游投资是旅游产业运行不可缺少的"血液"，是政府政策积极争取的发展力量。政府一定是选择符合发展方向和要求的投资。这就决定了市场力对政府力的影响极其有限。

社会力主要指当地居民、非政府机构。在国外，居民参与旅游规划、旅游管理已经较为成熟，居民的观点和看法对旅游规划和旅游管理有较大影响。国外的非政府机构在旅游项目的环境评价、目的地旅游发展管理和监测等方面发挥着独立的作用，对政府的旅游决策、制度和旅游规划等有重要影响作用。但在我国，居民参与旅游规划和管理的意识和能力都不高，政府在发挥居民参与方面还没有形成有效的制度。因而，我国居民参与旅游发展的作用非常有限。社会力在影响目的地文化景观空间结构中的作用力最弱。

从上述三种力发挥作用的模式看，目的地旅游文化景观生态系统空间结构是三种力综合作用的结果，但在决策时有不同的层次。政府力影响最大，处于最上层，其次是市场力，社会力影响最弱，处于最下层。结合我国的实际情况，在地方旅游决策时，由政府提出的设想蓝本会受到市场力和社会力的约束而做出一些调整。调整的程度取决于这两个力的大小。最后的结果是，决策主要反映了政府力的意志，而在某些方面满足了市场力和社会力的要求。如图3-2。

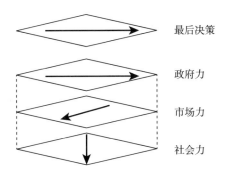

图3-2　目的地旅游文化景观整合作用力

资料来源：参考苏伟忠、杨英宝：《基于景观生态学的城市空间结构研究》，科学出版社2007年版，第113页。

（二）旅游流运动的推动力——生态位势差

目的地旅游文化景观生态空间斑块之间的生态位势差是旅游流运动的推动力。

生态位是生物单元在特定生态系统中与环境相互作用形成的相对地位与作用。[1] 引入生态位理论研究旅游文化景观单元整合问题，有助于直观有效地理解、透视和量化旅游发展中各景观单元的关系，以及它们的生存和发展策略。生态位态势理论认为生态位应当包含两个方面：一是生物单元的状态（能量、生物量、个体数量、资源占有量、适应能力、智能水平、经济发展水平、科技发展水平等），这是过去生物生长发育、学习、社会经济发展以及与环境作用积累的结果。二是生物单元对环境的现实影响力或支配力，如能量和物质变换速率、生产力、增长率、经济增长率、占据新生境的能力。前者可视为生物单元的态，后者可视为生物单元的势，两个方面的综合体现特定生物单元在生态系统中的相对地位与作用。[2]

可以将旅游生态位表述为旅游景区在区域旅游发展过程中的地位、作用和功能以及与其他旅游地的相对关系。旅游生态位包括旅游生态位态和势两个方面，综合体现一个旅游地生态元在区域旅游发展中的地位与作用及对其他旅游地的影响。其中，旅游地在过去开发、发展以及与环境相互作用积累的结果成为旅游生态位的态，反映旅游地生存状态，如旅游资源开发数量、旅游发展水平（旅游收入、游客人数等）、旅游资源占有情况等；旅游生态位的势主要是该旅游地对环境、周边其他旅游地及区域旅游发展总体水平的现实影响力或支配力，指旅游数量变化量、旅游发展水平（旅游收入、接待人数等）变化量、旅游更新的速率、增长率、占据新生境的能力等。[3] 这两个方面的结合就是旅游地生态位的宽度，也就是旅游地生态位的大小。生态位越大，生态单元竞争力越强，对资源的吸引力

① 胡春雷、肖玲：《生态位理论与方法在城市研究中的应用》，《地域研究与开发》2004年第2期。
② 朱春全：《生态位态势理论与扩充假说》，《生态学报》1997年第5期。
③ 向延平：《基于生态位理论的旅游发展关系分析——以武陵源风景区为例》，《经济地理》2009年第6期。

越大，在旅游系统中发挥的作用就越大。

生态位分为三类。（1）基础生态位。供景观生态单元生存与发展的基本生态关系集合，包括可被生态单元利用的空间、资源等各种生态因子与生态关系。（2）创建生态位。生态单元形成后通过自身的增长、发展、开拓与建设所形成的新生态位。（3）理想生态位。属于计划和努力实现的生态位。一旦理想生态位实现，就成为创建生态位。生态位势差是指各类生态位之间的差异，或者生态单元之间的生态位差异。前者称为内部位差，是生态单元内部增长与发展的基本动力；后者称为外部位差，是推动生态流在生态单元之间流动的基本动力。① 在生态位势差推动下，旅游流在旅游文化景观生态系统中运动，从生态位高的生态单元流向生态位低的生态单元，并将功能各异的旅游文化景观单元连接起来，形成目的地文化景观网络，从而实现目的地文化景观单元的空间整合。

（三）旅游流运动的方式——集聚和扩散

集聚和扩散是旅游流运动的基本方式，集聚力和扩散力由斑块的功能和地位决定。

与其他形式的生态流相比，旅游流最大的标志是要在运动中实现"食、住、行、游、购、娱"等多种功能。景观斑块的旅游功能配套越完善，吸引旅游流集聚的能力就越强。所以，目的地新建的大型文化旗舰项目都向土地利用综合化，或功能综合化方向发展，便于吸引旅游流集聚和停留。例如，世界著名的巴黎蓬皮杜文化艺术中心是最早的混合了博物馆、购物和休闲的空间之一，是一个对旅游流有强大集聚力的文化景观斑块。此外，斑块的集聚能力还取决于斑块拥有的资源品位、提供的旅游产品吸引力和环境生态质量等。高品位的资源、高吸引力的旅游产品和优质的生态环境是文化景观单元集聚旅游流的重要原因。

旅游流从集聚能力强大的景观单元流向集聚能力较小的景观单元，产生旅游流的扩散。通过扩散运动，高级别的景观单元带动了低级别的景观单元，产生景观单元之间的相互作用，满足旅游者多元化的旅游需求，整合目的地文化景观单元。

（四）旅游流运动的结果——旅游流网络

旅游流的集聚和扩散运动是沿着斑块之间的交通廊道进行的，廊道的等级影响旅游流流量。在生态位势差的作用下，集聚在高级别斑块的旅游流向低级别斑块扩散，旅游流在目的地所有斑块之间的集聚和扩散运动就形成旅游流网络。已形成的旅游文化景观空间格局对旅游流具有基本的控制作用，旅游流的流向、流量都受到景观空间单元的制约。

作为结果，旅游流网络体现系统内各种斑块的相互作用关系，更反映目的地的发展进程（如图 3-3）。旅游流网络总是从简单向复杂演化，简单的旅游流网络节点和连接线都较少，网络覆盖面积较小，景观系统内各景观单元的相互作用水平较低，旅游者在目的地空间的活动范围也较小，旅游活动内容单一，旅游者停留时间和消费水平受到制约，目的地旅游发展处于初级阶段。随着目的地旅游业的发展，目的地基础设施和旅游设施建设水平相应提高，景区景点数量因旅游开发强度增强而增加，目的地文化景观格局发生变化，

---

① 苏伟忠、杨英宝：《基于景观生态学的城市空间结构研究》，科学出版社 2007 年版，第 114 页。

集聚旅游流的能力增强，旅游流网络趋于复杂化。复杂网络覆盖的面积更加广阔，旅游活动范围更大，旅游活动内容更丰富，目的地满足旅游需求的能力增强，旅游者停留时间、消费水平和文化体验质量提高，目的地进入快速发展阶段。旅游者在目的地活动的范围、内容和停留时间等，是旅游者选择行为的结果。由于目的地文化景观系统的景观单元存在等级性，同时，不同旅游者类型有对文化景观斑块的不同选择行为。所以，目的地旅游流网络向满足多层次需求的立体网络发展。这一阶段的目的地，吸引旅游者集聚的能力最强，网络覆盖面积最大，旅游活动范围最广，旅游产品多样化、综合化，旅游者停留时间、消费水平最高，目的地的影响力最大、竞争力最强。

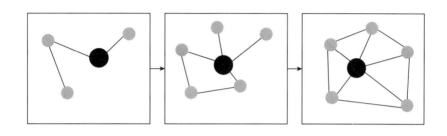

图 3 - 3　目的地旅游流网络发展阶段

目的地旅游流网络属于随机网络。随机网络的连接是随机的，由此形成的网络中，绝大部分节点的连接数目会大致相同。少数节点拥有大量连接线的网络叫无尺度网络。由于旅游流运动依赖于交通线路，为某一指定节点增加一条交通道路连接线的成本极其昂贵，必须按照物质流选择最小的能耗路径运行，连接线数目受到限制，这样就阻止了道路交通网络向无尺度方向发展。所以，旅游流网络也必然属于随机网络。旅游流网络集散节点很重要，要提高集散节点功能，提高道路的利用频率和等级。

二　系统的演化

在系统内外驱动力作用下，目的地旅游文化景观生态系统处于不断演化之中，趋势是从低级向高级、从简单向复杂演化。根据目的地生命周期理论，目的地的发展要经历成长、快速发展、成熟和衰退四个阶段，在每个发展阶段，文化景观生态系统的旅游流、景观结构、功能和产生的效应都相应变化，呈现不同的特点。

（一）演化驱动力

目的地旅游文化景观生态系统的演化是在系统内外部驱动力共同作用下进行的。从系统内部看，目的地经济、社会、文化和环境因素的变化是该系统演化的内驱力。从系统外部看，旅游需求是该系统演化的外驱力。

（1）内驱力因素。经济因素是重要的内驱力因子，包括投资、交通设施、产业结构调整、就业和土地利用等。其中，投资是直接推动力，通过投资目的地基础设施、旅游服务设施和旅游项目，将改变目的地的景观结构、旅游产品结构，影响目的地旅游文化景观生态系统演化。旅游业作为永远的朝阳产业,是目的地吸引投资的重要产业领域。国家旅游局发布的《2016 中国旅游投资报告》显示,2016 年全国旅游业实际完成投资 12997 亿元,同比增长 29%,比第三产业和固定资产投资增速分别高 18 个百分点和 21 个百分点,较房地产投资增速高 22 个百分点。强劲的投资将丰富旅游业态和旅游产品,增加旅游消费多样化选择,有力地促进我国旅游经济格局变化。在当前和今后一个时期,与休闲农业相融合的乡村旅游产品开发、休闲度假产品建设、文化旅游产品、低空旅游产品、在线旅游产品、旅游大数据与智慧旅游产品、体育旅游产品、康养旅游产品、研学旅游产品和新型旅游装备制造业 10 个方面,将成为未来我国旅游投资的重要领域,促进我国旅游业供给侧结构性改革的加快推进,为旅游业与第一、第二、第三产业融合发展带来新的机遇。[①] 旅游业属于现代服务业,当目的地产业结构转型升级向高端化发展时,很多目的地把旅游业定位为主导产业或支柱产业,有利于旅游经济向前推进。在吸纳就业方面,旅游业具有其他产业不可比拟的优势,成为很多地方发展旅游业的根本动力,尤其在乡村和边远地区。在新型城镇化发展的背景下,以旅游为导向的综合土地利用开发模式备受推崇,促进旅游业与其他产业融合发展,推动旅游业从景点旅游向全域旅游转型升级。这些经济因素无疑是推动目的地旅游文化景观生态系统演变的动力。

社会因素指对目的地居民生活居住空间的影响。因为当地居民的生活居住空间是目的地地域文化的重要载体,提高与当地居民接触的机会是旅游者文化体验的重要内容。所以,以发展旅游业为导向,对当地居民的生活居住空间进行保护和利用,是重构目的地文化景观空间的重要途径,也是目的地旅游文化景观生态系统演化的驱动因素。成都宽窄巷子的改造和建设就是很好的例证。

环境因素主要指目的地对自然环境资源和环境景观的利用。充分认识和利用目的地自然环境的独特性和环境优势,在展示利用自然美的同时,深度开发人文旅游产品,丰富目的地旅游产品,能进一步凸显原来的优势,促进目的地文化生态系统良性演化。如山水城市桂林,自古以"桂林山水甲天下"而闻名中外,在保持传统游的漓江观光项目的同时,开发了两江四湖旅游,又依托自然山水打造了大型实景演出"印象·刘三姐",丰富了夜游活动内容,使桂林独特的山水城市形象得到进一步强化,促进了目的地旅游文化景观生态系统的正向演化。

文化因素指目的地文化展示、文化发展的驱动作用。为了构建可欣赏可参观的环境吸引旅游者,目的地通过挖掘当地文化建设文化景观,尤其是文化旗舰项目,吸引旅游流集聚,从而改变旅游流的流向和流量,促进文化景观生态系统演化。在旅游发展过程中,旅游文化也在交流和碰撞中发展,如传统文化的现代化、中西文化的结合等。目的地文化的这些发展都要通过文化景观再现出来,无疑促进了文化景观系统的演化。

(2)外驱力因素。旅游者需求的变化是推动目的地旅游文化景观生态系统演化的外部根本动力。旅游产业的发展以满足旅游需求为条件,有了需求链,才有服务链和产业链;

---

① 沈仲亮、李志刚:《国家旅游局发布〈2016 中国旅游投资报告〉》,《中国旅游报》2017 年 5 月 22 日。

旅游流在区域扩散过程中，流向能满足旅游需求能力的地方；目的地旅游产业发展规划和空间组织也以旅游需求为导向。无疑，旅游需求的变化驱动着目的地旅游文化景观生态系统的演化。

随着旅游业往纵深发展，旅游需求出现了一些明显的趋势，目的地旅游业在响应旅游需求变化的过程中不断发展。第一，从观光旅游向休闲度假旅游发展的趋势。这就要求目的地开发相应的休闲和度假旅游产品，发展休闲度假场所和设施，如主题公园、城市公园、城市文化艺术场馆和博物馆等。第二，从团队旅游向散客旅游方向发展。应对散客化趋势，目的地要优化和完善解说系统，利用解说系统扩散旅游客流的功能，[①] 扩大目的地旅游流网络。还要规划和建设充足的公共服务设施系统和自驾游营地系统，满足散客自助游和自驾游的特殊需求。第三，从观光游览向文化体验发展。由于文化成为目的地旅游空间生产的重要元素，很多历史街区成为目的地的高档商业和休闲消费场所，吸引了大量旅游者，一些名人住过的酒店成为很多游客必住之店，一些过去吸引力不足的旅游景点转而成为热门景点。旅游主题文化体验需求还催生了许多文化主题公园，如我国杭州的宋城、英国爱丁堡的动态地球等。第四，由单一的游山玩水向休闲娱乐、度假、健身养生、保健医疗、节庆会展和学习交流等多元化旅游需求发展。多元化旅游需求促进了目的地旅游业向其他产业的融合发展，拓展了旅游业产业链和产业发展空间，目的地吸引旅游流集聚的能力进一步提高。

旅游目的地对旅游需求变化的响应，一方面引起旅游文化景观生态单元数量、规模的变化，从而改变了旅游流的空间分布格局，或增强了景观单元集聚旅游流的能力。另一方面引起旅游文化景观生态单元网络密度和覆盖面积的增加，从而提高了旅游流网络的扩散能力。这些变化都直接引起目的地旅游文化景观生态系统的演化。

（二）演化过程

根据旅游地生命周期理论，旅游地的发展演化呈现出有规律的周期性发展特点。目的地旅游文化景观生态系统的演化过程包括两个方面：一是系统内部结构演化及由此引起的系统功能和效应的变化；二是目的地作为区域旅游文化景观生态系统的子系统，在竞争旅游流过程中生态位的演变。

（1）目的地旅游文化景观生态系统内部演化。表现为目的地文化景观结构、功能和效应从低级向高级、从简单到复杂的演化过程。

成长期特征。这一阶段，旅游需求单一，需求水平较低，旅游者的动机是到异地观光，增长见识，放松身心。因而，观光是目的地最主要的旅游活动，目的地吸引物仅是少数的风景名胜区或古迹寺庙，旅游接待设施数量少，交通基础设施数量少、等级低。所以，这一阶段的旅游文化景观生态系统形成了简单的网络结构，各景观单元的数量有限、等级低，对旅游流的吸引力和承载力都不足。与简单网络结构相对应，景观系统的功能单一，旅游者的观光活动只是少数景区景点的游览，缺乏其他的文化活动。这样的景观系统所

---

① 邓明艳、覃艳：《基于需求分析的遗产景区旅游解说系统优化研究》，《旅游学刊》2010 年第 7 期。

产生的效应主要是旅游经济效应，目标是提高目的地的经济收入，拉动目的地 GDP 增长。

快速发展期特征。随着经济的发展和节假日的增加，旅游需求水平迅速提高，旅游需求从传统的观光旅游开始向休闲度假和体验旅游多元化发展。目的地开发的旅游吸引物类型增加，一些社会资源、经济成就、产业活动和风俗民情等成为新兴的旅游资源，被开发成新兴旅游产品，如工业旅游、乡村旅游、城市旅游、科教旅游、节庆旅游和会展旅游等，目的地的旅游活动更加丰富，市场范围得到拓宽，旅游设施和接待设施迅速增加，宾馆饭店形成一定规模和档次结构，旅游交通设施数量和等级提高。这一阶段的旅游文化景观生态系统形成了复杂网络结构，景观单元数量增加、等级提高，对旅游流的吸引力和承载力显著增强。景观系统的功能也随之增加，除了观光旅游外，还有多样化的休闲度假活动和丰富的文化体验活动。这样，目的地旅游产业的内涵得到拓展，景观系统产生的综合效应凸显出来，为目的地带来可观的经济收入，旅游文化的展示和交流传播了目的地文化，增强了当地居民的自信心和归属感，有利于社会和谐发展和文化的传承。

成熟期特征。随着旅游业的纵深发展，旅游业与其他产业的融合越来越明显，旅游需求向多元复合型发展，旅游需求水平平稳增长。此外，由于全球性环境问题和生态问题，旅游者对优良环境和生态的需求越来越明显。这一阶段由于开发速度的降低，目的地文化景观单元数量的增速降低，旅游交通设施主要以提高等级为主，旅游接待设施的层次趋于完善。由于各层次各类型旅游市场发展的成熟，目的地旅游流网络向复杂立体网络发展。目的地旅游经济增长放缓，但旅游的社会和文化功能进一步显现。为满足旅游者对环境和生态的需求，目的地向宜居、宜游和宜养发展，生态效应得以体现。

衰退期特征。很多旅游目的地在经历了成长期、快速发展期和成熟期后，旅游文化景观生态系统的结构、功能和效应都趋于完善。由于旅游的全球竞争，旅游者选择目的地更钟情于那些能带给旅游者独特感受和体验的地方，许多目的地因为旅游产品和形象趋同而吸引力下降，旅游业遭遇瓶颈而出现衰退。

在经历一个发展周期以后，目的地通过挖掘展示独特性，塑造独特旅游形象，将突破发展瓶颈，进入下一个发展周期。

（2）目的地旅游文化景观生态系统在区域内的演变。旅游流具有区域内聚的特点，旅游流在区域内的流动，使区域内各目的地之间表现为竞合关系。它们既要合作，为旅游者提供完整的旅游产品，满足旅游者在区域内的旅游活动；又要发挥各自的优势，相互竞争旅游流，提高自己的旅游经济效益和在区域内外的影响力。在区域旅游流的竞争方面，目的地生态位的大小是竞争能力的标志。旅游地生态位越大就越有竞争力和发展活力。旅游地生态位通常包括资源维、市场维、品牌维、信息维以及服务维等多方面的内容。与生物的生态位是自然选择被动形成的结果不同，旅游地生态位是旅游地主动选择和由竞争行为所决定的，会随着区域的发展经常性地发生变动。[①] 所以，在大尺度区域层次的目的地旅游文化景观生态系统演变就表现为目的地生态位的演变。

---

① 邹仁爱、陈俊鸿、陈绍愿等：《旅游地生态位的概念、原理及优化策略研究》，《人文地理》2006 年第 5 期。

第三节　苏州世界遗产地旅游文化景观生态系统结构

一　旅游文化景观生态系统组成要素

在景观生态学相关理论的指导下，将目的地旅游文化景观生态系统的组成要素归纳为自然—人文环境、旅游者、当地居民和文化景观。本研究所分析的苏州文化景观生态系统所指范围为苏州市区，包括姑苏、吴江、吴中、相城、苏州高新技术开发区——虎丘区（简称高新区）五个区和中新合作苏州工业园区（简称工业园区）。

（一）自然—人文环境

自然—人文环境是旅游文化景观生态系统的基础。苏州自然环境优越，地处温带，属亚热带季风海洋性气候，四季分明，雨量充沛。全市地势低平，水网密布，土地肥沃，物产丰富，全市拥有大小湖荡 323 个，山体 100 余座。湖不深而辽阔，山不高而清秀。始建于公元前 514 年的苏州城，距今已有 2500 多年的历史[①]。"小桥流水、粉墙黛瓦"的民宅风貌浸透着风韵别具的苏式生活。融山水楼阁和诗情画意于一体的苏州园林反映着天人合一的生活理念，寓商旅于一体的水陆街市更表明姑苏繁华的商业氛围。太湖边的创意民宿、金鸡湖的美妙夜景、阳澄湖边的购物村无不体现着生态、休闲、时尚的现代生活。优越的自然环境和底蕴深厚的人文环境使苏州发展了多元文化，彰显了苏州文化景观生态系统的和谐氛围。

（二）旅游者

旅游者是旅游文化景观生态系统形成的关键。作为首批"中国优秀旅游城市"和为数不多的优秀旅游城市群，苏州一直是旅游者的理想目的地。根据《2016 苏州旅游发展报告》，苏州入境游客源地主要是亚洲，其次是欧洲、大洋洲和美洲，然后是非洲。入境客源国主要是韩国、日本和美国，其次是德国、新加坡和马来西亚，然后是英国和法国。根据苏州市旅游局发布的《2015 年苏州市旅游抽样调查报告》，苏州国内客源市场以省内旅游市场和所处的长三角区域中近程旅游市场为主。具体为江苏省占 40.01%、上海占 14.38%、浙江占 7.27%、安徽占 6.85%，其他城市所占比例均小于 5%。呈现出以下特点：一是江苏省内和上海游客占比有所上升；二是苏中、苏北经济发展和宣传营销加强带来的客源有所增加；三是个人旅行占比减少、结伴自助游增加较多；四是纯观光游客占比有所下降，探亲、商务和会展游客占比均有所上升；五是出行方式上火车占比下降、自驾车增幅较大。

从旅游动机和旅游景点偏好上来看，来苏游客以休闲度假为主，对苏州传统"三古一城"景区情有独钟，此外，常熟蒋巷村、吴中区三山岛、旺山生态农庄、肖甸湖森林（湿地）公园等四星级省级乡村旅游区对游客都有较大吸引力。

（三）当地居民

当地居民是旅游文化景观生态系统的重要组成部分。当地人的性格特征、生活方式、

---

① 苏州市人民政府：《苏州概况》，苏州市人民政府官网，http://www.suzhou.gov.cn/szsrmzf/szg/2021/gbszgl.shtml.

民俗活动等会对旅游者产生强大的吸引力，成为展示目的地旅游文化的重要载体。

苏州自古以来文化昌盛，人文荟萃。当地居民对教育的重视，滋养了苏州文脉，展示了苏州浓厚的人文气息。苏州人自古便是懂得享受生活的人群，这种享受并非简单的对物质的渴望，更多的是对精神生活的探索与追求。在近几十年发展中，经济条件渐渐宽裕的苏州人又开始向往"苏式生活"之趣——简约，纯朴，继承传统，回归自然，追求精致。从绿色自行车到周末义工族，苏州人正以自己的方式，一点一滴地实现着自己想要的活法儿。"苏式生活"包含生活状态、生活品质、生活氛围三大方面。不紧不慢、舒缓的生活状态，精神雅致、舒适自由、注重精神生活的生活品质以及古典含蓄、优雅温婉、休闲舒适的生活氛围成为当代苏州人重要的生活特征。

时至今日，"小桥、流水、人家"中的苏式人家，吴侬软语的苏州人，无一不向旅游者展示苏州温婉的江南风情。庞大的新苏州人群体①作为新居民，也向旅游者展示苏州包容万象的多元文化。

（四）文化景观

旅游文化景观由目的地当地居民的现代生产空间、生活空间、旅游景区景点和现代旅游服务体系空间组成②。目的地文化景观是时间在空间上的不同叠加，展示城市发展的历史文脉，也是空间中的时间延展，具有独特的自然格局，在自然基础上叠加了人类智慧创造形成的景观。

历史文化名城苏州，文脉传承源远流长，幸存至今的物质、非物质文化遗产享誉世界。旅游文化资源的开发、旅游文化景观的塑造实质上是对苏州文脉的保护和展示。从申报古典园林世界文化遗产、古城及古镇古村落世界遗产到重视人类口述和非物质遗产的传承和发展；从请贝聿铭设计新苏州博物馆、新建苏州市图书馆到建设大型现代演艺中心、体育场馆，苏州市通过文化景观的塑造，展示了苏州继古传今、融汇中西的多样文化。

苏州文化景观主要有以下几个方面：

江南水乡景观。江南水乡是江南地区特有景观，其最大的特点就是因地制宜地营造景观要素，呈现出清新、素雅、委婉、与自然相结合的景观特色。以桥、树木、港口、船、小巷等为主要构成要素，以水系为景观组成线索。苏州的周庄、同里、角直、震泽、黎里等水乡古镇保留了江南水乡的原汁原味，深受海内外游客喜爱。同时江南典型的非物质文化也是江南景观的重要组成部分，吴歌、古琴、江南丝竹、苏剧、昆曲、评弹等古典音乐营造出的江南水乡诗情画意氛围深受游客喜爱。

古城历史文化景观。苏州古城是江南地区文化中心，面积 14.2 平方公里。五千多年的中国农耕文化土壤，三千年的吴文化根基，两千五百年的春秋故都，一千五百年的佛道教文化熏陶，一千多年的唐代城市格局和八百多年的宋代街坊风貌以及明清五百多年的盛世文明，给这座城市留下了 13 处全国重点文物保护单位、57 处江苏省文物保护单位、178处苏州市文物保护单位、250 处控制保护建筑群落，阊门、山塘、平江、拙政园、怡园五

---

① 根据苏州统计局网站显示，目前苏州外地人占总人口的 51%。
② 邓明艳：《旅游目的地文化展示与形象管理研究》，博士学位论文，华中师范大学，2012 年。

个历史街区，观前、十全街、枫桥三个历史风貌地区，30 余个旧街巷历史地段，70 座古桥梁，22 处古驳岸，639 口古井，22 座古牌坊。历史悠久、格局完整、水系独特，保护完善，是我国历史文化名城保护的范例。

园林景观。"江南园林甲天下，苏州园林甲江南。"苏州作为江南建筑的典范，将江南园林文化表现得淋漓尽致。江南地区由于河湖、园石、常绿树较多，所以园林景致较细腻精美。其特点是明媚秀丽、淡雅朴素、曲折幽深。苏州园林以私家园林为主，起始于春秋时期的吴国（公元前 514 年），形成于五代，成熟于宋代，兴旺于明代，鼎盛于清代。清末时期，苏州城内外就有 170 多处园林，从而赢得了"园林之城"的称号。苏州园林是典型的江南风格园林——占地面积小、变幻无穷、不拘一格。具有浓厚的人文艺术气息。随着时代变迁，苏州现有 69 座古典园林，其中网师园、拙政园、留园和环秀山庄最著名，1997 年选世界文化遗产。2000 年，沧浪亭、狮子林、艺圃、耦园、退思园也新增为世界文化遗产。

中西合璧的多样文化景观。苏州城市发展已形成"一体两翼，双城核心"发展格局。未来苏州将形成"双城格局"，由苏州主城区和苏州东部新城组成。目前苏州已成为新旧结合的"双面绣"城市：一方面，苏州古城坚守中国传统的古城文化发展，注重文化保护，另一方面，苏州工业园区作为中国和新加坡合作开发项目，是国际合作示范区，国际化程度高，金鸡湖商业示范区精心打造文化会展区、时尚购物区、休闲美食区、城市观光区、中央水景区五大功能区，是国内极少数开放型 5A 级景区之一。新旧交融、中西合璧的多样文化成为苏州旅游发展中独特亮点。

当前苏州文化景观生态系统在其特定的自然—人文环境下，形成类型多样、内容丰富、跨越时空、联系中外的文化景观，这些文化景观构成了苏州宜居宜游、完整自如并不断演进的旅游文化景观生态系统的组成要素。

二　旅游文化景观生态系统空间结构

（一）苏州文化景观生态系统的空间单元

（1）斑块。苏州文化景观生态系统斑块类型多样，依据各个空间主要的旅游文化展示内容，可划分为六大斑块：古城历史文化斑块、乡村度假文化斑块、古镇休闲文化斑块、生态休闲文化斑块、商务时尚文化斑块和山水娱乐文化斑块。每一类型斑块均有各自的代表性景点，如表 3 - 1 所示。这些文化斑块是旅游者旅游消费和文化体验的主要场所。

表 3 - 1　　　　　　　　　苏州旅游文化景观生态系统斑块类型

斑块名称	代表景点
古城历史文化	拙政园（5A）、狮子林（4A）、沧浪亭、留园（5A）、网师园（4A）、平江历史街区（4A）、七里山塘景区（4A）、卫道观前潘宅（全国重点文物保护单位）、潘世恩宅（江苏省文物保护单位）、苏州博物馆、苏州城墙博物馆、苏州民俗博物馆（江苏省文物保护单位）、中国昆曲博物馆（全国重点文物保护单位）、中国苏州评弹博物馆、虎丘山风景名胜区（5A）、寒山寺（4A）

斑块名称	代表景点
乡村度假文化	陆巷古村（中国历史文化名村）、明月湾村（中国历史文化名村）、东村（中国传统村落）、三山岛（四星省级乡村旅游区）、绿光休闲农场、苏州江南农耕文化园（五星级乡村旅游区）、颐舍温泉、天颐温泉
古镇休闲文化	吴江区同里古镇游览区（5A）、退思园（世界文化遗产）、同里湿地公园（国家级）、柳亚子故居（全国重点文物保护单位）、黎里镇（中国历史文化名镇）、吴江震泽古镇（4A）、铜罗古镇
生态休闲文化	阳澄湖半岛旅游度假区（国家级）、苏州荷塘月色湿地公园（3A）、苏州中国花卉植物园（3A）、苏州相城盛泽湖月季园（3A）、中国珍珠宝石城、虎丘湿地公园、阳澄湖现代农业产业园（四星省级乡村旅游区）
商务时尚文化	金鸡湖景区（5A）、圆融时代广场、苏州科技文化艺术中心（国家级五星影院）、苏州国际博览中心、印象城、苏州比斯特、诚品书店
山水娱乐文化	苏州乐园（4A）、江苏大阳山国家森林公园（4A）、白马涧生态园（4A）、新盛茶园

苏州文化景观生态系统斑块空间分布各有侧重、各有特色。古城历史文化斑块主要集中在以古城为中心的空间。乡村度假文化斑块以太湖沿岸为核心，主要分布在古城区西南部。古镇休闲文化斑块则主要分布在古城区南部。生态休闲文化斑块主要分布在苏州近郊，以古城区北部较为集中。而商务时尚文化斑块主要集中在以苏州工业园区为中心的空间。山水娱乐文化斑块则主要集聚在古城区以西的空间。由此奠定了一个完整的目的地旅游文化景观生态系统空间构架的主要内容。因各斑块主题明确，特色明显，带给游客的体验价值便各有侧重，为游客提供斑块内部主题文化的观光、体验活动，满足游客对"食、住、行、游、购、娱"基本要素和"商、养、学、闲、情、奇"新要素的要求。

苏州文化景观生态系统各斑块中景点等级分布不均。高等级（5A、4A）景点主要分布在古城历史文化斑块中，呈现高密度状态。此外依次为商务时尚文化斑块、古镇休闲文化斑块、山水娱乐文化斑块和乡村度假文化斑块。可见，苏州文化景观生态系统各斑块中景点等级分布以古城区为核心，向四周呈放射状分散分布。

综上所述，苏州文化景观生态系统中，各斑块主题明确，特色显著，且散布于苏州不同区域，边界较为清晰。但各斑块旅游文化景观质量参差不齐，高等级景点高密度集中分布在古城历史文化斑块中，并以此斑块为中心，呈放射状分布。

（2）廊道。各大斑块间通过廊道相连，形成相互联系的有机整体。根据苏州旅游发展的实际情况以及交通组织的演进，苏州文化景观生态系统廊道类型可分为系统外部廊道、系统内部廊道和斑块内部廊道三类。

系统外部廊道。苏州处于长三角的交通接点和沪宁杭、沪苏杭的中心位置，距上海虹桥国际机场87.5公里、上海浦东国际机场145公里、苏南硕放国际机场36.6公里，接驳交通十分便捷。外部交通线纵横密集，京沪铁路、沪宁铁路、沪宁高速公路、沿江高速公路、312国道和长江横贯东西，苏嘉杭高速公路、京杭大运河贯通南北，绕城高速公路环抱苏城，形成了纵横交错、立体开放的大交通框架。

通过实地考察和文献资料梳理可知，苏州文化景观生态系统外部廊道流畅、通达，游客集散节点配备较为齐全，外来旅游者进入苏州的便捷度、可达性高，并使各大斑块能够顺畅地连通旅游市场。且外部廊道还具备一定的文化展示功能，通过外部廊道的景观、重要集散节点的设计，向往来游客有效地展示苏州旅游文化，是苏州文化展示系统重要的展示载体。

系统内部廊道。苏州文化景观生态系统的内部廊道主要由轨道交通和旅游公交组成。苏州开通的轨道交通一号线贯穿苏城东西、二号线沟通苏城南北，沿线旅游文化景观丰富，串联乡村度假文化斑块的灵岩山、天平山，山水娱乐文化斑块的苏州乐园，古城历史文化斑块的平江历史街区、盘门、留园、七里山塘景区，商务时尚文化斑块的金鸡湖景区、苏州国际博览中心、圆融时代广场等。除沟通斑块作用外，轨道本身也是重要的旅游文化展示载体。轨道交通一号线沿线各站共安装了8面文化墙，成为苏州旅游文化重要展示载体之一。另外，乡村度假文化斑块和古镇休闲文化斑块间，连接苏州同里、西山、木渎的环太湖风景路是十分重要的廊道。

通过实地考察和文献资料梳理可知，苏州文化景观生态系统内部廊道以轨道交通为突出代表，是沟通不同类型旅游文化斑块的重要通道和文化展示的重要手段。通过系统内部廊道，使系统内部各斑块之间产生了联系，沟通了整个目的地旅游文化景观生态系统。

斑块内部廊道。在古城历史文化斑块中，环城河旅游风光带是斑块内重要的文化展示廊道。2015年年底，全线贯通的苏州环古城河健身步道成为展示苏式慢生活的廊道。此外，该斑块内重要廊道还有由平江河游线、火车站—虎丘游线、火车站—寒山寺游线、山塘河游线等组成的水上廊道。环古城河健身步道和水上游线组成古城区水岸立体廊道，丰富旅游者的不同体验。公共交通线也是斑块内部重要廊道。作为专属观光巴士，"苏州好行"旅游巴士主要在高等级景点密集区——古城历史文化斑块内串联起重要景点，此外，还在乡村度假文化斑块中运行。"苏州好行"旅游巴士线路主要停靠苏州餐饮酒店聚集区、交通枢纽站、游船码头、旅游景点和繁华商业街区等，很好地解决了主题文化斑块内部游客顺畅流动的问题。

作为高新区内部公交次骨干系统的有轨电车是山水娱乐文化斑块特色风貌的展示廊道。其他文化斑块内部也有诸如绿化带、自行车道、游步道等廊道，这些廊道沿线自然、人文景观众多，是系统内部重要的连接通道和文化展示的重要方式。

通过实地考察和文献资料梳理可知，苏州文化景观生态系统斑块内部廊道种类多样，从陆上的公共交通系统、漫游健身步道、绿色有轨电车到水上游线，呈现出立体丰富的格局。既解决了斑块内部各景点间的交通问题，又充当了斑块主题文化的展示载体，给旅游者以不同的体验。

主题旅游线路廊道。苏州旅游资源丰富，旅游文化多样。为盘活旅游资源，展示旅游文化，苏州推出多条主题旅游线路。这些主题旅游线路或存在于斑块内部，或联结不同斑块，成为整合斑块内部或系统内不同斑块间旅游资源的特殊廊道。区别于以交通线为主体的系统廊道，主题旅游线路廊道既是重要旅游流通道，同时其本身也是一种旅游体验产品，能较好地反映出目的地对文化斑块或者文化主题的展示情况。

　　各线路主题和对应线路及经过的区位，如表3－2所示。根据主题线路途经斑块可知，旅游流在空间上，主要集聚在古城历史文化斑块，商务时尚文化斑块次之且数量远不及古城历史文化斑块。由此可知，古城历史文化斑块内部廊道建设完备，旅游流通道便捷，能承载大量游客的输入与输出。

表3－2　　　　　　　　　　　苏州市主题旅游线路情况

主题	线路概况	途经斑块
"民国风情"苏式生活体验游	苏州公园—苏州市第一中学—草桥弄—草桥小学—五卅路—同德里—同益里—环体路—叶楚伧故居—锦帆路（肯达艺术馆）—穿心街—报国寺—章太炎故居—体育场路—中共苏州独立支部旧址—五卅路纪念碑	古城历史文化
"高义风流"苏式生活体验游	南园宾馆东门—沈德潜故居—带城桥路—羊王庙—一人弄—乌鹊桥路—沧浪亭—颜文樑纪念馆—文庙—张思良巷—苏州市图书馆	古城历史文化
"小巷悠悠"苏式生活体验游	定慧寺巷—定慧寺—双塔—官太尉桥—望星桥北堍—程小青故居—望星桥—苏州圣约翰教堂—苏州博习医院旧址—迎风桥弄—带城桥下塘—江苏省第十中学—滚绣坊—叶圣陶故居—静思书院	古城历史文化
"古韵今风"精品体验线路	平江路—耦园—李公堤—金鸡湖游船—月光码头—诚品生活	古城历史文化、商务时尚文化
"国学文化"精品体验线路	玉涵堂—山塘街—虎丘—寒山寺	古城历史文化
"慢生活"精品体验线路	拙政园—苏州博物馆—邻雅旧宅—平江路—昆曲博物馆—礼耕堂—摇橹船	古城历史文化
"最美太湖"精品体验线路	启园—雨花胜境—江南茶文化博物馆—紫金庵—青蛙村—三山岛—陆巷古村	乡村度假文化
阳澄湖半岛骑行一日游	重元寺—香积厨素斋馆—环湖自行车道—莲池湖公园—华谊兄弟电影世界—苏州比斯特	商务时尚文化
金鸡湖商务景点游览线路	景区南入口（游客中心）—李公堤商务文化群馆—李公堤—月光码头—苏州文化艺术中心—春到湖畔广场—圆融天幕	商务时尚文化
古城经典园林一日游（留园线）	留园—石路—山塘街—虎丘—寒山寺	古城历史文化
古城经典园林一日游（沧浪亭、网师园线）	网师园—十全街—沧浪亭—可园	古城历史文化
千年文脉修学游	苏州民俗博物馆—平江历史街区—评弹博物馆—狮子林—苏州博物馆—网师园夜游	古城历史文化
相城阳澄湖大闸蟹美食一日游	春晖香草园—莲花岛—皇罗禅寺—阳澄湖现代农业产业园	生态休闲文化

续表

主题	线路概况	途经斑块
吴江东太湖一日游	震泽古镇—师俭堂—慈云禅寺—禹迹桥—文昌阁—吴江东太湖生态园	古镇休闲文化
古城文化徒步游	北寺塔—皮市街—苏州工艺美术博物馆—苏州博物馆—吴门人家—拙政园—苏州评弹	古城历史文化
名寺古刹宗教游（东线）	北塔报恩寺—松鹤楼—平江历史街区—山塘街	古城历史文化
相城赏花一日游	阳澄湖大桥—阳澄湖美人腿半岛风景区—春晖香草园—清水生态园—阳澄湖旅游集散中心—莲花岛—苏州中国花卉植物园—盛泽湖月季园	生态休闲文化
名寺古刹宗教游（西线）	寒山寺—枫桥景区—西园寺—虎丘—留园	古城历史文化
古城经典园林一日游（拙政园线）	拙政园—苏州博物馆—狮子林—观前街—平江历史街区	古城历史文化

通过实地考察和文献资料梳理可知，苏州文化景观生态系统主题旅游线路廊道大多集中在古城历史文化斑块里，这与苏州旅游流的空间分布有着密切联系。这些由官方主推的主题旅游线路不仅是系统内连接重要旅游节点的通道，更是官方主打旅游形象的重要展示方式。

综上所述，苏州旅游文化景观生态系统廊道体系主要依托苏州城市交通线路和河流，由系统外部廊道、内部廊道和斑块内部廊道三类廊道和主题旅游线路廊道构成，提升了系统内外游客流的通达性和便捷度，沟通了系统内部各斑块，使苏州文化景观生态系统成为内部相互有所联系、内外交互较为便捷的有机整体。

（3）基质。基质是指除文化斑块和廊道外的城市自然背景和人文景观。"老苏州""新苏州""洋苏州"是代表苏州三个典型发展区域的词汇。"老苏州"指有 14.2 万平方公里的历史文化名城。"新苏州"指作为苏州经济一大增长极的高新技术开发区。"洋苏州"指中新两国合作的苏州工业园，是目前苏州经济增长最快、活力最强的，也是国际化程度最高的城区。苏州旅游发展之初的城市基质是给游客留下难忘印象的"江南水乡"。

随着苏州城市环境的变迁，城市规模的扩大，"水陆并行，河街相邻"的城市格局在城市环境中占比越来越小，"小桥·流水·人家"的"江南水乡"印记在城市中演化为零星旅游古镇、若干历史街区，且随着古镇、历史街区的旅游开发，一些过分商业化现象为不少居民、游客所诟病，"老苏州"基质所营造的文化体验氛围呈边际递减。同时，有了"新苏州""洋苏州"。

名胜遍地、精致秀美的"老苏州"，山水环绕、娱乐休闲的"新苏州"，摩登动感、高楼林立的"洋苏州"，相互映衬、相得益彰，织就了苏州旅游传统与现代和谐交融、古典与时尚风尚连贯的"双面绣"。苏州旅游文化景观生态系统的基质可谓亦古亦今，亦中亦洋，多面交融。

"老苏州""新苏州""洋苏州"看似迥然不同的三种基质要素和谐地共存于苏州这座正在蓬勃发展的古老城市，这一基质特点与苏州城市的发展走向密切相关。在苏州城市空间上，从中心向东、西延展，构成了一个由古及今、中外互动的完整时间展示轴，生动具体地展示了苏州的古老与时尚。这样的基质条件构成了苏州旅游良好的文化体验氛围。在这样的基质下，旅游者能够更为全面与立体地了解苏州。

（4）格局。从苏州旅游流分布和旅游文化景观生态系统结构来看，苏州文化景观生态系统总体呈现"核心—边缘"格局。其中，古城历史文化斑块是核心，斑块内部廊道发达且类型齐全，旅游流集聚效应突出。其他五个旅游文化斑块受古城历史文化核心斑块辐射，成为边缘斑块。为实现全域旅游，边缘斑块之间和边缘斑块内部的廊道有较大优化空间，各斑块还需根据旅游市场发展趋势进一步优化斑块内部的节点，提高斑块的游客价值，促进旅游流网络发展。

（二）苏州文化景观生态系统的空间特征

1. 斑块空间集聚主题性突出

由于城市历史发展的变迁和现代旅游开发的规划导向，苏州文化景观生态系统斑块类型空间集聚性明显，各主题斑块分布空间与苏州城市行政单元在空间上有较高程度的一致性。这催生了不同行政区域的主题旅游功能。

以旅游斑块代表——A 级景点为计算指标，分析系统板块主题性空间分布，如表 3 - 3 所示。

表 3 - 3　　　　　苏州 A 级景区（点）空间分布区域占比情况

斑块	A 级景区（点）	分布区域占比
古城历史文化	苏州园林景区	姑苏区拥有古城历史文化 A 级景区（点）数量占此类所有 A 级景点数量的 67%，吴江区占 22%，工业园区占 5.5%，高新区占 5.5%
	苏州市拙政园	
	苏州市留园	
	苏州市虎丘山风景名胜区	
	苏州盘门景区	
	苏州市狮子林	
	苏州市网师园	
	苏州市寒山寺	
	苏州市西园戒幢律寺	
	苏州市七里山塘景区	
	苏州市平江历史街区	
	吴江圆通寺景区	
	苏州工业园区重元寺	
	苏州柳亚子故居	
	苏州吴江区盛泽先蚕祠	
	王锡阐纪念馆	
	苏州镇湖刺绣艺术馆	

续表

斑块	A 级景区（点）	分布区域占比
乡村度假文化	苏州吴中太湖旅游区	吴中区拥有乡村度假文化 A 级景区（点）数量占此类所有 A 级景点数量的 100%
	东山景区	
	穹窿山景区	
	旺山景区	
	苏州甪直古镇游览区	
	苏州木渎古镇	
	苏州西山景区	
	苏州石湖景区	
	苏州天平山景区	
	苏州光福景区	
古镇休闲文化	苏州吴江区同里古镇游览区	吴江区拥有古镇休闲文化 A 级景区（点）数量占此类所有 A 级景点数量的 100%
	苏州吴江区静思园	
	吴江震泽古镇	
	苏州青少年科技馆	
	吴江莺湖文化旅游区	
生态休闲文化	苏州荷塘月色湿地公园	相城区拥有生态休闲文化 A 级景区（点）数量占此类所有 A 级景点数量的 100%
	苏州中国珍珠宝石城	
	苏州中国花卉植物园	
	苏州相城盛泽湖月季园	
商务时尚文化	苏州市金鸡湖景区	工业园区拥有商务时尚文化 A 级景区（点）数量占此类所有 A 级景点数量的 100%
山水娱乐文化	苏州乐园	高新区拥有山水娱乐文化 A 级景区（点）数量占此类所有 A 级景点数量的 100%
	苏州白马涧生态园	
	苏州太湖国家湿地公园	
	苏州大白荡城市生态公园	
	苏州何山公园	

资料来源：陈希：《景观生态学视角下苏州旅游文化展示系统研究——兼及苏州旅游形象优化的相关思考》，硕士学位论文，苏州大学，2016 年。

表 3 - 3 显示，各主题旅游文化斑块在空间上集聚分布，且集聚空间与苏州城市行政单元基本一致（见表 3 - 4）。

表 3 - 4   苏州旅游文化景观生态系统斑块分布格局

斑块	主要分布区域
古城历史文化	姑苏区
乡村度假文化	吴中区
古镇休闲文化	吴江区
生态休闲文化	相城区
商务时尚文化	工业园区
山水娱乐文化	高新区

2. 空间结构不平衡

上面分析可发现，主要空间单元斑块和廊道布局不均衡。就斑块而言，古城区的古城历史文化斑块密集度高且影响广。周边区域旅游资源较少且分散，集聚度不够。当前，苏州园林、金鸡湖商务度假区、同里古镇、太湖度假区已成为各自空间单元主要的旅游流集聚斑块[①]。斑块东西南 "T" 形发展态势明显。北部发展较缓，整体旅游文化景观生态系统北向联系不足。这凸显了系统内部廊道空间分布不均、总体数量不够的问题。目前，苏州正着力建设全域旅游城市。与行政区划高度一致的主题空间单元，各有突出的旅游资源，旅游发展程度不一，《苏州市全域旅游发展规划》中提出要错位竞争打好 "组合拳" ——遵循重点突出、全域统筹，局部集中、空间连续，因地制宜、差异发展的原则，突破资源边界和管理边界。因此，针对苏州文化景观生态系统空间结构不均衡的问题，应丰富廊道体系，尤其是系统内廊道完善和弱势斑块内廊道建设，还要挖掘弱势斑块的发展潜力并增强其发展能力，真正实现畅游苏州。

所以，改善空间分布不均是苏州文化景观生态系统今后优化的重点方向，更是全域旅游发展的题中应有之义。

第四节　乐山世界遗产地旅游文化景观生态系统结构

一　旅游文化景观生态系统空间单元

（一）斑块类型

乐山世界遗产地旅游文化景观类型丰富多样，有古城历史文化景观、宗教文化景观、休闲文化景观、美食文化景观、商业文化景观、地方文化景观和节庆文化景观等类型，每一种类型的文化景观都由多个文化景观组成（见表 3 - 5）。

---

① 根据苏州市旅游局提供 2014 年苏州市区各旅游景点接待量排名。

表 3 - 5　　　　　　　　　　　乐山世界遗产地旅游文化景观类型

景观文化类型	文化景观	景观文化类型	文化景观
宗教文化	峨眉山、乐山大佛、麻浩崖墓、灵宝塔、凌云寺、峨眉山古建筑群、万年寺、华藏寺、峨眉山圣寿万年寺铜铁佛像、大佛禅院、东方佛都	商业文化	城市购物广场、嘉定坊特色商业街、嘉州长卷特色商业街、上中顺特色商业街、嘉州天地人文化街、嘉州新天地城市综合体
古城历史文化	古城墙、嘉州文庙、老宵顶建筑群、叮咚井	生态文化	三江汇流、峨秀湖湿地、峨眉河湿地、大瓦山湿地、黑竹沟森林、沐川竹海
休闲文化	竹叶青生态茗园、天颐温泉、峨眉山温泉、乌木珍品文化博物苑、金鹰山庄、大佛博物馆、乐山新世纪广场、农家乐	地方文化	峨眉武术文化公园、当地民俗、大庙飞米殿、苏稽古镇、罗目古镇
美食文化	西坝豆腐、嘉州乡厨、小吃街、美食渔港	节庆文化	国际大佛节、少数民族文化节
旅游服务文化	峨眉山红珠山宾馆、乐山金海堂大酒店、旅游集散节点	城市环境文化	城市建筑、城市绿地、城市公共设施、城市雕塑

　　乐山旅游文化景观中，有 5A 级景区 2 个，分别是峨眉山景区和乐山大佛景区。峨眉山是国务院 1982 年公布的第一批国家级风景名胜区，峨眉山景区和乐山大佛景区 1996 年被联合国教科文组织批准列入世界遗产名录，是四川省唯一的世界文化与自然双遗产景区。此外，有 4A 级景区 10 个，3A 级景区 9 个，2A 级景区 6 个。有全国重点文物保护单位 6 个。

　　乐山旅游文化景观中，世界遗产景观的规模最大、等级最高、开发利用时间最长、游客感知度最高，是乐山世界遗产地旅游的主要吸引力。并且，世界遗产景区的旅游功能多样化，带动了景区周边旅游资源的开发，以景区为核心形成了文化旅游资源集群开发格局。古城历史文化景观是乐山作为历史文化名城的象征和标志。嘉州古城墙构筑了乐山历史文化名城的骨架，嘉州古城墙及城门因其独特的分布格局和结构、厚重沧桑和历史文化内涵，具有较高的历史、文化、观赏和科学研究价值。老宵顶建筑群和嘉州文庙依山而建，错落有致，对于了解和研究乐山历史文化名城的发展历史、文化内涵、宗教演变历程以及明清时代的建筑风格和建筑水平等具有重要价值。现在，古城历史文化景观仍处于待开发状态，对它们进行开发利用是展示和阅读乐山历史文化名城的有效途径。虽然宗教动机在峨眉山—乐山大佛世界遗产地旅游中比重较低，但宗教文化是乐山旅游文化的重要组成部分，坐落于乐山大佛景区群峰之间的仿古石刻佛像主题公园东方佛都，坐落于峨眉城南的汉传佛教十方丛林峨眉大佛禅院，成为大佛景区和峨眉山景区佛教文化的重要补充。商业文化景观中，特色商业街较少，建设综合性和专业性特色商业街显得十分必要。在休闲文化景观中，以农家乐最为普遍，但主要满足当地居民的需求，并且产品单一，主要是棋牌娱乐和初级农业观光，对外的吸引力不够。对外地游客有吸引力的休闲景观主要是峨眉山温泉。其他类型的休闲文化景观类型较少，如博物馆、艺术馆、城市主题游乐公园、体育健身休闲景观、城市生态休闲公园和产业观光景观等都较为缺乏，是制约休闲旅游发展的主要问题。地方文化景观基本上处于规划和建设阶段，乐山丰富的地方文化魅力还未得到全面展示，文化价值和旅游价值都较高的乐山非物质文化遗产，仅在一些节日和重要会议期间进行表演性展示。代表美食文化的乐山小吃类型很多，但较为分散，规模发展不够。乐山节庆活动需要大力培育。乐山旅游服务景观的主体是宾馆酒店，数量上基本能满足目前乐山旅游发展需求，但类型和等级结构不合理。存在类型单调、高星级酒店数量少、缺乏特色、服务产品功能单一等问题，与建设一流国际旅游目的地的服务设施相比差距较大。

总体来看，乐山旅游文化景观生态系统中景观斑块类型丰富多样，但发展不平衡。除宗教文化景观外，古城文化景观需要在保护基础上进行开发，展示历史文化名城风貌；其他文化景观都需要大力丰富和建设，并进行文化内涵的挖掘和展示；尤其要大力丰富和建设休闲景观，开发休闲服务产品，迎接即将到来的休闲时代。此外，缺乏特色文化景观斑块，需要打造标志性的形象景观斑块。

（二）廊道类型

乐山旅游文化生态景观系统的廊道类型是各等级公路和河流。

在研究区域范围内，峨眉山市区与乐山市中区相距 31 千米，有高铁、高速公路、高等级快速公路干线相通。在两地内部，由高速公路、国道、省道和县道形成公路交通骨架，内部旅游景观之间有市内公交线路相连，但公共交通线路路网密度不足，没有形成景区（点）之间的快速网络化交通，乡镇公路还未形成网络，缺乏适应休闲、运动和低碳旅游的绿道、步行道和自行车道。

乐山水系发达，岷江、大渡河和青衣江绕乐山城区而汇合，竹公溪穿城而过。发源于峨眉山的峨眉河蜿蜒流淌，是大渡河在乐山市境内的一条主要支流，全长 60 千米，横贯峨眉山与乐山大佛世界遗产景区之间，乡村景色古朴迷人。这些河流廊道是整合两个区域旅游景观的重要廊道，又是极具价值的水上旅游资源。而且，滨水空间的多层次多方位视角触点，是休闲活动空间的最佳选择，尤其是在江河汇合之处，有世界上独一无二的大佛文化景观，更是举世无双的特殊空间。目前，承载旅游流的廊道主要是各等级公路，三江游船是唯一的水上旅游产品，河流水域和滨水空间的利用不足。

总之，乐山旅游廊道要解决网络化、高等级化、绿道构建和河道利用等问题。

（三）基质类型

峨眉山—乐山大佛世界遗产地旅游文化景观生态系统的基质呈现山水生态格局。

乐山市中区总体呈现"森林在城市中，城市在山水中"的绿心环形山水生态景观格局。乐山自然生态保护良好，市中区建成区绿化覆盖率达 44.13%，高于国家宜居城市 35% 的标准，在中心城区中部还保留了 8.7 平方千米的浅丘森林，形成"绿心—城市环—

江河环—山林环"多重生态圈层层相叠、环环相扣的十分优越的自然环境。在这样的生态背景下，鳞次栉比的城市建筑按照功能分区，环布在绿心周围。三江绕城奔流不息，拱卫着这座城市。置身乐山，可东看大佛之雄伟，西望峨眉之峻秀，自然景观美不胜收，令人心旷神怡。这种独特的绿心环形生态型城市结构，继承和发扬了我国"山水城市"的文化传统，形象地展示了"天人合一""人与自然和谐统一"的东方哲学思想。

峨眉山市环境十分优美，山、林和水是环境的重要组成元素。地貌类型多样，地势起伏大，以山地为主，兼有低丘和平原，山地占总面积的约70%；森林浓郁，覆盖率达52%；水系发达，有大小溪河47条。峨眉山在峨眉山市境内，位于峨眉山市西南6千米，东距乐山市中区37千米。由于特殊的地形、充沛的雨量、多样的气候和复杂的土壤结构，为各类生物物种的生长繁衍创造了绝好的生态环境，动植物资源极为丰富。此外，峨眉山的环境中负氧离子高，是天然氧吧，有利于人类健康。所以，峨眉山被称为"仙山佛国""植物王国""动物乐园""地质博物馆"等，素有"峨眉天下秀"之美誉，是著名的旅游胜地、佛教名山和著名的避暑休闲胜地。

总之，乐山旅游文化景观生态系统的山水生态基质，极具竞争优势。未来旅游业发展中，要继续保护好生态环境，进一步展示山水文化，凸显乐山世界遗产地文化环境的独特性，为旅游发展提供优良的文化生态环境支撑，为当地人建设诗意的人居环境。

二　旅游文化景观生态系统格局

乐山旅游文化景观斑块主要集中分布在以峨眉山为核心的峨眉山市和以乐山大佛为核心的乐山市中区，两个空间单元通过乐峨旅游廊道相连，形成"双核"结构。两个空间单元内部斑块与世界遗产景区之间有市内公共汽车交通线相通。由于市内交通线密度不高，这些旅游文化景观斑块间还未形成网络格局。所以，乐山旅游文化景观呈现"双核—边缘"格局。

所以，乐山旅游文化景观生态系统格局需要进行调控和优化，增强双核的凝聚力，提高系统网络化水平，促进景城一体发展，打造乐峨国际旅游区。

第五节　丽江世界遗产地旅游文化景观生态系统结构

一　旅游文化景观生态系统空间单元

（一）斑块

丽江文化景观类型丰富多彩，有纳西文化景观、休闲娱乐文化景观、商业文化景观、生态文化景观、摩梭文化景观、婚俗节庆文化景观、美食文化景观等，承载文化景观的展示空间就是斑块。丽江主要文化景观类型如表3-6所示。

表 3 - 6   丽江旅游景观文化类型

景观文化类型	文化景观
纳西文化	丽江古城景区（5A）、束河古镇景区（4A）、玉水寨景区（4A）、东巴谷景区（4A）、白沙壁画景区（3A）、东巴万神园景区（3A）、金塔景区、东巴王国景区（2A）、玉峰寺景区（2A）、北岳庙景区（A）
休闲娱乐文化	（丽江古城、泸沽湖）客栈、（丽江古城、束河古镇）酒吧、丽水金沙演出、印象丽江实景演出、丽江千古情演出、拉市海湿地公园
商业文化	（丽江古城）小吃街、（丽江古城、束河古镇）商业街
生态文化	玉龙雪山景区（5A）、黑龙潭景区（4A）、泸沽湖景区（4A）、观音峡景区（4A）、老君山黎明景区（4A）、文笔山景区、拉市海湿地公园、玉柱擎天景区（2A）、虎跳峡景区（2A）、三股水景区（2A）
摩梭文化	泸沽湖景区（4A）
婚俗节庆文化	三朵节、转山节、火把节、阔时节、吾昔节
茶马文化	马帮、茶马古道等
美食餐饮文化	丽江粑粑、鸡豆凉粉、米灌肠、丽江腊排骨火锅、黄豆面、纳西烤肉、包浆豆腐等

旅游文化景观中，有 2 个 5A 级景区，分别为丽江古城景区和玉龙雪山景区。丽江古城于 1997 年成功申遗，为丽江市首个世界遗产，2011 年正式成为 5A 级景区。玉龙雪山景区于 2007 年成为 5A 级景区，是丽江市首个 5A 级景区，也是国家首批 5A 级景区之一。有 4A 级景区 7 个。3A 级景区 2 个，2A 级景区 5 个。

目前，丽江文化景观中纳西文化、商业文化、休闲娱乐文化和生态文化斑块较为突出。

纳西文化是丽江纳西族及其直系摩梭人在历史发展过程中积累和不断创造的一系列有用的内容，包括器物、建筑等有形的物质，也包括价值观念、行为方式等无形的精神。纳西文化景观主要集中分布于丽江古城，以及古城周边乡村和金沙江沿岸乡村。

纳西文化的特性有：（1）地域性。纳西族属于高原山地民族，所处的区域为多民族文化交汇的走廊，相对严酷的自然生存环境和复杂的政治文化环境影响了纳西族建筑文化、服饰文化、语言文化和宗教文化等的产生，另外纳西族所处的地域相对闭塞，使原生态的民族文化得以保留。（2）独特性。以"东巴文化"为核心的纳西文化作为一个独立的文化系统，不论是宗教信仰、生存理念和礼仪习俗等精神文化方面，还是服饰、建筑、手工艺品等物质文化方面，都具有人无我有的独特价值。（3）可开发性。随着现代城市的物质生活水平不断改善，人们的想象空间不断被挤压，人们对异类文化的探寻欲望会不断增加。纳西文化作为一种旅游资源，具有极大的吸引力和开发价值。

纳西文化包罗万象，是一个独特的文化系统，根据不同的文化类型可以将纳西文化内容归纳为表 3 - 7。

表 3 - 7　　　　　　　　　　　　　纳西文化内容一览①

序号	文化类型	文化内容
1	历史文化遗址遗迹	"丽江人"考古遗址；"革囊渡江"之奉科金沙江渡口；金沙江上"金龙桥"
2	宗教景观	东巴文化（包括摩梭人的达巴文化）；玉龙雪山；东巴教大师圣迹；藏传佛教噶举派丽江五大寺；白沙"三多庙"；摩梭人干母女神庙；丽江古城白马龙潭寺；白沙壁画
3	历史遗址上修复重建的代表性建筑	木府（古城博物院）
4	崖画、摩崖	金沙江岩画群
5	历史文化名城、名镇、民村	丽江古城；宝山石头城；白沙乡玉龙村；永宁古镇；束河古镇；白沙乡玉湖村；永宁乡落水村；塔城乡署明村
6	综合文化活动场所	丽江市博物馆；丽江东巴文化研究院；玉水寨；丽江黑龙潭
7	名人历史踪迹和书院	永宁土司衙署；永宁土司"三老爷官邸"；万德宫；"洛克故居"及"洛克探险科考路线"；方国瑜故居、周霖故居；雪山书院
8	民俗文化	摩梭母系制文化和"走婚"习俗；纳西族殉情旧俗；纳西族火把节；三多节；祭天大典；祭署大典；摩梭人转山节；纳西族服饰；纳西族民居；纳西族饮食
9	民族舞乐	纳西古乐；纳西民间歌舞；摩梭民间歌舞；东巴乐舞
10	民族手工艺品	纳西手工艺品

商业文化景观集聚性强，主要以古城为依托，包括古城中各种商业街、小吃街、商铺和酒吧等，为游客提供食、购、娱和住等旅游功能。由于丽江古城历史上就是茶马古道重镇，所以商业繁荣。随着丽江旅游的发展，古城商业价值不断增长，以商业空间增长为标志的商业景观随之凸显。现在，古城商铺虽然规模大，但所售商品千篇一律，没有特色，且纳西文化特色逐渐削弱。

休闲娱乐文化景观异彩纷呈，主要以丽江古城、泸沽湖和玉龙雪山等景点为依托，尤其是丽江古城，其中包括各种客栈、酒吧、拉市海骑马和各种演艺娱乐活动，为游客提供住、娱功能。客栈建筑风格、布局体现了纳西族临水而居的院落特色；酒吧众多，集聚形成酒吧街，夜间喧闹的场景与周围的环境不太协调；拉市海主要是茶马古道休闲骑马体验；演艺活动丰富多彩，各有特色，其中《丽水金沙》是一部以舞蹈诗画的形式展现丽江博大而深邃的民族精神和文化内涵的舞台剧，《印象丽江》是一部以玉龙雪山为背景的大型实景演出，场面恢宏，震撼人心，《丽江千古情》则是高科技与演艺相结合，全方位展示丽江文化魅力的演艺节目。

生态文化景观则分布广泛，主要有玉龙雪山、老君山、泸沽湖、程海等。玉龙雪山景

———————————

① 杨福泉主编：《策划丽江》，民族出版社 2005 年版，第 16—25 页。

区因全球气候变暖雪线高度升高，泸沽湖、程海等因旅游影响，水质有所下降。摩梭文化景观主要集中于泸沽湖周围，有神秘的母系氏族，有相应的祖母屋、阿夏婚习俗等。

此外，茶马文化景观则主要分布在丽江的束河古镇，包括茶马古道和马帮，以及茶马文化器物等。茶马古道艰险万难，马帮是茶马古道上的灵魂。节庆文化景观因丽江为多民族交汇地而丰富多彩，如纳西族的三朵节、彝族的火把节、摩梭人的转山节等，这些节庆文化特色浓郁娱乐性较强。饮食文化地方性强，饮食就地取材，如丽江粑粑、鸡豆凉粉等，都取自当地特有的食材。

综合来看，丽江文化景观丰富多样，地域特色明显，为旅游者提供了丰富多样的文化体验。但由于旅游开发中文化展示失衡，商业文化景观过度扩张，导致本地居民逐渐迁出，大研古镇作为纳西古城的文化本底形象削弱。众多景点与夜间演艺将纳西族东巴文化图案化、符号化、表象化，文化旅游产品体验性不足，未能表现丽江文化的深刻内涵。以母系大家庭和阿夏走婚为主要特征的泸沽湖摩梭母系文化，也因为"走婚"被曲解导致低俗化，文化展示与教化功能丧失。① 所以，丽江旅游发展中需要探索旅游文化展示的发展规律和科学展示旅游文化的途径。

（二）廊道

丽江旅游文化景观生态系统廊道分为外部廊道和内部廊道。外部廊道是丽江联系云南省外旅游市场和省内其他市州旅游市场的通道。"十三五"时期末，虽然空中走廊逐步建成，通航城市达到86个，但外部廊道单一，没有完善的铁路、公路交通网络，通往省外的道路等级较低。现仅有大丽高速建成，丽香高速、鹤关高速、华丽高速永胜至丽江段即将建成通车。丽香铁路将于2021年建成通车、大丽攀铁路已启动，丽西铁路正在争取纳入国家规划，滇藏铁路和滇藏公路也正在建设之中。

内部廊道：围绕省道大理—丽江线、丽江—德钦线、丽江—邓川线形成了以省道为龙头、县道为骨架、乡村道路为网络、辐射内外及农村的大格局。各县乡之间公路交通基本达到畅通，但市内公路等级较低，全市还没有一条一级公路和过境高速公路。虽然丽江旅游空间形成了"一体两翼"格局，但古城区—宁蒗、古城区—老君山等重要旅游线路的公路等级低，不利于丽江旅游核心节点对两翼核心节点的辐射。一些景区景点间的道路路况差，且公共交通网络还不很完善，降低了景区可进入性。

丽江水系较为发达，市内有金沙江和澜沧江两大水系，大小河流90多条，生态价值和观赏价值较高，但作为旅游廊道的利用还不够。丽江古城的河流发源于黑龙潭，主要有三条干流，自西往东依次是西河、中河和东河，几条河流又分为数条支流，形成网状结构，② 但如今河流水量减少，水质变差，偶有断流现象出现，作为休闲、文化和观赏的价值有所降低。

丽江还是一个特别适合骑行的地方，其中有丽江古城—黄山村—拉市海，丽江古城—白沙—福国寺—文海，丽江古城—拉市海—雄古观景台—石鼓等骑行线路，这些线路不仅

---

① 丽江市人民政府：《丽江市"十三五"旅游产业发展规划（2016—2020）》，2015年10月。
② 周燕芳、唐亦工：《丽江大研古城水系的分布及功能初探》，《保山师专学报》2008年第2期。

适合骑行，而且沿线还能领略湖光山色和乡村风光，休闲娱乐价值较高。

所以，丽江旅游文化景观系统外部和内部廊道需要解决高级别化、网络化等问题。

（三）基质

总体来看，丽江的景观格局就是以山为骨，以水为脉，以人为魂。地貌形态以高山峡谷纵列为举世罕见，海拔 3500 米以上的高山共有 42 座，虎跳峡是世界著名峡谷之一，江面与两侧山峰之间的落差达 3500 米，令人叹为观止。山区、平坝、河谷等多种地貌类型并存，地势西北高东南低，以玉龙雪山为界，以西为高山区，以东为中山区，构成了丽江市的整体骨架。丽江的水资源丰富，有长江和澜沧江两大流域，金沙江、雅砻江和黑惠江三大水系，泸沽湖、程海和拉市海三大天然湖泊，还有其他地表径流和地下水。各湖泊径流汇聚川流于各山脉之间，形成天然的江河脉络，为丽江当地居民的生产和生活提供了丰富的水资源。丽江市整体森林覆盖率达 66.15%，远远高于我国的平均水平，生态环境良好，宜居性强。这样的山水生态环境孕育了丽江市的主体少数民族——纳西族。千百年来，纳西人在这样的山水格局生态环境中繁衍生息、发展，他们尊敬自然、顺应自然，以山为神，以水为媒，与自然和谐共存，为山水添加了一份梦幻、神秘而又灵动的色彩，纳西族将玉龙雪山视为他们的保护神，各种纳西传说都与当地的自然环境息息相关。同时，纳西族改造自然又顺应自然，如丽江古城顺水而建，不破坏当地的自然格局，别有一番韵味。纳西人已然成为丽江自然—人文生态系统中不可或缺的成分，成为丽江旅游文化景观生态系统的要素。

总之，丽江旅游文化景观生态系统的基质呈现山、水、人和谐共生的格局，目前生态环境总体良好，但人文情怀有所流失。所以，在未来的发展中，在保持良好的生态环境基础上，特别要注重丽江特有的人文环境的保护和营造，以达到真正的天、地、人合一的和谐格局。

二　旅游文化景观生态系统格局

丽江市旅游资源首先高度集中在古城区和以玉龙雪山为中心的玉龙县，其次集中于西北的老君山 4A 级景区附近，形成了"一体两翼"的景观空间总体格局。但由于交通廊道等级低，整个景观系统廊道网络不完善，以古城区和玉龙雪山为中心的核心斑块对两翼的次级核心斑块的辐射作用较低，对南北景观斑块的辐射较弱，"一体两翼"景观格局的整体性还很不足。

丽江"一体两翼"景观格局对丽江文化景观生态系统产生的影响主要有：

（1）古城区文化体验下降。以古城区和玉龙雪山为中心的核心斑块成为旅游者体验丽江地域文化特征和纳西文化的主要场所。由于旅游流的高度集中，游客感知到的是拥挤和人流，无法体验"小桥·流水·人家"的意境和纳西文化的神奇、神秘和多姿多彩。

（2）商业文化景观过度集中。游客主要集中在丽江古城和玉龙雪山，尤其是丽江古城，这样使得丽江古城的商业价值提高，促使商业文化空间过度扩张，挤出了作为重要景观要素的纳西人家，改变了丽江古城景观基质，古城文化感知不断变弱。

（3）旅游发展不平衡性突出。丽江旅游发展集中在古城区、玉龙雪山景区、泸沽湖景区和老君山景区，其他景区旅游发展不足。高度集中的游客对古城区造成很大压力，不利于文化资源的保护和利用。其他景区发展不足不利于向游客提供丰富旅游体验，不利于游客形成丽江整体旅游形象。

所以，"一体两翼"景观格局急需优化，关键是构建完善的旅游廊道网络，提高核心斑块对周围景区斑块的辐射带动作用。同时，结合旅游市场发展趋势，对旅游线路进行科学规划，促进丽江全域旅游发展。

第四章　旅游者感知行为规律与
目的地文化展示路径

第一节　旅游感知、旅游意象和旅游形象

一　概念及关系

心理学中将感知分为感觉和知觉两个不同的心理活动阶段。感觉（Sensation）是客观刺激作用于感受器官，经过大脑的信息加工活动所产生的对客观事物的基本属性的反映。[①]感觉是认识过程的初级阶段，人们通过感觉获得外界信息，为其他复杂的认识过程提供最基本的信息。知觉（Perception）是人对客观环境和主体状态的感觉和解释过程。[②] 在知觉过程中，人脑将感官刺激转化为整体经验。因而知觉是人对客观事物和身体状态整体形象的反映。[③] 现代心理学研究的主要流派认知心理学派认为感觉是对刺激的觉察，知觉是将感觉信息组成有意义的对象，即在已存储的知识经验的参与下，把握刺激的意义。[④] 也就是说，感觉仅仅是人对客观刺激的物理属性的反映，而知觉是人利用过去的知识和经验对感觉到的一系列信息进行加工的过程。

心理学中与感知有密切联系的另一个概念是认知。认知心理学将人的认知（Cognition）定义为个体主动寻找信息、接收信息，并在一定的结构中进行信息加工的心理过程。[⑤]

基于心理学的定义，国内外许多学者对旅游感知作了定义。黎洁、赵西萍定义旅游感知是人们通过感觉器官获得旅游对象、旅游环境条件等信息的心理过程。[⑥] 阿兰·迪克洛

---

① 中国大百科全书总编辑委员会《心理学》编辑委员会普通心理学编写组编：《中国大百科全书·心理学—普通心理学》，中国大百科全书出版社 1987 年版，转引自白凯、马耀峰、游旭群《基于旅游者行为研究的旅游感知和旅游认知概念》，《旅游科学》2008 年第 1 期。

② 转引自白凯、马耀峰、游旭群：《基于旅游者行为研究的旅游感知和旅游认知概念》，《旅游科学》2008 年第 1 期。

③ 白凯、马耀峰、游旭群：《基于旅游者行为研究的旅游感知和旅游认知概念》，《旅游科学》2008 年第 1 期。

④ 王更生、汪安圣：《认知心理学》，北京大学出版社 1992 年版，第 30 页。

⑤ 游旭群：《旅游心理学》，华东师范大学出版社 2003 年版，第 68 页。

⑥ 黎洁、赵西萍：《美国游客对西安的感知研究》，《北京第二外国语学院学报》2000 年第 1 期。

普（Alain Decrop）将旅游者感知定义为：将外部世界的旅游信息转换为我们每一个人都会经历的内部思维世界的过程。① 关于旅游认知，国外研究中的运用不多见，国内的研究较少，也没有统一的定义。

白凯等认为，这些定义都没有考虑到旅游者行为自身的特点，是心理学感知概念的移用，因而提出了旅游感知（Tourist Perception）和旅游认知（Tourist Cognition）概念。即旅游感知是旅游者在常住地或旅游目的地将外部旅游信息被动接收后和自身已有的旅游经验进行对比所形成的与旅游目的地事物密切相关的认识和评价。旅游认知是旅游者在已有感知印象的基础上，根据原有旅游经验或实地旅游体验经历对旅游目的地相关信息主动进行选择、反馈、加工和处理的心理过程，该过程可以发生在旅游者常住地，也可以发生在旅游目的地，以形成对旅游地相关事物的总体认识和评价为最终目标。②

本章主要使用黎洁、赵西萍关于旅游感知的定义。

旅游意象和旅游形象主要来自英文词汇"Image"。因为"Image"可译为意象、形象、映象、印象和心像等，所以，在国内相关研究中，既有使用"意象"的［如田逢军、沙润（2008）；张中华、王岚、张沛（2009）；吴志军、田逢军（2010）；徐美、刘春腊、陈建设等（2012）；唐继刚（2014）；高楠、王馨、马耀峰等（2016）；宋欢、喻学才（2017）等］，也有使用"形象"的［如卞显红、张树夫（2005）；杨永德、白丽明（2007）；贾跃千、宝贡敏、路文静（2009）；韩富文、王芳（2012）；甘露、卢天玲、王晓辉（2013）；张珍珍、李君轶（2014）；史坤博、杨永春（2015）；蒋玉华（2016）等］。一些学者专门研究了旅游意象和旅游形象的概念、区别和联系。

李瑞研究了城市旅游意象，认为旅游意象建立在对城市旅游意象要素感知的基础上，就是通过观察者对城市的观察、感应和认知过程，在人们头脑里形成的关于城市形象的"心智地图"，是观察者与城市空间环境之间双向互动作用的结果。通过对城市旅游意象要素的空间组织和设计，可加强旅游意象要素的可意象性，使游客产生强烈的感知。③

庄志民专门研究了旅游意象属性及其构成，认为意象是人对客观世界的主观理解，更接近Image原意，是一种隐含在心中的形象（Mental Picture），是客观世界在人类主体心中的反映，是一种在相应客观世界影响下渗融着反映着诸多文化理念因素的主观心理映象。形象是旅游产品的极为重要的属性，是通过特定形式外观诉诸人们感官（以视觉听觉为主）的形象。形象和意象的联系在于，旅游地形象塑造是意象构成过程，意象是旅游者对形象进行深度心理加工然后载体化所形成的高级层面的特殊形象。④

侯兵、黄震方、尚正永较为深入地研究了城市意象和城市旅游形象的区别与联系。他们认为城市意象是由"一般性空间意象元素"和"独特性空间意象元素"组成的综合意

① Abraham Pizam，Yoel Mansfeld：《旅游消费者行为研究》，舒伯阳、冯玮译，东北财经大学出版社2005年版，第73页。
② 白凯、马耀峰、游旭群：《基于旅游者行为研究的旅游感知和旅游认知概念》，《旅游科学》2008年第1期。
③ 李瑞：《城市旅游意象及其构成要素分析》，《西北大学学报》（自然科学版）2004年第4期。
④ 庄志民：《论旅游意象属性及其构成》，《旅游科学》2007年第3期。

象体系形成的。前者是由凯文·林奇提出的构成城市意象的五个元素，强调城市空间方向指认；后者是与城市文化特质产生强烈认同的元素。城市旅游形象是城市独有的文化传承、资源禀赋、产业形态、区位条件和发展潜力的综合反映，是城市重要的无形资产。城市意象集成了从微观、中观到宏观，从细节、局部到整体的要素系统，是对城市形象全方位和立体式的表达，因而是城市旅游形象策划的重要途径。城市旅游形象是一个极具个性化的高度浓缩的意象概念，是城市内在特色的外在艺术表现。两者都是动态发展的，城市意象随着城市历史变迁而发生变化，旅游形象应能够代表城市旅游的发展趋势，适应旅游产业转型的发展要求。[①]

宋欢、喻学才分析了旅游意象和旅游形象的异同，认为旅游意象是旅游者心中的营构之象，是在旅游目的地感知基础上对其更深层次的理解和想象，不拘于心、不拘于物，是依赖于旅游者审美的精神创造。两者都是主观行为，都是以旅游者对目的地的感知为基础的高级别的心理活动，两者形成过程存在一定的重合。但两者心理过程不同。与旅游形象有关的心理图画是对旅游目的地初步总体的概括，而与旅游意象有关的心理图画则是与旅游者情志、意趣有关的主观再创造。两者审美层次不同。旅游意象的审美层次高于旅游形象。两者影响方式不同。旅游形象主要影响旅游者对目的地选择和旅游者购后行为，旅游意象主要影响旅游者对地方的依附感。[②]

综合国内关于旅游意象和旅游形象的研究可知，这两个概念都是在旅游者感知的基础上形成的，它们既有区别又有联系。已形成共识的观点是：旅游意象有完整的空间要素系统，是对目的地环境空间和内涵的全方位、立体体现，而旅游形象极具个性化，需要突出目的地特征，还要反映目的地发展趋势，是对目的地内涵外在的、部分的表达；目的地意象是旅游形象塑造的核心和重要路径，旅游形象塑造会影响目的地意象。

英国 Harper Collins 出版社出版的《柯林斯 COBUILD 高级英语词典》（2006 版）中，Image 主要有 4 个含义：①A Picture or Idea of Something or Someone in Your Mind. ②the way that they appear to other people. ③photographic image. ④a poetic description of something. 这 4 个英文解释分别指出现在人头脑中的映像和观点、呈现给别人的形象、外在形象以及意蕴和意境。①全面反映客观事物或人的外形和内涵特征，可译成意象。②指通过一定途径呈现的事物部分特征，可译成塑造的形象。③和④可直接译成形象和意境或意蕴。所以，Image 既可指意象，也可指形象，不存在更接近哪个词的问题，关键是研究内容更接近哪个词、研究人员怎样恰当使用 Image 的问题。

二 旅游感知与"格式塔"心理学原理

旅游感知是旅游者对目的地的认识和评价，是一个心理过程。由于旅游感知是形成目

---

① 侯兵、黄震方、尚正永：《基于城市意象变迁的城市旅游形象塑造研究——以江苏省扬州市为例》，《经济地理》2009 年第 12 期。

② 宋欢、喻学才：《城市旅游意象的结构与重构——兼论旅游形象与旅游意象的异同》，《地域研究与开发》2017 年第 1 期。

的地旅游意象和旅游形象的基础,那么需要进一步回答"旅游者是怎样感知目的地环境"这个问题,以便为目的地文化展示提供科学依据,从而塑造理想的目的地形象。格式塔心理学原理正是关注包括思维、学习和意识等认知过程问题的理论,为回答以上问题提供了启示。

"格式塔"系德文"Gestalt"的中文音译,意为形、形状或形态。20世纪初,奥地利及德国的心理学家创立了格式塔理论,它强调经验和行为的整体性,反对当时流行的构造主义元素学说和行为主义"刺激—反应"公式,认为现象场中整体不等于部分之和,整体先于部分而存在,整体决定着各部分的性质。格式塔理论认为的整体,是经由知觉组织从原有构成成分中"凸显"出来的全新整体,[①] 是主体对客体刺激物积极组织的结果。[②] 格式塔心理学整体论视角下独立的元素或分子根本不存在,所有的元素或分子都依附于整体,拥有与整体相匹配的个体属性。就像城市人的特质一样,显然是因为人在城市中生存、生活,逐渐培育并拥有了与城市相一致和协调的个体属性。[③]

关于感知过程的格式塔知觉理论的最大特点,在于强调主体的知觉具有主动性和组织性,并总是用尽可能简单的方式从整体上去认识外界事物。按照格式塔理论,感知过程是对观察的刺激物的组织方式,人对感知的整体而不是特定刺激作出反应,感知环境的整体结构影响着人的认知。感知过程的组织方式遵循知觉的组织原则,将孤立的元素感觉成一个整体。格式塔心理学家提出以下8个知觉组织原则,反映感知过程的整体组织方式,为目的地景观和空间的创意和规划提供了思路。

(1)图形与背景关系原则。在具有一定旅游景观配置的区域内,有些景观单元凸显出来形成图形,而另一些退居到衬托地位而成为背景。图形与背景的层次区分度越大,图形就越可突出而成为我们的感知对象。图形与背景以及轮廓在形成心理影响的过程中具有重要的作用。

(2)邻近或接近原则。距离较短或互相接近的某些景观要素空间容易组成整体。也就是说,构建整体景观要考虑距离因素对感知的影响。

(3)封闭性原则。感知主体能自行填补图形缺口而把感知对象知觉为一个整体。

(4)相似性原则。当景观单元在外形、高度、色彩等物理属性方面比较相似时,这些景观单元就容易被组织起来构成一个整体。

(5)好图形原则。感知主体在感知图形过程中,会尽可能地完善图形和构建其意义。即把不完全的图形看作一个完全的图形,把无意义的图形看作一个有意义的图形。

(6)同向性原则。要在一个整体中构建一个新的整体,就将原来整体中的一部分做同方向移动,这些部分容易组成新的整体。

(7)连续性原则。人们往往把一个图形中某些连接在一起的部分感知为一个整体。

(8)简单性原则。当人们感知一个区域较复杂的景观单元时,只要没有特定的要求,

---

① 闵学勤:《感知与意象——城市理念与形象设计》,东南大学出版社2007年版,第102页。
② 张慧玉:《格式塔心理学对形的探讨》,《理论界》2005年第7期。
③ 闵学勤:《感知与意象——城市理念与形象设计》,东南大学出版社2007年版,第103页。

人们往往倾向于把这些景观单元组织为简单的规则图形。

　　用格式塔理论感知组织的整体论来解读城市，城市是由一个个格式塔组成。由格式塔组织建立的城市意象，融合了个体的主观理念及城市整体的客观存在，相对而言，这样的城市意象更接近事实本身。所以，在进行目的地文化展示空间结构优化时，运用格式塔心理学原理进行目的地意象的构建，使目的地塑造的旅游形象更易于被游客感知，从而降低目的地的决策感知形象与实地感知形象之间的落差。

　　格式塔理论对目的地文化展示的启示在于：

　　（1）从整体上整合目的地文化展示的空间载体。城市形象是整体论的直接产物。首先从空间角度看，城市形象由目的地景观生态系统中充分体现不同空间属性的斑—廊—基三个景观单元相互交融并共同组成的整体结构的外在表现形式。如果城市对三个景观单元进行科学布局，在几何图形上就会呈现美的意象，提升游客对城市形象的评价。其次，由格式塔心理学的完形理论得知，城市空间体验的整体是由运动和速度相联系的多视点景观印象复合而成，而非简单相加。故不能将城市意象要素独立开来，而要整体、连续、动态地对城市形象构成加以研究。①

　　（2）个体景观单元与整体景观系统的协调。格式塔理论要求元素服从整体，或者认为元素是整体的元素而非独立的元素。按此推理，营造美的城市空间形象，关键在于其组合的和谐与精致。同时，每个要素要体现整体的特质。一些县级市宏大的广场和宽阔的马路就与城市建筑和布局没有整体感，缺乏和谐之美。

　　（3）注重景观和文化的多样性。虽然人们能将复杂的外部构造在心理上还原为简约的格式塔，但也需要内涵与深度，使人们获得多样性感知和深度体验，产生愉悦的满足。这就要求旅游城市构建的格式塔景观要多样，有多样的文化和旅游活动，且整体结构协调。此外，城市形象是由来自地理、历史、建筑和人文的各种文化符号串起的整体意象。城市文化形象需要文脉的继承与融合，最关键的是历史文化与现代文化交融，相映成趣。

　　总之，按照格式塔心理学原理构建城市旅游形象，就是要从整体上布局城市基本空间单元，构成的图形呈现美的意象，打造丰富的、体现文化主题的城市景观形态，结合旅游文化和旅游活动，构建起由表及里的生动的城市旅游形象。所以，格式塔心理学原理对旅游目的地文化景观生态系统结构优化具有指导意义。

三　旅游意象要素及其特性

（一）要素

　　简单地说，旅游意象是从形和意两方面对目的地特征的全面反映，包括抽象和具象两个方面。具象的方面是旅游者对目的地空间环境的感知，普遍使用的目的地空间环境感知要素是凯文·林奇提出的构成城市意象的五个元素：道路（Path）、边界（Edge）、区域（Domain）、节点（Node）和标志物（Landmark）。他对这五种元素作了如下定义：②

---

① 李靖华：《城市序列空间的创造》，《规划师》2000 年第 2 期。
② ［美］凯文·林奇：《城市意象》，方益萍等译，华夏出版社 2001 年版，第 35—37 页。

（1）道路。道路是观察者的移动通道，人们往往将道路作为意象过程的主导元素。道路周围的环境以及沿道路布局的环境元素都与道路有关。因为观察者在道路上移动的同时观察着周围环境。通过对道路两侧空间进行特殊功能设计或强调其两侧特征，道路可以成为重要的意象特征。如道路两侧特别的建筑或植被，会给观察者留下深刻印象。

（2）边界。它是区域连续过程中的线形中断，形成两个部分的边界线。如河流、海岸、围墙等。它们将不同区域区分开，或是将沿线的两个区域相互关联，衔接在一起。

（3）区域。因为某些共同特征，观察者能够识别城市内部的区域，并将区域特征作为空间观察的参照。所以，大多数人在一定程度上都是使用区域单元要素来组织自己的城市意象。与道路对城市意象的组织相比，不同之处在于把哪个意象要素放在主导地位。区域主题的连续性决定区域的物质特征。区域内各种组成部分，如空间、建筑形式、标志、细部、功能、使用、地形和居民等，参与物理特征构建。通常，被意象和识别的典型特征不是单一的，而是一个特征组，也就是主题单元。一些关系密切、充分连接的不同区域，形成一幅由各色区域组成的连续的拼贴画。每个区域的相似与对比，进一步增强了每个区域的主题。

（4）节点。节点是道路交叉或汇聚点，或者是区域的聚集点。所以，节点总是与道路或区域概念相关。聚集点要成为目的地重要意象特征，就要有强大的物质形式、空间形态或者活动，如建筑、植被、代表性空间和功能等。

（5）标志物。标志物是一个区域内较为突出的参照物。其关键的物质特征具有单一性，在某些方面具有唯一性，或是在整个环境中令人难忘，要么与背景形成对比，要么占据突出的空间位置。空间所起的作用更大，很多标志物在许多地点都能看到。与某个元素相关的功能活动也能使其成为标志物，如中国国家大剧院。对标志物能产生重要性提升或强化作用的还有与历史的关联，如天安门城楼。既有突出的天际线，又有个性化的位置和基底环境的建筑，在各个层面上均具有较好的识别特征，同时可实现象征性和视觉重要性的统一，这样的建筑会成为目的地重要标志，如上海东方明珠广播电视塔。

以上这些要素是构成旅游意象的材料，它们不会孤立存在，而是相互联系地组合在一起，可能相互呼应、相互强化，从而提高各自的影响力；也可能相互矛盾，削弱各自的重要性。最关键的是要从旅游意象的整体形态上，考虑它们的组合关系，如构筑边界景观和道路延伸到边界景观。

（二）特性

旅游意象是旅游者与观察环境之间互动的结果，所以，旅游意象与目的地物质形态之间有密切的关联，并随着目的地环境的变化而变化。意象由个性、结构和意蕴三部分组成，[①] 结构是目的地环境不可缺少的部分，对目的地的可意象性起着非常关键的作用，有了可意象性，目的地才能被感知，旅游者才能产生旅游意象。例如，边界不太清晰的目的地，旅游者就不能清晰地感知其大小；标志物不突出，就会让旅游者感到茫然。另外，某

---

① ［美］凯文·林奇：《城市意象》，方益萍等译，华夏出版社 2001 年版，第 6 页。

些代表性特征，如开放空间、绿地、道路走向、视觉对比和滨水区等，在旅游意象中起着重要作用。一般来说，滨水景观和大空间全景景观是较受欢迎的环境特征。所以，目的地在选择标志性区域时，要着重审视和挑选在物质环境结构和形态上有特质和优势的区域，为塑造目的地的独特形象奠定基础。

旅游意象变化的特性首先是随着目的地环境要素的变化而变化。当目的地道路交通系统网络复杂性增加时，目的地通达性增强，可意象性增强。当区域新建了标志性景观，则目的地的意象被重新组织，意象也随之发生变化。环境要素变化越大，意象变化影响的范围越大。所以，首先，在我国快速城市化时期，要重视大规模城市建设对目的地意象的影响。其次，旅游意象的变化随目的地环境时空的变化而变化。即使在目的地环境要素不发生变化的情况下，目的地环境依然存在日夜、冬夏和远近等时空变化，直接导致目的地整体和不同区域意象的变化。如果我们很好地利用这些环境的时空变化，就能使目的地意象更加丰富，满足更多旅游者对目的地的期望。如果我们精心设计目的地日夜、冬夏和远近等意象，让它们变得有序，就能增强目的地某种意象，使目的地形象更加突出，成为构建目的地整体形象的重要途径。另外，当目的地空间随着城市的发展而扩张时，原来不太突出的自然要素，如山脉、江河、植被和大面积水面，变得越来越突出，目的地意象将发生巨大变化。

旅游意象变化具有层次性。目的地整体环境的意象是由一组相互关联的意象构成，而不是一个简单综合的意象。按照所涉及的意象空间范围尺度，大致可分为几个层次，包括从街道层面到社区层面、城市层面，甚至到大都市区域层面。旅游意象的层次变化，有利于旅游者对目的地的感知和目的地旅游活动的选择。旅游意象变化的特性要求目的地在变化中要维持一定的连续性：一是要保持不同层面组织的连续性；二是要保持某个主要变化过程的连续性，如保留一条旧巷、一棵古树，或其他一些可体现连续性的区域特征，都是形成旅游意象连续性的重要途径。

旅游意象具有整体和部分特性，整体意象由目的地若干部分的意象组织而成。凯文·林奇认为意象的组织是连续统一的过程，可分为四个阶段①（如图4-1）。

（1）各部分意象之间没有组织和相互联系，各个元素独立存在，形成一些不连贯的意象。

（2）因为某个大致方向或者相对距离，使各部分之间产生一些粗浅联系，形成一定结构，但总体上仍然缺乏联系。

（3）各部分之间形成松散而有弹性的联系。

（4）随着联系的不断加强，各个部分在各个方向上都有紧密的联系，结构变得有了刚性，所有的变化都发生在内部。这一阶段，目的地内外联系都非常便捷，旅游者可以自由随意地在目的地移动，区域中任何方向、任何距离的元素之间都可能产生相互作用。整个区域的特征伴随目的地意象的逐渐丰富和浓厚而鲜明。

---

① ［美］凯文·林奇：《城市意象》，方益萍等译，华夏出版社2001年版，第67—68页。

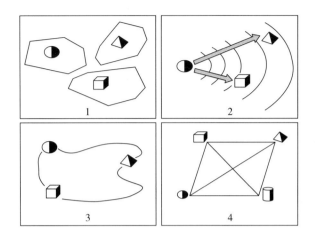

图 4 - 1　意象组织的四个阶段

资料来源：［美］凯文·林奇：《城市意象》，方益萍等译，华夏出版社 2001 年版，第 67—68 页。

　　整体意象的组织可以有不同的方式。按照静态地图的组织方式，可以形成一系列由全面到具体的整体和部分组成的意象。按照时间顺序，把各部分相互连接起来。最接近整体环境的意象是具有最优价值的。因为它们更加丰富、生动和确切，可以用不同方式把所有的元素类型和形态特征都利用起来。但这种接近整体环境的意象被认为是不可能存在的，相反，存在无法超越自身基本能力的强大个体或文化类型。① 所以，目的地文化展示既要营造整体意象，满足当地居民和游客的各种需求，展示多样文化，又要突出目的地意象的独特性。

四　旅游形象的整体性和独特性

（一）整体性

　　关于旅游目的地形象维度最有代表性的观点是 Echtner 和 Ritchie② 提出的目的地形象框架，包括三个连续链：属性—整体链、功能—心理链、唯一性—共同性链。就是说，旅游地形象不仅有整体形象，也有单一属性形象（如当地的气候、设施、居民的友好态度等）；不仅有功能形象（如当地的购物、夜生活、海滩等），也有心理形象（如当地的旅游气氛等）；不仅有任何目的地所共同具备的东西，还有其独特的东西（如独特的旅游吸引物）。整体性来自目的地的单一属性形象、功能形象和心理形象，以及目的地共性和独特性等方面，是旅游者对目的地的总体评价。旅游者从旅游决策开始到游览目的地的全过程，都在不断收集目的地各方面信息，感知目的地各方面的属性和功能，不断调整对目的地的印象，最后形成对目的地的总体评价，即目的地整体形象。Qu 等认为目的地形象应该被视为对应于目的地品牌的已有的概念，提出将目的地独特形象作为一个影响目的地品

---

① ［美］凯文·林奇：《城市意象》，方益萍等译，华夏出版社 2001 年版，第 68—69 页。

② Echtner, C. M., Ritchie, J. R. B., "The Measurement of Destination Image: an Empirical Assessment", *Journal of Travel Research*, 1993, 31 (4): 3 - 13.

牌的重要联想维度，有助于区别竞争对手。① 所以，目的地独特形象是目的地整体形象的一个重要组成维度。

其他学者对目的地形象维度的研究也强调形象的整体性和独特性。Mazanec 提出形象变量可归结为三个方面，即主体（Subjects）感知（方面1）围绕客体或目的地（Objectives）（方面2）的特定属性（Attributes）（方面3）进行。杨永德、白丽明提出了旅游目的地形象的蒲公英模型，描述目的地形象的内部结构。该模型从形象主体、客体及信息媒介三方面归纳形象本体具有的维度。主体相关维度有三个：主观与客观，个体化与社会化，正面与负面。客体相关维度有两个：总体和属性，一般性特征与特有特征。信息媒介相关维度有三个：发射与接收；直接与间接；静态与动态。②

整体形象向旅游者传递满足旅游需求的程度，如多样的价值、可进入性、安全性和舒适性等，是旅游者选择进入考察范围目的地考虑的重要因素。但在决策时，促进旅游者购买决策的最关键因素是目的地的独特形象。现在，旅游竞争已进入全球化时代，旅游消费需求和背景都发生了极大变化，目的地原来的吸引因素，如可进入性、价格、服务等，成为目的地的一般性特征，不构成吸引条件。而目的地在景观、事件、氛围和生活方式，尤其是象征性方面的特征，成为旅游者购买决策的重要吸引因素和重游目的地的激励因素。只有形象独特的目的地，才能增加旅游者的选择价值，让旅游者有理由放弃其他具有吸引力的目的地。所以，塑造目的地形象的整体性是目的地旅游营销的基本任务，构建目的地形象的独特性是目的地旅游营销的关键。

整体性是有机联系的结果，目的地整体形象是在单个属性形象基础上的综合和提炼，所以，目的地整体形象塑造要对文化展示支撑体系进行整合。

第一，旅游流网络对目的地资源的空间整合。目的地构成要素包括社会、历史、文化、自然等多种要素，但旅游世界本身是完整的，一个现代共同的旅游价值在于目的地如何将社会、历史、文化、自然元素组成一串感观的东西。③ 旅游者也希望通过旅游了解完整的目的地，特别是在自助游、自驾游和无景点旅游时代，旅游者在目的地的全域扩散趋势非常明显。20世纪初，巴黎为旅游者提供的展示，包括参观高级法院、证券交易所、造币厂、政府印刷局、烟草工厂和屠宰场等，它们并不是那些奢侈品或者巴黎独有的物品制造，而是对任何现代社会运转都必不可缺的工作展示，目的是让旅游者全面完整地了解巴黎。所以，目的地旅游线路应整合目的地的历史、文化、社会和自然等要素，让旅游者能够体验目的地的完整性，形成生动饱满的目的地整体形象。随着旅游者在目的地全域扩散，旅游流网络就实现了对目的地资源的空间整合。

第二，通过旅游主题整合目的地旅游空间要素。与单一目的地产品相比，主题旅游产品通过串联的方式，将主题文化资源丰富的地区进行整体打包，设计主题旅游线路，从而

① Qu H., Kim L. H., Im H. H., "A Model of Destination Branding: Integrating the Concepts of the Branding and Destination Image", *Tourism Management*, 2011, (32): 465 – 476.

② 杨永德、白丽明：《旅游目的地形象概念辨析》，《人文地理》2007年第5期。

③ ［美］Dean MacCannell：《旅游者休闲阶层新论》，张晓萍等译，广西师范大学出版社2008年版，第51页。

整合目的地空间。德国国家旅游局 2014—2015 年度推出旅游主题"联合国教科文组织世界遗产——可持续的文化和自然旅游",整合了多个城市的旅游资源。如杜塞尔多夫市的艺术和文化游,科隆市的科隆大教堂和博物馆游,汉堡世界最大港口节和城堡游,不来梅市最古老的自由集市和最大规模的桑巴嘉年华庆典游,巴特洪堡市的特色小镇旅游和三大温泉与古堡游等。[①] 西班牙世界遗产城市联盟于 2017 年 3 月 24 日在卡塞雷斯开启的"世界遗产城市音乐之旅",整合了西班牙 15 座世界遗产城市各具特色的旅游资源。[②]

旅游主题不仅整合目的地资源空间,还为游客提供深度文化旅游机会,进行多元文化活动,提升旅游目的地魅力。法国旅游发展署从 2011 年开始每年推出"法兰西美酒和文化遗产"主题之旅,让游客在参观文化古迹的同时,品尝享誉世界、象征法兰西卓越和传统文化的法国葡萄酒。"法兰西美酒和文化遗产"主题之旅整合了法国的 11 个主要葡萄酒法定产区,有丰富多彩而且特色显著的旅游活动,游客可以在葡萄园、酒庄、酒窖等跟当地的葡萄酒从业者见面,交流葡萄酒文化、品酒、买酒,同时还可以参加其他有意思的多元化旅游活动。乘坐特别的交通工具,如古董车、拖拉机等,或步行、骑马、骑自行车穿越葡萄园区及其风景区,在葡萄园区内打高尔夫球,享受葡萄酒疗养服务,参与以葡萄酒为中心的节庆活动、大型活动及艺术活动等,让游客以别样的方式探访法国。[③]

第三,按时序进行空间整合。每个目的地都存在过去、现在和未来的发展历程,每个时代都留下了人们创造的丰富物质和精神文化。按时序进行空间整合就是将"过去、现在和未来"作为一个整体概念,通过保护历史文化空间,协调各时代相应的文化载体,将目的地整合为内涵丰富、富有节奏和韵律的整体空间。这样的目的地空间,就像一张反映目的地发展的生动画卷,"过去"是历史文化空间,反映目的地的厚重文化底蕴;"现在"是多元化文化空间,反映目的地发展能力;"未来"代表目的地文化发展方向,反映目的地发展潜力。这样的目的地,才能向游客讲述更丰富、更生动、更精彩的故事,从而产生吸引力。通过时序整合,体现目的地文化的动态发展和更替,使目的地具有刚柔并济的魅力形象。

美国第三大城市芝加哥在一百多年的发展历史上,从一个以传统制造业为主的工业城市,转变为美国的商业和文化中心城市、世界著名的旅游城市。芝加哥实现成功转型的重要原因之一就是实施多元化发展战略,注重多样化城市空间建设,展示城市的历史文化,发展城市现代文化,营造城市独特文化魅力。现在,芝加哥工业革命时期的铁路系统依然保留,铁路穿过中心城区林立漂亮的现代高楼,成为连接过去和现在的桥梁,实现了过去与现代的完美对话。芝加哥不仅拥有众多的剧院和博物馆、城市公园、游乐设施、北美最大的会展中心麦考米克会展中心等现代都市设施,还拥有 30 个历史保护街区和 150 幢地标建筑。此外,还保留了独具特色的芝加哥河北岸的画廊区和南部的唐人街。芝加哥的新

① 《德国旅游新年新主题 世界遗产 + 文化艺术》,环球网,http://go.huanqiu.com/news/2013 - 11/4598304.html.

② 《世界遗产城市音乐之旅启程在即》,搜狐网,http://www.sohu.com/a/129786667_ 383673.

③ 《2014 年法国葡萄酒旅游推介会在京举行》,搜狐网,http://www.sohu.com/a/593397_ 100668.

旧都市设施的完美搭配、融合，使其成为拥有独特城市气质、文化和个性的有趣场所，积淀了难以复制的城市吸引力。[①]

第四，文化景观生态系统廊道整合。在目的地旅游文化景观生态系统要素中，廊道对架构和重构系统结构有重要作用。因为它是系统生态流运动的通道，生态流通过在廊道网络中的运动，使景观系统各要素之间产生相互作用，整合景观系统的功能，实现景观系统的整体性。

目的地廊道有自然廊道（Natural Corrido）和人工廊道（Artificial Corrido）两种类型。人工廊道以交通干线为主，自然廊道以河流、植被带为主。利用廊道整合目的地空间的思路是用廊道连接斑块成为整体，将人造景观与自然环境在生态的层面上进行整合，将城市中水系构成的水网、道路系统构成的路网、绿地公园系统构成的绿网和历史文化古迹遗址构成的文化古迹网"四网"有机结合[②]，构建整体景观特色，实现生态、游憩、文化、教育、经济功能。作为自然廊道的绿网和水网，充分渗透到城市的人文空间，成为城市的"呼吸系统"，它能平衡日益扩张的城市人工设施与自然的关系，改善城市生态环境。在空间形态上，线性自然廊道蜿蜒于城市中形成的绿网，或环绕城市形成的绿色边界，都体现了城市整体景观空间的特色，给人以连续完整的审美体验。由江、河、湖、溪构成的水网，可连接老城与新城、主城与副城、城镇与乡村、居住区与商业区、文教区与工业区等，体现目的地的生态之灵、历史之韵和文化之根，给人以多维度的想象空间，让旅游者在玩水、观城和赏景中，全面感受目的地的整体意象，从而塑造目的地整体形象。"四网"的有机结合，给当地居民提供了更多具有地方特色的休闲场所，是休闲时代目的地空间休闲化的客观要求，让当地居民在休闲中构筑起社会生活网络，使城市景观成为日常生活的一部分，同时也成为人们心理空间的一个亲切符号，[③] 增加当地居民的归属感，体现目的地的人本之气，构建完善的目的地形象，增强目的地的吸引力。

（二）独特性

旅游行为发生的一个重要因素就是人们对地域差异的好奇。旅游者不仅在旅游前期望目的地具有不同于其居住地的、属于地方性的吸引力，而且在实地旅游时也主要注意和感知那些目的地独有的地方性要素，正是这些地方性景观和文化使目的地的形象凸显，被识别和认知。[④] 所以，展示和塑造独特形象的目的地才能进入旅游者视野，才有希望在全球激烈的竞争中获胜。

目的地形象的独特性就是目的地留给旅游者最突出的印象，既可通过目的地的某个方面形成，也可通过目的地的某几个方面整体形成。来自目的地任何一项属性，如美国黄石国家公园的地理之最，芝加哥建筑景观的独特性等；来自目的地任何一种功能，如世界赌城拉斯维加斯的博彩活动，巴西的狂欢节等。从整体上看，任何一座城市的独特之处就在

---

① 何玉珍、林昆勇：《美国芝加哥城市转型及其文化力的彰显与启示》，《城市》2015 年第 2 期。

② 朱光亚、杨国栋：《城市特色与地域文化的挖掘》，《建筑学报》2001 年第 11 期。

③ 李包相：《基于休闲理念的杭州城市空间形态整合研究》，博士学位论文，浙江大学，2007 年。

④ 李蕾蕾：《旅游地形象策划：理论与实务》，广东旅游出版社 1999 年版，第 83 页。

于它独一无二的布局、空间形式和功能，以及这些空间交会地带，还包括个体和集体的经验。换句话说，正是时间、空间和文化的特殊组合铸造了单个城市的身份，创造了城市生活的节奏。[①] 所以，目的地独特形象塑造需要对目的地进行战略性的规划设计，包括具有美感的建筑景观和空间布局、功能和文化格局、过去和现在交相辉映等。

在空间上，目的地旅游文化景观生态系统的斑—廊—基三种空间单元都分别是构建独特性的来源。基质是目的地景观中分布最广、连续性最大的背景结构，常见的有森林基质、草原基质、农田基质、城市基质等。其中，城市基质主要是城市的建筑和街巷，它是城市各种文化斑块存在的背景生态系统。虽然各种文化斑块是主要的旅游活动场所和旅游者集散地，但在空间上仍难以覆盖大量存在的城市基质，城市基质更加能体现出一个城市的独特文化气质。国内外有很多以城市基质塑造城市文化特色的例子。北京正是以其大量质朴和谐的民居街巷和"家国同构"的空间模式形成了其独特的文化特色，而现今北京城市空间特色的消退在相当程度上归结于大面积胡同和四合院的拆除。许多欧洲城市，如水网交错的威尼斯和红瓦覆顶的佛罗伦萨，通过对历史文化资源的严格保护，新旧建筑的穿插交融，形成有机和谐的城市基质，塑造了城市文化特色。[②]

廊道既可以整合目的地空间资源，也是构建目的地独特性的重要途径。有很多全球闻名的风景道或遗产廊道，如最具历史意义和价值的美国 66 号公路、全球最美海岸风光的澳大利亚大洋路、文化景观丰富多彩的德国浪漫之路、现代文明与原始自然风光完美结合的南非花园大道等，以其成百上千公里的规模、壮美的自然景观和独特的文化彰显廊道的独特性，成为目的地重要吸引力，为游客留下许多惊喜和终生难忘的美好回忆，被认为是一生不能错过的旅游胜地。

标志性文化区域是展现目的地形象独特性的一类斑块，一般是由城市标志物及其周围区域组成，是象征性与感染力很强的空间视觉形态的统一，是一种意义空间。在其中，人们可以经历并感受到最有意义的文化场景、文化生活和文化体验，让人们在此停留和聚集。标志性文化区域的独特性主要来自两个方面。

（1）景观类型的多样性。独特的意境较少依赖于单体景观。不同景观类型组合在一起，相互辉映，可营造特定的场域，传递特定的信息，激起特定的场域反映，让人们产生丰富的联想，在头脑中构成美的意境。对于不同的观赏者来说，它能触动一种心绪，创造一种心境。如美国的曼哈顿和上海的陆家嘴，就是由不同景观类型组合在一起形成的标志性文化区域。

（2）功能的复合性。具有多种功能的区域更能聚集人气，形成目的地的标志性区域。在国际上，这样的区域一般以建设大型文化设施为发展方向。如法国巴黎的拉维莱特科学与工业城、巴士底歌剧院和巴黎左岸等，德国法兰克福美因河畔集中的博物馆、美术馆、戏院和音乐厅等。大型文化设施的建设凭借其建筑外观为城市增添景观标志，通过对文化

---

① Deborah Stevenson, *City and Urban Cultures*，北京大学出版社 2008 年版（英文影印版），第 73 页。
② 黄鹤：《文化规划：基于文化资源的城市整体发展策略》，中国建筑工业出版社 2010 年版，第 104 页。

资源的汇集、文化活动组织和大型文化事件承办提升城市影响力。① 国际上，把城市文化设施高度集中的区域，或高度集中的文化生产场所称为城市文化地区，或称为艺术地区、文化区、文化创意（创意产业）集聚区，在英文中对应以下名称：Arts Districts、Cultural District、Cultural Arts Sector、Avenue of Arts 等。

城市精神（City Spirit 或 Urban Spirit）指一个城市为谋求自身的发展，对城市在一定社会历史条件下和长期的文化创造过程中积淀形成的共同精神信念和理想目标、文化气质和底蕴、生活方式和行为准则的价值观念体系与群体意识的整合和提炼。城市精神是所有城市人的理想、信念和共同的追求，它是城市生命力的源泉，是城市存在的状态，是城市文化的核心和精髓，是城市未来健康发展和可持续发展的不竭精神动力。

从某种意义上甚至可以说，城市精神就是一座城市的"写照"或"城市名片"。国内外很多极具个性特色的著名城市，在长期的发展历程中拥抱自身独特的理想目标，追求自己的价值观念和精神信念，积淀了深厚的文化底蕴，形成了鲜明的、富有个性的城市精神，从而形成了难以模仿和复制的独特城市形象。纽约的城市精神是卓越的创造力、高度的融合力、非凡的应变力和强烈的竞争意识，高度概括出纽约作为一座大规模移民城市的追求。巴黎是世界文化之都、浪漫之都、时尚之都及欧洲经济之都，拥有世界各大城市难以相比的众多文化遗产和悠久历史建筑，巴黎城市精神最突出的是其非凡的文化精神，洋溢着浪漫个性的特色。

地方感是人的情感与所处环境之间相互作用而产生的一种反应，因为人的记忆、感受与价值等情感因素与景观环境之间会产生情感意义上的互动，个人会产生对地方的依附行为。② 所以，"某些地方与人之间似乎存在着一种特殊的依赖关系"是一个广泛存在的客观现象，而这个"地方（或是场所）"的尺度可以是宏观、中观和微观的。这种对地方的情感依附在旅游者与旅游地之间起到重要联结作用。人们越来越发现地方依赖（Place Attachment，或为"地方依恋"）这种心理因素独立于资源和设施吸引。③ 如丽江古城的游客很多是重游游客，对于他们而言，已经不是丽江的物质形式在吸引他们，而是一种对这个地方的特别感觉成为重游的主要驱动力。④

地方依附行为的产生，是因为人与地方环境互动过程中，地方的某些特征对人产生了意义。国外对旅游地地方依附感的研究，按照旅游者与旅游地相互联系的紧密程度以及身份特性的不同，形成地方依附的不同的认知层面⑤（如图 4 - 2）。

随着旅游者与目的地环境之间相互联系程度的加强，地方依附感出现从地方熟悉感、地方归属感、地方认同感、地方依赖感到地方根深蒂固感的强度变化。可以说，地方依附的强度与地方特征有关，反映地方特征对旅游者的重要性，依附感越强，目的地在旅游者

---

① 张敏、刘学、汪飞：《南京城市文化战略及其空间效应》，《城市发展研究》2007 年第 5 期。

② 张中华、王岚、张沛：《国外地方理论应用旅游意象研究的空间解构》，《现代城市研究》2009 年第 5 期。

③ Williams D. R., Patterson M. E., Roggenbuck J. W. et al., "Beyond the Commodity Metaphor: Examining Emotional and Symbolic Attachment to Place", *Leisure Science*, 1992, 14: 29 - 46.

④ 黄向、保继刚：《场所依赖（place attachment）：一种游憩行为现象的研究框架》，《旅游学刊》2006 年第 9 期。

⑤ 张中华、王岚、张沛：《国外地方理论应用旅游意象研究的空间解构》，《现代城市研究》2009 年第 5 期。

心目中的唯一性越突出。所以，地方感是目的地独特性的来源。通过对旅游者地方依附感的测量，可反映出目的地的独特性。

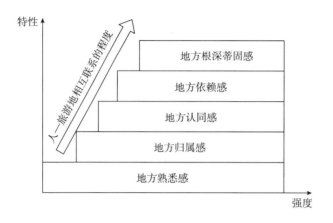

图 4 - 2　旅游地地方依附金字塔模式

资料来源：张中华、王岚、张沛：《国外地方理论应用旅游意象研究的空间解构》，《现代城市研究》2009 年第 5 期。

第二节　旅游者空间感知

一　目的地空间层次和空间特征感知

旅游者对目的地空间的感知是目的地形象形成的基础。旅游地属于地理空间，是一种独特的认知客体。对旅游地形象的研究无论如何必须强调其空间的感知规律。[1] 旅游者空间感知规律也是目的地文化展示的理论依据。

（一）空间层次感知

在旅游形象形成过程的不同阶段，旅游者对目的地的空间感知有不同特点。在本底感知形象和决策感知形象阶段，旅游者通过各种信息途径，从外部感知目的地的（宏观）空间特征；在实地感知形象阶段，旅游者通过在目的地全方位的亲身体验，从内部感知目的地（中观和微观）空间特征。

（1）外部感知。地理空间属性使目的地空间具有等级层次性。旅游者的空间行为规律[2]也完全符合地理空间的层次性规律，即大尺度旅游空间行为对应选择高级别旅游目的地，小尺度旅游空间行为选择低级别旅游目的地，旅游者在目的地游览完高级别旅游景区后，有多余时间和兴致才会游览低级别景区。在此背景下，旅游者对目的地空间结构的感

---

① 李蕾蕾：《旅游地形象策划：理论与实务》，广东旅游出版社 1999 年版，第 73 页。

② 保继刚、楚义芳、彭华：《旅游地理学》，高等教育出版社 1993 年版，第 28—29 页。

知依据是旅游地认知链和认知规律。[①] 旅游地认知链是由旅游地所属的、不同等级层次的空间由高级向低级构成的竖向链条。如乐山世界遗产地所在的认知链是"中国—中国西部—四川省—乐山市"。苏州市所在的认知链是"中国—中国东部—长三角地区—江苏省—苏州市"。丽江市所在的认知链是"中国—中国西部—西南地区—云南省—丽江市"。高等级的大尺度空间容易被人们认知和记忆，而众多小尺度的低级别区域不易为人认知和记忆。人们总是先认知高等级区域，然后才认知低级别区域，服从一个自上而下的过程。

在认知链基础上形成的对目的地的感知，首先是对目的地旅游地位置的认知，然后是对目的地类型和地方性的认知。对目的地位置的认知符合"背景律""接近律""相似律"。[②]"背景律"指旅游者通过认知链上地域之间的上下级关系来构成旅游地形象认知的地理文脉和背景形象。"接近律"和"相似律"是指地理位置邻近和文化、政治、经济、民族和宗教等人文要素相似的同等级目的地，容易被旅游者认知为同一的形象。通过认知链形成的旅游地形象，容易产生旅游地形象认知的替代效应，包括背景替代（或文脉替代）、接近替代和相似替代。在此过程中，感知距离因素和信息因素对形象认知都有不同而复杂的影响。主要表现在距离因素对形象的影响呈现出"U"形曲线，而信息因素对目的地形象认知的影响呈现出倒"U"形曲线。旅游者对目的地形象的进一步认知，体现在对旅游地类型和旅游地地方性的认知方面。在对类型的认知上，由于经验和传播媒介潜移默化的影响，使旅游者在心目中将旅游地划分为城市、风景名胜区、旅游度假区和主题公园等基本类型，对于每一类旅游地，旅游者都存在相对统一的形象认知，见表4-1。就是说，目的地形象与旅游地类型之间存在基本联系。地方性来自地理文脉，独特的自然环境和独特的人文气氛就发展为独特的"地方性"。

表 4-1　　　　　　　　　　　不同旅游地类型的旅游形象认知差异

	城市	旅游度假区	风景名胜区	主题公园
简单定义	区域的人口及政治经济中心	具有丰富旅游资源，以旅游、度假、娱乐休养为主要目的的开发区	具有丰富的自然、人文、历史资源的区域	具有特定的主题、人工创造而成的舞台化的休闲娱乐空间
职能	大规模的生产、生活、交通、游憩活动	观光、娱乐、度假、休养、居住	观光、游乐	专门的城市娱乐和休闲、表演活动和节事举办
区位	交通枢纽、区域经济中心、国际性的生产及贸易中心	是城市边缘的部分或离城市较远而靠近快速交通网的地区	远离城市或处在风景旅游城市中	大城市或其周边交通便利之地
认知形象	只有著名城市才具有旅游吸引力，是商务、会议、展览目的地	以沙滩旅游地形象为标志，是开展自我消闲和运动的地方	所谓"名山大川"之形象，是饱览自然美景和历史文化认知的地方	是短暂、集中体验刺激、新奇和欢乐的一个主题公园

① 李蕾蕾：《旅游目的地形象的空间认知过程和规律》，《地理科学》2000年第6期。
② 李蕾蕾：《旅游地形象策划：理论与实务》，广东旅游出版社1999年版，第77—79页。

114 | 旅游目的地文化展示与形象管理研究

续表

	城市	旅游度假区	风景名胜区	主题公园
独特形象要素	所在区域氛围，城市人文精神	独特度假方式	垄断自然环境，独特人文景观	独特主题，独特活动

资料来源：李蕾蕾：《旅游地形象策划：理论与实务》，广东旅游出版社 1999 年版，第 85 页。经修改。

根据上述旅游者从外部空间感知目的地的规律，目的地形象塑造要有两个视角。首先是区域视角。在区域背景下塑造目的地形象，才能增强游客对目的地的感知。这就要求目的地要与区域内其他目的地联合，打造区域旅游形象品牌，提高游客对区域旅游的感知度，进而增强目的地旅游价值和游客选择目的地机会。其次，目的地要有独特性视角，要塑造区别于区域内其他城市的独特形象，增强目的地的竞争力。

（2）内部感知。目的地是一个系统，要具备吸引物、设施和服务三大基本要素，有完整的功能满足游客的各项旅游活动。因研究角度的差异，旅游目的地内部的组成要素的空间结构和层次结构划分不同。冈恩从空间形态上建立了一般性的目的地地带模型，认为一个完整的旅游空间系统由吸引物组团（Attraction Clusters）、服务社区（Community）、对外通道（Circulation Corridor）和区内连接通道（Linkage Corridor）4 个相互联系的要素构成。① 郭康提出以旅游吸引物为基础的目的地空间层次结构模式，即"旅游区—风景区—游览区—景点"模式。② 该模式空间层次结构清楚，是目的地空间的重要组成部分。舒尔茨从人与城市存在空间的概念上，提出了人认识城市的三个层次，即景观空间层次（社会和自然空间互动的结果）、城市空间层次（人和人为环境互动的结果，是人们生活的场所）、建筑空间层次（体现人的自身活动和空间的私密性，是人最亲近的场所）。③

从旅游者认知旅游目的地空间的角度，旅游目的地可划分为三个空间层次④。一是游览服务区，即旅游景区（Tourist Attractions，通常意义的门票以内区域），它一般是旅游目的地的吸引力核心；二是社区服务区，即旅游景区周边区域，也是旅游景区所在的社区，是除旅游景区以外的旅游者活动密集区域，主要是集中为旅游者提供餐饮、购物、娱乐等旅游休闲服务，是旅游者接触了解地方文化和感知目的地形象的重要区域；三是社会服务区，即旅游目的地所属地区（除景区和社区外），是旅游者建立第一印象和最后印象的区域，是旅游地为旅游者提供旅游交通、旅游住宿、基础服务的重要区域。旅游者对旅游目的地的形象感知建立在对三个空间层次的整体感知上，一般过程是形象感知—形象初步形成—形象调整—形象形成（见图 4 – 3）。

王昕和陈婷关于目的地空间层次"游览服务区—社区服务区—社会服务区"的划分，与"景区游览，社区休闲"⑤ 的旅游者目的地行为规律相符。即在旅游景区游览完后，旅

① 转引自王昕、陈婷《基于旅游行为的旅游目的地空间层次与管理》，《人文地理》2009 年第 6 期。
② 转引自王昕、陈婷《基于旅游行为的旅游目的地空间层次与管理》，《人文地理》2009 年第 6 期。
③ 于大中、吴宝岭：《城市空间层次浅析》，《新建筑》1998 年第 1 期。
④ 转引自王昕、陈婷《基于旅游行为的旅游目的地空间层次与管理》，《人文地理》2009 年第 6 期。
⑤ 邓明艳：《世界遗产资源保护性开发模式新思考》，《北京第二外国语学院学报》2004 年第 3 期。

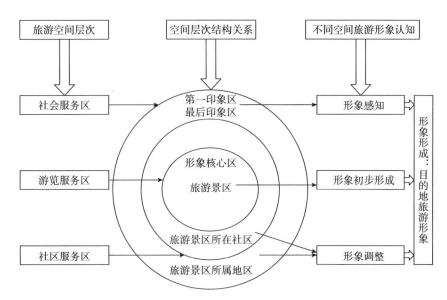

图 4-3　旅游目的地空间层次及旅游者空间认知

资料来源：王昕、陈婷：《基于旅游行为的旅游目的地空间层次与管理》，《人文地理》2009 年第 6 期，经修改。

游者愿意在景区周边社区进行购物、餐饮、娱乐等活动，与地方居民交流，了解地方风俗和文化。所以，游览服务区和社区服务区都是旅游形象构建核心区。社会服务区是旅游者进入目的地和离开目的地的区域，是游客对目的地建立第一印象和最后印象的区域，分别对应目的地形象形成过程的形象感知阶段和形象调整阶段。同时，"游览服务区—社区服务区—社会服务区"这样的层次结构与目的地的管理层次相对应，各个层次空间都有明确的管理主体和管理目标，便于各层次主体协调空间管理问题，使各层次之间相互协调性增强，形成有利于目的地发展的整体形象。更重要的是，各个层次对应于旅游者感知形象形成的不同阶段，对于形象管理具有较好的可操作性。

根据游客的目的地空间感知特点，目的地形象塑造要有全域观念，不仅要注重形象核心区建设，还要注重其他区域的旅游服务质量、基础设施和旅游设施的配套建设，让游客形成完整的目的地旅游形象。

（二）空间特征感知

（1）旅游文化空间。城市的文化空间特征越来越明显。20 世纪 60 年代以来，全球城市文化战略目标和导向发生了重大变化，呈现出从文化保护走向刺激经济发展，从城市复兴走向城市营销的转变趋势。在此过程中，城市文化战略和城市空间的关系日益紧密而复杂。文化设施建设、文化场所营造、文化集群打造等基于空间的文化战略日益成为城市营销的重要手段，同时，城市文化战略的空间效应更加明显。包括城市文化集群区域的出现及其对城市空间结构的重构，也包括新的经济文化空间对城市原有功能空间的取代，以及由此产生多元复合的城市空间对传统城市分区格局的打破。[1]

——————————

① 张敏、刘学、汪飞：《南京城市文化战略及其空间效应》，《城市发展研究》2007 年第 5 期。

与自然空间和物理空间不同，文化空间是一种意义空间，具有动态性、时代性和意识形态性。文化空间包含着丰富的关系，就像家、学校和工厂不只是房子、家具、机器和设施一样，文化空间是一个富含意义、能创造和可获得价值的地方，在其中人们可以感受并经历最有意义的文化生活和最难忘怀的文化体验，从而成为人们产生情感、寄托情感和表达情感的场所。文化空间的动态性表现在，随着文化时间的绵延，文化空间不断地变化。历史上大量的文化空间已经消失，现代的文化创造构建了新的文化空间。文化空间的动态性具有不可逆特征。大规模城市空间的消失和剧烈变化必然引起文化变迁。文化空间的时代性是指任何文化空间都是与一定时代、社会和民族相联系的具体空间。一个活的文化空间，一个有机、合理和健康的文化空间是多层次、多维度的存在形式，而不是一维的存在模式和仅仅属于当代人。其中，既有古代的非凡创造，又有现当代的创新拓展，更有属于后代的发挥潜力。文化空间的意识形态性表现在，文化空间是一种意义的象征，而不是简单的空间存在形式。就像庙宇、寺院、道观一样，它们除了是古建筑，还向人们传达一种文化理念、审美旨趣和价值取向。遍布世界各地的麦当劳和肯德基，不仅仅是简单的快餐连锁店，更向人们输出一种生活方式、一种价值观念。[1]

在旅游文化空间的营造方面，旅游目的地应将旅游发展与城市文化战略相结合，同时考虑目的地旅游供给侧和旅游者需求侧因素，从旅游活动过程的感知和体验出发，以旅游者价值评价为目标。所以，旅游文化空间建构应包括"空间、旅游文化景观、旅游活动"三个基本要素，"空间意义、空间吸引力和空间集聚力"三个基本维度，以及空间价值感知评价的"环境氛围、象征性、功能和情感体验性"三个方面（如图4-4）。

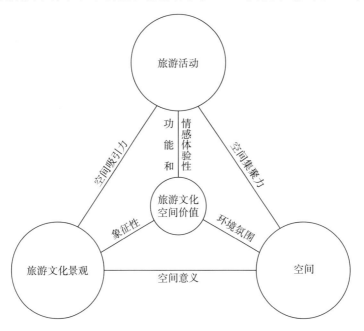

图4-4 旅游文化空间的基本要素、基本维度和空间价值

① 苗伟：《文化时间与文化空间：文化环境的本体论维度》，《思想战线》2010年第1期。

旅游文化空间的三个基本要素：空间是旅游活动和文化的载体，空间区位和规模是影响旅游文化空间的重要因素。空间规模决定旅游活动的容量，超过空间容量，旅游活动质量将下降。空间区位影响文化景观的质量，位于空间边界的景观因背景多元、视觉感知丰富而提高了景观质量。有了文化景观，空间就转变为有意义的场所。旅游者通过旅游活动体验，产生对空间某种意象的感知。旅游文化景观资源是构建旅游文化空间的核心要素，是区别其他类型文化空间的特征，包括物质文化资源和非物质文化资源。通过开发物质文化资源、展示非物质文化资源，将文化资源转变为有吸引力的文化景观，空间才能开展旅游活动。旅游者通过欣赏、参观和游览活动，感知文化景观所蕴涵的景观文化。旅游活动是体现旅游文化空间活力的元素，是将文化景观转化为旅游产品，体现旅游文化景观价值的桥梁。文化、空间与旅游的互动关联系统是旅游开发与组织调控的基本对象。[①]

旅游文化空间的三个维度是三个基本要素相互作用形成的。其中，文化景观与空间的相互作用形成旅游文化空间的空间意义；文化景观与旅游活动的相互作用形成旅游文化空间的空间吸引力；空间与旅游活动的相互作用形成旅游文化空间的空间集聚力。有了空间意义，才有可能产生空间吸引力，进而产生空间集聚力。有了空间集聚力才能形成旅游流在目的地的集聚，发展旅游产业，实现旅游文化空间的各种功能和价值。所以，空间意义、空间吸引力和空间集聚力是旅游文化空间缺一不可的三个基本维度。

旅游者主要以旅游文化空间价值评价的三个方面感知旅游文化空间。第一，旅游文化空间的环境氛围。主要体现在基于地脉、文脉形成的目的地文化意象方面。如苏州的"江南水乡"意象，丽江的"世外桃源"意象等。对意象空间的感知，尤其是迎合了心理空间和经验空间的独特文化意象，往往是旅游者出游的重要驱动力。所以，旅游目的地应探讨怎样在根植于地域文化基础上，对旅游地的资源特色与地域背景进行审慎的选择，如何通过多样化途径形成渐趋完整的文化旅游空间结构。[②] 第二，旅游文化空间的象征性。主要由旅游文化景观的象征意义来体现。如上海黄浦江两岸的景观，就是中国大城市繁华的象征，北京天安门广场及周围景观就是中国首都的象征。空间象征意义越大，旅游文化空间的吸引力越大，越容易被识别和感知。所以，高级别文化资源和高等级景区资源对带动目的地旅游业发展至关重要，对目的地旅游业发展成效有直接影响。第三，旅游文化空间的功能和情感体验性。旅游者旅游动机要通过文化旅游空间的功能和情感体验性来满足和实现，学习交流、健身康体、娱乐等功能就能满足旅游者社交、健康和消遣休闲的旅游动机；探险、节庆、运动等旅游活动中的惊险刺激、兴奋、放松等情感体验，可满足旅游者的休闲动机。文化旅游空间的功能和情感体验性越丰富，吸引力就越大。

综上所述，以旅游文化空间感知评价的三个方面为目标，以旅游文化空间三要素和三维度为路径的目的地旅游文化空间塑造途径，可作为目的地独特形象塑造的工具。

① 黄泰、保继刚：《基于文化空间解读的城市水上旅游组织策划模式研究——苏州环城河水上旅游案例分析》，《规划师》2008年第8期。
② 侯兵、黄震方、徐海军：《文化旅游的空间形态研究——基于文化空间的综述与启示》，《旅游学刊》2011年第3期。

（2）消费空间。20 世纪 60 年代，西方社会经过第二次世界大战后工业化的高度发展和生产积累，开始出现以消费为主的社会转型，并在全球化进程中成功地将消费文化、消费主义在全球范围内广泛传播。城市也相应开始消费转型，逐渐从原来的生产中心和生产型城市转变为消费中心和消费型城市。消费成为当代城市的核心，消费需求成为经济增长的主要动力之一，以消费促进和拉动的经济增长方式成为城市发展的主要推动力。消费的重要性前所未有地突出，消费取代生产成为社会导向。[①]

在这样的背景下，消费主义成为当代文化无法回避的文化现实，消费逻辑开始控制并创造各种消费需求，控制并改造着城市空间，当代城市空间正在被快速消费空间化，即城市空间对消费主义的回应。为了适应消费文化，购物中心也在不断演进，功能单一的传统购物商场被功能强大的现代购物中心取代。大卫·哈维（David Harvey）认为，在 20 世纪八九十年代出现了都市发展的特征场所，如郊区的超大市场（大卖场）、商业购物中心，这些场所和设施在都市生活中占据了新的显著位置。购物生活成为城市不可缺少的一部分——购物环境已真正成为定义现代城市空间的重要元素。[②] 购物成为能展现城市旺盛生命力的生活行为。[③] 这些无所不在的消费空间必定影响着人们对城市的体验。同时，城市消费场所也是旅游活动和旅游体验的重要场所，特别是特色商业街，对旅游者有很大吸引力。

在消费时代，文化成为消费空间塑造的符号。人们要寻求对空间符号的消费，特别是空间的体验式消费需求不断增长。为了满足空间符号消费和体验式消费需求的增长，文化成为消费空间生产的资本，甚至成为创造消费需求的一个媒介。通过文化符号的塑造，各种各样的消费空间出现在城市的大街小巷，如怀旧的、异域的、科幻的、异族的等。在这里，文化已经超越了其自身的意义和真实性，甚至发生了时空的错位，大量与场所和真实文化传统无关的空间与建筑在消费主义逻辑的驱动下不断产生，[④] 中国城市的独特性逐渐减弱。文化从一种虚无的追求走向物化的、大众化的现实。

经过四十多年的改革开放，我国经济迅速增长，很多城市也逐渐从"生产社会"向"消费社会"转型，消费主义正在影响和改变着我们城市空间结构和城市生活方式。消费是重要和不可缺少的旅游活动。所以，目的地城市在建构旅游文化空间时，要顺应消费时代的需求发展趋势，营造有意义的具有体验感的消费空间，还要应对"非地方空间"的传播，创造更多有地域文化底蕴、有文化特色的消费空间。

二 目的地空间整合：旅游流整体网构建的苏州案例研究

根据前面的研究，旅游者从整体上感知旅游目的地，游客在经历了对目的地社会服务区、游览服务区和社区服务区的感知后才能形成目的地整体形象。因而，目的地空间整合是目的地文化展示的重要命题，且与我国正在推进的全域旅游模式相契合。

---

① 廖卫华：《消费主义视角下城市遗产旅游景观的空间生产》，博士学位论文，暨南大学，2010 年。
② 转引自荆哲璐《城市消费空间的生与死——〈哈佛设计学院购物指南〉评述》，《时代建筑》2005 年第 2 期。
③ 蒋涤非：《城市形态活力论》东南大学出版社 2007 年版，第 2 页。
④ 荆哲璐：《城市消费空间的生与死——〈哈佛设计学院购物指南〉评述》，《时代建筑》2005 年第 2 期。

　　目前，我国旅游发展正从景点旅游模式向全域旅游模式转变，最终要实现区域资源有机整合、产业融合发展、社会共建共享，以旅游业带动和促进经济社会协调发展。① 发展全域旅游是一项复杂的系统工程。其中，目的地空间整合是推进和实现全域旅游的重要问题。"空间域"是全域旅游的核心要素之一。② 从旅游产业发展角度看，不管是全域利用资源，以大旅游观进行产业融合，还是全域公共服务供给和管理等，都需要进行目的地全域空间整合。从旅游需求角度看，全域旅游活动是全域旅游的基本思维。③ 只有进行目的地空间的整合，促进旅游流在目的地全域空间扩散，才能实现游客的全域旅游活动，从而实现全域旅游，整合目的地旅游形象。

　　怎样才能实现旅游目的地空间整合呢？吴国清认为，为了实现都市旅游目的地和谐可持续发展，达到都市社会经济空间、景观生态空间和历史文化空间的最佳组合，网络化将是建构及优化都市旅游目的地空间结构最有效的方法、策略与措施之一。④ 马波认为，尽管旅游业布局会影响旅游者的流向和流量，但从长期看，旅游者空间流动决定旅游业的空间安排。⑤ 所以，旅游目的地空间整合过程，本质上是目的地旅游流网络的发展演变过程，即旅游流网络规模由小到大，由简单到复杂，由低级到高级的演变过程。这一过程的动力是旅游者因素和旅游景区景点吸引力等目的地因素共同作用的结果。通过探讨目的地旅游流网络结构变化特征和影响网络变化的因素，可为目的地整合提供思路。为此，本研究创新性地提出由物理网络、心理网络和现实网络等构成的目的地旅游流网络系统的概念，作为网络分析的基础。

　　笔者认为目的地旅游流网络具有层次性，包括目的地物理网络、游客心理网络和旅游流现实网络三个具有层次递进关系的网络（图4－5）。网络中景区景点是网络节点，最短交通线路是节点之间的连线。目的地物理网络是目的地范围内最短交通线连接所有景区景点构成的，是目的地其他网络形成的基础。游客心理网络是游客对目的地物理网络的心理感知结果。由于游客对目的地的感知程度和动机不同，在进行目的地景区景点旅游决策时，只有部分景区进入游客决策范围，那些被游客选中并纳入游览计划范围的景区景点就构成了游客心理网络节点。旅游流现实网络就是游客实际游览的目的地景区景点构成的旅游网络。Papatheodorou指出，典型的旅游者同时访问所有被考虑的目的地，这种假设是完全不现实的。⑥ 旅游者在面临目的地选择时，要经过全部机会—现实机会—考虑机会—决策机会—最终选定机会的过程。旅游者在旅游前的决策阶段对目的地的选择，就像消费者对实物商品购买决策一样，选择的数量逐渐减少。⑦ 由于主客观因素的影响，游客心理网络中必然有一些旅游节点不能被游览到，游客最后实际游览的景区景点就构成旅游流现实

① 李金早：《全域旅游的价值和途径》，《人民日报》2016年3月4日。
② 郭毓洁、陈怡宁：《全域旅游的旅游空间经济视角》，《旅游学刊》2016年第9期。
③ 王衍用：《全域旅游需要全新思维》，《旅游学刊》2016年第12期。
④ 吴国清：《都市旅游目的地空间结构演化的网络化机理》，博士学位论文，华东师范大学，2008年。
⑤ 马波：《旅游场域的扩张：边界与政策含义》，《旅游学刊》2016年第9期。
⑥ 转引自杨兴柱、顾朝林、王群《旅游流驱动力系统分析》，《地理研究》2011年第1期。
⑦ 李蕾蕾：《旅游地形象策划：理论与实务》，广东旅游出版社1999年版，第65—66页。

网络的节点。因此，从网络节点数看，理论上物理网络规模最大，心理网络次之，现实网络最小。如果目的地不断扩大游客心理网络，并使心理网络不断转化为现实网络，那么，这一过程将促进目的地旅游流全域扩散，实现全域旅游发展。

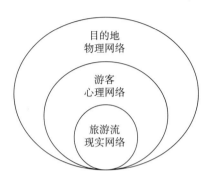

图 4 – 5　目的地旅游流网络系统

本研究以苏州市为实证分析案例地，运用社会网络分析法，通过分析比较苏州市三个旅游流网络的特征，探讨目的地空间整合途径，为目的地文化展示空间组织提供依据。

（一）研究评析

1. 中文文献研究：观光背景下的旅游流网络演变特征研究

目前，中文文献关于目的地旅游流网络的研究成果不多，主要集中于运用社会网络分析法，静态分析不同层次目的地旅游流网络的结构特征。如在宏观区域层次上，研究了中国入境旅游流网络结构特征，[①] 并对入境旅游流网络与航空网络的关系进行了研究。[②] 在中观区域层次上，分析了区域旅游流网络结构特征。[③] 在微观区域层次上，探讨了城市旅游目的地旅游流网络结构构建和特征。[④]

只有少数研究关注到旅游流网络的动态演变。陈超等[⑤]以及虞虎等[⑥]研究了中国农民市场旅游流网络的演变特征；琚胜利等[⑦]构建了客源地—目的地 2 - 模网络，研究了近十年的浙江省大尺度国内旅游流系统网络结构演变特征。较有代表性的是，杨兴柱和吴静[⑧]通过对比分析 2006 年和 2014 年南京旅游流网络结构变化特征，发现旅游者旅游线路安排

① 刘法建、张捷、陈冬冬：《中国入境旅游流网络结构特征及动因研究》，《地理学报》2010 年第 8 期；王金莹、吴晋峰、唐澜等：《基于 SNA 的中国入境欧洲旅游流网络性质和结构特征研究》，《人文地理》2013 年第 6 期。

② 吴晋峰、潘旭莉：《入境旅游流网络与航空网络的关系研究》，《旅游学刊》2010 年第 11 期。

③ 付琼鸽、刘大均、胡静等：《湖北省旅游流网络结构的特征与优化》，《经济地理》2015 年第 3 期；刘宏盈、韦丽柳、张娟：《基于旅游线路的区域旅游流网络结构特征研究》，《人文地理》2012 年第 4 期；陈浩、陆林、郑嬗婷：《基于旅游流的城市群旅游地旅游空间网络结构分析——以珠江三角洲城市群为例》，《地理学报》2011 年第 2 期。

④ 杨兴柱、顾朝林、王群：《南京市旅游流网络结构构建》，《地理学报》2007 年第 6 期；张妍妍、李君轶、杨敏：《基于旅游数字足迹的西安旅游流网络结构研究》，《人文地理》2014 年第 4 期。

⑤ 陈超等：《中国农民旅游流网络重心轨迹的演化》，《地理研究》2014 年第 7 期。

⑥ 虞虎等：《中国农村居民省际旅游流网络空间结构特征与演化趋势》，《干旱区资源与环境》2015 年第 6 期。

⑦ 琚胜利等：《浙江省国内旅游系统网络结构演变研究》，《地理与地理信息科学》2015 年第 2 期。

⑧ 杨兴柱、吴静：《南京市旅游流网络结构特征历时性比较》，《旅游科学》2015 年第 4 期。

中旅游节点数量由 4 个增加至 7 个;核心成员之间的联结密度有所下降;核心—边缘区联结度提高,呈现由核心节点向多节点分散分布的特征;旅游节点的程度中心性略有下降;但 5A 级景区在网络结构中仍承担重要的中介作用,具有不可替代性。

上述旅游流网络动态演变研究表明,随着目的地旅游业的发展,目的地旅游流网络呈现扩大的趋势,网络结构特征也相应变化。说明本研究提出的将旅游流心理网络转化为现实网络,进而扩大目的地旅游流网络的空间整合途径,具有理论上的合理性。由于上述研究均是在我国观光旅游时代背景下的研究,因而还需要进一步研究揭示从观光旅游向休闲度假旅游转变的背景下,目的地旅游流网络演变特征,探讨目的地旅游流全域扩散规律。

2. 英文文献研究:单一景点到多节点网络形成过程研究

英文文献专门探讨目的地旅游流网络的研究不多。Pavlovich[1]用网络理论,聚焦组织之间的关系对目的地演变的作用,研究了新西兰一个典型的洞穴旅游目的地在过去 15 年通过涉入地下洞穴探险活动,从一个单一的萤火虫吸引物转变为多节点具有网络结构的目的地的进程,讨论了节点(景点)如何构建相互依赖的网络从而实现自身发展。Shih Hsin – Yu[2] 聚焦于目的地网络与旅游流的关系,利用旅行社提供的数据建立了一个两步博弈模型,发现目的地网络节点的指标与目的地旅游流成正相关关系。Hong 等[3]以中国台湾南投 16 个自驾游目的地的游客为样本,用网络分析方法研究了自驾游旅游目的地的网络特征。

还有学者探讨了一些特殊类型的网络,关注合作在目的地发展中的重要作用。Dianne Dredge[4] 研究了目的地部门关系网络,讨论网络在促进或抑制公私部门伙伴关系建立方面的作用。Anita Zehrer 等[5]探讨了旅游目的地领导者关系网络的特征和对目的地的影响。

相关研究中,旅游流时空模式的英文文献研究成果较多。Connell[6] 揭示了集聚旅游流的多种线路模式。Xia 等[7]提出 4 种找路过程模型。Lew[8] 提出一个目的地内的游客移动模

① Kathryn Pavlovich, The Evolution and Transformation of a Tourism Destination Network: the Waitomo Caves, New Zealand. *Tourism Management*, 2003, 24: 203 – 216.

② Shih Hsin – Yu, Network Characteristics of Drive Tourism Destinations: An Application of Network Analysis in Tourism. *Tourism Management*, 2006, 27: 1029 – 1039.

③ Tao Hong, Tao Ma, Tzung – Cheng (T. C.) Huan, Network Behavior as Driving Forces for Tourism Flows. *Journal of Business Research*, 2015, 68: 146 – 156.

④ Dianne Dredge, Policy Networks and the Local Organisation of Tourism. *Tourism Management*, 2004, 27 (2): 269 – 280.

⑤ Anita Zehrer, Frieda Raich, Hubert Siller and Franz Tschiderer, Leadership Networks in Destinations. *Tourism Review*, 2014, 69 (1): 59 – 73.

⑥ Connell J., Page S. J., Exploring the Spatial Patterns of Car – based Tourist Travel in Loch Lomond and Trossachs National Park, Scotland. T*ourism Management*, 2008, 29 (3): 561 – 580.

⑦ Xia J., Arrowsmith C., Jackson M., et al., The Wayfinding Process Relationships Between Decision – Making and Landmark Utility. *Tourism Management*, 2008, 29 (3): 445 – 457.

⑧ Alan Lew, Modeling Tourism Movements: A Local Destination Analysis. *Annals of Tourism Research*, 2006, 33 (2): 403 – 423.

型。Xia 等①构建了自然公园内旅游者的时空移动模型。Hwang 等②考察了国际旅游者在美国的多城市旅游模式。

英文文献对目的地旅游流网络节点的发展演变和旅游流时空模式的研究，为目的地旅游流网络中节点发育扩张和旅游流线路规划提供了重要的理论依据。但需要进一步探讨目的地旅游流网络演变过程中节点特征和网络特征，有助于构建目的地全域空间整合的旅游流网络。

（二）研究方法与数据来源

1. 研究区域选择

苏州是中国首批国家历史文化名城，世界遗产地城市，旅游资源丰富，旅游业发达。截至 2015 年年底，苏州市共有 A 级景区 46 家，其中 5A 级 6 家，4A 级 29 家，3A 级 11 家。苏州作为发展较成熟的城市型旅游目的地，各类目的地网络结构发育较完善，便于运用旅游流网络分析方法探讨目的地网络的演变。本案例研究区域为苏州市区范围，仅包括苏州市下辖的姑苏区、相城区、虎丘区、工业园区、吴中区和吴江区。

2. 游客调查问卷设计

问卷分为三个部分。第一部分，按照景区等级、规模和主要访客类型（非本地），选择苏州市区 5A 级景区 6 家，4A 级景区 17 家，3A 级景区 4 家，以及苏州博物馆、观前街和白塘生态植物园，共 30 个景区，调查游客选择景区和计划游览景区的情况，用于构建现实网络和心理网络。第二部分，调查影响游客选择景区的目的地因素。参考国内外学者对目的地旅游流、吸引因素和空间结构影响因素的研究，③ 将游客决策因素分为旅游吸引力、旅游设施、旅游管理和旅游服务三大类，共设 17 个题项考量游客决策因素的重要程度。考虑游客目的地决策的障碍因素，④ 设 6 个题项考察游客游览计划受阻的原因。这部分题项均采用李克特 5 点量表进行打分。第三部分，从游客的个体特征、心理因素以及行为特征三个维度设计题项，调查游客景区决策的内在因素。

3. 问卷调查结果

本问卷调查于 2015 年 10 月 30 日到 11 月 2 日在苏州市区进行，分别于苏州火车站、平江路、苏州博物馆、苏州古运河码头和太湖 1 号房车露营公园等地，共发放了 500 份调查问卷，回收问卷 493 份，其中有效问卷 433 份，有效问卷占发放问卷总数的 86.6%。男性（54%）多于女性（46%），其他统计特征见表 4 - 2。

---

① Jianhong（Cecilia）Xia，Panlop Zeephongsekul，David Packer，Spatial and Temporal Modelling of Tourist Movements Using Semi - Markov processes. *Tourism Management*，2011，32（4）：844 - 851.

② Hwang Y. H.，Gretzel U.，Fesenmaier D. R.，Multicity Trip Patterns Tourists to the United States. *Annals of Tourism Research*，2006，33（4）：1057 - 1078.

③ Alan Lew，Modeling Tourism Movements：A Local Destination Analysis. *Annals of Tourism Research*，2016，33（2）：403 - 423；吴必虎等：《中国国内旅游客源市场系统研究》，华东师范大学出版社 1999 年版，第 148—149 页；陈秀琼、黄福才：《基于社会网络理论的旅游系统空间结构优化研究》，《地理与地理信息科学》2006 年第 5 期。

④ 张琴：《目的地因素对韩国游客旅游决策的影响研究——以张家界为例》，硕士学位论文，湖南师范大学，2009 年。

表 4-2　　　　　　　　苏州旅游流网络研究调查游客人口统计特征

年龄		月收入		学历		客源地	
年龄段	人数占比（%）	收入区间（元）	人数占比（%）	学历段	人数占比（%）	客源地名称	人数占比（%）
≤14	0.9	<1000	27.9	高中及以下	10.2	苏州市	17.1
15—24	46.5	1000—2999	10.2	大专	22.6	江苏省内其他市（县）	24.5
25—44	45	3000—4999	29.1	本科	58.4	内地其他省市	57.3
45—64	6.5	≥5000	32.8	硕士及以上	8.8	国外及我国港澳台地区	1.1
≥65	1.1						
总计	100	总计	100	总计	100	总计	100

采用 SPSS16.0 软件对问卷第二部分进行信度分析，Cronbach's α 为 0.751，超过信度门槛值，数据可用于分析。

游客旅游行为特征方面，游览 2—4 天为主，占 48.4%，其次是 1 天，占 23.6%；旅游动机以观光旅游为主（30.02%），其次是休闲度假（19.17%）；满意（66.3%）和很满意（19.8%）的游客共占 86.1%。

苏州游客景区决策影响因素重要性情况见表 4-3。

表 4-3　　　　　　苏州游客景区决策影响因素描述性统计分析结果

景区决策影响因素	均值	标准偏差	N	极小值	极大值
景区特色	4.5520	2.49030	433	1.00	5.00
自然风光	4.5104	0.67735	433	2.00	5.00
文化底蕴	4.4180	0.73808	433	2.00	5.00
安全与救援措施	4.3233	0.82879	433	1.00	5.00
景区可达性	4.3025	0.77485	433	1.00	5.00
景区口碑	4.1801	0.80212	433	1.00	5.00
休憩设施	4.0577	0.77214	433	1.00	5.00
特色美食	3.8938	0.96838	433	1.00	5.00
旅游信息与咨询	3.7714	0.90570	433	1.00	5.00
景点组合情况	3.7413	0.85936	433	1.00	5.00
价格	3.5912	0.96782	433	1.00	5.00
导游解说	3.4619	1.02019	433	1.00	5.00
景区等级	3.4365	0.99362	433	1.00	5.00
活动参与和项目体验	3.2748	0.97218	433	1.00	5.00
购物设施	3.1570	0.98051	433	1.00	5.00
节庆活动	2.9977	1.02853	433	1.00	5.00
纪念品特色	2.7159	1.07589	433	1.00	5.00

值得关注的是，"景区特色"成为最重要的游客景区决策影响因素，而"景区等级"只是一般影响因素。另外，"景点组合情况"是游客景区决策的前十大重要因素，且重要性高于"活动参与和项目体验"。这表明，在游客景点决策中，目的地空间结构比旅游产品更重要，优化空间结构是目的地旅游业进一步发展的重要途径。

在阻碍游客游览更多预先选择景区的原因中，最突出的是"时间不足"，较为重要的原因还有"景点相似，没有吸引力"和"交通不便"（见表4-4）。据此可判断，当前苏州旅游流现实网络代表观光旅游网络，游客的心理网络代表未来在时间限制下降后的休闲旅游网络。

表4-4   苏州游客游览计划受阻原因

因素	选择人次（人）	总数（人）	占比（%）
时间不足	234	342	68.4
景点相似，没有吸引力	117	342	34.2
交通不便	78	342	22.8
花费超支	48	342	14
他人建议	18	342	5.3
其他	13	342	3.8

（三）研究结果与分析

1. 数据整理与筛选

关系数据的获取。现实网络中将游客选择的已访问景区标记为"1"，将未访问的景区标记为"0"；在心理网络中将游客有访问意向的景区标记为"1"，无访问意向的景区标记为"0"。通过问卷整理，获得"30×433"的"1""0"二值矩阵。本研究中获取的网络数据是无向的。

采用社会网络分析法中的"1-模网"，为得到"1-模网"分析所需的关系数据，利用 Excel 软件将上述30×433的二值矩阵转换为30×30的邻接矩阵。该邻接矩阵描述了目的地各景区之间的关系，矩阵中的数值表示同时选择了该值所对应的两个景区（行号和列号分别代表一个景区）的人次。

临界值与二值化。将关系矩阵的值进行标准化处理，再将标准化之后的矩阵数值进行排序，取中位数作为临界值（心理网络的关系矩阵中位数为0.0737，现实网络的关系矩阵中位数为0.0392）。分别对关系矩阵中大于临界值的数记为"1"，对小于等于临界值的数记为"0"，由此得到本研究所需的网络分析的关系数据。

2. 网络分析指标选择

社会网络可以分为三类：个体网（Ego Networks）、局域网（Partial Networks）与整体网（Whole Networks）。本研究采用社会网络分析软件 UCINET6，主要分析个体网和整体网。整体网是群体内所有成员间的关系构成的网络，整体网分析是社会网络分析中最主要的方法。个体网主要用于分析社会连带。[1] 整体网测度指标选择中心度和结构洞。个体网测度指标选择结构洞、网络密度、网络规模、关系总数和两步内可达效率。

中心度（Centrality）：中心度是对权力（影响力）的量化，用于衡量网络中的个体在其所在的网络中居于怎样的中心地位。主要测量指标包括点度中心度、中间中心度、接近中心度和特征向量中心度。本研究采用点度中心度作为中心度的测量指标。

结构洞（Structural Hole 表示整体网结构洞，Betweeness 表示个体网结构洞）：测量处于同一网络中间位置的节点控制资源流动的能力。在同一个网络中，中间中心度和结构洞指数两类指标均可用于测算结构洞，[2] 本研究在整体网研究中采用中间中心度作为测量指标，在个体网研究中采用结构洞指数作为测量指标。

网络密度（Density）：用以衡量网络中各个节点间联系的紧密程度。

网络规模（Size）：个体网的网络规模指不包括自身的个体网成员个数。

关系总数（Ties）：个体网络成员之间的关系总数，不包括各自成员与"自我"之间的关系。

两步内可达效率（2 - Step Reach Efficiency）：用以衡量各成员的可达性。该指标越高，可达性越强。

3. 网络分析

图 4 - 6 为现实网络的图示，图 4 - 7 为心理网络的图示，为便于分析苏州市景区网络的具体情况，图中各个景区的相对位置依据其在苏州的实际地理位置进行布局。

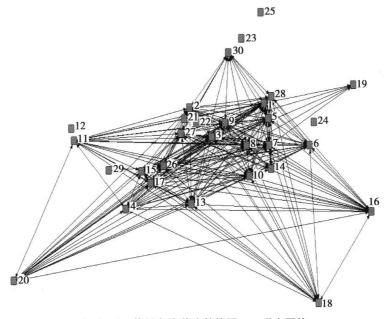

图 4 - 6　苏州市旅游流整体网——现实网络

---

① 刘军：《整体网分析——UCINET 软件实用指南》，上海人民出版社 2014 年版，第 97 页。

② 刘军：《整体网分析——UCINET 软件实用指南》，上海人民出版社 2014 年版，第 97 页。

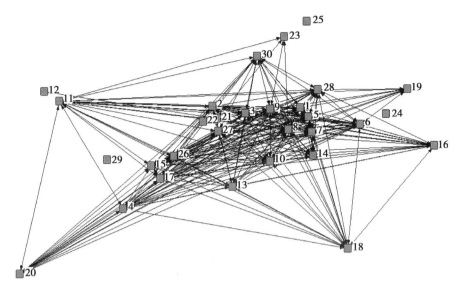

图 4-7 苏州市旅游流整体网——心理网络

注：
1. 拙政园	5A	11. 太湖国家湿地公园	4A	21. 定园	3A
2. 虎丘山风景名胜区	5A	12. 镇湖刺绣艺术馆	4A	22. 西园戒幢律寺	4A
3. 留园	5A	13. 石湖景区	4A	23. 中国花卉植物园	3A
4. 太湖旅游区（东山、穹窿山、旺山景区）	5A	14. 网师园	4A	24. 白塘生态植物园	
5. 狮子林	4A	15. 天平山景区	4A	25. 中国珍珠宝石城	3A
6. 苏州市金鸡湖景区	5A	16. 苏州角直古镇游览区	4A	26. 苏州乐园	4A
7. 平江历史街区（平江路）	4A	17. 木渎古镇	4A	27. 寒山寺	4A
8. 观前街		18. 同里古镇	5A	28. 苏州博物馆	
9. 七里山塘景区（山塘街）	4A	19. 苏州工业园区重元寺	4A	29. 苏州光福景区	4A
10. 苏州盘门景区		20. 西山景区	4A	30. 荷塘月色湿地公园	3A

第一，整体网分析。

整体网大小分析。从网络规模来看，现实网络为 24，心理网络为 27。现实网络的密度为 0.4966，关系总数为 432。心理网络的密度为 0.5241，关系总数为 456。从网络规模、网络密度以及关系总数来看，心理网络要大于现实网络，这与本研究的理论推演相符。

整体网中心度和结构洞分析。苏州旅游流现实网络和心理网络整体网指标见表 4-5。A8、A9 以及 A7 等苏州标志性的历史文化休闲街区在两类网络中都占有最高的中心度。但最具影响力和突出重要性的节点景区，现实网络为 4 个（A7、A8、A9 和 A26），而心理网络只有 2 个（A8 和 A9）。

表 4-5　　　　　苏州旅游流现实网络和心理网络整体网指标对比

节点	中心度		结构洞	
	现实网络	心理网络	现实网络	心理网络
A1	72.414（0.049）	75.862（0.048）	0.537	0.720
A2	72.414（0.049）	72.414（0.046）	0.537	0.350

续表

节点	中心度		结构洞	
	现实网络	心理网络	现实网络	心理网络
A3	65.517（0.044）	72.414（0.046）	0.014	0.350
A4	68.966（0.046）	72.414（0.046）	0.342	0.350
A5	72.414（0.049）	72.414（0.046）	0.537	0.350
A6	68.966（0.046）	72.414（0.046）	0.178	0.455
A7	75.862（0.051）	75.862（0.048）	1.420	0.720
A8	75.862（0.051）	82.759（0.053）	1.420	10.244
A9	75.862（0.051）	82.759（0.053）	1.420	10.244
A10	65.517（0.044）	58.621（0.037）	0.014	0.000
A11	68.966（0.046）	75.862（0.048）	0.753	3.575
A12	0（0）	3.448（0.002）	0.000	0.000
A13	68.966（0.046）	62.069（0.039）	0.178	0.014
A14	31.034（0.021）	37.931（0.024）	0.000	0.000
A15	65.517（0.044）	68.966（0.044）	0.014	0.126
A16	65.517（0.044）	62.069（0.039）	0.014	0.014
A17	68.966（0.046）	75.862（0.048）	0.178	0.720
A18	62.069（0.042）	65.517（0.042）	0.000	0.044
A19	17.241（0.012）	31.034（0.020）	0.000	0.000
A20	62.069（0.042）	51.724（0.033）	0.000	0.000
A21	0（0）	3.448（0.002）	0.000	0.000
A22	0（0）	3.448（0.002）	0.000	0.000
A23	0（0）	13.793（0.009）	0.000	6.158
A24	0（0）	0（0）	0.000	0.000
A25	0（0）	0（0）	0.000	0.000
A26	75.862（0.051）	72.414（0.046）	6.397	0.455
A27	72.414（0.049）	72.414（0.046）	0.537	0.350
A28	72.414（0.049）	75.862（0.048）	0.537	0.720
A29	3.448（0.002）	0（0）	0.000	0.000
A30	41.379（0.028）	58.621（0.037）	0.000	0.000
总和	1489.655（1）	1572.414（1）	15.025	35.961
平均值	49.655（0.033）	52.414（0.033）	0.501	1.199
最大值	75.862（0.51）	82.759（0.053）	6.397	10.244
最小值	0（0）	0（0）	0.000	0.000
标准差	29.950（0.02）	29.265（0.019）	1.179	2.712

注：节点 A1 - A30 与图 4 - 7 注——对应。

在现实网络中，结构洞指数最高的节点是 A26，其次是 A7、A8 和 A9。而在心理网络中，结构洞指数最高的是 A8、9，此外 A23 和 A11 也比较突出。可见，著名历史文化街区是苏州最有控制能力的景区。此外，与现实网络相比，心理网络中结构洞指数较高的景区较为分散，形成的格局范围更大。

整体网指标综合分析。以中心度为横轴，结构洞为纵轴构建坐标；取现实网络整体网中心度的平均值 0.0334 和结构洞的平均值 0.501 作为横轴与纵轴的分界值，取心理网络整体网中心度的平均值 0.0332 和结构洞的平均值 1.199 作为横轴与纵轴的分界值，分别将现实网络和心理网络节点指标值分为四个象限，进行现实网络和心理网络指标综合分析（见图 4 - 8 和图 4 - 9）。

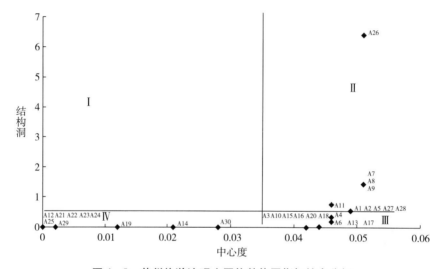

图 4 - 8　苏州旅游流现实网络整体网指标综合分析

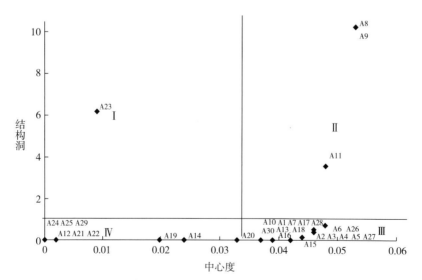

图 4 - 9　苏州旅游流心理网络整体网指标综合分析

在反映现实网络的图4-8中，没有景区落在第Ⅰ区间，说明苏州市旅游流现实网中不存在只表现出枢纽特征的景区。位于第Ⅱ区间的景区有A1、A2、A5、A7、A8、A9、A11、A26、A27和A28，特征是中心度水平和结构洞水平都高。这10处景区是苏州极具吸引力的高等级景区，处于网络的核心位置，对网络整体和其他节点都有较大的影响力和控制力，是构成网络的主体骨架。

位于第Ⅲ区间的有A3、A10、A4、A6、A13、A15、A16、A17、A18和A20等10处景区，特点是中心度水平较高但结构洞水平较低。这表明，虽然景区存在重要性，但对网络整体和其他景区的控制能力不太强。这与景区在网络中的位置（过渡带、周边）、同类景区可替代性有密切相关性，而与景区等级无关。

位于第Ⅳ区间的景区包括A12、A14、A19、A21、A22、A23、A24、A25、A29和A30，特征是中心度和结构洞水平都较低。这些景区位于现实网络的边缘，对网络的影响较小。

在反映心理网络的图4-9中，位于第Ⅰ区间的A23，中心度水平较低而结构洞水平较高，仅表现出枢纽特征。该节点目前虽然位于现实网络的边沿，但却可能成为局部网络的重要控制点。

位于第Ⅱ区间的是A8、A9和A11等3个景区。与现实网络相比，重要性和控制能力强的景区数量明显下降。说明在时间、预算和交通制约下降的休闲背景下，重要性和控制力大的景区对拓展目的地旅游流网络的制约程度下降，网络骨架更为简单。这也正体现了目的地观光旅游与休闲度假旅游网络的重要差异。

位于第Ⅲ区间的节点有A1、A2、A3、A4、A5、A6、A7、A10、A13、A15、A16、A17、A18、A26、A27、A28和A30共17个景区。对比发现很多现实网络中位于第Ⅱ区间的景区，在心理网络中处于第Ⅲ区间。说明在心理网络中大量存在的是重要性较高而控制性较低的节点景区。在休闲背景下，打造有重要游客价值和各具特色吸引力的景区景点是旅游流网络建设的重要内容。

位于第Ⅳ区间的节点有A12、A14、A19、A20、A21、A22、A24、A25和A29，主要特点是位于网络边缘、低等级和处于过渡地带，以及可替代性较强。

第二，个体网分析。

通过个体网在Ucinet的分析路径"Network—Ego Network—Egonet Basic Measures"，即可得出个体网分析所需指标，见表4-6。

表4-6 苏州旅游流现实网络个体网（R）和心理网络个体网（M）指标

节点	关系总数		网络规模		两步内可达效率		网络密度		结构洞	
	R	M	R	M	R	M	R	M	R	M
A1	378	400	21	22	5.68	5.85	0.900	0.866	4.139	5.845
A2	378	384	21	21	5.68	5.97	0.900	0.914	4.139	2.845

节点	关系总数		网络规模		两步内可达效率		网络密度		结构洞	
	R	M	R	M	R	M	R	M	R	M
A3	340	384	19	21	5.96	5.97	0.994	0.914	0.111	2.845
A4	356	384	20	21	5.84	5.97	0.937	0.914	2.556	2.845
A5	378	384	21	21	5.68	5.97	0.900	0.914	4.139	2.845
A6	362	380	20	21	5.79	6.0	0.953	0.905	1.444	3.694
A7	386	400	22	22	5.62	5.85	0.835	0.866	11.306	5.845
A8	386	404	22	24	5.62	6.05	0.835	0.732	11.306	65.512
A9	386	404	22	24	5.62	6.05	0.835	0.732	11.306	65.512
A10	340	272	19	17	5.96	6.91	0.994	1.000	0.111	0.000
A11	348	384	20	22	5.90	6.19	0.916	0.831	6.111	16.360
A12	0	0	0	1	0	100	1.000	1.000	0	0.000
A13	362	304	20	18	5.79	6.60	0.953	0.993	1.444	0.118
A14	72	110	9	11	11.52	10.37	1.000	1.000	0	0.000
A15	340	364	19	20	5.96	6.11	0.994	0.958	0.111	1.027
A16	340	304	19	18	5.96	6.60	0.994	0.993	0.111	0.118
A17	362	400	20	22	5.79	5.85	0.953	0.866	1.444	5.845
A18	306	336	18	19	6.23	6.33	1.000	0.982	0	0.360
A19	20	72	5	9	21.3	12.5	1.000	1.000	0	0
A20	306	210	18	15	6.23	7.69	1.000	1.000	0	0
A21	0	0	0	1	0	100	1.000	1.000	0	0
A22	0	0	0	1	0	100	1.000	1.000	0	0
A23	0	6	0	4	0	36.62	1.000	0.500	0	6.000
A24	0	0	0	0	0	0	1.000	1.000	0	0
A25	0	0	0	0	0	0	1.000	1.000	0	0
A26	370	380	22	21	5.74	6.0	0.801	0.905	49.944	3.694
A27	378	384	21	21	5.68	5.97	0.900	0.914	4.139	2.845
A28	378	400	21	22	5.68	5.85	0.900	0.866	4.139	5.845
A29	0	0	1	0	100	0	1.000	1.000	0	0
A30	132	272	12	17	9.09	6.91	1.000	1.000	0	0

注：网络规模为0是没有形成个体网的景区。

现实网络个体网指标分析。从表4-6可以看出现实网络个体网具有以下特征：

第一，一些个体网完全重合。如以A1、A2、A5、A27和A28为中心的5个个体网。说明以这些节点为中心的个体网已经形成了较为明显和稳定的局域网。

第二，从各个体网的网络特征和指标来看，关系总数、网络规模和结构洞都大的节点共 4 个，分别是 A7、A8、A9 和 A26。这些节点本身的影响力较大，可达性强，辐射面广，在网络中居于核心地位。这些景区都是高等级旅游景区，以历史文化街区为主，体现了文化休闲街区在旅游市场的受捧态势和休闲娱乐项目在成熟旅游目的地的需求。

第三，以 A14、A19 和 A30 为中心点的个体网发育程度较低，网络规模小，内部可达性也较弱。虽然 A14、A19 为 4A 景区，但位置处于网络边缘，吸引力下降。反映出现实网络中的时间制约性。

第四，有 5 个节点关系总数处于中低水平但结构洞为 0，分别是 A14、A18、A19、A20 和 A30。

心理网络个体网指标分析。从表 4-6 可以看出心理网络个体网具有以下特征：

第一，一些个体网完全重合。如以 A2、A3、A4、A5 和 A27 为中心节点的个体网，一共 5 个，且它们的成员与现实网络中 5 个重合的个体网成员完全相同。这些网络成员包括本次调查的全部 5A 级景区、86% 的 4A 级景区和 44% 的 3A 级景区，构成了苏州旅游流网络的主要部分。说明苏州旅游经过长期发展，已经形成了较为成熟的以 5A 级和 4A 级景区为主、3A 级景区为辅的观光旅游模式，且旅游流网络在苏州旅游向休闲度假演变过程中具有惯性。

第二，以 A8 和 A9 为中心节点的个体网，关系总数、网络规模和结构洞最大，辐射面最广。A8 和 A9 为居于网络核心控制地位的节点。居于重要控制地位的节点是 A11，以 A11 为节点的个体网关系总数、网络规模和结构洞较大，辐射面较广。

第三，以 A12、A14、A21、A22 和 A23 为中心节点的个体网网络规模小、节点少。从成员构成来看，大部分小规模的个体网，其成员都有一些在整体网中表现出较高结构洞的节点。

第四，有 5 个关系总数处于中低水平但结构洞为 0 的节点，分别是 A10、A14、A19、A20 和 A30，几乎都处于整体网边沿。

4. 网络分析结果

心理网络的特征是旅游目的地通过旅游流网络扩张整合目的地空间的关键。基于上述对整体网和个体网分别进行的对比分析，认为苏州旅游目的地心理网络具有以下突出特征：

第一，从整体网看，网络规模范围更大，扩散化趋势明显。控制网络的核心节点数量下降，只有观前街、山塘街和太湖国家湿地公园 3 个。网络中大量存在的是重要性较高而控制性较低的景区节点，显示网络路径更加灵活。所以，只要重构旅游流网络核心节点和旅游流扩散路径，以构建目的地旅游流扩张网络骨架，就能促进苏州全域旅游空间整合。

第二，从个体网看，以高等级景区为主的稳定的个体网具有继承性，构成苏州旅游流网络的主要部分。小规模的个体网更依赖于整体网核心节点的带动。处于整体网边沿和个体网间过渡带上的节点景区，各项指标较低，甚至不能进入网络。但在整体网北部边缘，出现了未来可能形成的新个体网的中心节点景区——中国花卉植物园。此外，还有一些不具有控制能力，但能够增加旅游网络价值的景区节点。

由此，构建苏州旅游流扩张网络的重点是培育边缘区个体网的中心节点，同时要通过整体网核心节点带动小规模的个体网发展，使旅游流扩散成为必然，促进全域旅游空间整合。

(四) 结论与启示

1. 研究结论

由于旅游流心理网络的存在和它的网络特性，通过重构目的地旅游流网络，促进网络边缘区扩张，可实现旅游流全域扩散和目的地的空间整合。对苏州市现有旅游流网络进行重构，首先要构建整体网核心节点，进一步增强太湖国家湿地公园作为核心节点的控制性和重要性，与原有的核心节点观前街和山塘街一起，带动更大范围周边景区节点发展。其次，构建以虎丘山、留园、太湖旅游区、狮子林和寒山寺等景区为中心节点的个体网，优化个体网内部结构，更加关注景区节点的特色和价值，形成扩散网络的基本骨架。关键是要将中国花卉植物园培育成网络边缘区域个体网的核心节点，构建内部景区节点相互依赖的个体网，带动苏州市北部景区景点发展。同时要通过交通便捷性、主题旅游线路、主题旅游活动和主题文化节庆活动等途径，增强整体网核心节点对网络边缘和网络之间过渡带上节点，以及小规模网络节点景区的辐射和带动，促进旅游流全域扩散，实现苏州全域旅游空间整合。

2. 启示

目的地空间整合是一个复杂的过程，苏州要实现旅游流网络重构，还需要关注其他一些重要保障。首先需要提供便捷的交通和一系列公共服务配套，满足旅游流网络扩张的需要。其次，在培育发展网络边缘区个体网时，还需要旅游企业相互合作，构建相互依赖的、有吸引力的个体网，才能促进旅游流往边缘区扩散。再次，要设计更多灵活的旅游线路，增强网络控制节点与边缘景区景点之间的联系，以发挥核心景区带动整合作用。苏州好行巴士线路是一个很好的尝试。最后，加强苏州生活品质之城的营销宣传，确立苏州休闲度假目的地形象，促进苏州旅游流网络从观光向休闲度假转变，实现旅游流全域扩散。

三 目的地空间整合：基于组织关系网络的怀托莫溶洞案例[①]

(一) 目的地整合与组织关系网络

由于在全球经济中旅游目的地竞争力越来越重要，怎样整合目的地资源创造战略优势成为焦点。因为目的地是由多个供应商的活动构成的，这些活动跨越许多类型的企业和部门。正是这些互补的企业和部门组成的群集和多样性，形成了提供旅游体验的目的地系统。所以，整合目的地资源创造战略优势，就必然要聚焦于理解目的地相互联系的组织关系和伙伴关系怎样形成和管理，以及它们怎样随时间发展进化。

旅游业的两个特征与关系视角相关。第一，具有多样化和高度分散的供应链结构。旅游目的地的运行需要活动、住宿、交通和餐饮等补充产品与支持活动，以及基础设施的支

① Pavlovich K., The Evolution and Transformation of a Tourism Destination Network: the Waitomo Caves, New Zealand. *Tourism Management*, 2003, 24: 203 – 216.

撑。因此，目的地聚集了不同类型的组织，一般包括互补和竞争性组织，多个部门、基础设施及一系列公共和私营部门，它们通过纵横交错的连接和跨产业的松散联络，共同构建目的地的多样化和高度分散的供应链结构。第二，旅游产品的综合性。旅游者在目的地的吃、住、行、游、购、娱等活动，需要目的地不同类型的组织提供，因而在这些组织之间形成强大的相互依赖的市场，共同为旅游者提供综合的旅游体验。正是旅游产品的综合性，整合了目的地不同类型的组织，形成目的地复杂的组织连接和相互关系系统。可见，旅游目的地环境中各组织之间的联系成为实现战略优势的关键因素。那么，如何构建组织之间的连接为目的地创造战略优势？怀托莫溶洞案例描述了一个从单一吸引物景点到一个多中心网络目的地的进化，通过目的地内部网络关系的发展来说明结构变化的过程，同时阐述了这些关系如何帮助或促进目的地的发展。

（二）怀托莫（Waitomo）溶洞目的地演变：从单一吸引物景点到多中心网络目的地

怀托莫溶洞旅游目的地是一个孤立的村庄，2000 年有人口 307 人，位于新西兰岛北部农业区的心脏地带，坐落在石灰岩的喀斯特景观中，因萤火虫洞穴的旅游吸引力而成为著名的旅游胜地。尽管它不靠近主要的旅游通道，但每年到怀托莫旅游的游客达到 50 万人，而这个国家的人口基数才 380 万。萤火虫溶洞作为主要旅游吸引物已经超过一百年，怀托莫在发展的早期是一个单一吸引物的目的地，严重依赖长途客车市场的一日游观光旅游。随着 20 世纪 80 年代旅游模式的改变，寻求冒险的旅游者对自由行（FIT）的兴趣越来越大。这个变化为怀托莫旅游创造了新的机会：溶洞探险。溶洞探险活动持续时间长，需要过夜。于是，出现了一些小公司提供服务，如洞穴活动、住宿、交通、活动支持和次级活动。

因为游客从一个组织传递到另一个组织，这些互补供应商之间形成牢固的联系，以便提供综合的旅游体验。目前，怀托莫溶洞旅游由两个不同的市场组成：以短暂停留的大巴旅游为主的团队萤火虫溶洞观光市场；新兴的探险市场，要求在三个溶洞探险组织之间建立相互依赖的关系，并提供辅助活动、住宿供应和交通运营。尽管这些探险活动的旅游人数只占怀托莫游客的 10%，但是这一变化改变了这个目的地的特征和结构，使其从单一吸引物景点演变为一个多中心网络目的地。

（三）演变过程

1. 旅游开始阶段（1887—1910 年）

怀托莫溶洞旅游从 1887 年开始。溶洞和它壮观的萤火虫是唯一吸引物，游客在毛利人的引导下参观溶洞。

在 1903 年的《风景保护法案》下，萤火虫洞穴国有化。到 1910 年，该目的地旅游供给包括萤火虫洞穴、交通、住宿和在正规教练服务方面的支持活动，并建成铁匠铺、马厩和百货商店，为核心活动提供补充。政府（通过国家旅游局）保留对核心吸引物萤火虫洞穴和住宿业的控制。

图 4-10 描绘 1910 年怀托莫的旅游供给节点和联系的结构。节点描述当时在目的地运作的组织，而线性联系描述供应商之间的关系。虽然简单，但正在出现一个互补的生产

系统，以提供全面的游客体验。然而，这是一个低密度的网络，政府旅游部门控制的洞穴和住宿产品占据中心位置。由于节点和连接的数量较少，旅游部门能够影响信息流、利益相关者的行为和活动。

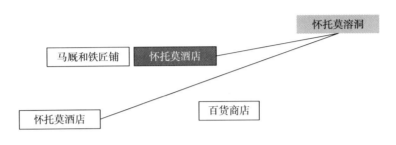

图 4 - 10 怀托莫内部关系结构（1910）①

2. 目的地发展限制（1911—1969 年）

在过去的几十年里，目的地几乎没有结构变化，村庄仍然小，基本能够支撑旅游业。为了吸引游客停留更长时间，增设了邮政局和 20 世纪 40 年代的露营地，也有改建的旅馆，还有一些基础设施建设的支持，如架设电话线路、修建公路。如图4 - 11所示。

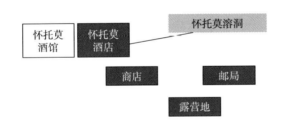

图 4 - 11 怀托莫内部关系结构（1969）②

图 4 - 11 显示，怀托莫溶洞旅游目的地在这个阶段组织间联系很少，增长有限。这些有限的网络交流限制了目的地的发展。1957 年，政府旅游部门将其怀托莫运营（洞穴和酒店）的控制权移交给旅游饭店公司（THC），这是一家新成立的政府所有的连锁饭店公司，旨在支持偏远地区的旅游业。这一阶段，政府旅游部门主导旅游系统，其他供应商和社区处于外围，只是参与供应，无法对旅游发展产生影响力。这使得"旅游系统或基础设施与其他文化和自然生活流分离"，怀托莫溶洞仍然是一个短暂停留的、单一吸引物的目的地，没有开发互补产品来吸引游客停留更长时间。可见，"较弱的伙伴联系，就不会发生系统开发的乘数效应"。

---

① Pavlovich K. , The Evolution and Transformation of a Tourism Destination Network: the Waitomo Caves, New Zealand. *Tourism Management*, 2003, 24: 203 - 216.

② Pavlovich K. , The Evolution and Transformation of a Tourism Destination Network: the Waitomo Caves, New Zealand, *Tourism Management*, 2003, 24: 203 - 216.

3. 发展机遇（1970—1986 年）

到 1986 年，萤火虫洞穴作为一个主要的旅游景点已经经营了 100 年，但怀托莫溶洞目的地的旅游投资很有限。虽然该地区存在一些互补的景点，但一个综合性旅游目的地从未真正发展起来，没有为即将出现的显著增长提供准备。

1970—1986 年，旅游目的地的管理基本保持不变，由于目的地组织间的联系与当地社区分离，旅游饭店公司（THC）维持其"指挥官"角色，在网络中的中心位置使其继续独占外部信息，网络内的连接关系数量很低。如图 4 - 12 所示，在这段时间内，只有两项新业务得到发展，企业间联系的低密度持续存在，制约了目的地旅游发展。

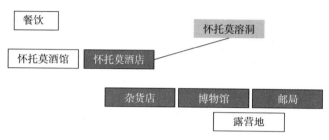

图 4 - 12　怀托莫内部关系结构（1986）[①]

独特的洞穴环境使怀托莫成为一个独特的旅游景点，也成为吸引游客进入该地区的推动因素。虽然对怀托莫旅游目的地的投资有限，但它仍然保持着作为新西兰旅游的体验中心的标志性地位。随着外部旅游环境的变化，国际游客迅速增长。游客激增与投资不足产生的供需矛盾，为当地人参与旅游业带来了机会，家庭农场和餐饮经营等的出现，使怀托莫旅游目的地出现了发展契机。

4. 目的地生态系统的出现（1987—2000 年）

在 20 世纪 80 年代后期，新西兰国际游客大幅增长，特别是自由行和前往新西兰的青年旅客突然增加，闲逛穿过萤火虫洞穴的软性探险旅游体验方式，已不适应新市场群体的冒险需求。1987 年，随着探险旅游的发展，怀托莫的开发得以实现，最终它形成了一个小的产品互补网络。

怀托莫溶洞地区以其独特的石灰岩喀斯特地貌、植物群和动物群，为游客提供参与休闲、环境体验和审美体验的好机会。这些机会，很快就被用来开发探险旅游，相继成立了三家探险公司，分别提供漂流探险、洞穴滑行和爬行探险，以及洞穴通道探险旅游产品。这些探险旅游企业开发的惊险刺激的个人体验旅游产品很快得到市场响应，人们开始来到怀托莫参与这些探险活动，被描述为"改变中的怀托莫自然旅游，不仅游览还能过夜"。1996 年，超过 50000 人来到怀托莫参加探险。

随后，一些支持性企业相继发展起来。在早期形成的第一个支持活动是当地农场主提

① Pavlovich K., The Evolution and Transformation of a Tourism Destination Network: the Waitomo Caves, New Zealand. *Tourism Management*, 2003, 24: 203 - 216.

供的住宿和骑马远足活动。后来其他支持企业的经营也得以发展，延长了目的地停留时间。如汽车旅馆的住宿，由前黑水漂流（BWR）向导兼职经营的洞穴独木舟，等等。其他的多元化活动还有安哥拉兔农场和毛利人示范村的体验活动。露营地和百货商店都进行了重大的改建。

这些新企业的经营项目补充了核心探险体验，为创造更长逗留时间、增强旅游目的地"拉力"增加了价值，一个相互依存的生态系统开始发展，目的地组织之间开始发生多种交换关系。

5. 综合性目的地形成（2000 年以来）

2000 年，怀托莫溶洞目的地有 12 个正式企业。虽然这个村庄的人口一直保持在 300 人左右，但其拥有相当于 200 个全日制的工作岗位。萤火虫洞穴产品仍然是核心吸引力，但洞穴探险产品创造了一个新的市场，补充了核心活动，并在网络中提供了重要次级节点的位置。后来，其他活动产品的出现扩展了目的地吸引力：骑马、洞穴独木舟、四轮车驾驶、先驱遗产展和安哥拉兔景点作为新的卖点来吸引游客。虽然这些活动在安排结构上是外围活动，但它们是对目的地系统的补充。这些转变对基于社区的网络目的地意义重大，原因有四。

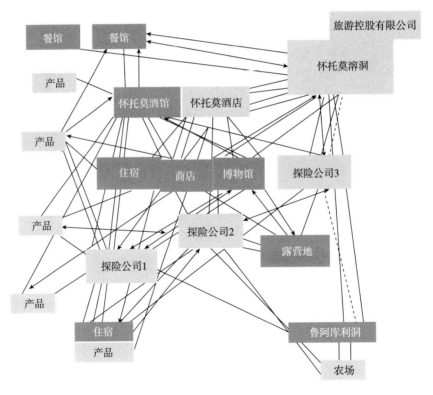

图 4 – 13 怀托莫内部关系结构（2000）[1]

---

[1] Pavlovich K. , The Evolution and Transformation of a Tourism Destination Network: the Waitomo Caves, New Zealand. *Tourism Management*, 2003, 24: 203–216.

　　第一，这些活动的提供是由本土小企业发起的，他们将当地独特性和特征融入产品创新，使旅游产品的多样性构成了怀托莫目的地的战略优势。通过增加多样性，合作伙伴的产品优势可以弥补其他伙伴产品的弱点，形成一个更加综合的旅游活动谱系。因此，产品相互依存使得多样化的多节点合作伙伴之间的信息交换和活动交流成为必需，这种协同耦合创造了整体的形象，使目的地文化品牌化。这一过程有助于形成一种更持久和更具战略意义的系统优势，从而构建目的地品牌。

　　第二，洞穴探险的出现加速了多样化产品供给的增长，以萤火虫洞穴景点为基础建立一个产品相互依赖的探险市场，合作伙伴之间游客的流动性形成目的地供应商之间"强关系"的互联。这一进程促使供应商之间进行交流，而且实现了信息在目的地内的快捷交换。因此，萤火虫洞穴组织不再控制信息交换的过程，而第一次有了高水平的其他组织之间的独立的信息获取和网络内较低水平的单个组织控制。在图 4 - 13 中，描绘了 2000 年怀托莫内部组织的运作，说明企业之间的多重联系和交流。

　　第三，目的地与外部"弱关系"连接建构的意义。当前的组织结构有多个组织节点，每个节点都为独立的外部"弱关系"连接提供网络接入。这些节点中的每一个都有架设"结构洞"的潜力，从而可以将其他节点可能没有链接的新信息引入目的地。这种连通性使目的地可独立访问多种信息源，而不像早期一样受制于 THC 中心性的约束。这些多样性节点的优势在于获取各种各样的外部信息的机会，这些机会在组织和目的地网络中可发挥作用。图 4 - 14 显示在目的地结构中存在的弱关系连接的程度。

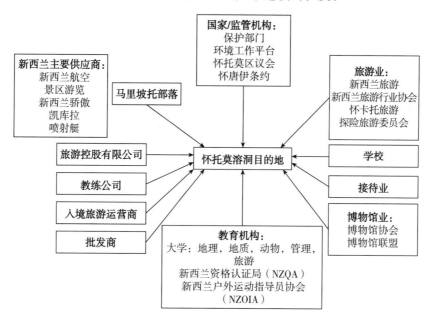

图 4 - 14　怀托莫外部弱连接关系①

　　①　Pavlovich K. , The Evolution and Transformation of A Tourism Destination Network: the Waitomo Caves, New Zealand. *Tourism Management*, 2003, 24: 203 - 216.

第四，强关系和弱关系，共同为目的地建立了基于知识的能力基础。虽然怀托莫还没有实现强和弱关系连接的最佳组合，但结构形态已经发生了显著的变化，开始了知识发展过程。通过整合当地的强关系和弱联系合作伙伴，目的地各组织围绕地上土地保育、探险风险管理、怀托莫溶洞市场营销和喀斯特地下岩溶管理等方面进行协作。这些协作活动建立在目的地独特性、强关系交换机制和弱关系信息机会三个方面的贡献上，这三个方面一起有助于目的地发展由合作伙伴相互依存而形成的网络能力。

综上所述，在目的地网络中建立知识交流的互联结构具有重要性。目的地网络结构提供了多个节点的信息访问和交换机制，共同实现了目的地信息交换的集成，进而在网络内建立起竞争优势。

目的地网络结构具有基于知识的属性，属于相互依赖的集体组织，没有任何单一组织能够操纵或拥有这些属性。这使得网络结构更具适应性和灵活性，有助于形成目的地的发展和运行能力。

（四）结论

怀托莫溶洞村从单一吸引物景点演变为一个多中心网络目的地，这一过程依赖于目的地不同类型的互补和竞争组织、多个部门、基础设施和一系列公共部门、私营部门伙伴关系的建立和内外信息交换，形成了有竞争优势的组织关系网络。

当组织间很少联系时，形成有限的资源和信息流，怀托莫目的地增长受到制约。随着目的地网络的转变，关系纽带的扩散促进了更密集的信息交流，有助于知识创造在相互依存的系统转移，使得整合网络信息交换构建竞争优势的网络进程成为可能。基于这样的背景，怀托莫溶洞村在国际探险旅游市场的发展机遇下，通过跨部门跨企业的协调耦合，形成一个核心产品、支持产品和辅助产品相互依存的旅游生态系统，为旅游者提供独特的综合体验产品，塑造目的地的整体形象，使目的地文化品牌化，最终形成更具竞争优势的由核心吸引物和互补景点组成的综合性目的地。这一过程整合了怀托莫溶洞地区独特的石灰岩喀斯特地貌、植物群和动物群，为游客提供多样化旅游产品和全面的旅游体验，实现了目的地整合和发展（见图4-15）。

四　区域背景下目的地独特性感知：苏州旅游形象独特性感知研究

旅游形象是旅游地名片，我国旅游发展历经资源导向阶段、市场导向阶段和产品导向阶段后，目前已进入到形象驱动阶段。形象的塑造和传播成为目的地获取旅游市场竞争优势的有效工具，独特的旅游形象成为旅游目的地增强竞争力的利器。

理论研究表明，旅游者对旅游目的地形象感知符合地理认知规律，即地域分异规律和地理空间的等级层次性。[①] 其观点认为，旅游者对旅游地的形象认知符合自上而下的规律，即先进行高级别区域形象认知，再进行低级别城市形象认知，最后进行区域内目的地间的横向比较认知。所以，区域旅游形象是区域内城市旅游目的地形象的基础和背景，在区域

---

① 李蕾蕾：《旅游目的地形象的空间认知过程与规律》，《地理科学》2000年第6期。

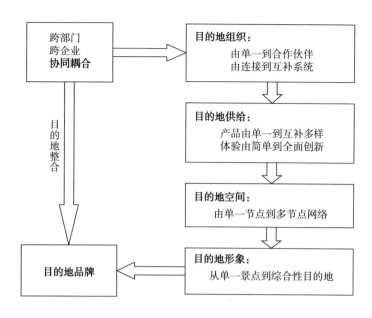

图 4 – 15　基于组织关系网络的目的地整合过程

背景下塑造独特的目的地形象，才能与旅游者产生共鸣，产生较大吸引力。长三角地区经济发达，文化底蕴深厚，旅游业发达。苏州作为长三角区域内的重要旅游城市，在旅游者心目中有较为深刻的印象。然而，随着旅游业蓬勃发展，区域内旅游竞争加剧，如何在区域旅游形象认知中独树一帜，与其他城市形成差异化发展，成为苏州现今旅游形象塑造的重中之重。

苏州作为成熟型旅游目的地，旅游形象自古有之，从"上有天堂、下有苏杭"、"东方威尼斯"到"天堂苏州，东方水城"，旅游形象演变由自由发展到规范宣传。现有苏州旅游形象为"天堂苏州，东方水城"，是"东方威尼斯"和"上有天堂、下有苏杭"的结合。不难发现，"天堂苏州"易引起"上有天堂"的联想，模糊了苏州与同有"天堂"之称的杭州的区别，同时，"东方水城"所蕴涵的"水"要素与江南水乡中其他城市的形象存在共性。因此，苏州现有形象定位尚未彰显其独特性，旅游形象需要加强独特性塑造与传播。

基于此，本研究旨在通过分析游客对苏州旅游形象感知文本，以 ROST Content Mining 软件分析长三角区域背景下，苏州旅游形象感知的独特性，为苏州旅游形象在区域背景下提升与完善提供依据。

（一）长三角区域旅游形象和苏州旅游形象研究现状

目前，对区域旅游形象感知研究较少。Lee 等以重要性—绩效分析方法比较日本和韩国游客对关岛旅游的形象感知。[1] 国内学者主要在对区域旅游形象分析和设计理论研究[2]

① Gyehee L., Choongki L., Cross – cultural Comparison of the Image of Guam Perceived by Korean and Japanese Leisure Travelers: Importance – Performance Analysis. *Tourism Management*, 2009, 30（6）: 922 – 931.

② 吴必虎、宋治清：《一种区域旅游形象分析的技术程序》，《经济地理》2001 年第 4 期；汪德根、陆林、陈田等：《区域旅游形象设计的理论与实证研究——以内蒙古自治区为例》，《地域研究与开发》2004 年第 5 期。

的基础上，结合案例分析，研究河西走廊区域旅游形象定位①，设计了内蒙古乌兰布和沙漠区域旅游形象②。还有部分学者基于建构主义分析区域旅游形象构建③，并对建构形象进行绩效评估④。

上述国内外旅游目的地形象感知研究显示，对区域背景下旅游目的地独特性感知研究还缺乏关注。

对长三角区域旅游形象研究也不多，许梦探讨了长三角区域城市旅游品牌形象构成，并进行整体状况的分析和评价。⑤ 陶卓民、卢亮探讨了长三角区域旅游形象设计的驱动机制，并进行了区域旅游形象设计定位。研究认为，加强长三角区域的"捆绑式"形象策略，有助于推动长三角旅游形象发展。⑥ 然而，这一策略也加剧了长三角区域内城市间的旅游竞争。苏州作为长三角区域内重要的旅游城市，在长三角区域背景下塑造独特形象，是应对区域内城市旅游形象竞争的有效举措。

在苏州旅游形象研究方面，主要探讨了"情调苏州"旅游形象塑造⑦；苏州市民对苏州的公众意象。⑧ 还有一些研究涉及苏州旅游形象，如周永博等研究了苏州古镇和江南水乡古镇的意象结构、意象评价和意象整合营销传播路径；⑨ 程德年等探讨了苏州旅游形象的固化与更新。⑩

综上所述，现有研究中对苏州旅游形象感知研究较少，更遑论将苏州旅游目的地形象放在长三角区域背景下进行研究。

（二）研究设计

1. 研究地选择

长三角区域是国际公认的六大世界级城市群之一，区域以上海为中心，南京、杭州为副中心，包括苏州等 25 个城市，经济、文化、旅游等高度发达，已经形成明显的区域特征。苏州地处长三角和太湖平原的中心地带，是著名的鱼米之乡、状元之乡、历史文化名城，自古享有"人间天堂"的美誉。苏州旅游发展成熟，如何在长三角区域背景下放大自己的优势，突出自己的独特性吸引力，是其进一步发展面临的挑战。

---

① 焦世泰：《河西走廊区域旅游形象定位研究》，《干旱区资源与环境》2010 年第 8 期。

② 韩光明：《基于文脉，地脉的区域旅游形象设计研究——以乌兰布和沙漠旅游规划为例》，《干旱区资源与环境》2009 年第 4 期。

③ 黄杰、王立明、李晓东：《建构主义视角下网络媒介对区域旅游形象的构建——以新疆旅游网站为例》，《传媒》2017 年第 4 期。

④ 吕帅：《区域旅游形象绩效评估研究》，硕士学位论文，华东师范大学，2007 年。

⑤ 许梦：《长三角区域城市旅游品牌形象定位研究》，硕士学位论文，新疆大学，2016 年。

⑥ 陶卓民、卢亮：《长江三角洲区域旅游形象设计和开拓研究》，《经济地理》2005 年第 5 期。

⑦ 陈文玉：《基于 CIS 理论的"情调苏州"旅游目的地形象构建》，《经济研究导刊》2016 年第 15 期。

⑧ 费一鸣、叶梦：《苏州城市公众意象初探》，《山西建筑》2008 年第 8 期。

⑨ 周永博、沙润、余子萍：《旅游目的地意象三维耦合结构——基于江南水乡古镇旅游者的实证分析》，《地理科学进展》2011 年第 12 期；周永博、魏向东、梁峰：《基于 IPA 的旅游目的地意象整合营销传播——两个江南水乡古镇的案例研究》，《旅游学刊》2013 年第 9 期；周永博、沙润、杨燕：《旅游景观意象评价——周庄与乌镇的比较研究》，《地理研究》2011 年第 2 期。

⑩ 程德年、周永博、魏向东：《旅游目的意象固化与更新的动力机制研究——以苏州为例》，《旅游学刊》2017 年第 2 期。

2. 研究思路

方法上基于游客点评网站，选取游客游记做分析材料。其后使用 ROST Content Mining 内容挖掘软件，以文本分析法、社会网络分析法对文本进行分析。研究过程中，通过提取描述长三角区域旅游形象的高频特征词，解析长三角区域旅游形象感知结构与特征，并通过情感分析与语义网络结构图分析游客对长三角区域旅游整体形象评价，为苏州实施区域背景下独特形象塑造战略奠定基础。同时，通过语义网络表，对比游客对苏州与长三角其他主要城市感知，找出长三角区域背景下苏州旅游形象独特性感知，为苏州旅游形象优化提供依据。

3. 网络游记数据来源与处理

网络游记属于在线用户生成内容，基于研究思路和框架，本研究对网络游记的文字内容进行下载复制。

本着科学性与可行性相结合的原则，选取旅游网站中排名前五的主页进行预采集研究。在预采集人工比较过后，根据与苏州有关的总的游记数量，确定各网站采集数量与比例（见表4-7）。根据研究目的，选取包含苏州及长三角其他任意一个或多个城市的游记，为方便综合分析，选取对多个城市描述较为丰富的游记。在游记时间的选取上根据"最新游记"的顺序，从现在往过去选取。最终采集游记数量100篇，软件统计总字数为62万字。其后采用 ROST CM6 软件对选取文本进行清洗与处理。

表4-7　　　　　苏州网络游记文本采集网站及数量（截至2016年10月30日）

综合排名	名称	ALEXA周排名	百度权重	Google PR值	网站类型	篇数（篇）	字数（字）
1	携程旅行网	903	9	7	OTA	60	314791
2	马蜂窝	2899	9	7	旅游 UGC 社区	20	160967
3	去哪儿	3588	8	7	OTA	10	88204
4	欣欣旅游网	18349	8	6	OTA	5	16703
5	途牛旅游网	5343	8	7	OTA	5	42923

资料来源：ALEXA、百度、Google 相关主页。

（三）研究过程与结果

1. 长三角旅游形象感知分析

典型高频词分析。在对游记样本分词并进行词频统计后，对输出的结果进行人工识别和调整，过滤"对于""的"等虚词，合并特殊名词，得到排名前300的高频词。其后通过人工筛选，删掉"地点""小时""附近""路上"等对本研究没有意义的词语，并对"公交""公交车"和"上海""上海市"等词语进行合并，最后得出100个高频词（见表4-8）。

表4-8　　　　　　　　　　　苏州游记前100个主要高频词

特征词	频次	特征词	频次	特征词	频次	特征词	频次
苏州	1740	周庄	272	网上	144	大学	110
上海	1222	味道	256	景色	135	田子坊	109
杭州	927	城市	248	排队	135	著名	108
西湖	689	地铁	245	过去	133	打车	104
酒店	651	狮子林	238	北京	130	火车	103
南京	632	同里	238	青年旅社	130	设计	103
时间	620	生活	212	风格	126	交通	102
感觉	579	特色	211	便宜	125	灵山	102
博物馆	540	广场	198	故事	125	吃饭	101
喜欢	488	机场	197	灵隐寺	125	慢慢	101
江南	487	方便	195	步行	124	宾馆	100
建筑	486	住宿	194	步行街	123	费用	99
园林	460	火车站	191	免费	121	汽车	99
古镇	450	公园	189	人家	121	秦淮河	99
景点	421	价格	185	游览	118	大巴	98
门票	412	文化	177	寒山寺	117	汽车站	98
景区	393	小吃	175	国际	116	美景	97
历史	363	休息	169	城隍庙	115	漂亮	97
平江	353	水乡	165	观前街	115	南宋	96
乌镇	338	夫子庙	163	美食	114	早餐	95
山塘	311	客栈	163	太湖	114	餐厅	94
无锡	300	夜景	163	环境	113	飞机	94
公交	278	风景	161	扬州	113	广州	94
外滩	278	导游	154	假山	111	观光	92
好吃	277	房间	154	南京路	111	总统府	91

从表4-8的高频词中选取排名靠前、频次大于等于450的典型特征词，可反映游客感知的长三角抽象和具象典型特征。第一，游客能感知长三角区域的城市特征。在14个典型高频词中，"苏州""上海""杭州""南京"四大城市都在其中。第二，游客感知的长三角旅游景点的典型代表是"西湖""博物馆""园林""古镇"。这些景点人文气息浓郁，历史底蕴深厚。第三，游客感受较深的旅游基本要素是"酒店"，感知的重要环境要素是"建筑"，"酒店"的感知表明长三角发达的旅游业；而"建筑"的感知反映了长三角"粉墙黛瓦"的建筑特色十分突出，成为这个区域的典型符号。第四，游客感知的长三角整体氛围意象是"江南""感觉"。"江南"表达了长三角的区域位置和"温婉多情"的环境氛围特征，是旅游者对长三角的整体印象。"感觉"多为游客在感受和体验长三角

独特环境氛围和生活节奏时使用，就足以证明游客对长三角整体江南氛围的感知。第五，游客有"时间""喜欢"等情感体验感知。追溯文本原文发现，"时间"多为游客表明"因为时间关系而不可深入游览"，也表达时间悠久、历史底蕴深厚；"喜欢"则是游客对长三角旅游的积极情感感受。

典型高频词分析表明，游客从区域特征、代表性景区景点、突出的旅游要素和环境要素、区域整体氛围、情感感受五个方面感知长三角旅游的典型特征。尤其值得注意的是，游客能识别长三角区域的城市特征，感知到整体的江南氛围，从而增强了游客深度体验的积极情感。

长三角旅游形象感知结构分析。将高频词按照3个旅游形象一级指标和认知形象5个二级指标进行分类（见表4-9）。根据该表分析长三角旅游认知形象、情感形象和整体形象感知。

表4-9   苏州游记主要感知高频词属性及结构

一级指标	二级指标	高频词
认知形象	目的地	上海、杭州、南京、无锡、扬州、广州
	旅游基础设施与服务	酒店、地铁、机场、住宿、火车站、价格、客栈、导游、房间、网上、青年旅社、步行、免费、打车、火车、交通、宾馆、汽车、费用、大巴、汽车站、公交车、飞机
	建筑景观与景区景点	景点、门票、景区、西湖、博物馆、建筑、园林、古镇、平江、乌镇、山塘、外滩、周庄、狮子林、同里、广场、公园、休息、夫子庙、排队、灵隐寺、游览、寒山寺、城隍庙、观前街、太湖、假山、南京路、田子坊、灵山、秦淮河、观光、总统府
	人文环境与历史文化	时间、历史、生活、文化、夜景、风景、景色、人家、环境、过去、故事、南宋、大学、设计
	美食餐饮	味道、小吃、美食、吃饭、早餐、餐厅
情感形象	喜欢、好吃、特色、方便、便宜、著名、慢慢、美景、漂亮	
整体形象	感觉、江南、城市、水乡、风格、国际	

首先，长三角在认知形象感知上主要有以下特征：第一，多目的地。关键词主要涉及的城市有上海、杭州、南京、无锡、扬州、广州等几大城市，多为长三角城市，区域性较明显。第二，旅游基础设施和服务较受关注。如酒店、客栈等住宿设施，地铁、机场、火车等交通设施，导游、青年旅社、免费和打车等旅游服务。第三，知名景点与生活空间并存。游客对苏州的博物馆、园林以及杭州西湖、灵隐寺，上海的南京路与田子坊，南京的秦淮河与总统府等景点有较为明显的感知之外，对建筑、广场、公园等城市景观和公共空间等也有较大感知。第四，对人文环境与历史文化感知较明显。游客对美景、夜景、生活、人家等生活方式感知明显，同时对历史、文化、南宋、故事等丰富文化内涵较为偏爱，体现了游客在长三角旅游休闲活动深度参与式体验的行为特征。第五，美食餐饮关注

明显。游客对小吃、美食等餐饮较为喜爱，认为长三角的餐厅食物味道鲜美。

其次，分析情感形象和整体形象要素具体的认知指向，这对目的地形象塑造有实际指导意义。为此，构建长三角旅游形象感知语义网络结构图（如图4-16）。在图中分析认知形象、情感形象、整体形象关键词的关联，从而提炼出情感形象、整体形象与认知形象的关系（见表4-10）。

表4-10 苏州游记高频词情感/整体形象与认知形象关系

情感/整体形象	认知形象	相关属性
喜欢	感觉	正相关
特色	建筑	正相关
方便	地铁、公交、酒店	正相关
江南	苏州、杭州、古镇、水乡、建筑、园林	正相关
城市	上海、苏州	正相关
水乡	古镇	正相关
风格	建筑	正相关

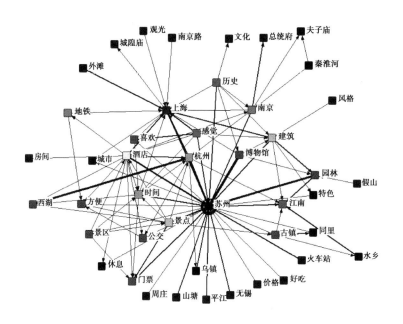

图4-16 长三角旅游形象感知语义网络结构

表4-10显示，游客对旅游地的"喜欢"更多与旅游地所呈现的整体"感觉"有关，长三角旅游地在以后发展中应更加重视旅游环境氛围营造及渲染。游客认为长三角的特色体现在建筑上，反映出旅游地的整体风格，长三角旅游地尤其是苏州粉墙黛瓦、小桥流水的建筑独具特色，应该加强保护与宣传。游客对旅游地"方便"的情感感知多与地铁、公交、酒店三大旅游基础设施相关，反映了游客对长三角旅游基础设施建设较为满意。游客

对"江南"的认知则多与苏州、杭州两大城市有关，认为江南典型代表为古镇、水乡、建筑、园林，而水乡的形象则与古镇有关。这反映出游客对"苏杭"两地感知形象有重叠。这与两地的资源禀赋、地理位置等客观条件以及部分时期宣传定位交叉有关，这是两地发展旅游需要解决的重要问题。

第三，整体形象上，游客认为长三角是"有江南水乡感觉的、极具风格的国际化旅游区"。这表明，游客对感知区域的第一阶梯是整体氛围意象，第二阶梯才是较为具象的特征。

2. 长三角背景下苏州旅游形象独特性感知分析

独特性一定是在比较中得到的。根据 ROSTCM 分析的语义网络表，通过分析、比较苏州和长三角其他城市旅游形象感知语义网络表，可获得苏州及长三角其他城市独特性感知要素（表 4 – 11）。

表 4 – 11　　　　　　　　　　苏州及长三角其他城市旅游形象感知要素

苏州		上海		杭州		南京	
感知要素	支持性数据段	感知要素	支持性数据段	感知要素	支持性数据段	感知要素	支持性数据段
博物馆	264	感觉	77	苏州	169	西湖	221	苏州	113
园林	214	历史	76	外滩	106	苏州	148	总统府	81
上海	169	公交	72	建筑	99	酒店	103	夫子庙	73
杭州	148	古镇	70	酒店	97	上海	87	历史	59
酒店	138	特色	65	杭州	87	时间	70	秦淮河	55
平江	122	景区	64	感觉	80	乌镇	59	上海	53
南京	113	城市	64	时间	73	景点	55	杭州	53
时间	112	方便	63	城市	70	南京	53	酒店	46
无锡	110	喜欢	61	地铁	68	江南	49		
山塘	105	同里	60	城隍庙	63	公交	47		
江南	102	价格	59	喜欢	55				
景点	101	周庄	56	历史	54				
乌镇	86	好吃	49	南京	53				
建筑	80	休息	49	博物馆	53				
火车站	79			观光	47				
门票	79			南京路	46				

首先，比较苏州与其他几大城市感知相同点。第一，长三角区域背景感知。在每个城市的感知中，都包含长三角其他主要城市。即苏州的感知中包括上海、杭州、南京；上海的感知包括苏州、杭州、南京；杭州的感知包括苏州、上海、南京；南京的感知包括苏州、上海、杭州。这证明了游客在长三角区域背景下感知城市目的地的客观规律。第二，

历史背景感知。苏州与南京、上海都有"历史"这一要素感知，同时上海、杭州都有"时间"这一感知，可知在长三角城市形象输出中，都较为注重历史文化输出，大打"历史牌""文化牌"，上海的海派文化、杭州的运河文化、南京的六朝文化各有千秋，苏州的吴文化身处其中，在未来发展中应进一步彰显自身特色。第三，景点感知。由表4-11可知，游客对苏州、杭州的感知中，都有乌镇这一要素，同时在对苏州感知中还有周庄和同里两个著名古镇。结合表4-11，游客认为"江南"这一形象直接与苏州和杭州相关，古镇又是江南景观的典型代表，说明游客对以乌镇为代表的古镇景点感知是苏州和杭州的形象感知共同点。为此，苏州在今后独特性塑造时，既要与杭州合作打造"江南古镇旅游"品牌，又要挖掘自身古镇优势，开发独特旅游活动，增强苏州古镇吸引力。第四，酒店住宿设施感知。游客对四个城市的酒店要素都有明显感知，可知游客在游览过程中对住宿尤其是酒店特别关注。住宿作为旅游中重要服务设施，也影响到游客旅游体验，日益引起游客关注。为此，苏州在今后旅游发展中应充分重视酒店业发展，提高住宿的体验水平，加强特色客栈、民宿等迎合市场个性化需求的住宿设施建设，以增强住宿吸引力。

其次，分析苏州与其他城市的差异性。游客对苏州旅游形象感知最深刻的是苏州博物馆和"三古"。从图4-16可知，博物馆和园林与苏州关联性最大，是旅游者对苏州旅游形象认知最重要的两个因素。苏州博物馆是著名设计师贝聿铭的封山之作，艺术价值与实用价值兼具，建筑风格将传统与现代结合，已成为苏州重要景点。苏州园林是苏州旅游拳头产品，目前已经有拙政园、狮子林等9座园林被录入《世界文化遗产名录》。同时，古街区是旅游者感知的另一要素。平江路与山塘街是苏州两大著名历史文化街区，平江路的"小桥流水人家"是古苏州的缩影，山塘街再现古苏州的商业，静美的平江、繁华的山塘街都令无数游人流连忘返。此外，古镇也是苏州旅游的一大特色。同里、周庄两大千年古镇名扬海内外，成为苏州旅游的两颗明珠。与长三角其他城市相比，游客对苏州的感知，主要是对其独特的地域文化的感知，这启示苏州在未来旅游发展中，一方面，应紧密围绕自身独特的园林文化、古镇文化，以博物馆、展示馆等多种载体，加强地域文化传播，在形象塑造中，扎根于文化内核，加强文化渗透力。另一方面，还要与现代苏州发展相结合，丰富苏州形象，让苏州旅游更有魅力。

另外，游客感知苏州与其他城市的差异还有"好吃"。游客认为苏州食物较美味，苏帮菜、苏式点心等苏式美食对游客有较大吸引力，未来应加强美食宣传，开展饕餮之旅。

（四）研究结论

本研究以苏州市网络游记文本为来源，采用ROST Content Mining内容挖掘软件和内容分析法，充分挖掘游记数据，探索游客对长三角形象感知的属性与特征。通过高频词分析，了解长三角整体旅游形象；在语义网络分析基础上，分析苏州旅游独特性感知。研究验证了游客对目的地的感知遵从地理认知规律，即在区域背景下感知目的地。

研究发现，第一，游客对长三角区域特征感知明显，感知的第一阶梯是整体氛围意象，第二阶梯才是较为具象的特征。总体认为长三角是"有江南水乡感觉的、极具风格的国际化旅游区"，且人文历史氛围浓厚。除各大知名景点外，游客对区域内生活空间及场景也有浓厚兴趣。

第二，游客对苏州的感知，认为苏州的独特性主要体现在其独特的地域文化上。苏州博物馆与"三古"是苏州具有鲜明地域特色的形象要素，是城市历史文化的缩影。苏式美食是苏州吸引力的重要方面。同时，在"江南"意象和"古镇"要素感知上，与杭州有重叠。

所以，本研究得出结论：苏州旅游未来发展需要更加注重独特形象塑造战略。在未来形象培育中，既要注重整体氛围的营造，彰显江南水乡氛围，又要突出自身独特性形象塑造，突出苏州地域文化，与长三角其他城市差异化发展。保持并升级发展苏州"三古"旅游产品，使"苏州园林"这一拳头产品走出围墙，创新发展，对苏州博物馆这一景点加强宣传，突出其文化教育作用。同时，打造苏式美食这一卖点，加强美食文化与旅游融合，并以现代化发展的新苏州为载体，丰富苏州文化内涵，使古典与现代相结合的"苏式生活"既满足现代旅游者多种需求，也成为苏州旅游形象的独特名片，增强苏州旅游形象独特性。

第三节 旅游文化景观感知

有研究认为，旅游目的地简化的质量清单包括基础设施、"视觉感受"和个人服务。[①]作为"视觉感受"对象的旅游文化景观是影响目的地旅游质量的重要因素。对目的地旅游文化景观的感知是旅游者体验景观文化内涵、满足旅游文化动机的必要条件，也是影响目的地意象和目的地形象的重要因素。

一 文化景观作为旅游分析工具——蒙古族文化景观感知研究案例[②]

（一）作为旅游吸引物的文化景观

文化景观是自然和文化的统一体，反映目的地文化体系的特征和一个地区的地理特征，是目的地整体性和独特性的最好展现。文化景观的概念在世界遗产中被广泛使用，文化景观是世界遗产的主要类别之一，具有全球突出的普遍价值。在人类遗产方面，文化景观是一个与自然遗产和文化遗产同等重要的类别。

作为旅游资源，文化景观品质高、具独特性和吸引力，在全球旅游业中发挥重要作用。文化景观对旅游业很重要，关键问题是游客是否将某一特定地方的景观和文化视为一个不可分割的整体。如果是这样，旅行社和代理商就可将其整体出售，塑造目的地的整体形象和独特形象。或者，尽管它们是合在一起的，游客是否把这两者看作是分开的。如果是这样，游客完全有可能体验一个而没有体验另一个。在许多目的地，旅游者被自然景观所吸引，包括风景、环境和野生生物。另一种情况是在许多目的地，游客被文化遗产所吸

---

① 乐山市人民政府委托亚太旅游协会（PATA）制定：《乐山山地旅游行动五年计划》，2017年。

② Ralf Buckley, Claudia Ollenburg, Linsheng Zhong, Cultural landscape in Mongolian tourism. *Annals of Tourism Research*, 2008, 35（1）：47-61.

引，包括服装与舞蹈、艺术与建筑、饮食与歌曲。实际上，也有商业旅游产品把自然和文化分别作为旅游吸引物的组成部分。[①]

然而，有一些目的地和旅游产品，其中的关键吸引力既不是自然，也不是文化，而是一个包括居民和他们生活方式在内的作为一个单一整体的改良乡村景观。Buckley 等[②]考察了蒙古国旅游将草原视为文化景观的程度。用五种主要的数据资料（营销材料、旅游者调查、旅游产品设计、已经商品化的成分，以及来自游客的直接反馈）来测试这种文化景观是否确实是蒙古国的主要吸引物。通过比较是否区分蒙古族文化景观和附近非文化景观目的地，考察文化景观对蒙古国旅游的重要性；通过比较其他大陆草原目的地的旅游产品和市场营销是否在以文化景观为吸引物的地方和不以文化景观为吸引物的地方之间有差异，从而确定来自蒙古国的结论是否可以更广泛地应用。

（二）蒙古文化景观感知

1. 蒙古文化景观

蒙古大草原文化景观包括四个主要元素：草原、牧群、马和蒙古包。这里的人口是传统的游牧民族，他们依靠自己的马驱赶羊群和牛群穿过大草原，并带着他们的庇护所——被称为"圆顶帐篷"或"蒙古包"的移动住所。这些大型的圆形可移动帐篷由杆子和毛毡制成，用燃木火炉取暖和烹饪。每一个元素都是文化景观的一个重要组成部分，每一个元素都依赖于其他元素。牲畜需要草，可获得的草场随着季节的变化而变化。草场相距甚远，所以不能徒步管理，只能骑马。冬天很冷，而蒙古包又大又重，不能用手搬运。牲畜提供运输、肉类、牛奶和毛毡。马是主要的交通工具和财富表现的主要手段。蒙古马很小，但非常强壮，习惯于这里的地形、气候和海拔高度。

2. 旅游营销资料及旅游调查

旅游公司的广告材料提供了一种反映市场需求的途径，从中可以洞察旅游经营者认为的他们的客户最希望购买的旅游产品。特别是成功的旅游经营者的旅游推广短语和描述，可表明游客希望在其关注的目的地体验到什么。在当代的旅游指南和网站上，对蒙古国农村的描述常常包括广泛的大草原和游牧部落。这些大草原和以马为基础的游牧文化，现在被作为一种单一的旅游产品在亚洲邻近地区和世界各地的游客中推广。

已公布的对蒙古国游客的调查显示，游客并没有将文化景观列为一个单一的整体，但证明他们确实将自然和文化一起作为吸引物，作为主要吸引物的自然和文化之间有很强的联系。[③]

3. 产品、认知和商品化

蒙古文化景观是一个关键的吸引物，成为商业旅游产品的关键组成部分。由美国专业

---

① Buckley R. , NEAT trends: Current Issues in Nature, Eco and Adventure Tourism. *International Journal of Tourism Research*, 2000, 2: 437 –444.

② Ralf Buckley, Claudia Ollenburg, LInsheng Zhong, Cultural landscape in Mongolian Tourism. *Annals of Tourism Research*, 2008, 35 (1): 47 –61.

③ Yu L. , M. Gould, A Comparative Analysis of International Tourists' Satisfaction in Mongolia. *Tourism Management*, 2006, 27: 1331 –1342.

运营商 Boojum Expeditions 提供的蒙古国旅游的旗舰之旅是一个 19 天 150 公里的马背旅程，穿过 Khovsgol 地区的草原，待在蒙古包里，吃当地的食物，与当地的游牧家庭互动，并参加一年一度的那达慕体育和马匹节。旅游参与者的评论证实，文化景观确实是游览该地区的主要吸引物；在马背上旅行的机会，参观那达慕，以及在当地社区体验沉浸，都是较强的诱因。

那达慕节是蒙古国社会文化年的亮点。它在蒙古国各地区中心举行，以赛马、摔跤和箭术而闻名。蒙古国首都乌兰巴托（Ulan Bator）的全国那达慕节（National Naadam Festival）已经高度商品化。

所有这些证据都表明，大多数来到蒙古国的游客确实被文化景观所吸引，如草原、天空、牧群和骑马人、传统的游牧蒙古包营地，以及牧民的技能和运动。

4. 与其他地区的比较

蒙古国运营商将草原、马、牧群和蒙古包联系起来作为整体的文化景观立体推广，显然是因为这一独特的文化景观在东西方游客的感知中是相联系的。

世界上还有其他地方的草原吸引游客，但主要是自然景观。例如，东非和南非的大草原，主要的吸引物是大型国家公园中相对不受干扰的野生动物。另外还有当地的村庄、牧民和他们的山羊和牛，但这些并不是重要的吸引物。因此，在撒哈拉以南的非洲，旅游业主要依靠自然景观和野生动物而不是文化景观。

美国西部的牛仔和澳大利亚内陆的畜牧业者也被用作景点。然而，在这些案例中，文化遗产被商品化，如历史小径、名人堂和专门的旅游牧场。牧场在接待游客时，通常会向游客分别介绍自然景观和文化景点。也就是说，他们将文化遗产而不是文化景观作为吸引力。

（三）文化景观作为旅游分析工具

蒙古草原及游牧民、马和牧群在地理意义上形成了一个文化景观，Buckley 等以蒙古国为例，分析证明蒙古国的大多数到访者确实是被其文化景观所吸引，蒙古文化景观是该地区的核心吸引物。通过与其他地区比较，说明了非洲、北美洲和澳洲等地的草原旅游虽然具有较强的吸引力，但其并不一定基于文化景观，非洲是基于草原和野生动物为主的自然景观，北美洲和澳洲是基于文化遗产。①

首先，基于文化景观构建旅游产品可能成为目的地人民重申自己文化特性的一种方式。其次，以一个区域作为一个文化景观，可以构建新的旅游产品，以及增加旧旅游路线的价格和收益。最后，将区域作为文化景观，可保护文化的完整性，构建目的地形象整体性和独特性。因为文化景观是人们长期与自然环境相互作用形成的，它有特定的自然环境和在该环境中产生并与该环境密切联系的文化，这样的区域是独一无二的。

本研究案例地苏州、丽江和乐山都有较为典型的文化景观，如江南水乡景观、纳西文化景观和佛教文化景观，将文化景观作为分析工具对三个案例地旅游发展和文化展示同样

① Buckley R., Ollenburg C., Zhong L., Cultural Landscape in Mongolian Tourism. *Annals of Tourism Research*, 2008, 35（1）：47-61.

具有重要意义。以丽江为例,如果丽江将纳西文化景观作为旅游吸引物,展示纳西文化景观整体要素,为旅游者提供纳西文化景观旅游产品,那么,丽江旅游形象将保持吸引力,促进丽江旅游业可持续发展。然而,目前纳西文化在旅游发展中被碎片化展示,作为纳西文化景观要素的纳西人被商业文化大发展挤出古城,外地人经营着纳西人的庭院,商业的喧嚣打破了纳西文化景观宁静祥和的意境,丽江旅游形象因浓厚的商业化负面影响而受损。所以,文化景观作为旅游分析工具对目的地文化展示、塑造整体旅游形象和独特旅游形象都具有重要价值。

二 景观文化感知:峨眉山佛教文化展示对旅游形象的影响研究

宗教文化是一种重要的旅游资源,宗教旅游是我国旅游业中的重要组成部分。几乎所有的名山大川都有宗教旅游资源和景点,游客组成涉及各个年龄段、各种文化教育和职业背景的人群。[①] 但许多学者发现,我国宗教旅游在发展中面临许多问题,如宗教被庸俗化、项目大部分停留在浅层次开发、形式单一、商品没特色、宣传不足、商业色彩浓,对市场认识不足、对文化资源研究不足、缺乏宗教气氛、体验内容雷同、文化特质不突出、庙大而空、法事不多、气氛不浓等。[②] 这些问题制约着我国宗教文化旅游发展品质的提高,不利于提高游客体验和满足旅游者对宗教旅游的需求,不利于对宗教文化的展示、传播。

根据谢若龄和吴必虎的,国内外宗教旅游研究从 20 世纪 80 年代初起步,逐年增加。境内的宗教旅游研究着重于旅游资源、宗教旅游资源、宗教文化资源的开发与研究。国外的研究面较广,除了研究宗教资源外,还研究目的地发展、宗教旅游影响、社区参与、利益相关者、宗教旅游者,以及宗教旅游营销等。国内宗教旅游研究空缺的部分较多,许多领域还需要开拓。同时不应只是单一地使用宏观定性分析来做,应该多使用访谈、问卷调查法等来收集资料。[③]

本研究认为,目前国内外研究很少关注"宗教文化展示研究"。因为宗教旅游目的地游客的宗教动机突出。在 Dule 等对 Romania 游览宗教场所的游客做"非宗教动机"的研究中发现,近60%的游客是为宗教原因而到宗教场所观光的。[④] Fuchs 和 Arie 在一项对到访以色列游客的研究中也同样发现,受访者中第一次到访圣地的游客有79%是因宗教的理由。[⑤] 这使得宗教文化成为宗教圣地旅游目的地游客的重要感知内容,对旅游目的地形象的形成和塑造有重要影响。国内外旅游目的地形象(TDI)研究表明,旅游目的地形象将影响游客的游后行为,如是否重游,是否推荐和游客满意度等。所以,在宗教旅游资源开

---

① 武丽娟、于健:《我国宗教旅游的发展与隐忧》,《中国旅游报》2013 年 5 月 3 日。
② 谢若龄、吴必虎:《30 年境内外宗教旅游研究综述》,《旅游学刊》2016 年第 1 期。
③ 谢若龄、吴必虎:《30 年境内外宗教旅游研究综述》,《旅游学刊》2016 年第 1 期。
④ Dule A. M., Chris A., Mihai F. B., et al., A New Perspective of Nonreligious Motivations of Visitors to Sacred Sites: Evidence from Romania. *Procedia Social and Behavioral Science*, 2012, 62: 431 – 435. 转引自: 谢若龄、吴必虎:《30 年境内外宗教旅游研究综述》,《旅游学刊》2016 年第 1 期。
⑤ Fuchs G., Arie R., An Exploratory Inquiry into Destination Risk Perceptions and Risk Reduction Strategies of First Time vs. Repeat Visitorsto a Highly Volatile Destination. *Tourism Management*, 2011, 32: 266 –276. 转引自谢若龄、吴必虎《30 年境内外宗教旅游研究综述》,《旅游学刊》2016 年第 1 期。

发实践中，应重视怎样进行宗教文化展示，满足游客的宗教动机，并将宗教文化展示与塑造有吸引力的目的地旅游形象结合起来，提高宗教文化旅游的开发效果。在宗教文化旅游研究中，通过游客感知探讨宗教文化展示对目的地形象的影响规律，指导宗教圣地旅游目的地科学地展示宗教文化，将游客的旅游需求与旅游功能系统紧密结合起来，为目的地旅游供给侧精准改革提供思路，有利于解决我国宗教旅游发展中上述诸多问题，有利于我国宗教旅游可持续发展。因此，关注并开展宗教文化展示研究，具有重要的理论意义和现实意义。本研究试图采用结构方程模型方法，通过探究峨眉山佛教文化展示与旅游目的地形象的关系，探讨科学展示宗教文化的途径，丰富宗教文化旅游研究内容，拓展旅游目的地形象影响因素和影响路径研究，为宗教圣地旅游目的地更好地利用宗教文化资源提供可借鉴的依据。

（一）文献回顾与假设

1. 目的地形象概念及构成

旅游目的地形象是个体关于目的地的印象、信念、思想、期望以及感情的总和。[①]现有的研究一致认为，目的地形象由三种明显不同但层次相关的成分构成：认知形象、情感形象和整体形象。旅游目的地形象成分之间的关系如下：情感形象影响整体形象，认知形象直接影响整体形象，并通过情感形象间接影响整体形象。这种目的地形象形成的因果路径关系模型目前在学术界已被接受，它在文献中有很好的代表性。[②]对于认知形象是否为目的地形象感知的起点，目前还不确定。Fishbein（1974）提出了认知→情感→意欲（行为倾向）旅游感知因果链。[③]但该论断随后遭到较多评判，学者们指出三者之间严格的线性关系并不成立，认知与情感具有相对的独立性。[④]

根据前人的研究提出以下验证性假设：

Ha1：认知形象正向影响整体形象

Ha2：情感形象正向影响整体形象

Ha3：认知形象正向影响情感形象

2. 旅游目的地形象的影响因素与宗教文化展示

很多因素在目的地形象形成过程中发挥重要作用。国内外学者对形象影响因素的研究基本上可包含在 Baloglu 和 Gallarza 等所建立的目的地形象理论框架中，重点关注目的地拉

---

①　Kim H.，Richardson S.，Motion Picture Impacts on Destination Images. *Annals of Tourism Research*，2003，30（1），216 – 237.

②　Marcelo Royo – Vela，Rural – cultural Excursion Conceptualization：A Local Tourism Marketing Management Model Based on Tourist Destination Image Measurement. *Tourism Management*，2009，30：419 – 428.

③　Fishbein M.，Ajzen I.，Attitudes Towards Objects as Predictors of Single and Multiple Behavior Criteria. *Psychological Review*，1974，81（1）：59 – 63. 转引自钟栎娜等《国外旅游地感知研究综述》，《人文地理》2013 年第 2 期。

④　Bagozzi R. P.，Burnkrant R. E.，Attitude Organization and the Attitude – behavior Relation：A Reply to Dillon and Kumar. Journal of Personality and Social Psychology，1985，49：47 – 57. Baloglu S.，An Empirical Investigation of Attitude Theory for Tourist Destination：A Comparison of Visitors and Nonvisitors. *Journal of Hospitality & Tourism Research*，1998，23（3）：211 – 224. 转引自钟栎娜等《国外旅游地感知研究综述》，《人文地理》2013 年第 2 期。

力因素和旅游者个人推力因素两方面的影响。① Beerli 和 Martin 通过一系列与该目的地资源吸引物相对应的属性分析目的地形象，② 因为形象的建立和发展不能凭空产生，这里的属性指目的地资源、服务、设施、氛围、居民态度等方面的个体固有特征。Olivia 认为游客心目中旅游目的地的形象受个体因素与诱导因素影响。③ Baloglu 和 McCleary 基于多领域的综合研究建立了一个目的地形象影响因子模型，发现目的地形象的形成受刺激因素和游客特征的影响。④ Gallarza 等总结概括了目的地形象研究中最普遍的形象属性，包括从心理到功能的 18 项属性：不同活动；景观、环境；自然；文化吸引物；夜生活和娱乐；购物设施；信息可获得性；运动设施；交通；住宿；美食烹饪；价格、价值、成本；气候娱乐；可达性；安全社会的相互影响；居民的接纳能力；原始、新鲜；服务质量。⑤ 张阿琴建立的北京旅游目的地形象因素指标，包括当地交通服务、自然风光、不同风俗（文化）和拥挤程度等 20 项。⑥ 这些研究表明，目的地旅游景观、社会文化和旅游服务等有形和无形因素，都会构成旅游者对目的地的感知，成为目的地形象的影响因素。从目前来看，决定特定旅游目的地的形象的要素到底有哪些还未曾探明，⑦ 但文化因素是一个共同因素。

旅游目的地的宗教文化展示是指，通过文化体验场景和文化氛围营造，以及旅游者文化体验过程的设计，将宗教文化内涵外化，向旅游者传递和强化宗教文化信息，形成有吸引力的旅游环境，塑造目的地的独特旅游形象。所以，旅游目的地宗教文化展示主要包括宗教物质文化展示、宗教非物质文化展示和宗教文化展示方式三个维度。在宗教文化旅游产品中，既有物质文化体验，也有非物质文化体验，如"佛教建筑观赏游、佛教音乐鉴赏游"⑧，"宗教朝圣游、宗教文物古迹考察游、宗教文化修学游、宗教生活体验游、宗教民俗游、宗教节日游"⑨。在宗教文化旅游资源开发方式上，学者倡导"保留原真性、与其他资源一起发展"⑩，"营造气氛、开发旅游商品、培训导游人员、加强周围旅游区合作、加强中外宗教交流"⑪，开发旅游线路、多举办活动、积极扩张产品组合、整合宗教旅游

① Baloglu, S., McCleary, K. W., A Model of Destination Image Formation. *Annals of Tourism Research*, 1999, 26 (4): 868 – 897.

② Beerli A., Martín J. D., Tourists' Characteristics and the Perceived Image of Tourist Destinations: a Quantitative Analysis – a Case Study of Lanzarote, Spain. *Tourism Management*, 2004, 25 (5): 623 – 636.

③ Olivia H., Understanding and Measuring Tourist Destination Images. *International Journal of Tourism Research*, 1999 (1): 1 – 15.

④ Baloglu S., McCleary K. W., A Model of Destination Image Formation. *Annals of Tourism Research*, 1992, 26 (4): 868 – 897.

⑤ Gallarza, M. G., Saura, I. G., García, H. C., Destination image: Towards a Conceptual Framework. *Annals of Tourism Research*, 2002, 29 (1): 56 – 78.

⑥ 张阿琴：《北京市国内旅游目的地形象认知模型与发展战略》，硕士学位论文，北京第二外国语学院，2006 年。

⑦ Tapachai N., Waryszak R., An Examination of the Role of Beneficial Image in Tourist Destination Selection. *Journal of Travel Research*, 2000, 39 (1): 37 – 45.

⑧ 蔡晨微、张建华：《打造体验性佛教旅游产品的思考》，《上海商业》2012 年第 9 期。

⑨ 杨诗源：《海峡旅游视角下的对台宗教旅游产品开发——以泉州市为例》，《吉林师范大学学报》（自然科学版）2012 年第 2 期。

⑩ 施荣连、施建林：《临沧沧源佤族宗教旅游发展浅论》，《商业文化》2011 年第 5 期。

⑪ 孙爱丽、王晞：《五台山的佛教文化及其宗教旅游发展的探讨》，《社会科学家》2003 年第 2 期。

线路、旅游纪念品精品化。[①] 这些开发措施都属于宗教文化的展示方式，如导游讲解、旅游线路、旅游商品、旅游活动等。游客对不同的展示方式有不同的感知体验，进而影响游客心目中的旅游目的地形象。

旅游目的地的要素对形象成分的影响程度是不同的。Choong – Ki Lee 等的研究显示，吸引物既影响认知形象又影响情感形象，舒适程度和物有所值仅作用于认知形象与情感形象的一方，而异域风情与认知形象和情感形象之间并无显著相关关系。[②] 那么，在理论上，宗教物质文化展示、宗教非物质文化展示和宗教文化展示方式对目的地旅游形象的影响就存在差异。

基于上述分析，根据峨眉山实际，提出佛教文化展示影响旅游目的地形象的开拓性假设：

Ha4：佛教物质文化展示正向影响目的地认知形象

Ha5：佛教物质文化展示正向影响目的地情感形象

Ha6：佛教物质文化展示正向影响目的地整体形象

Ha7：佛教非物质文化展示正向影响目的地认知形象

Ha8：佛教非物质文化展示正向影响目的地情感形象

Ha9：佛教非物质文化展示正向影响目的地整体形象

Ha10：佛教文化展示方式正向影响目的地认知形象

Ha11：佛教文化展示方式正向影响目的地情感形象

Ha12：佛教文化展示方式正向影响目的地整体形象

根据 12 个假设，构建佛教文化展示与目的地旅游形象关系的假设结构模型（见图 4 – 17）。

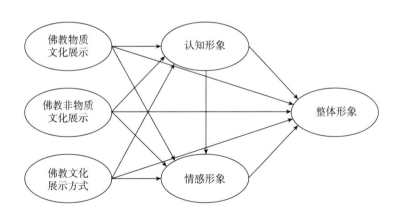

图 4 – 17　佛教文化展示与乐山旅游形象关系的假设结构模型

---

①　吴光锡：《泉州市宗教文化旅游营销策略研究》，《现代商贸工业》2009 年第 6 期。

②　Choong – Ki Lee，Yong – Ki Lee，Bongkoo Lee，Korea's Destination Image Formation by the 2002 World Cup. *Annals of Tourism Research*，2005，32（4）：839 – 858. 转引自臧德霞、黄洁《国外旅游目的地形象研究综述》，《旅游科学》2007 年第 6 期。

（二）研究方法

1. 研究区域概况

峨眉山是世界文化与自然遗产、中国四大佛教名山之一，具有连接物质和非物质、自然和文化的重要性。峨眉山丰富的佛教文化遗产有记载的历史超过 2000 年。包括考古地址、重要的建筑、墓葬和宗教仪式空间，以及文化艺术品，如雕刻、石碑、书法、绘画和音乐，还有其他传统艺术。峨眉山有 30 多个寺庙，其中 10 个规模大而古老。在选址、设计和结构方面，都是非常新奇和灵巧的杰作。先进的建筑学和建筑物是中国寺庙建筑的典范。同时，峨眉山保存了极高的生物多样性。2018 年峨眉山接待游客 340.83 万人次，实现门票收入 48776.98 万元，分别比上年增长 1.7% 和 5.5%。①

2. 问卷设计与调查样本分析

为了运用结构方程模型方法，探究宗教文化展示与目的地形象之间的关系，本研究设计了游客调查问卷，对 6 个结构方程潜变量的观察变量进行测量。问卷分五个部分。第一部分测量游客对峨眉山佛教文化展示的感知。包括对寺庙建筑、佛像和佛教牌匾 3 个佛教物质文化的感知题项，对佛教饮食、佛教故事传说、佛教音乐、佛教教义和佛事活动 5 个佛教非物质文化的感知题项，以及对博物馆陈列展示、讲解员解说、佛教主题演出、佛教文化主题线路和峨眉山旅游指南 5 个佛教文化展示方式的感知题项。第二部分测量游客对峨眉山认知形象影响因素的评价。由于旅游目的地类型多样、特色各异，因此在测量认知形象时不可能使用通用的量表。而每次测量时应该选择哪些属性，要根据每个目的地的吸引物、定位和测量目标来决定。② 影响目的地认知形象的因素很多，但问卷测量项目不能太多，否则会影响游客的判断和评价。由于游客对独特性感知较易表达，所以，该部分采用景点独特性、文化独特性、环境独特性和服务独特性 4 个题项测量峨眉山的认知形象。第三部分测量峨眉山的情感形象。借鉴拉塞尔（Russel）的"感情的环状模式"（The Circumplex Model of Affect）中的 4 个维度构建语义差别量表，即"有趣的—乏味的""快乐的—讨厌的""放松的—痛苦的""令人兴奋的—沉闷的"。第四部分通过 3 个题项考量游客对峨眉山的整体感知，即"峨眉山自然和文化和谐统一""峨眉山给您留下深刻印象""再次游览峨眉山的意愿很强烈"。上述 4 个部分都采用李克特 5 点量表打分。第五部分调查游客个人特征。

在培训调查人员和问卷试调查修改后，于 2016 年 12 月 18、24 日在峨眉山景区开展了游客问卷调查。调查共计向游客发放 460 份调查问卷，采用当场回收的方法回收作答问卷共 450 份，回收率达 97.8%。排除作答不完整和答案统一的无效问卷后，最终得到有效问卷 368 份，有效率为 81.7%。其中，男性共 148 人，占 40.2%，女性共 220 人，占 59.8%，女性略高于男性。调查游客的其他人口统计特征见表 4 – 12。

---

① 乐山市统计局：《乐山市 2018 年国民经济和社会发展统计公报》，http：//www.tjcn.org/tjgb/23sc/35821_4.html.

② 李宏：《旅游目的地形象测量的内容与工具研究》，《人文地理》2007 年第 2 期。

表 4 - 12   峨眉山调查游客的人口统计特征和旅游特征

年龄 （岁）	人数占比 （%）	月收入（元）	人数占比 （%）	学历	人数占比 （%）	客源地	人数占比 （%）
≤14	3.0	<1000	20.4	高中及以下	12.0	成都市	41.0
15—24	42.4	1000—2999	16.8	大专	31.8	四川省内其他市（县）	33.7
25—44	48.1	3000—4999	34.0	本科	47.0	内地其他省区市	24.7
45—64	6.0	≥5000	28.8	硕士及以上	9.2	国外及我国港澳台地区	0.5
≥65	0.5						

身份	人数占比（%）	主要旅游方式	人数占比（%）	旅游动机	人数占比（%）
学生	21.7	散客	26.6	观光	71.5
专业技术人员	19.8	与友人一起	25.0	休闲度假	50.5
职员	16.8	家庭游	17.9	宗教朝拜	4.6
公务员	6.3	自驾游	17.4	文体/科技	3.5
教师	3.3	团队	12.2	探亲访友	1.4
商贸人员	3.0	个人	16.6	商务	0.3
服务员/推销员	2.2	单位集体	3.5	会议	0.3
军人	0.8			购物	0.3
退休人员	0.8			养生保健	3.3
农民	1.4			其他	5.4
其他	23.9				

注：表中"主要旅游方式"和"旅游动机"为多选项。

3. 数据信度与效度检验

问卷信度检验。信度检验就是测评问卷数据的可信程度。运用 SPSS18.0 统计软件对调查问卷数据进行信度分析，6 个分量表和总体量表的 Cronbach's α，均高于广泛接受的门槛值 0.7（见表 4 - 13），说明问卷数据具有较好的内部一致性。

表 4 - 13   峨眉山游客问卷信度检验

指标	佛教物质文化展示	佛教非物质文化展示	佛教文化展示方式	认知形象	情感形象	整体形象	所有测量因子
Cronbach's α	0.851	0.856	0.844	0.767	0.881	0.784	0.932

文化展示因子结构的验证性因子分析。用 AMOS 21.0 软件对已经通过信度检验的峨眉山佛教文化展示的 3 个潜变量和 13 个观测变量进行验证性因子分析。得到的模型各项拟合指数为：卡方与自由度之比 $\chi^2/DF = 2.983$；拟合优度指数 GFI = 0.930；调整拟合优度指数 AGFI = 0.897；简约拟合优度指数 PGFI = 0.634；正规化拟合优度指数 NFI =

0.925；增值拟合优度指数 IFI = 0.949；比较拟合优度指数 CFI = 0.948；近似误差均方根 RMSEA = 0.074。各项指标均满足标准，说明模型与数据拟合较好。

整体测量模型的验证性因子分析。为了避免测量模型与结构模型的相互影响，需要对整体测量模型进行验证性因子分析。

用 AMOS 21.0 软件，对问卷的 24 个观测变量和 6 个潜变量进行整体测量模型的验证性因子分析（CFA）。通过 CFA，删除了载荷小于 0.55 的变量"有趣的""峨眉山自然和文化和谐统一""服务独特性""峨眉山旅游指南""佛教饮食""博物馆陈列展示""佛事活动"7 个观测变量。模型的各项拟合指数为：$\chi^2/DF = 3.264$，GFI = 0.892，AGFI = 0.853，PGFI = 0.657，NFI = 0.875，IFI = 0.910，CFI = 0.909，RMSEA = 0.079。

拟合指数中大部分符合标准。虽然 GFI、NFI 和 CFI 三项指数接近标准，但所有显变量与潜变量自检的测量路径均在 99% 的置信区间，且各个因子的标准化载荷均超过临界值 0.5。同时，6 个潜在变量的组合信度 CR 值均大于 0.8，平均差异数萃取量（AVE）大于或等于 0.5（见表 4 – 14），说明潜变量具有较好的内部一致性和聚合效度。另外，每一个潜变量的 AVE 值都大于与其他任意一个潜变量间路径系数的平方，表明潜变量之间有显著区分，各个潜变量的大部分信息只能够被自身的指标变量所解释，与其他潜变量的指示变量相关性极低，即潜变量之间判别效度好。[1]

表 4 – 14　　　　　　　　　佛教文化展示各潜变量平均差异数萃取量

潜变量名称	佛教物质文化	佛教非物质文化展示	佛教文化展示方式	认知形象	情感形象	整体形象
AVE 值	0.657	0.621	0.635	0.500	0.561	0.555

4. 结构模型拟合与假设验证

在 AMOS 21.0 软件中，采用最大似然估计法，用经过信度和效度检验的数据拟合理论模型，原始模型的部分拟合指数没有达到门槛值。按照修正指数的提示，在若干观察变量的残差间增加相关路径修正后，模型拟合指标均达到理想值（见表 4 – 15）。拟合后的潜变量间标准化路径估算系数见表 4 – 16、图 4 – 18。

表 4 – 15　　　　　　　佛教文化展示与旅游形象关系结构方程模型拟合优度指数

	χ^2/DF	GFI	AGFI	PGFI	NFI	IFI	CFI	RMSEA
理想值	< 5	> 0.9	> 0.9	> 0.5	> 0.9	> 0.9	> 0.95	< 0.08
拟合值	0.739	0.976	0.963	0.628	0.975	1.009	1.000	0.000

---

① 李静、Pearce、吴必虎等：《雾霾对来京旅游者风险感知及旅游体验的影响——基于结构方程模型的中外旅游者对比研究》，《旅游学刊》2015 年第 10 期。

表4-16　　　　　　佛教文化展示与旅游形象关系标准化路径估算系数

作用路径	标准化路径估算系数	C. R.	P	是否支持假设
佛教物质文化展示←认知形象	0.252	4.365	***	支持
认知形象←佛教非物质文化展示	0.002	0.032	0.974	不支持
认知形象←佛教文化展示方式	0.197	3.542	***	支持
情感形象←认知形象	0.334	3.549	***	支持
情感形象←佛教物质文化展示	0.180	2.766	**	支持
情感形象←佛教非物质文化展示	0.151	1.967	*	支持
情感形象←佛教文化展示方式	0.131	2.043	*	支持
整体形象←认知形象	0.594	5.664	***	支持
整体形象←情感形象	0.441	6.055	***	支持
整体形象←佛教物质文化展示	-0.028	-0.417	0.677	不支持
整体形象←佛教非物质文化展示	-0.003	-0.032	0.974	不支持
整体形象←佛教文化展示方式	0.040	0.618	0.536	不支持

注：＊＊＊P＜0.001，＊＊P＜0.01，＊P＜0.05.

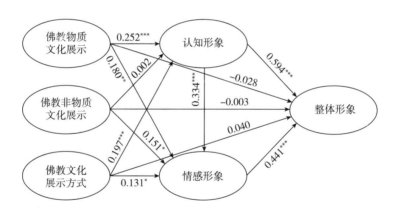

图4-18　佛教文化展示与乐山旅游形象关系结构模型的标准化路径系数

结构模型检验的结果显示，本研究的假设 Ha1、Ha2、Ha3、Ha4、Ha5、Ha8、Ha10 和 Ha11 通过检验，获得支持，Ha6、Ha7、Ha9 和 Ha12 没有通过检验，不被支持。也就是3个验证性假设通过检验；佛教文化展示影响认知形象和情感形象的6个开拓性假设中，除佛教非物质文化对认知形象的影响没有通过检验以外，其余都通过检验；而佛教文化展示影响整体形象的3个开拓性假设，全部没有通过检验。

5. 研究结果分析

第一，目的地形象感知与目的地整体形象之间的关系符合大多数国内外学者的研究结果，即认知形象正向影响整体形象（$\gamma = 0.594$），情感形象正向影响整体形象（$\gamma = 0.441$），且认知形象正向影响情感形象（$\gamma = 0.334$）。对整体形象而言，认知形象的正向影响强于情感形象的正向影响。

第二，佛教文化展示不直接影响目的地整体形象，但通过认知形象和情感形象影响整体形象。说明感知是目的地形象形成的起点，只有通过对目的地事物的感知，才能形成目的地形象。

第三，佛教文化展示的三个维度对认知形象的正向影响中，佛教物质文化展示正向影响最大（$\gamma = 0.252$），其次是佛教文化展示方式（$\gamma = 0.197$），佛教非物质文化展示对认知形象几乎没有影响（$\gamma = 0.02$，$P = 0.974$）。

第四，佛教文化展示的三个维度对情感形象的正向影响中，佛教物质文化展示的影响最大，其次是佛教非物质文化展示，佛教文化展示方式略小。

第五，佛教物质文化展示和佛教文化展示方式既影响认知形象，又影响情感形象，而佛教非物质文化展示只影响情感形象。这个结果证明了 Bagozzi 和 Baloglu 的观点"认知形象与情感形象具有相对的独立性"，同时与 Choong - Ki Lee 等的研究结果"旅游目的地的要素对形象成分的影响程度是不同的"相吻合。这个结果还说明，佛教文化展示三维度都是可被感知的，进而影响整体旅游形象。

第六，佛教文化展示对目的地整体形象的影响路径有五条，依据路径系数的大小，其中最重要的是"佛教物质文化展示→认知形象→整体形象"，比较重要的是"佛教文化展示方式→认知形象→整体形象"，以及"佛教物质文化展示→情感形象→整体形象"，然后是"佛教非物质文化展示→情感形象→整体形象"，最后是"佛教文化展示方式→情感形象→整体形象"。可见，佛教物质文化展示对目的地形象的影响最为重要，其次是佛教文化展示方式，最后是佛教非物质文化展示。这表明，作为佛教文化载体的佛教物质文化，如寺庙建筑、佛像和佛教牌匾等，是旅游者感知佛教文化最重要的内容。这与峨眉山的实际相一致。正是这些融入自然环境中的佛教建筑，彰显了峨眉山作为佛教圣地旅游目的地与众不同的佛教文化景观环境和氛围。也正是一些著名的佛教寺庙，构成了峨眉山佛教文化体系的重要节点和佛教朝拜线路的重要节点。而且，很多佛教非物质文化需要通过这些物质载体来传递，如峨眉山佛教建筑所体现的精湛的建筑艺术和技术，与自然环境相融协调的建筑建设理念等。又如佛教的很多故事是由雕塑来表现的。很多游客的朝拜行为也要靠这些物质载体来实现，如烧香拜佛和许愿等。佛教文化展示方式因为比较生动和突出展示了佛教文化的重要内容，因而也受到游客青睐，成为影响目的地形象比较重要的佛教文化展示因素。如佛教主题演出、佛教文化主题线路等，都是佛教圣地旅游目的地重要的旅游活动，因而增强了游客感知，对旅游目的地形象影响较为突出。由于佛教非物质文化较为抽象，可感知度降低，对形象的影响力较低。所以，旅游发展中佛教非物质文化展示要尽力与物质载体相整合，让物质载体来承载，同时设计生动的展示方式来传递和强化，从而提高佛教非物质文化感知度和旅游形象影响力。

（三）研究结论与启示

1. 结论

本研究在提出目的地旅游形象的 3 个验证性假设和佛教文化展示三维度对目的地旅游形象影响的 9 个开拓性假设基础上，构建了佛教文化展示影响目的地旅游形象的结构模型和测量模型。采用结构方程方法，在对该结构模型和测量模型进行检验的基础上，验证了提出的 12 个假设是否被支持。在对研究结果进行分析后，得出如下研究结论：

第一，佛教文化展示不同程度地直接影响认知形象和情感形象。即佛教物质文化展示和佛教文化展示方式分别正向影响认知形象和情感形象，佛教非物质文化展示正向影响情感形象。从总体上看影响的重要性，佛教物质文化展示最为重要，其次是佛教文化展示方式，最后是佛教非物质文化展示。

第二，佛教文化展示三维度不直接影响目的地整体旅游形象，但通过认知形象和情感形象影响整体形象。佛教文化展示三维度通过认知形象和情感形象对旅游目的地整体形象的影响程度和影响路径是不同的。具体有五条路径，按照对形象影响的重要性由高到低排列依次是"佛教物质文化展示→认知形象→整体形象""佛教文化展示方式→认知形象→整体形象""佛教物质文化展示→情感形象→整体形象""佛教非物质文化展示→情感形象→整体形象""佛教文化展示方式→情感形象→整体形象"。

2. 启示

宗教圣地旅游目的地要高度重视宗教文化展示的重要性。首先要重视宗教物质文化的保护和展示，构建与环境协调的独特宗教文化景观和宗教文化氛围，彰显宗教圣地旅游目的地形象。其次要精心设计多样化的、体验性和教育性强的、有趣生动的展示方式，增强宗教旅游目的地形象的吸引力。最后，深挖宗教文化内涵不能停留在讲故事层面，更多地与宗教物质文化展示和宗教文化展示方式结合起来，提高宗教非物质文化展示感知效果，进而提高其对旅游目的地形象的影响力。

三　景观文化感知：苏州园林文化展示对苏州旅游形象的影响研究

（一）园林文化与苏州旅游形象

苏州被誉为"园林之城"。苏州园林融山水楼阁和诗情画意于一体，集造园艺术之精华，有"江南园林甲天下，苏州园林甲江南"之美誉，并在世界造园史上享有独特的历史地位和价值。联合国教科文组织世界遗产委员会认为"中国园林是世界造园之母，苏州园林是中国园林的杰出代表"，苏州古典园林当之无愧地作为世界文化遗产列入《世界遗产名录》。

苏州园林文化展示是"文化苏州"的重要表达，是活着的文化并随着文明的发展而不断扩充。苏州园林文化是"生活苏州"的有机组成。它是居住文化，是关于创造生活、丰富生活和体验生活的精致文化。苏州园林文化博大精深的内涵具有极高的观光体验价值，对不同年龄层次的游客都有吸引力。展示苏州园林文化，对于继承和发展传统苏州文化，推进文化旅游的发展具有重要意义。在旅游业由传统观光向休闲体验转型的当代，展示苏州园林文化是助力苏州旅游供给侧改革和成功转型的重要策略，是苏州旅游持续推广"苏式生活"的有效路径。苏州园林文化是"国际苏州"的名片。苏州园林是苏州旅游特有的资源和文化类型，是引致国内外游客的关键点。在苏州旅游迈入国际化发展的新阶段，展示苏州园林文化，是苏州旅游必打的金牌名片。

　　根据苏州旅游形象独特性感知研究结果可知，在区域背景中，旅游者感知苏州旅游最具独特性的是以"三古"（古典园林、古城、古镇）为代表的独特地域文化。"三古"是苏州具有鲜明地域特色的形象要素，是城市历史文化缩影。而"三古"中美誉度最高、传播度最广的当属"苏州园林"。可见，苏州园林已成为苏州旅游形象系统的核心要素，对苏州旅游形象有重要影响。通过旅游者感知测量进一步探讨园林文化展示对苏州旅游形象的影响，对丰富目的地形象影响因素研究具有重要的理论意义，对苏州优化当前旅游形象和塑造未来更有魅力的旅游形象有重要实践价值。

　　（二）理论模型与假设

　　根据前面研究所构建的文化展示与旅游形象的关系，构建苏州园林文化展示影响旅游形象的理论模型（见图4-19）。

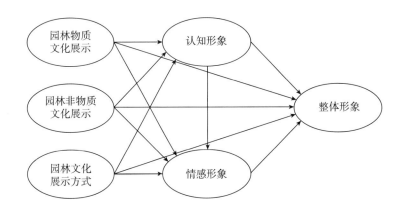

图4-19　园林文化展示与苏州旅游形象关系的假设结构模型

根据该模型提出以下假设：

Hb1：认知形象正向影响整体形象

Hb2：情感形象正向影响整体形象

Hb3：认知形象正向影响情感形象

Hb4：园林物质文化展示正向影响苏州认知形象

Hb5：园林物质文化展示正向影响苏州情感形象

Hb6：园林物质文化展示正向影响苏州整体形象

Hb7：园林非物质文化展示正向影响苏州认知形象

Hb8：园林非物质文化展示正向影响苏州情感形象

Hb9：园林非物质文化展示正向影响苏州整体形象

Hb10：园林文化展示方式正向影响苏州认知形象

Hb11：园林文化展示方式正向影响苏州情感形象

Hb12：园林文化展示方式正向影响苏州整体形象

其中，Hb1、Hb2和Hb3为验证性假设，其他9个假设为开拓性假设。

（三）研究方法

1. 问卷设计与调查样本分析

为了运用结构方程模型方法，探究园林文化展示与目的地形象之间的关系，本研究设计了游客调查问卷，对 6 个结构方程潜变量的观察变量进行测量。调查问卷共分五个部分。第一部分测量游客对苏州园林文化展示的感知。包括对园林建筑、园林山水植物景观和园林室内陈设 3 个物质文化感知的题项，对园林诗文和书法、园林传统戏曲曲艺、园林传统民俗活动园林造园理念和艺术 4 个非物质文化感知的题项，以及对园林景区导游解说、夜间特色园林活动、园林式艺术表演场馆和园林式公共设施、园林主题旅游线路、苏州旅游指南 5 个园林文化展示方式感知的题项。第二部分测量游客对苏州园林认知形象影响因素的评价。根据前面研究的分析，该部分采用旅游活动独特性、旅游环境独特性和旅游服务独特性 3 个题项测量游客对苏州旅游的认知形象。第三部分测量苏州的情感形象。借鉴拉塞尔的"感情的环状模式"中的三个维度构建语义差别量表，即"快乐的—讨厌的""放松的—痛苦的""令人兴奋的—沉闷的"。第四部分通过 3 个题项考量游客对苏州的整体感知，即"苏州之旅不虚此行""重游苏州的意愿强烈""推荐他人游苏州的意愿强烈"。上述四个部分都采用李克特 5 点量表打分。第五部分调查游客个人特征。

在培训调查人员和问卷试调查修改后，于 2017 年 8 月 14、15 日在苏州古城区开展问卷调查。本次调查共计向游客发放调查问卷 500 份，采用当场回收的方法回收作答问卷共 456 份，回收率达 91.2%。经过排除作答不完整和答案统一的无效问卷，最终得到有效问卷 431 份，有效率为 94.5%。其中，男性共 173 人，占 40.1%，女性共 258 人，占 59.9%，女性高于男性。调查游客的其他人口统计特征见表 4 - 17。

表 4 - 17　　　　　　　　苏州调查游客人口统计特征和旅游特征

年龄（岁）	人数占比（%）	月收入（元）	人数占比（%）	学历	人数占比（%）	客源地	人数占比（%）
≤14	7.0	<3000	46.4	高中及以下	23.1	苏州市	6.2
15—24	42.2	3000—4999	25.9	大专	18.7	江苏省内其他市	16.2
25—44	44.6	5000—7999	15.4	本科	47.2	内地其他省区市	75.8
45—64	5.7	≥8000	12.3	硕士及以上	11	国外及我国港澳台地区	1.8
≥65	0.5						

身份	人数占比（%）	主要旅游方式	人数占比（%）	旅游动机	人数占比（%）
学生	43.7	团队	2.4	观光游览	63.3
专业人员	8.4	散客	30.5	休闲度假	62.2
职员	11.6	自驾游	9.2	探亲访友	11.2
公务员	4.4	家庭	30.1	商务	0.88
教师	11.9	个人	23.5	会议	0

续表

身份	人数占比（%）	主要旅游方式	人数占比（%）	旅游动机	人数占比（%）
服务员/推销员	1.1	单位集体	0.7	文化/体育/科技交流	5.1
军人	0.9	友人	3.6	购物	5.1
家庭妇女	0.6			养生保健	1.8
退休人员	0.9			其他	6.6
农民	1.1				
商贸人员	4.0				
其他	11.4				

注：表中"主要旅游方式""旅游动机"为多选项。

2. 数据信度与效度检验

问卷信度检验。运用 SPSS18.0 统计软件对调查问卷数据进行信度分析，6 个分量表和总体量表的 Cronbach's α，均高于广泛接受的门槛值 0.7（见表 4 – 18），说明问卷数据具有较好的内部一致性。

表 4 – 18 苏州游客调查问卷信度检验

指标	园林物质文化展示	园林非物质文化展示	园林文化展示方式	认知形象	情感形象	整体形象	所有测量因子
Cronbach's α	0.712	0.832	0.822	0.776	0.806	0.834	0.917

文化展示因子结构的验证性因子分析。用 AMOS 21.0 对已经通过信度检验的苏州园林文化展示的 3 个潜变量和 12 个观测变量进行验证性因子分析。得到的模型各项拟合指数为：卡方与自由度之比 $\chi^2/DF = 2.993$；拟合优度指数 $GFI = 0.963$；调整拟合优度指数 $AGFI = 0.931$；简约拟合优度指数 $PGFI = 0.514$；正规化拟合优度指数 $NFI = 0.954$；增值拟合优度指数 $IFI = 0.969$；比较拟合优度指数 $CFI = 0.969$；近似误差均方根 $RMSEA = 0.068$。各项指标均满足标准，说明模型与数据拟合较好。

整体测量模型的验证性因子分析。为了避免测量模型与结构模型的相互影响，需要对整体测量模型进行验证性因子分析。

用 AMOS 21.0，对问卷的 21 个观测变量和 6 个潜变量进行整体测量模型的验证性因子分析（CFA）。通过 CFA，删除了载荷小于 0.50 的变量"园林室内陈设""园林造园理念和艺术""园林景区导游解说""夜间特色园林活动"4 个观测变量。模型的各项拟合指数为：$\chi^2/DF = 1.609$，$GFI = 0.960$，$AGFI = 0.939$，$PGFI = 0.633$，$NFI = 0.954$，$IFI = 0.982$，$CFI = 0.982$，$RMSEA = 0.038$。

拟合指数全部符合标准，且所有显变量与潜变量自检的测量路径均在 99% 的置信区间，各个因子的标准化载荷均大于 0.63，超过临界值 0.5。同时，6 个潜变量平均差异数萃取量（AVE）大于 0.5（表 4 - 19），说明潜变量具有较好的内部一致性和聚合效度。另外，每一个潜变量的 AVE 值都大于与其他任意一个潜变量间路径系数的平方，表明潜变量之间有显著区分，各个潜变量的大部分信息只能够被自身的指标变量所解释，与其他潜变量的指示变量相关性极低，即潜变量之间判别效度好。[①]

表 4 - 19　　　　　　　　园林文化展示各潜变量平均差异数萃取量

潜变量名称	园林物质文化展示	园林非物质文化展示	园林文化展示方式	认知形象	情感形象	整体形象
AVE 值	0.51	0.65	0.60	0.51	0.58	0.60

3. 结构模型拟合与假设验证

在 AMOS 软件 21.0 中，采用最大似然估计法，用经过信度和效度检验的数据拟合理论模型，并按照修正指数的提示，在对若干观察变量的残差间增加相关路径修正后，模型拟合指标均达到理想值（见表 4 - 20）。拟合以后的潜变量间标准化路径估算系数见表 4 - 21 及图 4 - 20。

表 4 - 20　　　　　园林文化展示与旅游形象关系结构方程模型拟合优度指数

	χ^2/DF	GFI	AGFI	PGFI	NFI	IFI	CFI	RMSEA
理想值	<5	>0.9	>0.9	>0.5	>0.9	>0.9	>0.95	<0.08
拟合值	1.399	0.966	0.946	0.612	0.961	0.989	0.989	0.030

表 4 - 21　　　　　园林文化展示与旅游形象关系标准化路径估算系数

作用路径	标准化路径估算系数	C. R.	P	是否支持假设
认知形象←园林物质文化展示	0.176	2.418	*	支持
认知形象←园林非物质文化展示	0.170	2.504	*	支持
认知形象←园林文化展示方式	0.473	6.727	***	支持
情感形象←认知形象	0.601	7.464	***	支持
情感形象←园林物质文化展示	0.282	4.152	***	支持
情感形象←园林非物质文化展示	-0.077	-1.250	0.211	不支持
情感形象←园林文化展示方式	0.045	0.634	0.526	不支持
整体形象←认知形象	0.449	4.917	***	支持
整体形象←情感形象	0.332	4.418	***	支持

---

①　李静、Pearce、吴必虎等:《雾霾对来京旅游者风险感知及旅游体验的影响——基于结构方程模型的中外旅游者对比研究》,《旅游学刊》2015 年第 10 期。

作用路径	标准化路径估算系数	C. R.	P	是否支持假设
整体形象←园林物质文化展示	0.112	1.801	0.072	不支持
整体形象←园林非物质文化展示	−0.019	−0.363	0.716	不支持
整体形象←园林文化展示方式	−0.076	−1.251	0.211	不支持

注：∗∗∗P<0.001，∗∗P<0.01，∗P<0.05。下同。

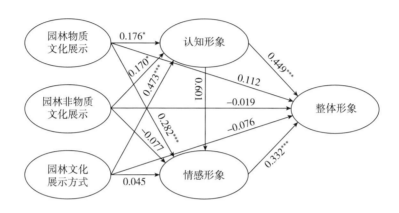

图4−20　园林文化展示与苏州旅游形象关系结构模型标准化路径系数

　　结构模型检验的结果显示，假设 Hb1、Hb2、Hb3、Hb4、Hb5、Hb7 和 Hb10 通过检验，获得支持，Hb6、Hb8、Hb9、Hb11 和 Hb12 没有通过检验，不被支持。也就是3个验证性假设通过检验；园林文化展示影响认知形象和情感形象的6个开拓性假设中，除园林非物质文化对情感形象的影响和园林文化展示方式对情感形象的影响没有通过检验以外，其余4个都通过检验；而园林文化展示影响整体形象的3个开拓性假设，全部没有通过检验。

　　4. 研究结果分析

　　第一，目的地形象感知与目的地整体形象之间的关系符合大多数国内外学者的研究结果，即认知形象正向影响整体形象（γ = 0.449），情感形象正向影响整体形象（γ = 0.332），且认知形象正向影响情感形象（γ = 0.601）。对整体形象而言，认知形象的正向影响强于情感形象的正向影响。

　　第二，园林文化展示不直接影响目的地整体形象，但通过认知形象和情感形象影响整体形象。说明感知是目的地形象形成的起点，只有通过对目的地事物的感知，才能形成目的地形象。

　　第三，园林文化展示的三个维度对认知形象的正向影响中，园林文化展示方式正向影响最大（γ = 0.473），其次是园林物质文化展示（γ = 0.176），最后是园林非物质文化展示（γ = 0.170）。

　　第四，园林文化展示三个维度中，只有园林物质文化展示对情感形象具有正向影响

（γ＝0.282），园林非物质文化展示和园林文化展示方式几乎不影响情感形象。

第五，园林物质文化展示既影响认知形象，又影响情感形象，而园林非物质文化展示和园林文化展示方式只影响认知形象。这个结果也证明了 Bagozzi 和 Baloglu 的观点"认知形象与情感形象具有相对的独立性"，同时与 Choong – Ki Lee 等的研究结果"旅游目的地的要素对形象成分的影响程度是不同的"相吻合。这个结果还说明，园林文化展示三维度都是可被感知的，进而影响整体旅游形象。

第六，园林文化展示三维度通过认知形象或情感形象对目的地整体形象的影响路径有四条，其中，"园林文化展示方式→认知形象→整体形象"最重要，其次是"园林物质文化展示→情感形象→整体形象"，再次是"园林物质文化展示→认知形象→整体形象"，最后是"园林非物质文化展示→认知形象→整体形象"。可见，园林文化展示方式对目的地形象的影响最为重要，其次是园林物质文化展示，最后是园林非物质文化展示。

苏州对园林多样化的展示方式在旅游市场上得到很好的响应，成为游客感知苏州园林文化的有效途径。首先是园林作为景区景点的本体展示。作为中国古典园林的典型代表，苏州园林融高超的写意造园手法与传承古典文化内涵于一身，被喻为"无声的诗，立体的画"。它既兼顾居住实用，又不失美观格调；既开放活动空间，又保证内眷家人的私密。独有的风格理念、功能布局、建筑材料、植物配置、山水配比等，使苏州园林成为苏州园林文化最全面和最有力的展示方式。其次，以民俗、艺术场馆展示苏州园林的造景手法、置景理念、植物配置、手作工艺等。公共服务设施如新建苏州火车站、有轨交通站和古城区公交车站等，向来往旅客展示苏州的园林文化，冲击着访苏旅游者的第一印象。商旅服务设施如新式园林酒店、餐厅、百货商城和书店等，从建筑外观到室内陈设，再到环境营造、休闲活动、菜品选择，都在继承传统园林文化的基础上，融合了现代服务的人文情怀，注重平衡人与建筑、环境之间的关系，展示了苏州传统园林天人合一的造园理念，游客能在实景中体验园林美学，体会园林文化的优雅和别致。再次，一系列文化创意产品对苏州园林文化的美学元素、文化特征、人文情怀进行再创造和再演绎。"狮子林·好风光"品牌的"小狮子"镇纸，听园系列的风铃，指柏系列的瓷杯，真趣系列的棒棒糖等，以丰富的创意形式展示了苏州园林文化。这些多样化的展示方式，使游客在食住行游购娱各个旅游活动环节都能直观欣赏和体验苏州园林文化，增强了游客的感知，成为影响苏州旅游形象的最重要园林文化因素。

与园林非物质文化展示相比，园林物质文化展示对苏州旅游形象的影响更为重要。这是因为，苏州园林主要由园林建筑、山石、水体、花木植物景观等组成，这些物质形态是直接被游客观赏感知的事物。而且苏州园林是写意山水的典型代表，其在建造过程中，无论是栽种的树木花草，还是装饰的家具小品，都有隐晦的表意功能，感知的意境深远、美妙，耐人寻味，加深了游客观赏产生的印象。现代旅游者行为记忆概率是：听（如讲解）记住10%、读（如看介绍）记住30%、看（眼见）记住50%、做（体验）记住90%。[①]

① 乐山市人民政府：《乐山旅游发展战略（山地旅游）五年行动计划》，亚太旅游协会（PATA），2017年9月。

所以，游客游记对苏州园林的描述多以观赏物质形态要素和意境的描述为主。如游记"苏州园林，我们的理解通俗易懂，园林 = 筑山 + 叠石 + 理水……""留园还有两个特色，一个是走廊，依山而建，与拙政园的水廊相呼应；另一个是院内有黄石、剑锋石和湖石。""游走在园中，心情很舒畅，眼睛得到了极大满足，真不愧是苏州园林甲天下。我们到的季节是九月初，正是'映日荷花别样红'的大好时节，处处可见的荷花之妖娆，满园是淡淡的幽香，真让人忘却世俗，只想流连在这园中，不知归去。"①"这里芭蕉、翠竹、荷叶都有，无论春夏秋冬，雨点落在不同的植物上，加上听雨人的心态各异，就能听到各具情趣的雨声，境界绝妙，别有韵味。"② 只有极少游记提到园林的非物质文化部分，如"小学时候学的《苏州园林》真实的放在了我的眼前，里面有很多典故，可以说是一景一故事，整个园林都是以水为中心，山水萦绕，花木繁茂，是江南园林的代表。"

实际上，苏州园林非物质文化也得到较多展示，如依托苏州的非物质文化遗产进行展示。与园林有关的苏州非物质文化遗产有园林古建筑及相关技艺、生活杂项制作技艺、赏玩清供、戏曲曲艺、民间音乐、美术相关艺术和民俗文化七个类型，即便离开了园林式的物质载体，这些非遗文化所体现的精致艺术，总能使人联想起苏州园林精致的生活。又如苏意苏工展示。苏意苏工即明代后期流行起来的"苏样""苏意"，是苏州风尚的代名词，从生活方式到行为方式，举凡服饰穿着、器物使用、饮食起居、书画欣赏、古玩珍藏、戏曲表演、语言表达，无所不包。苏州园林便是"苏样""苏意"的集聚地，园林的缔造者和拥有者便是这种时尚的引领者。如今，人们追求的多彩精致、闲适安逸的苏式生活，在园林式百货商业中心闲庭信步，在历史街区的茶馆听曲品茶……无一不是对引领"苏样""苏意"的园林式生活的追寻。再如造园理念展示。苏州园林独树一帜的造园理念在苏州城市建设中得到很好展示。苏州中央公园的精细构景和美不胜收的植物配置方式，透射出在设计上融入了江南私家园林的表现手法，展示了苏州园林别具一格的造园理念。③ 另外还有旅游活动展示。苏州为保护和开发苏州园林文化，推出一系列园林特色旅游活动，如虎丘艺术花会、金秋庙会，拙政园杜鹃花节、荷花节，留园吴文化活动，怡园水仙展，狮子林时令花展，沧浪亭兰花、菊花展，耦园水乡特色游及网师园夜花园等。

园林非物质文化展示对目的地形象的重要性相对较低，主要原因有两方面。第一，与旅游模式有关。由于观光旅游时代游客的游览方式以景区为主，而园林非物质文化展示空间分布较为分散，降低了游客的感知度。第二，与后现代消费特征有关。后现代消费社会的文化是一种追求时尚的文化，后现代消费文化的审美特征是表面的、浅层次的，后现代旅游者较为注重观赏性，较少耐心细致地品味旅游产品的文化内涵。因而在苏州旅游中，游客的体验往往停留在对园林物质要素构建的诗情画意的意境美层面，对反映园林生活的

---

① 《苏杭——满足你的小资情怀》（上篇），欣欣旅游网，https://gs.ctrip.com/ntm/5/you/travels/11/1271682.html.

② "苏州拙政园游玩攻略"，携程旅游网，http://m./vyoug/.com/fengjing/327282.htm/? from = time/i.

③ 魏胜林、汪洋：《苏州中央公园造园艺术浅议——江南水乡景观与城市现代景观相融糅》，《安徽农业科学》2008 年第 28 期。

活动、技艺、艺术和民俗，以及园林建筑技艺和造园理念缺乏了解，以至于对园林的高逸文化格调和雅致文化情趣缺乏体验，使得游客对园林文化的立体感知不足，导致园林非物质文化展示对苏州旅游形象的影响重要性降低。所以，园林物质文化与非物质文化如何进行整体营销，提高游客对丰富多彩的园林文化的感知，从而让苏州园林这张世界名片更亮，是苏州旅游营销今后要解决的重要问题。

（四）研究结论与启示

1. 结论

本研究提出目的地旅游形象的 3 个验证性假设和园林文化展示三维度对苏州旅游形象影响的 9 个开拓性假设，构建了园林文化展示影响苏州目的地旅游形象的结构模型和测量模型。采用结构方程方法，在对该结构模型和测量模型进行检验的基础上，验证了提出的 12 个假设是否被支持。在对研究结果进行分析后得出如下研究结论：

第一，园林文化展示不同程度地直接影响认知形象和情感形象。即园林物质文化展示正向影响认知形象和情感形象，园林非物质文化展示和园林文化展示方式分别正向影响认知形象。从总体上看影响的重要性，园林文化展示方式最为重要，其次是园林物质文化展示，最后是园林非物质文化展示。

第二，园林文化展示三维度不直接影响目的地整体旅游形象，但通过认知形象和情感形象影响整体形象。具体有四条路径，按照形象影响重要性由高到低排列依次是"园林文化展示方式→认知形象→整体形象"，"园林物质文化展示→情感形象→整体形象"，"园林物质文化展示→认知形象→整体形象"，"园林非物质文化展示→认知形象→整体形象"。

2. 启示

园林是"国际苏州"的名片，是旅游者感知苏州独特性的重要元素，增强苏州文化展示的游客感知度对苏州塑造有竞争力的旅游形象至关重要。以园林居住文化和生活文化为主题进行苏州旅游产品的创新设计，让游客体验丰富立体的整体园林文化，打造"苏式生活"休闲度假旅游品牌，提高园林文化对苏州旅游的影响力。

第一，创新文化展示方式，打破园林围墙。在未来的旅游发展中，旅游者日益渴望能深度体验城市的文化底蕴与生活气息。苏州园林文化未来展示要深耕文化内里，以打造"苏式生活"休闲度假旅游品牌为目标，创新展示形式，增加园林文化的休闲体验价值。目前，市场上已出现注重互动性和文化品位性的园林特色活动与旅游产品，但效果未知。未来还需加大营销力度，以新颖的园林文化展示方式引领苏州旅游文化潮流，确保创新形式的体验价值，勿让创新仅仅抬高了票价，还要为创新持续增添动力，消除文化创意产品易复制难再创新的负面影响。

第二，扩展展示空间，突破园林围墙。苏州园林文化未来展示要与城市建设格局相结合，以园林文化展示空间的优化引导城市旅游空间结构的改善。苏州古城区现存的古典园林不仅是明清时期私家园林文化和风格的典型代表，同时也是古城区传统街区重要的空间资源。① 突破园林围墙，将封闭的园林改变为文化展示的舞台，创设居民与旅游者互动对话的空间，并将这样的空间从传统园林集聚的"园林街区"向其他区域，特别是古城区外的城市新区复制。提炼园林文化符号，打造具有鲜明城市特性、主题风格突出的个性化、良性化、可持续化发展的城市。

第三，凝练展示内容，消除园林围墙。苏州园林文化未来展示要回归到人们的生活，它是苏式生活的精华和代表，它所代表的苏式生活应该借助园林文化的开发和展示得以延续、发展。随着"全域旅游"的全面开展，人们需要在更加开放和共享的城市空间里体验生活、享受当下。当居民生活和园林文化相融合，园林空间就不仅仅是一种"文化标本"，更是一种具有地域文化特征的古城区传统街区居民的现实"文化生活"状态。② "人，诗意地栖居"，苏州园林便是现代人栖居的诗意家园，苏州园林所代表的苏式生活便是吸引现代旅游者的诗意生活方式。

四 景观文化感知：纳西文化展示对丽江旅游形象的影响研究

（一）纳西文化与丽江旅游形象

丽江是一个古老、神奇又美丽的地方，壮丽纯净的自然景观、神秘的纳西人家、天人合一的环境氛围、悠闲的慢生活节奏，吸引着无数游客来此观光和体验自在休闲生活。可以说，没有纳西人千百年来的文化创造，就不可能有现在丽江天人合一的环境和丰富独特的文化。纳西文化为丽江创造了两项世界遗产，即丽江古城世界文化遗产和东巴古籍世界记忆遗产。世界遗产委员会这样评价丽江古城的突出普遍价值："生动的城市空间、蓬勃的水系、和谐的建筑群、适宜大小的舒适住宅、宜人的环境和独特风格的民间艺术相结合，构成了人居的一个突出范例。"这为丽江进入国际旅游市场树立了令人向往的旅游形象。

丽江的知名旅游景区，如丽江古城、玉龙雪山、束河古镇和白沙古镇等，都是纳西人聚居区，都是以纳西文化为主的区域。纳西文化是一座熠熠生辉的宝库。纳西族民间文学广泛地在民间口头流传，有故事、民歌、长诗、神话和传说等丰富体裁，其中的东巴文学有爱情故事、生产劳动歌谣、战争神话和创世神话等内容，还有以汉字创作的至今仍广为流传的大量诗歌。纳西族的东巴文是象形文字，用图表意，用符号书写事物和情感。在古城所有商铺和客栈的招牌上面，都使用汉字和东巴文字书写。在古城蜿蜒错综的小巷里、曲折回绕的院落中，点缀着东巴文字，既别致有趣，又极具神秘感和魅惑力。纳西人创造了人与自然和谐相融的优美环境。丽江古城自古就没有城墙。丽江位于一片大山中间的平坝之上，纳西先民自古以山为墙，以水为枕，世代与自然和谐而居。"家家门前有流水，户户屋檐浮垂柳"是人们脑海中的丽江印象。那古城院落中的花树，那花树掩映下的小

---

① 孙剑冰：《从"文化标本"到"文化生活"——以苏州古典园林为资源的社区旅游发展模式研究》，《旅游科学》2012 年第 4 期。

② 孙剑冰：《从"文化标本"到"文化生活"——以苏州古典园林为资源的社区旅游发展模式研究》，《旅游科学》2012 年第 4 期。

桥，那依桥而建的屋舍，那从山中引来的溪水，那在街巷中的歌舞，那以山为凭的街巷，那随处可见玉龙雪山的布局，无一不是人与自然和谐相处的明证。此外，纳西族美食、歌舞、民俗节庆和手工艺等非物质文化，都是丽江旅游重要的吸引力。所以，纳西文化是丽江旅游的核心内容，纳西文化展示对丽江旅游形象有极其重要的影响。本研究对丰富目的地形象影响因素研究具有重要的理论意义，对丽江优化当前旅游形象和塑造未来更有魅力的旅游形象有重要的实践价值。

（二）理论模型与假设

根据前面研究所构建的文化展示与旅游形象的关系，构建纳西文化展示影响旅游形象的理论模型（见图4-21）。

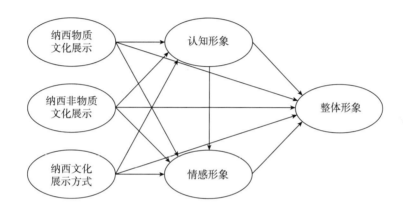

图4-21　纳西文化展示与丽江旅游形象关系的假设结构模型

根据该模型提出以下假设：

Hc1：认知形象正向影响整体形象

Hc2：情感形象正向影响整体形象

Hc3：认知形象正向影响情感形象

Hc4：纳西物质文化展示正向影响认知形象

Hc5：纳西物质文化展示正向影响情感形象

Hc6：纳西物质文化展示正向影响整体形象

Hc7：纳西非物质文化展示正向影响认知形象

Hc8：纳西非物质文化展示正向影响情感形象

Hc9：纳西非物质文化展示正向影响整体形象

Hc10：纳西文化展示方式正向影响认知形象

Hc11：纳西文化展示方式正向影响情感形象

Hc12：纳西文化展示方式正向影响整体形象

其中，Hc1、Hc2和Hc3为验证性假设，其他9个假设为开拓性假设。

（三）研究方法

1. 问卷设计与调查样本分析

为了运用结构方程模型方法，探究纳西文化展示与目的地形象之间的关系，本研究设计了游客调查问卷，对6个结构方程潜变量的观察变量进行测量。问卷共分五个部分。第一部分测量游客对纳西文化展示的感知。包括对纳西族民居客栈、四方街和木府3个物质文化感知的题项，对纳西古乐、东巴文字、纳西族节庆、纳西族手工技艺、纳西族传说5个纳西文化非物质文化感知的题项，以及对东巴文化博物馆、纳西族旅游商品和纪念品、丽江旅游演艺节目、景区讲解员解说、丽江旅游指南5个展示方式感知的题项。第二部分测量游客对纳西文化认知形象影响因素的评价。根据前面研究的分析，该部分采用旅游活动独特性、旅游环境独特性和旅游服务独特性3个题项测量游客对丽江旅游的认知形象。第三部分测量丽江的情感形象。借鉴拉塞尔的"感情的环状模式"中的三个维度构建语义差别量表，即"愉快的—讨厌的""放松的—痛苦的""令人兴奋的—沉闷的"。第四部分通过3个题项考量游客对丽江的整体感知，即"丽江之旅不虚此行""重游丽江的意愿强烈""推荐他人游丽江的意愿强烈"。上述四个部分都采用李克特5点量表打分。第五部分调查游客个人特征。

在培训调查人员和问卷试调查修改后，于2017年8月16、17日在丽江古城区开展了问卷调查。本次调查共计向游客发放调查问卷500份，采用当场回收的方法回收作答问卷共484份，回收率达96.8%。经过排除作答不完整和答案统一的无效问卷，最终得到有效问卷345份，有效率为71.3%。其中，男性共153人，占44.3%，女性共192人，占55.7%，女性高于男性。调查游客的其他人口统计特征见表4-22。

表4-22　　　　　　　　　丽江调查游客人口统计特征和旅游特征

年龄（岁）	人数占比（%）	月收入（元）	人数占比（%）	学历	人数占比（%）	客源地	人数占比（%）
≤15	2	≤1000	14.3	高中及以下	14.0	丽江市	3.9
16—25	34.1	1001—3000	19.0	大专	27.7	云南省其他市州	18.2
26—45	54.8	3001—5000	34.9				
46—65	8.5	5001—10000	24.8	本科	53.7	内地其他省区市	75
>65	0.6	>10000	7.0	硕士及以上	4.6	我国港澳台地区及国外	2.9
主要职业	人数占比（%）	主要旅游方式	人数占比（%）	旅游动机	人数占比（%）	旅游次数	人数占比（%）
学生	15.9	独自一人	9.1	观光游览	68.6	1次	71.1
技术人员	12.2	家人	51.7	休闲度假	66.1	2次	16.7
企业职员	19.8	朋友	49.2	探亲访友	3.3	3次及以上	12.2
公务员	10.1	单位集体	5.6	商务会议	3.9		
教师	6.3	自驾游	9.9	购物	10.5		

主要职业	人数占比（%）	主要旅游方式	人数占比（%）	旅游动机	人数占比（%）	旅游次数	人数占比（%）
服务人员	3.5	跟团游	12.2	文体交流	7.9		
商贸人员	6.0	散客	9.1	养生保健	5.4		
自由职业	14.9			偶遇	10.3		
退休人员	2.5			其他	9.9		
农民	1.2						
其他	7.6						

注：表中"主要旅游方式""旅游动机"为多选项。

2. 数据信度与效度检验

问卷信度检验。运用 SPSS18.0 统计软件对调查问卷数据进行信度分析，6 个分量表和总体量表的 Cronbach's α，除纳西物质文化展示变量为 0.661，属于可接受值（> 0.6）外，其余均高于广泛接受的门槛值 0.7（见表 4 - 23），说明问卷数据具有较好的内部一致性。

表 4 - 23　　　　　　　　　　　丽江游客调查问卷信度检验

指标	纳西物质文化展示	纳西非物质文化展示	纳西文化展示方式	认知形象	情感形象	整体形象	所有测量因子
Cronbach's α	0.661	0.776	0.768	0.752	0.764	0.810	0.907

文化展示因子结构的验证性因子分析。用 AMOS 软件 21.0 版本对已经通过信度检验的纳西文化展示的 3 个潜变量和 13 个观测变量进行验证性因子分析。得到的模型各项拟合指数为：$\chi^2/DF = 2.018$；GFI = 0.951；AGFI = 0.925；PGFI = 0.622；NFI = 0.910；IFI = 0.953；CFI = 0.952；RMSEA = 0.054。各项指标均满足标准，说明模型与数据拟合较好。

整体测量模型的验证性因子分析。为了避免测量模型与结构模型的相互影响，需要对整体测量模型进行验证性因子分析。

用 AMOS 软件 21.0 版本，对问卷的 22 个观测变量和 6 个潜变量进行整体测量模型的验证性因子分析（CFA）。通过 CFA，删除了载荷小于 0.50 的变量"四方街""纳西古乐""东巴文字""纳西族传说""东巴文化博物馆""纳西族旅游商品和纪念品""丽江旅游演艺节目""旅游环境独特性""愉快的""丽江之旅不虚此行"10 个观测变量。模型的各项拟合指数为：$\chi^2/DF = 3.002$，GFI = 0.942，AGFI = 0.891，PGFI = 0.507，NFI = 0.908，IFI = 0.937，CFI = 0.936，RMSEA = 0.076。

拟合指数除 AGFI 接近理想值 0.9 外，其余全部符合标准，所有显变量与潜变量自检的测量路径均在99%的置信区间，且各个因子的标准化载荷均大于或等于0.57，超过临界值0.5。同时，6个潜变量的平均差异数萃取量（AVE）大于0.5（见表4-24），说明潜变量具有较好的内部一致性和聚合效度。另外，每一个潜变量的AVE值都大于与其他任意一个潜变量间路径系数的平方，表明潜变量之间有显著区分，各个潜变量的大部分信息只能够被自身的指标变量所解释，与其他潜变量的指示变量相关性极低，即潜变量之间判别效度好。[①]

表4-24　　　　　　　　纳西文化展示各潜变量平均差异数萃取量

潜变量名称	纳西物质文化展示	纳西非物质文化展示	纳西文化展示方式	认知形象	情感形象	整体形象
AVE值	0.51	0.53	0.59	0.51	0.51	0.68

3. 结构模型拟合与假设验证

在AMOS软件21.0中，采用最大似然估计法，用经过信度和效度检验的数据拟合理论模型，并按照修正指数的提示，在对若干观察变量的残差间增加相关路径修正后，除AGFI接近理想值外，模型其他拟合指标均达到理想值（见表4-25）。拟合以后的潜变量间标准化路径系数见表4-26、图4-22。

表4-25　　　　　纳西文化展示与旅游形象关系结构方程模型拟合优度指数

	χ^2/DF	GFI	AGFI	PGFI	NFI	IFI	CFI	RMSEA
理想值	<5	>0.9	>0.9	>0.5	>0.9	>0.9	>0.95	<0.08
拟合值	2.468	0.954	0.910	0.489	0.928	0.956	0.955	0.065

表4-26　　　纳西文化展示与旅游形象关系结构方程模型标准化路径估算系数

作用路径	标准化路径估算系数	C. R.	P	是否支持假设
认知形象←纳西物质文化展示	0.231	2.545	*	支持
认知形象←纳西非物质文化展示	0.366	4.433	***	支持
认知形象←纳西文化展示方式	0.695	7.043	***	支持
情感形象←认知形象	0.663	3.237	***	支持
情感形象←纳西物质文化展示	0.057	0.617	0.538	不支持
情感形象←纳西非物质文化展示	0.003	0.027	0.978	不支持
情感形象←纳西文化展示方式	0.025	0.147	0.883	不支持
整体形象←认知形象	-0.093	-0.446	0.641	不支持

① 李静、Pearce、吴必虎等：《雾霾对来京旅游者风险感知及旅游体验的影响——基于结构方程模型的中外旅游者对比研究》，《旅游学刊》2015年第10期。

续表

作用路径	标准化路径估算系数	C. R.	P	是否支持假设
整体形象←情感形象	0.772	5.555	***	支持
整体形象←纳西物质文化展示	0.016	0.215	0.830	不支持
整体形象←纳西非物质文化展示	-0.064	-0.746	0.456	不支持
整体形象←纳西文化展示方式	0.099	0.721	0.471	不支持

注：＊＊＊P<0.001，＊＊P<0.01，＊P<0.05。

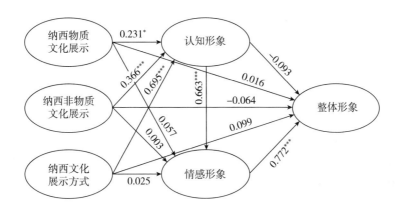

图4-22　纳西文化展示与丽江旅游形象关系结构模型标准化路径系数

结构模型检验的结果显示，研究假设 Hc2、Hc3、Hc4、Hc7 和 Hc10 通过检验，获得支持，Hc1、Hc5、Hc6、Hc8、Hc9、Hc11 和 Hc12 没有通过检验，不被支持。也就是 3 个验证性假设中，除认知形象对整体形象正向影响不被支持外，其余两个通过检验；纳西文化展示三维度影响认知形象、情感形象和整体形象的 9 个开拓性假设中，只有纳西文化展示三维度对认知形象正向影响的 3 个假设被支持，其余都没有通过检验。

4. 研究结果分析

第一，在目的地形象感知与目的地整体形象之间的关系上，本研究与大多数国内外学者的研究结果有差异。本研究的结果是，认知形象不直接影响整体形象，而是通过影响情感形象来影响整体形象。由于认知形象—情感形象—整体形象的这个形象影响路径符合目的地形象以认知为起点的规律，因而这个研究结果是合理的。同时，说明游客对丽江旅游的认知都会产生强烈的情感共鸣，进而影响丽江旅游形象，丽江旅游形象与游客感知的情感形象关系密切。本研究对丽江游记的高频词分析也发现，从丽江旅游发展初期到中期再到现在的形象演变过程中，情感形象产生了相应的变化，与这里的研究结果相吻合。

第二，纳西文化展示不直接影响目的地整体形象，但通过认知形象和情感形象影响整体形象。说明感知是目的地形象形成的起点，只有通过对目的地事物的感知，才能形成目的地形象。

第三，纳西文化展示的三个维度对认知形象的正向影响中，纳西文化展示方式影响最大（γ=0.695），其次是纳西非物质文化展示（γ=0.366），最后是纳西物质文化展示（γ=0.231）。

第四，纳西文化展示三个维度几乎不直接影响情感形象。影响丽江旅游的情感因素来自游客对纳西文化展示三维度的认知。

第五，纳西文化展示三维度通过认知形象影响情感形象进而影响丽江整体形象的路径有三条，其中，"纳西文化展示方式→认知形象→情感形象→整体形象"最重要，其次是"纳西非物质文化展示→认知形象→情感形象→整体形象"，最后是"纳西物质文化展示→认知形象→情感形象→整体形象"。可见，纳西文化展示方式对丽江旅游形象影响最为重要，其次是纳西非物质文化展示，最后是纳西物质文化展示。这表明游客对纳西文化丰富的展示方式感知非常突出，对纳西非物质文化展示的感知较为突出，而对纳西物质文化展示感知不太突出。

因为纳西文化对丽江旅游的非凡意义和价值，丽江采用了多种多样的展示方式，如《丽水金沙》《丽江千古情》《印象丽江》等演艺节目，通过提炼民族文化符号和特色，挖掘和展示纳西族的服饰、音乐、舞蹈、习俗、传说等，将其文化价值转化为经济价值，受到游客的追捧，演出经久不衰；将自然景观与纳西民族文化结合打造出"玉水寨""东巴谷""东巴王国"等旅游景区；以丽江作为影视拍摄基地，以纳西文化作为拍摄的背景或内容，拍摄了纪录片《云之南》、电影《千里走单骑》《大东巴的女儿》《云上石头城》、电视剧《木府风云》《茶马古道》《一米阳光》等，这些影视作品对纳西文化的生动展示产生了轰动效应；政府组织了四方街歌舞表演，建设了东巴纸坊、雪山书院、纳西象形文字绘画体验馆、纳西传统民族服饰馆、手道丽江民间手工艺术馆、纳西人家、天地院等为代表的一批民族文化示范窗口；相关的政府机构通过智慧旅游平台进行纳西文化的展示，旅游者可以通过"微丽江"微信公众平台、"邂逅丽江"多媒体互动旅游图、景区专属App、智慧旅游触摸查询屏、景区景点二维码扫描等，了解和体验纳西文化。

由于这些展示方式所展示的内容以纳西非物质文化为主，如纳西族的歌舞、传说、生活习俗，还有东巴象形文字、美食、手工技艺等，充满神秘感且生动有趣、体验性强，容易感染游客，引起游客情感共鸣，因而游客感知较为突出。相比之下，纳西物质文化展示主要是建筑文化，如大研古镇内的木府、广泛分布的民居等。这些建筑的物质部分基本成为构成丽江古城的背景元素，虽然这些建筑具有独特性，如依山就势、依水而建，曲、幽、窄、达的城市布局风格，三坊一照壁、四合五天井、前后院、一进两院形式的民居建筑格局等，但从感知内容的丰富性和生动性看，纳西物质文化仍然不及非物质文化，因而游客的感知不太突出，产生纳西物质文化感知对丽江旅游形象的影响较小的结果。

（四）研究结论与启示

1. 结论

本研究提出目的地旅游形象的3个验证性假设和纳西文化展示三维度对丽江旅游形象影响的9个开拓性假设，构建了纳西文化展示影响丽江目的地旅游形象的结构模型和测量模型。采用结构方程方法，在对该结构模型和测量模型进行检验的基础上，验证了提出的

12 个假设是否被支持。在对研究结果进行分析后得出如下研究结论：

第一，纳西文化展示不同程度地直接影响认知形象。从总体上看，纳西文化展示方式最为重要，其次是纳西非物质文化展示，最后是纳西物质文化展示。

第二，纳西文化展示三维度不直接影响目的地整体旅游形象，但通过认知形象影响情感形象间接正向影响整体形象。纳西文化展示三维度通过认知形象间接影响目的地整体形象的程度和影响路径不同，具体有三条路径，按照影响重要性由高到低排列依次是"纳西文化展示方式→认知形象→情感形象→整体形象"，"纳西非物质文化展示→认知形象→情感形象→整体形象"，"纳西物质文化展示→认知形象→情感形象→整体形象"。

2. 启示

纳西文化是丽江旅游的灵魂，是构成丽江人与自然和谐优美环境不可缺少的组成部分，也正是纳西文化彰显了丽江旅游的独特魅力。科学展示纳西文化，对丽江塑造有竞争力的旅游品牌至关重要。

纳西文化展示三维度是一个体系，每个部分对丽江旅游形象都有影响。因而，在今后对纳西文化的展示中，一方面要注重物质文化的展示，另一方面要将物质文化与非物质文化相结合进行展示，还要注重展示方式的设计，发挥三维度的协同效应，更好地展示纳西文化，增强丽江旅游形象的吸引力。

针对纳西文化展示存在一些问题，如展示的文化缺乏真实性，展示的内容缺乏系统性，展示的形式缺乏活态性等，今后的展示策略包括：加强对纳西文化的深入研究，真实展示纳西文化；满足旅游者多元需求，综合展示纳西文化；注重活态性文化保护，生动展示纳西文化。

五　景观文化感知：三个案例地比较研究

（一）相同点：文化展示三维度都可被游客感知，通过认知形象或情感形象间接影响整体形象

佛教文化、园林文化和纳西文化展示三维度中，有的同时通过认知形象和情感形象影响整体形象，如佛教物质文化展示、佛教文化展示方式和园林物质文化展示；有的仅通过认知形象影响整体形象，如园林非物质文化展示和园林文化展示方式，以及纳西物质文化展示、纳西非物质文化展示和纳西文化展示方式；有的仅通过情感形象影响整体形象，如佛教非物质文化展示。说明文化展示三维度都可被游客感知，进而影响目的地形象。

所以，目的地文化展示是旅游形象塑造的起点和重要环节，文化展示中构建三维度展示体系，从而提高展示效果，提高游客感知水平，是目的地塑造旅游形象的关键。

（二）不同点

1. 文化展示三维度影响整体旅游形象的重要性不同

从各个文化上看，文化展示三维度影响整体形象的重要性排序有差异。佛教文化展示中，物质文化展示最重要，其次是文化展示方式，第三是非物质文化展示；园林文化展示中，文化展示方式最重要，其次是物质文化展示，第三是非物质文化展示；纳西文化展示

中，文化展示方式最重要，其次是非物质文化展示，第三是物质文化展示。见表4－27。

从三个文化总体上看，每个展示维度影响整体形象的重要性有差异。文化展示方式重要性突出，物质文化展示比较突出，非物质文化展示不太突出。除文化展示方式外，物质文化展示在佛教文化和园林文化展示中更重要，非物质文化展示在纳西文化展示中更重要。

表4－27　　　　　　　　　文化展示三维度影响整体形象重要性比较

文化展示维度	佛教文化	园林文化	纳西文化	总体重要性
文化展示方式	第二	第一	第一	突出
物质文化展示	第一	第二	第三	比较突出
非物质文化展示	第三	第三	第二	不太突出

2. 文化展示影响整体形象的路径不同

佛教文化和园林文化展示三维度影响整体形象的路径有三条，即"文化展示—认知形象—整体形象""文化展示—认知形象—情感形象—整体形象""文化展示—情感形象—整体形象"。而纳西文化展示三维度影响整体形象的路径只有一条，即"文化展示—认知形象—情感形象—整体形象"。

（三）差异分析

1. 文化展示方式重要性反映目的地文化展示进程和目的地形象独特性

在文化展示进程快的目的地，文化展示方式对旅游形象的影响最大。如前所述，苏州市不遗余力地采用了多样化的展示方式。如园林作为景区景点的本体全方位展示；以民俗、艺术场馆、公共服务设施和商旅服务设施展示苏州园林的造景手法、置景理念、植物配置、手作工艺等；以文化创意产品对苏州园林文化的美学元素、文化特征、人文情怀进行再创造和再演绎。这些多样化的展示方式，使游客在食住行游购娱各个旅游活动环节都能欣赏和体验苏州园林文化，提高了游客的园林文化感知和园林文化对目的地形象的影响力，增强了目的地形象的独特性。

因为纳西文化对丽江旅游的非凡意义和价值，丽江采用了多种多样的展示方式对其进行展示。如经久不衰的旅游演艺节目展示；将自然景观与纳西民族文化相结合打造出旅游景区展示；以纪录片和电视剧等为载体的影视展示；政府组织的四方街歌舞表演，建设的一批民族文化示范窗口展示；相关的政府机构通过多种智慧旅游平台展示纳西文化等。所以，游客对纳西文化的感知非常突出，纳西文化成为丽江的代名词，塑造了独特而有魅力的丽江旅游形象。

相比其他两个案例地，峨眉山佛教文化展示方式有待进一步丰富和推进，目前主要还是以寺庙观光为主。所以，佛教文化展示方式对整体形象的影响重要性落后，游客对佛教文化的感知不突出，佛教文化对乐山旅游形象的影响较弱，乐山旅游形象的独特性不强。

可见，文化展示方式的重要性与文化展示进程密切相关，展示方式丰富、生动的目的地，地域独特文化对形象的影响较大，目的地旅游形象独特性突出。

2. 物质文化展示与非物质文化展示重要性的差异和文化本身的可感知性有关

由于游客对园林文化和佛教文化了解不多，物质文化部分更易于直观感知，因而苏州园林文化和峨眉山佛教文化展示，都较多注重物质文化展示，使其影响重要性较大。如苏州园林注重园林建筑和园林物质环境的营造，不管是园林作为景区展示，还是交通设施、商业设施和旅游设施对园林文化的展示，都体现在建筑外观和环境营造方面，一定程度上迎合了后现代旅游者快速、表面的观赏行为。又如峨眉山佛教文化展示以佛教寺庙和建筑等物质形态为重点，除了能营造浓厚的佛教文化氛围外，还是游客祈福、许愿和还愿的场所。

然而，丽江更注重纳西非物质文化展示，使其影响重要性较大。一方面，纳西非物质文化形式繁多有趣、独特神秘，可感知性和吸引力较强。另一方面，丽江是纳西人聚居的地方，加上经济社会发展程度和对外交往的滞后，文化异质性较小。纳西文化是纳西人千百年来与当地自然环境相互作用形成的，丽江的自然山水格局与城镇的建筑格局已经形成了天然的旅游体验环境，游客一到丽江古城便能感受到纳西文化氛围。所以，丽江旅游发展中对纳西文化的展示主要以非物质文化为主，如纳西人的生活文化、节庆文化、民俗文化、传说和歌舞等。

3. 形象影响路径差异与认知形象影响整体形象路径有关

佛教文化和园林文化展示的认知形象一部分直接影响整体形象，一部分通过情感形象影响整体形象。而纳西文化展示的认知形象全部通过情感形象影响整体形象，形成不同的文化展示影响路径，显示丽江旅游形象依赖于游客的情感体验。所以，科学展示和保护纳西文化是丽江塑造积极旅游形象、保持形象吸引力的关键。

（四）启示

1. 目的地文化展示是旅游形象塑造的起点和重要环节

目的地文化展示既是游客实地感知形象形成的起点，又因整体形象对未来决策形象的影响而间接影响未来旅游者的重游决策。所以，目的地要高度重视文化展示对塑造旅游形象的作用，让目的地文化展示与旅游形象塑造互动，而不是毫不相干的"两张皮"。

2. 构建科学有效的目的地文化展示体系

目的地文化展示三维度对整体形象都有正向影响，三维度都有不可替代的作用。物质文化展示营造游客感知体验环境，也是非物质文化的重要载体。非物质文化展示对游客深入体验文化内涵、丰富游客体验必不可少。丰富展示方式可增强物质文化和非物质文化文化的感知。所以，形成文化展示体系是目的地文化展示的应有策略。

3. 物质文化与非物质文化融合展示相得益彰

物质文化是非物质文化的载体，依托物质文化来展示非物质文化较为直观，能提高游客感知度，同时丰富物质文化的内涵，让物质环境更有灵气和生气。但事实上，一些目的地要么注重物质环境塑造，乐于建造建筑和雕像，让游客到此一游；要么注重讲故事，或挖掘或编造，让游客感觉虚无缥缈。而将物质文化与非物质文化融合展示，才能产生环境和文化的整体效应，让游客不虚此行，流连忘返。

此外，物质文化与非物质文化融合展示对旅游景区扩容提质有重要意义。一些文化景区通过恢复重建一些文化景点，结合与景点有关的非物质文化设计旅游新线路，可增加旅游活动，丰富游客文化体验。

4. 丰富文化展示方式，塑造世界遗产地独特旅游形象

世界遗产具有突出普遍价值，世界遗产地应丰富文化展示方式，有效展示遗产地文化，提高游客对遗产文化的感知度，进而提高遗产文化的影响力，塑造遗产地独特旅游形象。

六　景区景点感知

景区景点感知是目的地形象的重要来源。目前，我国旅游发展处于从观光旅游向休闲度假旅游转变的过渡阶段，观光旅游的特征仍然明显，景区景点是目的地的主要吸引物和目的地旅游文化景观生态系统的重要景观单元，是旅游者活动的核心空间和旅游者在目的地的主要感知对象。客源地居民出游偏好实证研究证明，观看景点景物是各客源地的首选，其次为外围景观，选择参与活动的比例最少。[①] 随着旅游者在目的地的流动，城市形象与景区形象会产生相互作用。景区形象对城市和区域形象的外溢效应明显大于城市形象对景区形象的外溢，景区感知对城市旅游形象具有更强的影响力，对目的地旅游发展来说，景区对目的地形象的贡献比城市更大。[②]

旅游者对景区景点的感知与景区景点的类型有关。老牌景区与新兴景区相比，由于开发较早，又具有深厚历史文化内涵，知晓度明显较高。[③] 在主题景区，同类主题共生旅游景点之间，景点形象存在积极的互利共存关系；历史遗存类景点对主题景区旅游形象生成的影响较大，而新建文化主题类景点对景区影响较弱；[④] 同一类别的目的地景点给游客带来相似的感知印象。[⑤] 此外，与景点知名度也有着密切关联，相同或相似级别的景点具有相似的感知类型。[⑥] 一般来说，高级别景区形象对周边低级别景区形象有屏蔽效应。

世界遗产因其具有普世价值而成为一类特殊的景区，对国际和国内旅游者都有巨大吸引力，但游客对世界遗产景区的感知存在较大差异。为了实现遗产的多种价值和功能，许多国家把世界遗产作为主要的旅游资源进行利用。我国作为世界遗产大国，世界遗产对我国旅游业发展具有重要意义，很多世界遗产地都是著名的旅游胜地，很多精品旅游线路都是由世界遗产景区组成。因而，旅游者对世界遗产景区的感知是影响遗产地旅游形象极其重要的因素。但世界遗产地在国内游客心目中的感知程度存在较大差异：有的目的地在被

① 刘娜、姜洪涛、高倩:《客源地居民对南京市重点旅游景区的感知差异研究——以苏、锡、常等七客源地为例》,《旅游论坛》2009 年第 1 期。
② 何燕:《游客感知下的城市——景区旅游流空间响应研究》,硕士学位论文,西北大学,2007 年。
③ 刘娜、姜洪涛、高倩:《客源地居民对南京市重点旅游景区的感知差异研究——以苏、锡、常等七客源地为例》,《旅游论坛》2009 年第 1 期。
④ 白凯、孙天宇:《旅游景区形象共生互动关系研究——以西安曲江唐文化旅游区为例》,《经济地理》2010 年第 1 期。
⑤ 何燕:《游客感知下的城市—景区旅游流空间响应研究》,硕士学位论文,西北大学,2007 年。
⑥ 杨新军、马晓龙:《大西安旅游圈:国内旅游客源空间分析与构建》,《地理研究》2004 年第 5 期。

列入遗产地之前就已经美名远扬,而有的却是在列入遗产地以后被人们所认知,也有一些目的地虽然被列入世界遗产地,但其在游客心目中的感知并没有随着遗产地地位的确立而得到显著提高,还有一些遗产地不为人知。[①]

外国游客对"世界遗产"称号感知不太强烈。笔者在对游览九寨沟的外国游客做深度访谈时,他们都表示选择旅游地的标准不是"世界遗产"称号,而是能满足他们旅游需求偏好的地方。

外国游客对我国的世界遗产地感知也存在差异。台湾学者的研究发现,当世界遗产地被分成自然遗产地和文化遗产地时,文化遗产地比自然遗产地对旅游者数量有更强烈的影响,通过分离历史和文化景点与自然景观和现代旅游景点,比较不同种类景点在影响旅游者数量上的差异,发现文化景点比自然景点对外国人更有吸引力。尽管现代休闲娱乐设施的建造,如赌场、游乐园、综合性摩天大楼等对促进旅游业是个可行的战略,但丰富多样的自然与文化资源是被广泛公认的国家发展旅游业的基本旅游资产。中国大多数有影响的旅游资源是历史景点、文化传统和多彩的民间习俗,这些资源独特且难以被其他国家复制。[②]

在我国大力发展旅游业的政策背景下,目的地建设旅游景观的热情高涨,出现了一大批新兴旅游景观,静态的如峨眉山金顶的十方普贤、广州电视塔等,动态的如"印象刘三姐""宋城千古情"等,为旅游者提供了丰富的感知内容和文化体验。与传统的自然山水型景观、历史名城景观、园林村镇景观和民族文化景观相比,新兴旅游景观具有一些新特点:①追求更高更大体量,塑造景观的唯一性和独特性。如号称世界第一露天青铜大佛的无锡灵山大佛,一些城市建造的体育馆、歌剧院等。②移植异域景观符号,塑造奇观化景观。如一些城市建设的欧洲风情小镇,世界之窗微缩景观主题公园等。③利用高科技塑造夜景观和动态演艺景观,打造视听新感觉。著名的有柳江十里画廊夜景观、桂林"两江四湖"夜景观,"印象系列"大型实景演出等。④虚拟影视景观,再现影视场景。如无锡三国水浒影视城、浙江横店影视城、上海车墩影视城等。⑤仿古景观。如各地兴建的明清街、古建筑、仿古公园等。这些新景观的出现,揭示出在当代消费文化背景下,旅游者景观感知的视觉范式转向[③]:首先,在旅游者对景观的视觉关注结构上,有一个从重内容向重形式的转变;其次,在旅游者对景观的视觉行为形态上,有一个从传统的理性静观向当代的感性动观的转变;最后,在旅游者对景观的视觉审美品位上,有一个从追求意象美向追求冲击美的转变。这样,旅游者对景观的体验,出现了从深度介入型的认知体验向浅度介入型的包括视、听、触、味等肤浅却全方位的感官体验转变。

无论怎样,文化脉络是旅游景观的灵魂。旅游者既要满足感官的愉悦,又要满足对文化的体验,即所谓"赏心悦目"。所以,即使是现代化旅游景观,也要有独特的文化内涵

---

① 朱竑、李鹏、吴旗涛:《中国世界遗产类旅游产品的感知度研究》,《旅游学刊》2005 年第 5 期。

② Chih-Hai Yang, Hui-Lin Lin, Chia-Chun Han, Analysis of International Tourist Arrivals in China: The Role of World Heritage Sites. *Tourism Management*, 2009: 1-11.

③ 赵刘、周武忠:《旅游景观的嬗变与视觉范式的转向》,《旅游学刊》2011 年第 8 期。

才能体现景观的独特性，展现出景观的魅力。如"宋城千古情"以杭州的历史典故和神话传说为基点，"印象刘三姐"围绕刘三姐优美动人、富于传奇色彩的故事展开，它们都利用了传统的、地方的和民族的文化资源。国外的新一代主题公园致力于展示科学、自然、艺术和环境，在活动导向的交互式教学方式框架下，把艺术、科学和自然领域结合在一起，让人们感受科学和艺术的融合、人类创造和"自然奇迹"的相互协调。如英国爱丁堡的动态地球、英国南部约克夏的马格拉（Magna）科学探险中心等。即使在纯粹娱乐性的景区，如欢乐谷、迪士尼等，也仍然举办很多娱乐性强的文化活动，以文化特色鲜明的建筑为背景。所以，目的地在塑造整体旅游形象的框架下，要充分展示历史景点、文化传统和多彩的民间习俗，结合时代特点，设计和建设文化内涵独特的类型多样的旅游景观，丰富旅游者体验，增强旅游者对目的地的地方依附。

七　城市特色商业街区感知

（一）城市特色商业街区特点

商业街是消费时代城市的重要特色景观，特色商业街区浓缩城市历史、彰显城市特色、集中体现城市生活品质，是城市形象的名片。同时，城市特色商业街区是旅游者在目的地的主要休闲和消费场所，因而成为最容易让游客深刻感知的城市景观。

商业街区起源于意大利，流行于英国、法国等欧洲广大地区，在 21 世纪初成为中国国内商业业态的流行趋势。为了促进和引导商业街的建设和发展，商务部发布了《关于加快我国商业街建设与发展的指导意见》，制定了《商业街管理技术规范》，很多地方出台了相应的措施推动该项工作。如四川省的《关于认定和培育四川省特色商业街的工作方案》，成都市的《成都市特色商业街区精品建设工作方案》等。城市特色商业街现已成为我国城市一大特色旅游休闲景观。

商业街区是指在合适的尺度上，从人性、文化和城市发展的角度出发，满足人口的居住并提供丰富的商业及休闲配套的混合型增值物业。具有聚集人群、商业、休闲、开放和亲和的特点。从空间形态上看，有中心辐射式（Piazza）和无核式（Grid）两种类型。与传统商业街区经营单一和功能单一的特点相比，现代城市特色商业街区具有功能多样化、以文化为依托、体验式消费等特点。

（1）功能多样化。集购物、娱乐、旅游、商务、文化、休闲等服务功能于一体，具有商贸、旅游、文化、会展互动的商业运营机制，通过丰富多彩的节庆活动、群众性文化活动和国际交流活动，特色商业街区成为城乡居民和中外游客喜欢的游憩消费场所。

特色商业街区是在原有的商业空间基础上增加了多种功能，并以体验为突出特征。现已形成的较为突出的开发模式有 5 种，即"时尚 + 商业"、"历史 + 商业"、"文化 + 商业"、"艺术 + 商业"和"主题 + 商业"[1]（见表 4 - 28）。

---

① 《特色商业街 5 大开发模式及 12 个成功案例详解》，第一商业网，http://www.topbiz360.com/web/html/school/shangyesheji/177768.html.

表 4 - 28　　　　　　　　　　五种特色商业街开发模式①

模式/代表案例	商业街特征	突出特色
时尚 + 商业 北京三里屯 Village	定位：集文化、艺术、休闲和购物于一体的全新空间； 业态：业态丰富，南区偏重年轻时尚，北区定位更高端，多为国际一线品牌	超现代艺术建筑：建筑本身就是一件艺术品。创意、艺术、展示、活动使三里屯 village 成为北京时尚潮流地标
历史 + 商业 上海新天地	定位：集餐饮、购物、娱乐等功能于一身； 艺术化商业：新意迭出的时尚活动，并辅之以星巴克、哈根达斯等	建筑构建出海派文化特色；商业运营上体现时尚，成为现代潮流的领导者
文化 + 商业 成都锦里商业街	文化、商业与地产的融合，是巴蜀民风民俗和三国蜀汉文化的民俗风情街，号称"成都版清明上河图"	文化与商业巧妙地融合，使顾客在体验文化的同时进行消费
艺术 + 商业 北京 798 艺术区	国内最具国际影响力的艺术区之一；画廊、艺术中心、艺术家工作室、设计公司、时尚店铺、餐饮酒吧等各种空间的聚集区	形成以艺术为核心的生态系统：艺术创作、艺术交流、衍生服务
主题 + 商业 美国洛杉矶 City Walk	商业与电影主题结合，以电影为主题的休闲娱乐购物中心。规划布局：廊街 + 广场；氛围：喜剧场景；建筑：夸张的装饰，复古的立面；功能：银幕世界，怀旧的商品	洛杉矶极具节庆氛围及文化特色的休闲旅游区之一

（2）以文化为依托。消费时代文化成为消费空间的符号。从某种程度上说，文化是特色商业街的灵魂。商业街因文化而呈现特色和差异，创造着不一样的令人愉悦的消费环境，促进消费的产生。商业街又因文化成为可以观赏的地方，因而具有旅游休闲吸引力，产生强大的聚集人流能力，为商业运营提供巨大潜力。所以，特色商业街无不以文化为依托，充分挖掘、利用城市的历史人文资源，赋予商业街区深厚的文化内涵，并将这一效应放至最大（见表 4 - 29）。

表 4 - 29　　　　　　　　　　我国著名商业街的文化特征

街区名称	街区文化特征
成都宽窄巷子商业街	老成都原汁原味的缩影，成都特色文化的代表，古老成都城市建筑及城市生活的标本
成都锦里商业街	以复原魅力独特、风味纯正的川西坝子民间生活为特色，以三国文化与川西文化为历史载体，全力打造"了解四川文化窗口"的商业文化街区
成都琴台路商业街	以仿明清古建筑群为依托，以司马相如和卓文君的爱情故事为主线，展示汉代的礼仪、舞乐、宴饮等风土人情
杭州清河坊历史街区	展示市井民俗风情和具有悠久历史的商业文化，并形成药文化、茶文化、食文化、古玩艺术、市井民俗和文化古迹六大特色

---

① 《特色商业街 5 大开发模式及 12 个成功案例详解》，第一商业网，http://www.topbiz360.com/web/html/school/shangyesheji/177768.html.

续表

街区名称	街区文化特征
上海新天地	将商业活动融入传统的石库门建筑中，展示老上海特色风情和石库门民居建筑文化，彰显上海中西交融的国际大都市风范
南京1912	以总统府为地标，以民国时期典雅、大气、中西合璧的府衙式建筑为依托，将传统文化、历史遗存和时尚结合，推动休闲和时尚消费

（3）体验式消费。就是全面满足消费者的视觉、听觉、味觉与嗅觉、触觉、感觉等多方位感知的消费过程。特色商业街区的体验式消费是通过营造情景化、休闲娱乐化和环境人文化的空间实现的，注重人与人、人与物的互动和参与，满足不一样的文化感受、身心放松、娱乐休闲和购物需求，从而体现商业街区的现代特色功能。城市雕塑和城市公共设施作为城市环境景观，是营造特色商业街区体验式消费空间环境、引导游客互动参与的情景道具。而街区节庆活动则是制造氛围和游客参与的舞台。

（二）城市特色商业街区塑造和感知

历史文化类城市特色商业街区的塑造主要有两种类型四种模式。即"形神兼备"的整体保护模式、保留"形"而重塑"神"的改造保护模式、求"形似"的旧城改造新建模式、求"神似"的旧城改造新建模式。①

"形神兼备"的整体保护模式包括两个方面，一是通过整治、保护和有机更新，完整地延续其建筑风貌；二是保持区域内的社会生活形态，从而实现对其整体保护。这对城市文化特色的延续无疑是最为真实生动的，但由于保护投入和居民对生活质量的追求，保护难度很大。许多旧的街区和建筑随着历史的发展，今天要求它完全按照原来的样子运行已经不太现实。所以，对建筑进行改建，保存外壳更新内部功能的保留"形"而重塑"神"的改造保护模式，成为世界各国普遍采用的思路。由于商业在现代城市中的地位日益重要和其集聚性特征，以及商业活动广泛的包容性和丰富的活跃性，易于实现传统与现代生活之间的交融与传承，商业成为历史建筑功能替换最常见的形式。上海新天地是这一模式的典型。由于很多城市缺乏有价值的旧城区和历史建筑群，但为了提升城市形象，发展旅游业，采用新建街区再现特色的方式，即求"形似"的旧城改造新建模式，这是目前特色街区建设的主流。求"神似"的旧城改造新建模式，就是延续建筑中的"场所精神"，使新建建筑的空间结构与当地人们认同的日常生活行为结构相一致。这正是地方特色作为一个有机整体的表现，延续了城市文化特色。

商业街区利用城市文化遗产进行特色消费空间塑造主要采用上述模式中的两种模式，即保留"形"而重塑"神"的改造保护模式和求"形似"的旧城改造新建模式。前者如上海新天地、南京1912、成都宽窄巷子商业街、杭州清河坊历史街区等，后者如成都锦里商业街、成都琴台路商业街、北京欧陆风情街等。

---

① 侯正华：《"形"与"神"——城市特色街区的四种模式》，《城市规划汇刊》2003年第2期。

　　实践证明，城市特色商业街区确实成为城市旅游景观的亮点，具有地域文化特色的历史文化商业街成为城市名片和当地人常去、游客必去的城市"会客厅"，聚集了人气和商气，传播城市文化，凸显城市特色。但旅游者对由历史街区改造成的特色商业街区的感知是"好恶交织"的。一方面，游客对街区的整体印象较好，大部分游客喜欢这样的街区，认为建筑景观和店铺装饰比较有特色，是一个可以暂时得到休闲放松的地方，让人忘掉日常生活的压力（只是获得不一样的放松，也许并不是要到此了解历史）；可以感受城市里的历史文化景观，让人有一种回到古代的怀旧感觉。所以，虽然很多游客对特色商业街区的文化历史有兴趣，但大部分并不了解街区的历史，他们仍然愿意并乐于在这样貌似有文化的历史场景和地方进行消费。从文化上来说，这是一种价值观和生活方式的认同，其实质上更多属于一种怀旧基础上的消费行为。另一方面，过于商业化的历史街区却难以承担起现代人的心灵归宿之地。在游客心目中，老街区及历史文化街区的性质正在淡化，更多的是作为一个商业旅游文化街区，以游客为主，没有了本地居民日常生活气息和老街区的市井生活气息。在街区文化氛围上，具有更多浓厚的现代时尚文化氛围。尽管老街区基本保持了原有风貌，并按"修旧如旧、落架重修"原则对街区建筑进行重建，但它们仍然被认为是仿古街区。游客还认为，国内大多数的古街区实质上并没有太多区别，有雷同之感。这些特色商业街区过于商业化，文化逐步让位于商业，失去了老街的味道。更多的游客只是将它看作一个现代旅游景观及消费场所，尽管在一定程度上也可以满足游客的怀旧需要，却难以承担起现代人的心灵归宿。对于游客而言，他们消费的只是遗产景观所具有的历史符号，而不是真正的历史。这其实属于一种现代性背景下的怀旧行为，并体现了消费社会对符号的需求。①

---

① 廖卫华：《消费主义视角下城市遗产旅游景观的空间生产》，博士学位论文，暨南大学，2010 年。

第五章　目的地文化展示与旅游形象互动机制

第一节　文化展示与目的地形象

一　影响目的地形象的文化因素

国内外学者对形象影响因素的研究，基本上可包含在 Baloglu 和 Gallarza 等所建立的目的地形象理论框架中，重点关注目的地拉力因素（Stimulus Factors）和旅游者个人推力因素（Tourists' Characteristics）两方面的影响。[1] Beerli 和 Martin 通过一系列与该目的地资源（吸引物）相对应的属性（Attributes）分析目的地形象，[2] 因为形象的建立和发展不能凭空产生，这里属性指目的地资源、服务、设施、氛围、居民态度等方面的个体固有特征。Olivia 认为游客心目中的旅游目的地形象受个体因素与诱导因素影响。[3] Baloglu 和 Mc-Cleary（1999）基于许多领域的综合研究建立了一个目的地形象影响因子模型，发现目的地形象的形成受刺激因素和游客特征的影响。[4] Martina 等总结概括了前人对目的地形象研究中最普遍的形象属性，包括从心理到功能的 20 项属性：各种活动，景观和环境，自然，文化吸引物，夜生活和娱乐，购物设施，信息可获得性，运动设施，交通，住宿，美食烹饪，价格、价值和成本，气候，放松，可达性，安全，社会交往，居民的接纳能力，原始性，服务质量。[5] Beerli 和 Martin（2004）证实了一个影响目的地游后形象形成的不同因素

---

[1] Baloglu, S., McCleary, K. W., A Model of Destination Image Formation. *Annals of Tourism Research*, 1999, 26 (4): 868 – 897.

Gallarza, M. G., Saura, I. G., Garcia, H. C., Destination Image: Towards a Conceptual Framework. *Annals of Tourism Research*, 2002, 29 (1): 56 – 78.

[2] Beerli A., Martin J. D., Tourists' Characteristics and the Perceived Image of tourist Destinations: a Quantitative Analysis – a Case Study of Lanzarote, Spain. *Tourism Management*, 2004, 25 (5): 623 – 636.

[3] Olivia H., Understanding and Measuring Tourist Destination Images. *International Journal of Tourism Research*, 1999 (1): 1 – 15.

[4] Baloglu S., Mc Cleary K. W., A model of destination image formation. Annals of Tourism Research, 1999, 26 (4): 868 – 897.

[5] Martina G. Gallarza, Irene Gil Saura, Haydée Calderón García, Destination, Image, Towards a Conceptual Framework. *Annals of Tourism Research*, 2002, 29 (1): 56 – 78.

的解释模型的有效性，这些因素包括信息源（直接的和间接的）、目的地游前和游后评价、动机、旅游经验的累积和社会人口统计学特征。[1] 张阿琴建立的北京旅游目的地形象因素指标，包括当地交通服务、自然风光、不同风俗（文化）、拥挤程度等 20 项反映目的地特征的指标。[2] 这些研究表明，目的地旅游景观、环境氛围、社会文化和旅游服务等有形和无形因素，都会构成旅游者对目的地的感知，成为目的地形象的影响因素。从目前来看，决定特定旅游目的地形象的要素到底有哪些还未曾探明[3]，但文化因素是一个共同因素。

在形象影响因素的探讨中，学者们都想穷尽所有影响形象的因素，以构建目的地形象维度。作为认知对象的旅游地，包含丰富复杂的认知信息，既有独立物体的、个人的信息，也有大尺度地域景观的、人与人之间的、社会的信息，几乎所有旅游地相关的自然与人文、静态与动态、微观与宏观、表面与隐含信息，以及任何关于旅游地的信息（如图片和文字、话语），都可能被旅游者感知，都可能成为旅游者的认知对象，都可能影响旅游者心目中的旅游地形象。[4] 但旅游者是有选择地感知目的地信息，不可能注意到所有信息。一些研究表明并非所有的形象属性在旅游决策过程中都起到影响作用。[5] 所以，对目的地形象因子的罗列，并没有解决自 20 世纪 70 年代初由 Mayo 提出目的地形象概念以来，国内外目的地形象研究中对于目的地形象的定义和构成维度并无明确共识[6]的问题，也没有形成指导目的地进行形象塑造和形象管理的操作体系。所以，更深入地研究和关注对目的地形象有显著影响的文化因素有重要意义。

在全球竞争背景下，目的地竞争进入品牌竞争时代。只要提及品牌营销，形象塑造就是一切。[7] 从总体趋势看，文化因素对形象塑造的决定作用越来越明显。[8] 因为旅游活动是文化活动，文化是旅游者的重要动机，动机决定了旅游者在目的地要想获得的内容。San 等[9]的研究也表明，目的地的情感性形象主要受个人的动机及文化价值的影响。在现代旅游中，旅游者文化动机正得到明显强化。从已有的研究来看，遗产地旅游者往往有文

① Asunciòn Beerli, Josefa D., Martin, Factors Influencing Destination Image. *Annals of Tourism Research*, 2004, 31 (3): 657 – 681. 转引自吕帅《国外旅游形象研究及其对国内的启示——基于 1996 年～2007 年 TM 和 ATR 所载文献》,《旅游科学》2009 年第 1 期。

② 张阿琴:《北京市国内旅游目的地形象认知模型与发展战略》, 硕士学位论文, 北京第二外国语学院, 2006 年。

③ Tapachai N., Waryszak R., An Examination of the Role of Beneficial Image in Tourist Destination Selection. *Journal of Travel Research*, 2000, 39 (1): 37 – 45.

④ 李蕾蕾:《旅游地形象策划: 理论与实务》, 广东旅游出版社 1999 年版。

⑤ 卞显红、张树夫:《应用有利形象模式衡量旅游目的地形象研究——以西安市与上海市为例》,《人文地理》2005 年第 1 期。

⑥ White, C. J., Destination Image: to See or not to See. *International Journal of Contemporary Hospitality Management*, 2004, 16 (5): 309 – 314.

⑦ 转引自迈克尔·斯尔克、安德鲁·曼利《苏州古城国际旅游研究报告》, 苏州市旅游局、英国巴斯大学, 2014 年。

⑧ 谢元鲁主编:《旅游文化学》, 北京大学出版社 2008 年版第 35 页。

⑨ San M. H., Rodriguez. Exploring the Cognitive – affective Nature of Destination Image and the Role of Psychological Factors in its Formation. *Tourism Management*, 2008 (29): 263 – 277.

化动机，如苏勤等①以西递为例，调查了旅游者的动机，认为西递古村落旅游者的基本动机是游览古民居和了解当地的历史文化与风土人情；周庄旅游者动机调查②表明，周庄旅游者的旅游动机具有多重性和综合性。比较而言，"喜欢古民居的宁静氛围和独特文化""休闲和娱乐、放松精神""游览古民居名胜""了解当地历史文化""了解当地风土人情"5项旅游动机是符合绝大多数旅游者的普遍动机。同时，文化展示已经全球化，越来越多的地方致力于文化展示，通过构建可欣赏和可参观的环境吸引游客。目的地本身是一个文化嵌块体，除自然因素外，目的地的所有特征都可以划分为不同类型的文化，反映目的地发展中人们在自然本底上创造的物质财富与精神财富。显然，现代旅游中文化因素是影响目的地形象的重要因素。文化以符号来表征，旅游者通过对目的地文化景观和文化旅游活动的感知形成目的地形象。所以，目的地文化展示过程实际上就是目的地形象的建构过程。目的地发展过程中文化是动态发展的，发展变化是有规律的，探讨文化展示与目的地形象构建的关系，对进一步研究目的地形象与影响因素之间的关系具有重要的理论意义，对于指导目的地进行基于魅力形象塑造的文化展示有重要的现实意义。

二 目的地形象建构

在目的地形象构成研究方面，Gunn首次明确地将目的地形象分为原生形象（Original Image）和引致形象（Induced Image）两类。个体通过教育或非商业营销性质公众传媒、大众文化、文献等信息源形成的目的地印象是原生形象；受目的地有意识的促销、广告、宣传推动影响产生的形象是引致形象。在此基础上，Fakeye和Crompton进一步将形象分为三类：原生形象、引致形象与复合形象。除上述两类外，第三类是旅游者到目的地实地旅游后，通过自己的经历，结合以往的知识形成的一个更综合的复合形象（Compound Image）。③ 我国学者提出了与上述概念相似的形成阶段的本底感知形象、决策感知形象和实地感知形象。④ 实地感知形象通过两个方式影响目的地本底感知形象。一是旅游者重游时原来的实地感知形象将转化为目的地本底形象，二是通过口碑效应影响目的地的本底感知形象。这三类形象相互影响，相互作用，形成形象循环链，即本底感知形象→决策感知形象→实地感知形象→本底感知形象。对已出游游客而言，旅游经历的作用往往比各种信息资源的作用都大；对潜在游客而言，信息源的作用则较大。⑤ 由实地感知形象产生的口碑是形成下一次本底感知形象的主要信息来源。因此，实地感知形象在形象形成循环路径中极其重要。国内学者对旅游形象的研究主要集中于形象设计与策划方面，而关于游客对目

---

① 苏勤、曹有挥、张宏霞等：《旅游者动机与行为类型研究——以世界遗产地西递为例》，《人文地理》2005年第4期。

② 苏勤、林炳耀：《基于态度与行为的我国旅游地居民的类型划分——以西递、周庄、九华山为例》，《地理研究》2004年第1期。

③ Fakeye P. C. , J. L. , Crompton, Image Differences between Prospective, First - time, and Repeat Visitors to the Lower Rio Grande Valley. *Journal of Travel Research*, 1991, 30（2）：10 - 16. 转引自杨永德、白丽明《旅游目的地形象概念辨析》，《人文地理》2007年，第5期。

④ 李蕾蕾：《旅游地形象策划：理论与实务》，广东旅游出版社1999年版，第60页。

⑤ 文春艳、李立华、徐伟等：《旅游目的地形象研究综述》，《地理与地理信息科学》2009年第6期。

的地旅游形象感知的调查分析尚嫌不足，应当加强对游客感知形象的研究。① 本研究探讨的正是目的地实地感知形象的构建。

"社会建构主义"（Social Constructionism）是目的地形象建构的理论基础之一。它是对 20 世纪七八十年代以来出现的一些理论流派的概括，强调知识与社会现实的建构性。建构主义主要有以下立场和特点。②

根据史基万特（Schwandt）的论述，建构主义有两个基本理论立场。在本体论上，建构主义认为，并不存在一个独立于人的思维活动或符号语言的"唯一的""真实的"世界，现实世界是人的解释或建构的产物，而这种解释具有不同的"版本"。因此，现实是多元的、具有弹性的。在认识论上，建构主义认为，知识的效度（正确性或真理性）并不在于它是对独立存在的现实世界的符合或真实摹写。相反，知识是某个特定视角的产物。

在社会学家波尔（Burr）看来，建构主义主要有以下特点。第一，建构主义是反本质主义（Anti‑Essentialism）的。无论是人的"本质"，还是某一事物的"本质特点"，都是被建构出来的。第二，建构主义是反现实主义（Anti‑Realism）的。在建构主义看来，人们建构了不同版本的"现实"，而知识的获得和产生则来源于不同视角和不同利益取向。第三，建构主义认为，任何形式的知识都是具体历史条件和文化背景下的产物。第四，建构主义认为，语言是思想的前提。而人们思维的方式、理解世界的概念框架都是由人们使用的语言所提供的。第五，建构主义认为，语言是社会行动的一种形式，也就是说，当人们互相交谈的时候，人们也在建构某个事实或世界。第六，建构主义强调社会互动和社会实践。第七，建构主义强调过程而不是结果。

伯格（Berger）与拉克曼（Luckmann）在《现实的社会建构》一书中提出，所有的社会现象或社会现实是人们通过社会实践创造并延续的。因此，研究社会现象和社会现实的建构过程是最重要的。

根据建构主义的观点，旅游形象的塑造过程是典型的社会建构过程。首先，影响旅游者实地感知形象的目的地因素就是由当地政府、旅游开发商、旅游研究机构和当地居民等多方共同建构的。城市设计了"第一印象"区、"最后印象"区、游览区、活动区、作为名片的城市"会客厅"，以及串起这些文化展示区域的景观大道、步行道、车道、绿道和水道等，让游客的目的地游览活动有序进行，希望旅游者游览完成后形成的印象与目的地设计的形象相符。开发商则根据旅游市场需求的变化进行经营项目的选择，挖掘和展示文化，开发具有市场需求价值的旅游产品，形成目的地旅游形象感知的重要组成部分。当地居民保持的特有的传统文化活动、对旅游者的友善态度等，是目的地旅游环境氛围的重要来源，是旅游形象的重要影响因素，与目的地的整体形象高度相关，也建构了目的地形象。其次，影响旅游者本底感知形象的重要信息来源是目的地营销活动建构的。网络是旅游者主动收集目的地信息的重要工具，目的地网络营销在国内外广泛应用。目的地营销网

---

① 吕帅：《国外旅游形象研究及其对国内的启示——基于 1996 ~ 2007 年 TM 和 ATR 所载文献》，《旅游科学》2009 年第 1 期。

② 马凌：《旅游社会科学中的建构主义范式》，《旅游学刊》2011 年第 1 期。

站对信息的构建方法主要有：按照顾客的思维和浏览行为设计网页内容；用丰富完善的信息，增强顾客消费的安全心理感受；为潜在旅游者精心设计目的地完整的旅游体验方案；用绝妙的语言建立相互沟通信任和合作的基础等。① 经过这样加工和整理的信息，为旅游者建构了发射性目的地形象。在自媒体时代，除了网络营销外，很多目的地旅游管理机构和旅游景区采用微信、微博进行营销，也是对目的地形象的构建。最后，在目的地的旅游活动是游客感知目的地形象的重要部分。然而，目的地旅游活动也是被建构出来的。即使目的地很多景点可以自由参观游览，但通过旅游指南、旅行社线路推荐等，在旅游者到达目的地之前就已经决定了要游览的景点。从游客实际游览的景区景点来看，在游记中目的地代表性景区景点是重点游览的对象，这些景区景点是目的地作为重要吸引物加以宣传的。可见，目的地形象的建构性是显著的。

目前，文化展示成为目的地构建形象的普遍方式。无论城市还是乡村，都会展示自己特有的文化，构成独特的氛围，形成旅游吸引力。很多主题公园通过展示文化，围绕文化体验设计游乐和娱乐产品。各城市致力于打造的特色商业街区，也都试图利用城市的历史文化资源构建街区的符号，提高街区的品位。能被直接转化为旅游产品的文化，更是被挖掘出来加以利用，如地方的餐饮文化，音乐、舞蹈等艺术形式。就连远离城市的自然环境，也在进行文化展示以吸引旅游者的访问。

从旅游者的角度看，目的地形象是在旅游者心中建构的。因为目的地形象被证实为一种心理模式，② 是旅游者对目的地认知而形成的印象。

第二节　基于文化影响因子的目的地形象演变

一　生态位理论及其运用

生态位理论是生态学中最重要的理论之一，生态位理论在种间关系、生物多样性与稳定性、群落结构及其演变、种群变化等生态学领域得到了广泛应用，③ 现已广泛应用于社会科学研究领域，在企业管理和城市发展研究中应用较多。近年来，生态位理论也逐步深入旅游研究领域，研究范围不断拓展。一些学者从理论上研究了旅游生态位、旅游地生态位和旅游资源生态位，如祁新华等在研究生态位概念的基础上，提出旅游生态位概念，阐述了旅游生态位的原则和规律。④ 邹仁爱等引入生态学中的生态位理论，阐述旅游地生态位的竞争原理和演变规律，并对区域旅游在协调开发过程中应该采取的生态位策略进行了探讨。⑤ 另一些学者在生态位相关理论的应用研究上作了探讨，如向延平以武陵源风景区

① 邓明艳、罗佳明：《英国旅游目的地网络营销信息构建及启示》，《商业研究》2008 年第 4 期。
② 卞显红、张树夫：《应用有利形象模式衡量旅游目的地形象研究——以西安市与上海市为例》，《人文地理》2005 年第 1 期。
③ 邬建国：《生态学范式变迁综论》，《生态学报》1996 年第 5 期。
④ 祁新华：《基于生态位理论的旅游可持续发展策略》，《生态经济》2005 年第 8 期。
⑤ 邹仁爱等：《旅游地生态位的概念、原理及优化策略研究》，《人文地理》2006 年第 5 期。

为例，分析武陵源风景区与张家界市旅游收入生态位、旅游流生态位变化情况，研究武陵源风景区旅游与张家界市旅游之间存在的发展关系；① 高莉等以山东省 10 地市为例，对区域旅游城市的竞合态势进行测评，并进一步探讨了各城市的优劣势及发展潜力；② 王兆峰提出旅游产业集群生态位概念，分析了旅游产业集群生态位的变迁特征，提出我国旅游产业集群生态位的选择策略。③ 在旅游文化研究中生态位理论也得到应用。胡远航针对城市的创意产业，提出产业内生态位和外生态位的发展对策分析框架，指导城市创意产业支持环境的建设和创意产业的重点方向选择；④ 陈红梅等构建了区域旅游城市文化生态位维度，包括旅游资源维、旅游经济维、社会人文维、旅游环境维 4 个维度，以河北省 10 个优秀旅游城市为例进行了测评。⑤

1917 年，美国生态学家 Grinell 第一次使用"生态位"（Niche）一词，明确定义生态位是：恰好被一个种或一个亚种占据的最后分布单位（Ultimate Distributional Unit）。1927 年，动物生态学家 Charles Elton 强调物种在群落营养关系中扮演的角色，并且认为"一个动物的生态位表明它在生物环境中的地位及其与其他食物和天敌的关系"。1957 年，Hutchinson 从空间、资源利用等多方面加以考虑，并对生态位概念进行数学抽象，提出所谓的"n 维超体积"生态位（n - Dimensional Niche）。尽管对生态位定义有不同见解，但大多数人还是接受了 Grinell 的空间生态位（Space Niche）、Elton 的营养生态位（Trophic-niche）以及 Hutchinson 的 n 维超体积生态位（n - Dimensional Niche）概念。⑥ 各种定义，都包含这样一个基本思想，即生态位是生物单元在特定的生态系统中与环境及其他生物单元相互作用所形成的相对生态地位和作用。⑦

生态位理论的基本内容包括：生态位扩充与压缩理论、生态势理论、生态位态势理论及分析方法、生态位重叠和竞争排斥理论、生态位适宜度分析方法。生态位理论和方法对于社会系统、经济生态系统的研究具有重要意义。⑧

生态位包含两个方面：一是生物单元的"态"，就是生物单元的状态（能量、生物量、个体数量、资源占有量、适应能力、智能水平、经济发展水平、科技发展水平等），是过去生长发育、学习、社会经济发展以及与环境相互作用积累的结果；二是生物单元的"势"，是生物单元对环境的现实影响力或支配力，如能量和物质变换的速率、生产力、增长率、经济增长率、占据新生境的能力。"态"和"势"这两个方面的综合体现了特定生物单元在生态系统中的相对地位与作用。从个体到生物圈，无论是自然还是社会中的生物单元，都具有态和势两个方面的属性，即任何生物都以特定的状态存在于自然界，并对周

① 向延平：《基于生态位理论的旅游发展关系分析——以武陵源风景区为例》，《经济地理》2009 年第 6 期。
② 高莉、何佳荣：《基于生态位理论的区域旅游竞合模式研究》，《珠江现代建设》2009 年第 2 期。
③ 王兆峰：《旅游产业集群的生态位策略研究》，《人文地理》2009 年第 1 期。
④ 胡远航：《基于生态位理论的南宁文化创意产业发展对策》，《广西民族大学学报》（哲学社会科学版），哲学社会科学专辑，2007 年。
⑤ 陈红梅、郭伟：《基于生态位理论的区域旅游文化测评研究》，《统计与决策》2009 年第 9 期。
⑥ 祁新华等：《基于生态位理论的旅游可持续发展策略》，《生态经济》2005 年第 8 期。
⑦ 邹仁爱、陈俊鸿、陈绍愿等：《旅游地生态位的概念、原理及优化策略研究》，《人文地理》2006 年第 5 期。
⑧ 胡春雷、肖玲：《生态位理论与方法在城市研究中的应用》，《地域研究与开发》2004 年第 2 期。

围的环境产生相应的影响。[①]

生物单元的生态位可用下列公式测定：

$$N_i = (S_i + A_iP_i) / \sum_{j=1}^{n} (S_j + A_jP_j) \tag{1}$$

其中，i，$j = 1$，2，$\cdots$，n，N_i 为生物单元 i 的生态位，S_i 为生物单元 i 的态，P_i 为生物单元 i 的势，S_j 为生物单元 j 的态，P_j 为生物单元 j 的势，A_i 和 A_j 为量纲转换系数。

生物单元态和势的变化规律。由于生物单元本身和环境在不断变化，生物单元的生态位处于动态变化之中。生物单元的态随着时间的变化一般呈"S"型逻辑斯蒂曲线，而势的变化则呈"钟"型曲线，是态的变化速率。在一定的环境条件下，生物单元的态制约着它的势，即态是势的基础。相反，生物单元的势又促进其态的转化，即从一种状态变化成另一种状态。

生态位扩充和压缩。生物都有无限增长的潜力，当其所处的环境有利时，这种潜力便得以发挥，以不可阻挡的力量增长、繁荣和进化；当其所处的环境条件不利时，这种潜力便受到不同程度的限制，表现为减少、衰退甚至灭绝。把由于生物单元无限增长的潜力所引起的态和势的增加称为该生物单元生态位的扩充。生物的发生发展过程即是其生态位扩充的具体体现。在生存资源得到满足的条件下，种群、群落、生态系统甚至生物圈中所有的生物都将随着时间的推移不断地提高其态势，表现为个体的生长、种群的增长、群落演替、生态系统和生物圈的演化、生物的进化和人类社会的进步。自然和社会中的生物单元都具有扩充生态位的属性，这是生命系统所固有的。

一般来说，生物单元生态位的扩充是环境限制下的扩充。自然条件下总是存在着各种各样的环境限制，任何种群的增长都是有限的，是在环境容纳量内的扩充。所以，生态位的变化曲线是逻辑斯蒂曲线。但当生物单元以某种途径突破环境限制因素后，生态位将进入一个新的增长周期。自然生物体的生态位是生物与其生长自然环境之间相互作用形成的，是自然选择的结果。由于自然环境的变化和波动相对较小，因而生物生态位具有一定的稳定性。人文生态系统生态单元的生态位由竞争行为决定，是人文系统主动选择的结果。由于人文环境波动和变动较为剧烈，因而人文生态单元生态位的动态变化更为明显，突破限制性因子扩充生态位的动力更强，生态位的变化曲线表现为波浪式上升的逻辑斯蒂曲线。这一特点为人文生态单元生态位的控制和优化提供了可能。

生态位的扩充是生物圈演变的动力，是生命系统发展的本能属性，是推动生态系统由低级向高级、由简单到复杂演化的动力机制。任何生物都有无限扩充其生态位的潜力，试图占据更大的生存和发展空间，发挥更大的生态作用，对环境产生更大的影响。

当生态单元在竞争中失利，原有的生存空间被更强大的生态单元挤占，或者由于原有的生存资源萎缩，导致生态单元自身生存空间缩小，生存与发展机会受到巨大威胁时，生态单元增长潜力降低，导致生态单元的态和势减少，这种现象被称为生态位压缩。

目的地文化景观生态系统属于人类复合生态系统的一部分，与生物生态系统的结构和

---

① 朱春全：《生态位态势理论与扩充假说》，《生态学报》1997 年第 5 期。

特征极其相似（见表 5 - 1）。每一个文化生态单元都是复合生态系统中的一个"物种"，它既需要来自环境的各种供给、占用环境中的各种资源，同时也面临来自其他文化生态种群的竞争。因而，引入生态位理论研究目的地文化景观生态系统的动态演变机制是可行的。

表 5 - 1　　　　　　生物生态系统与目的地文化景观生态系统的相似性

相似性	相似因素	生物生态系统	目的地文化景观生态系统
结构 相似性	组成要素	生物体（物种、种群）、自然环境	文化景观单元（斑块、廊道、基质）、自然环境
	丰富性	生物多样性，有不同种类和功能的物种	文化多样性，不同种类和功能的文化生态单元
	内部关系	生物与生物之间、生物与环境之间	文化生态单元之间，文化生态单元与环境之间
	整体性	以生物为主体，生态系统各组成部分相互作用和相互影响，通过食物链网构成一个整体	斑块、廊道和基质相互联系、相互作用，通过旅游流形成目的地整体形象
	关键种	优势物种维持系统平衡	主导文化因子主导目的地旅游形象
	开放性	开放系统，物质、能量和信息交换	开放系统，人、财、物、资金和信息交换
	层级系统	生物体、种群、生物群落、自然生态系统	文化景观单元、文化景观群落、文化景观生态系统
特征 相似性	环境影响	自然选择、适应性	人为选择，适应环境
	自适应	一定的自适应性	一定的自适应性
	动态性	处于动态的生态平衡中	保持动态稳定
	动态特征	发生、形成、发展、进化	产生、形成、发展、演变
	空间结构	捕食、共生、竞争、寄生	影区、共生、竞争、寄生
	生命周期	诞生、成长、成熟、死亡	发展期、巩固期、停滞期、衰落或复苏期

资料来源：向延平：《旅游地的类生命特征研究》，《中国人口·资源与环境》2008 年第 2 期。经修改。

二　目的地旅游文化生态位与形象演变

（一）旅游文化生态位维度和影响因素

根据生态学中关于生态位的定义，目的地旅游文化生态位是文化景观单元在目的地文化生态系统中与环境及其他文化景观单元相互作用过程中所形成的相对生态地位和作用。探讨生态位变化引起的生态系统演化，首先要确定生态位的维度。

生态学上维度是一个重要概念，所有影响生物有机体的条件和资源都可被当作一个维度。生态位维度就是作用于生物的生态因子和非生态因子的个数。[①] 考虑对旅游文化的生存、竞争和发展的重要影响，本研究主要选择旅游文化资源价值、市场需求、发展环境等相关变量指标组成目的地旅游文化生态位（见图 5 - 1）。其中，旅游文化资源价值是旅游文化生态位的生存发展基础，体现旅游文化生态单元在生态系统中的功能地位，属于营养

[①]　向延平：《基于生态位理论的张家界市旅游市场策略选择》，《农业现代化研究》2009 年第 5 期。

生态位；市场需求是旅游文化生态单元发展的动力，体现旅游文化生态单元在生态系统中的市场地位，属于空间生态位；发展环境是发展支撑力，可反映旅游文化生态单元发展顺序，体现旅游文化生态单元在生态系统中的发展地位，属于时间生态位。在旅游文化生态位三个变量中，资源价值决定它的市场需求和发展环境。

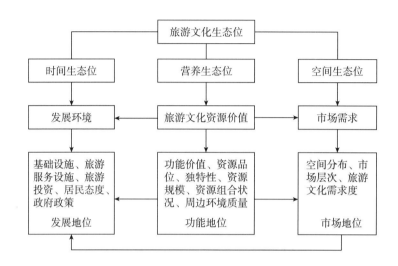

图 5 - 1　旅游文化生态位维度和影响因素

在旅游文化资源价值部分，包括功能价值、资源品位、独特性、资源规模、资源组合状况和周边环境质量等，反映旅游文化资源对旅游者的吸引力和本身的效用价值。旅游文化资源的观赏游憩使用价值、历史文化科学艺术价值和娱乐康体价值等属于其功能价值，功能价值是旅游文化资源得以利用的基础和前提。资源的品位指旅游文化资源的等级、影响力和独特性。等级越高，稀缺性越高，影响力越大，资源的品位越高，开发层次越高，吸引力越大，市场吸引层次越完整。在目的地趋同开发现象突出的现代旅游中，独特性是旅游文化资源最大的价值和潜力所在。独特性即是稀缺性，拥有独特性的旅游文化资源在环境资源竞争中具有超常的优势，因而具有较大发展态势。旅游文化资源的规模越大，观赏游览的价值越大，就越具有开发价值。那些具有"世界第一"面积或高度的文化景观往往成为目的地的标志性景观，也成为各个层次旅游者必游的景点。在旅游需求多元化时代，旅游文化资源的组合状况也很重要。单一的旅游文化资源往往不能满足旅游者多样化文化体验，相反，类型结构多样化的文化旅游资源更受现代旅游者欢迎，也更具有开发价值和潜力。周边环境质量是文化旅游资源生存环境质量的重要指标。如果周边环境遭到破坏，文化资源就成为一个孤岛式的文化遗迹，资源价值大打折扣。一些世界遗产被世界遗产委员会从《世界遗产名录》上除名，就是因为周边环境遭到破坏。

在市场需求部分，包括客源市场的空间分布、层次和旅游文化需求度，体现旅游文化在旅游市场上的地位、作用和发展潜力。客源市场空间可分为国内市场和国际市场，国内市场又可进一步划分为周边市场和远程市场，国际市场也可进一步分为区域市场和远程市场。每一个市场都包括大众旅游和中高端旅游两个层次。文化的市场需求度随旅游者的消费偏好和体验变化呈现动态发展的特征。在观光旅游时代，旅游者满足于对名山大川、大型文化遗产和古村古镇的观光游览，这些旅游景观代表的理性文化受到市场的追逐，市场需求度较大。在观光旅游向休闲度假旅游转变的过程中，代表感性文化的休闲娱乐文化正在迅速发展，并成为旅游文化未来发展的趋势，休闲娱乐文化的市场需求度明显增加，在旅游市场中的地位越来越大。

在发展环境部分，包括基础设施、旅游服务设施、旅游投资、居民态度和政府政策等目的地社会经济背景。基础设施关键是要通过良好的规划，适应旅游文化资源的开发。旅游服务设施的数量、分布和等级都是影响旅游文化资源开发的重要因素。居民是目的地旅游环境不可缺少的要素，对形成目的地环境的独特氛围有重要意义。此外，居民对开发旅游文化资源的态度对客源市场有较大影响。地方政策对旅游文化资源开发的影响体现在支持或者限制上。地方政府在吸引旅游投资、融资、财税和土地等方面给予很多优惠政策，将提高旅游文化的市场竞争力。当地方政策优先发展某类文化产业时，该产业的文化生态位将获得迅速提高，发展潜力也将被挖掘出来。

（二）旅游文化生态位变迁与目的地形象演变

旅游文化生态位影响因素是动态变化的，旅游文化生态单元的生态位相应也处于动态变化之中。与自然生物单元相比，旅游文化生态单元的生态位变动更加明显，且带来整个目的地文化景观生态系统的变化，从而引起目的地形象演变。

根据生态位变迁理论，旅游文化生态单元生态位变迁的两个方向是生态位扩充和生态位压缩。生态位扩充来自时间生态位、空间生态位和营养生态位的扩充，即旅游文化生态单元文化资源价值、市场需求和发展环境的提高。其中，文化资源价值提高是基础，它影响市场需求和发展环境的提高；市场需求的提高是生态位扩充的动力，它最终决定发展顺序的提高，继而才能实现资源价值；发展环境反映了旅游文化生态单元的资源价值，为文化资源价值的实现提供支撑，但市场需求的提高才能推动发展环境向好。可见，旅游文化生态位扩充的根本在于市场需求的提高，即提高旅游文化生态单元的空间生态位。就是说，当旅游市场消费出现新的文化热点时，目的地会挖掘开发相应的文化资源，地方政府将以各种措施支持这种旅游文化资源的开发，使这种旅游文化生态单元生态位得以扩充；或者当旅游文化资源的市场空间被拓展，旅游文化生态单元生态位也得到扩充。与生态位扩充相反的变迁是生态位压缩。当旅游文化资源本体或环境遭到破坏时，市场潜力需求将下降，发展潜力将消失，旅游文化生态单元生态位压缩；当旅游市场需求转向，目的地文化生态系统内其他文化生态单元市场崛起，某种旅游文化空间生态位压缩，导致这种旅游文化生态单元生态位压缩。

目的地文化景观生态系统中主导文化因子演替是旅游文化生态位变迁引起目的地形象演变的关键。根据景观生态学原理，生态位体现了生物单元在生态系统中的作用，生态位变迁导致生物单元在系统中的作用和地位的变化，必然出现生物群落中优势物种的演替，带来生物生态系统功能和外貌的演变。旅游文化生态系统由不同的文化生态单元组成，它们以竞争、共生、寄生和影区关系存在，共同维持着系统的平衡和发展。就像生物群落中的优势物种一样，旅游文化景观生态系统中也必定存在着某种主导文化生态单元，占据较大的生态位，发展态势强劲，在系统中发挥较大的影响作用，主导系统的功能，成为旅游者感知目的地形象的主导文化因子，从而主导目的地的形象建构。① 当原来的主导文化因子资源价值下降，或发展环境下降，或旅游市场需求发生趋势性变化，目的地旅游功能发生转向时，主导文化生态单元因为市场地位被削弱，发展序位下降，生态位被压缩，就转变成背景文化生态单元。其他展示程度大、生态位扩充突出的文化因子随即取而代之成为新的主导文化因子，系统的主导文化因子发生演替。从系统内部看将会导致旅游文化生态系统功能转向，从系统外部看将会引起目的地形象发生变化。虽然背景文化生态单元在旅游文化生态系统中的地位和作用下降，不再主导旅游文化生态系统的主要功能，但文化生态位依然较高、在系统中的影响力依然较大，它仍然是目的地旅游的重要价值和目的地吸引力的重要来源，能聚集大量的旅游客流，与新的主导文化生态单元形成共生关系。除主导文化生态单元和背景文化生态单元外，旅游文化生态系统中还有一般文化生态单元。一般文化生态单元的作用是丰富旅游文化生态系统的文化内涵，为旅游者提供多种文化体验，提高目的地的旅游价值。当一般文化生态单元符合旅游需求发展趋势，受到各方面环境条件支持，逐渐占据旅游市场重要地位时，其生态位得到极大的扩充，就可能上升为主导文化生态单元，目的地旅游文化生态系统将呈现新的功能和新的形象。②

旅游目的地从观光旅游向休闲度假旅游转变的过程，就是目的地旅游文化生态位变迁、主导旅游文化生态单元演替、系统功能和目的地形象演变的过程。在观光旅游阶段，目的地旅游文化生态系统生态单元类型不多，主要是名山大川，或者是名胜古迹、古村和古镇，其他还有当地风俗、美食、娱乐和节庆等。其中，历史文化和名山为代表的文化单元是主导文化生态单元，是目的地吸引力的来源，20 世纪我国的热点旅游目的地几乎都是拥有著名古迹遗址的历史文化名城或者拥有名山大川的风景胜地。其他的一般文化单元较少。目的地旅游文化生态系统的主要功能是满足旅游者游览观光和增长见识，目的地旅游形象是历史文化名城观光形象。其中，北京、西安、南京和成都等是典型代表。随着社会经济的不断发展，旅游者的需求越来越多元化，不仅要见识异地的风光，更要全面接触目的地的人、事和物，体验目的地的独特文化，满足健康、购物、运动和研学等休闲需求，还要享受各种文化旅游活动带来的轻松愉悦，从而使身心焕发新的生机。顺应旅游市场需求的变化，目的地逐步开发当地的其他文化资源，或引进开发其他文化资源，如博物馆、娱乐性主题公园等。旅游产品的丰富，使目的地文化生态单元类型丰富起来，目的地旅游文化生态单元生态位的平衡被打破，一些文化生态单元生态位迅速扩充，另一些文化生态单元生态位扩充势头减弱。这样，满足多种体验的城市旅游兴起，一些休闲娱乐项目

① 邓明艳：《旅游目的地文化展示与形象管理研究——以峨眉山—乐山大佛世界文化与自然遗产地为例》，博士学位论文，华中师范大学，2012 年。
② 邓明艳：《旅游目的地文化展示与形象管理研究——以峨眉山—乐山大佛世界文化与自然遗产地为例》，博士学位论文，华中师范大学，2012 年。

使单一的景区观光旅游得到改善，加上城市基础设施、旅游设施和城市人居环境的改善，目的地的旅游功能和形象出现转换的迹象，即从观光向休闲度假转变。

成都市旅游发展正在经历这样的转变。成都市旅游资源丰富，不仅有世界遗产景区，还有很多迷人的山水自然风光和著名的人文古迹，以及众多发展休闲旅游的美食文化和茶馆文化。然而，在"十二五"时期，成都市旅游产品体系尚不完善，旅游产品结构以传统观光旅游为主导，休闲产品缺乏多元性，度假产品体系尚不完善。特别是缺乏世界级休闲度假产品、都市旅游产品，商务会议旅游、会展旅游、医疗旅游等专项旅游产品处于初步发展阶段。[①] 随着休闲时代休闲需求的发展，完善旅游产业要素，健全旅游保障体系，加大市场开发力度，成都休闲旅游文化日益突出，休闲度假功能越来越强大，成都"休闲之都"的旅游形象开始显现。2016 年成都市国内旅游抽样调查报告显示，[②] 游客不仅偏爱成都市的山水风光类景区（青城山、天台山等）和文物古迹类景区（都江堰、武侯祠、金沙遗址等），还对动物资源类、娱乐类、饮食文化类、健康疗养类等休闲资源感兴趣（见图 5 - 2）。再从国内游客到成都旅游的主要目的是休闲度假（46.91%）和观光游览（40.53%）（见图 5 - 3）来看，成都旅游功能正在从观光旅游向休闲度假转变，休闲城市的形象正在形成。

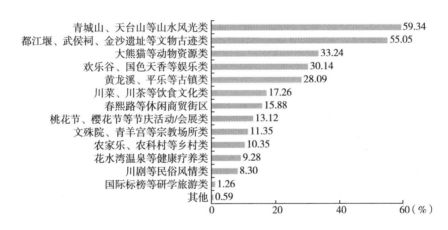

图 5 - 2　2016 年国内游客对成都市旅游资源感兴趣情况

随着人类步入休闲时代，休闲需求成为未来市场的发展趋势，休闲文化也将主导目的地旅游文化生态系统的功能和形象。目前，一些发达国家已提前进入休闲时代，休闲与国民经济和人民的生活紧密相关。据美国有关部门统计，美国人 1/3 的时间用于休闲，1/3 的收入用于休闲消费，1/3 的人在休闲产业就业，1/3 的 GDP 来源于休闲产业。当前我国已具备大力发展休闲产业的基本条件。按全球休闲发展的一般规律，当一个国家人均 GDP

① 成都市旅游局：《成都市旅游业发展"十三五"规划》，成都旅游政务网，http：//www.cdta.gov.cn/show - 25 - 28200 - 1.html.

② 成都市旅游局：《2016 年成都市国内旅游抽样调查报告》，成都旅游政务网，http：//www.cdta.gov.cn/show - 65 - 27805 - 1.html.

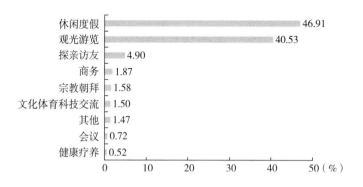

图 5-3 2016 年国内游客来成都市主要目的分布情况

达到 3000—5000 美元时，就将进入休闲旅游消费爆发性增长阶段。世界银行于 2019 年 6 月发布的数据显示，我国 2018 年人均 GDP 达 9800 美元，[①] 已具备快速发展休闲消费的经济基础。我国居民闲暇时间接近中等发达国家水平，公休时间达 115 天，劳动者另有 5—15 天带薪休假。此外，国民休闲意识日益普及，城乡居民旅游休闲需要日益增长，为大力发展休闲旅游提供了必要条件。因而，休闲旅游发展得到国家高度重视。2007 年《政府工作报告》首次提出要培育休闲消费热点；2009 年，国家旅游局要求包括山东、广东、江苏等在内的经济发达省份率先启动"国民休闲计划"试点工作，标志着国民休闲已上升至国家战略高度。为了促进旅游休闲产业的供给和健康发展，建设国民旅游休闲体系，国务院办公厅 2013 年印发《国民旅游休闲纲要（2013—2020 年)》，提出我国旅游休闲发展目标：到 2020 年，城乡居民旅游休闲消费水平大幅增长，国民旅游休闲质量显著提高，与小康社会相适应的现代国民旅游休闲体系基本建成。[②] 2014 年，《国务院关于促进旅游业改革发展的若干意见》提出，积极发展休闲度假旅游。在城乡规划中要统筹考虑国民休闲度假需求，营造居民休闲度假空间。[③] 2015 年，《国务院办公厅关于进一步促进旅游投资和消费的若干意见》要求大力开发休闲度假旅游产品。国家发改委联合国家旅游局于 2016 年 12 月 14 日发布《关于实施旅游休闲重大工程的通知》，要求不断完善旅游基础设施和公共服务体系，丰富旅游产品和服务，迎接正在兴起的大众休闲旅游时代。[④] 此外，休闲度假也是旅游投资的重要趋势。国家旅游局发布的《2016 中国旅游投资报告》指出，我国未来旅游投资的重要领域有 10 个方面。其中，绝大部分与休闲度假旅游直接相关，如与休闲农业相融合的休闲农庄、乡村精品民宿等；休闲度假产品建设包括特色旅游小

---

① 世界银行：《2018 年全球 GDP 为 85.791 万亿美元，人均为 1.13 万美元》，新浪网，http://www.sohu.com/a/155835661_826258。

② 《国务院办公厅关于印发国民旅游休闲纲要（2013—2020 年）的通知》，中国政府网，http://www.gov.cn/zwgk/2013-02/18/content_2333544.htm。

③ 《国务院关于促进旅游业改革发展的若干意见》（全文），人民网，http://politics.people.com.cn/n/2014/0821/c1001-25510494.html。

④ 《国家发改委、国家旅游局关于实施旅游休闲重大工程的通知》，人民网，http://travel.people.com.cn/n1/2016/1214/c41570-28949612.html。

镇、旅游度假区、特色商业街区等；文化旅游产品方面包括艺术中心、主题公园和大型演艺项目等；体育旅游产品方面包括体育节庆活动、参与性体育赛事和竞技性体育赛事等；康养旅游产品方面包括中医药养生基地、养生度假基地和老年旅游产品等；研学旅游产品方面包括主题博物馆、研学基地和休闲书屋等。[①]

在市场、政府和旅游投资三方面的推动下，我国进入休闲社会的步伐大大加快，将涌现出许多休闲城市、休闲城镇和休闲乡村，邮轮游艇、海上运动、康体保健、体育休闲、文化娱乐、森林生态、露营房车等休闲新业态将得到发展，休闲产品体系将得到完善。所以，在未来目的地旅游文化生态位的变迁中，休闲文化生态位扩充态势明显，并将成为目的地文化生态系统的主导文化生态单元，观光旅游阶段的主导文化生态单元，如风景名胜区、文化遗迹等，将转化为背景文化生态单元，目的地的旅游功能将更多地由休闲文化生态单元主导，除满足旅游者观光外，更多满足旅游者康体保健、休闲娱乐、体育健身、启智益智和文化交流等需求，推动目的地向休闲度假旅游方向发展，实现目的地休闲度假旅游形象塑造。

下面采用逆向推理逻辑思路，通过三个案例地的实证研究，证明前面分析得出的目的地文化展示引起旅游形象演变的机制（文化展示→文化生态位变迁→主导文化因子演替→旅游形象演变）。首先历时性分析目的地形象演变过程与文化因子地位演替的关系，再分析相同时段目的地主要旅游文化生态位变迁引起的主导义化因子演替是否与旅游形象演变相一致，最后分析现阶段主要文化因子对目的地旅游形象的影响情况，考察主导文化因子是否是影响当前旅游形象的最重要文化因子，从而证明目的地文化展示背景下旅游形象演变机制。

第三节　实证研究：丽江世界遗产地文化展示与旅游形象演变

一　丽江旅游形象演变

（一）研究方法

1. 思路

将丽江旅游发展分为四个阶段，分别为 1978—2000 年（第一阶段）、2001—2005 年（第二阶段）、2006—2010 年（第三阶段）和 2011—2016 年（第四阶段）。[②] 采用文本分析方法，基于游客点评网站选取游客游记作为分析材料。其后使用 ROST Content Mining 内容挖掘软件，通过提取描述丽江旅游的高频特征词，解析各阶段游客对丽江旅游形象的感知结构与特征，探讨丽江旅游形象动态演变过程。并通过情感分析，了解游客对丽江旅游

---

① 国家旅游局：《2016 中国旅游投资报告》，国家旅游局网站，http：//www. cnta. gov. cn/xxfb/jdxwnew2/201705/t20170521_ 826104. shtml。

② 因丽江游记收集时间为 2017 年 5 月，所以将 2016 年作为丽江旅游发展阶段的时间截止点。

整体形象评价,探测丽江旅游形象演变。鉴于网络游记出现的时间局限性,这里主要探讨丽江旅游后三个阶段形象的演变,第一个阶段采取文献溯源探究。

2. 数据采集与处理

首先,进行数据采集。由于国内旅游网站普遍起步较晚,结合研究时间所需,故选择起步较早的携程网和影响力较大的马蜂窝旅游网进行游记的采集。在遵循信息完整性、游记无重复性、时间对应性的原则下,于2017年5月31日对后三个阶段分别收集60篇有效游记,共计180篇。每个阶段的游记建立一个word文档。

其次,对文本进行预处理。在word文档中对一些网络用语,如"桑心""赶脚""鸡冻"等进行本意诠释,以及对文档中的错别字进行更正处理,同时对文档中的图片、符号进行删除,只保留文字信息,值得注意的是文中与所研究的内容无关以及重复的信息,需进行删除处理,最重要的是对一些地名等词汇进行统一和补充,如"黑龙潭""黑龙潭公园""拉市海""拉市海湿地公园"等。在对全文进行意义甄别的基础上,对一些指代同一事物的词汇进行补充完善,如文中有些"雪山"指的是"玉龙雪山","古镇"是指"大研古镇",或者"束河古镇"等。然后,对涉及第一阶段的描述性内容进行摘取,建立独立的word文档。预处理后第一至第四阶段的文本文字数量依次为0.18万字、18.9万字、12.6万字和18.8万字,将预处理的所有word文档转化为txt格式,对第一阶段的摘取内容只进行分词处理,对第二、第三、第四阶段的游记进行分词、语义网络分析和词频分析。

最后,对四个阶段的txt文件进行分词处理,再对后三个阶段分词后的txt文件进行语义网络分析,得到所需的过滤后高频词表,最后对后三个阶段分词后的txt文件进行词频分析,将对应的过滤后高频词表作为各自的保留词表,并设置只输出文字长度长于1且词频数排名前100的词,从而得到丽江网络游记后三个阶段前100位的高频词(见表5-2)。

表5-2　　　　　　　　　2001—2016年丽江三个阶段游记高频特征词

排序 (2001— 2005年)	特征词	频次(次)	排序 (2006— 2010年)	特征词	频次(次)	排序 (2011— 2016年)	特征词	频次(次)
1	丽江	669	1	丽江	754	1	丽江古城	994
2	丽江古城	394	2	丽江古城	559	2	丽江	959
3	玉龙雪山	314	3	客栈	406	3	客栈	523
4	客栈	287	4	玉龙雪山	379	4	束河古镇	425
5	泸沽湖	244	5	束河古镇	222	5	玉龙雪山	425
6	酒吧	178	6	酒吧	162	6	大研古镇	223
7	感觉	167	7	纳西族	161	7	泸沽湖	216
8	纳西族	156	8	泸沽湖	141	8	拉市海	200
9	虎跳峡	139	9	感觉	112	9	木府	181

续表

排序 (2001— 2005年)	特征词	频次（次）	排序 (2006— 2010年)	特征词	频次（次）	排序 (2011— 2016年)	特征词	频次（次）
10	时间	133	10	索道	111	10	纳西族	178
11	觉得	127	11	拉市海	107	11	感觉	176
12	摩梭人	126	12	时间	102	12	酒吧	157
13	游客	124	13	四方街	101	13	风景	151
14	束河古镇	107	14	不错	97	14	喜欢	139
15	阳光	104	15	游客	97	15	虎跳峡	139
16	里格村	101	16	门票	92	16	时间	138
17	四方街	98	17	大研古镇	91	17	老板	128
18	民居	89	18	老板	83	18	黑龙潭公园	124
19	风景	88	19	虎跳峡	81	19	不错	120
20	美丽	84	20	木府	78	20	生活	114
21	不错	83	21	黑龙潭公园	78	21	价格	97
22	老板	76	22	风景	77	22	茶马古道	94
23	大研古镇	72	23	觉得	70	23	觉得	93
24	徒步	67	24	价格	69	24	特色	92
25	拉市海	67	25	便宜	68	25	旅行	91
26	太阳	65	26	骑马	66	26	四方街	84
27	生活	62	27	味道	65	27	太阳	82
28	湖水	62	28	房间	62	28	里格村	82
29	喜欢	61	29	喜欢	57	29	阳光	81
30	纳西古乐	61	30	包车	57	30	味道	79
31	索道	59	31	茶马古道	51	31	当地	78
32	房间	59	32	东巴万神园	50	32	游客	76
33	机场	57	33	阳光	47	33	美丽	76
34	天空	55	34	巷子	47	34	巷子	74
35	店铺	55	35	店铺	47	35	机场	73
36	味道	54	36	生活	46	36	狮子山	73
37	当地	53	37	热闹	46	37	房间	71
38	天气	52	38	大水车	46	38	偶遇	69
39	漂亮	51	39	特色	45	39	索道	69
40	巷子	47	40	导游	45	40	安静	64
41	安静	46	41	机场	43	41	好吃	63
42	感受	44	42	徒步	43	42	热闹	63
43	包车	42	43	酒店	42	43	三文鱼	61

排序 （2001— 2005 年）	特征词	频次（次）	排序 （2006— 2010 年）	特征词	频次（次）	排序 （2011— 2016 年）	特征词	频次（次）
44	木府	42	44	当地	40	44	七一街	60
45	流水	41	45	美丽	39	45	骑马	59
46	聊天	41	46	安静	39	46	慢慢	59
47	高原	40	47	新城	37	47	大水车	58
48	宣科	40	48	感受	36	48	店铺	56
49	当地人	40	49	好吃	36	49	天空	54
50	黑龙潭公园	38	50	民族	36	50	便宜	52
51	遗憾	38	51	广场	36	51	文化	52
52	旅游	38	52	街道	33	52	感受	52
53	热闹	37	53	迷路	32	53	酒店	51
54	门票	37	54	免费	32	54	白云	51
55	人家	36	55	飞机	32	55	印象丽江	51
56	民族	36	56	当地人	31	56	游玩	50
57	可惜	36	57	商业化	30	57	天气	49
58	慢慢	35	58	高原	30	58	小吃	48
59	落水村	34	59	漂亮	30	59	蓝天	48
60	干净	33	60	干净	29	60	摩梭人	48
61	飞机	33	61	方便	29	61	随便	47
62	好吃	33	62	里格村	29	62	美好	46
63	古老	32	63	值得	29	63	门票	46
64	骑马	32	64	海拔	29	64	海拔	45
65	便宜	32	65	地图	28	65	五一街	44
66	海拔	30	66	民居	28	66	心情	44
67	发呆	30	67	发呆	28	67	漂亮	43
68	猪槽船	30	68	大石桥	28	68	享受	43
69	东巴文化	30	69	桥头镇	28	69	徒步	42
70	音乐	30	70	天气	27	70	故事	42
71	划船	30	71	热情	27	71	东巴文化	42
72	宁蒗	30	72	游览	27	72	老板娘	42
73	星星	29	73	享受	27	73	自然	41
74	特色	29	74	环境	26	74	餐厅	41
75	桥头镇	28	75	故事	26	75	城市	41
76	心情	28	76	旅游	26	76	历史	40
77	熟悉	27	77	公路	25	77	传说	39

排序 (2001—2005年)	特征词	频次（次）	排序 (2006—2010年)	特征词	频次（次）	排序 (2011—2016年)	特征词	频次（次）
78	不好	27	78	雪山	25	78	时光	39
79	享受	27	79	万古楼	24	79	飞机	39
80	热情	27	80	传说	23	80	喧嚣	39
81	篝火晚会	27	81	纳西古乐	23	81	万古楼	39
82	公路	27	82	繁华	23	82	民族	38
83	白云	27	83	人家	23	83	民居	38
84	新城	27	84	城市	23	84	音乐	38
85	金沙江	27	85	小吃	22	85	热情	38
86	美景	26	86	太阳	22	86	流水	37
87	酒店	26	87	出租车	22	87	适合	36
88	价格	26	88	悠闲	22	88	繁华	36
89	快乐	26	89	寻找	21	89	风格	36
90	悠闲	26	90	欣赏	21	90	导游	36
91	自然	26	91	划船	21	91	湿地	36
92	喝酒	25	92	全景	21	92	商业化	35
93	空气	25	93	村寨	21	93	旅游	35
94	米线	25	94	舒服	21	94	白沙古镇	35
95	丽江粑粑	25	95	阿拉丁	21	95	街道	35
96	灯笼	24	96	建筑	20	96	步行	34
97	雪山	24	97	摩梭人	20	97	米线	34
98	清澈	24	98	白沙古镇	20	98	免费	34
99	走婚	24	99	线路	20	99	建筑	34
100	大石桥	24	100	喧嚣	19	100	环境	33

（二）高频词分析

按照属性对三个阶段高频词类型结构进行划分（见表5-3），作为分析游客感知丽江旅游形象结构、探讨丽江旅游形象演变的基础。一级属性包括认知形象、情感形象和整体形象三个形象维度，认知维度的二级属性包括自然环境、旅游基础设施与旅游服务设施、景区景点与旅游活动、人文环境与历史文化、美食餐饮五个方面；情感维度的二级属性包括积极情绪、中性情绪和消极情绪三个方面。

表 5 - 3　　　　　　　　丽江三个阶段游记高频词类型结构

一级属性	二级属性	高频特征词（频次）		
		第二阶段（2001—2005 年）	第三阶段（2006—2010 年）	第四阶段（2011—2016 年）
认知形象	自然环境	阳光（104）、太阳（65）、湖水（62）、天空（55）、天气（52）、高原（40）、海拔（30）、星星（29）、白云、金沙江（27）、自然（26）、空气（25）、雪山（24）	阳光（47）、高原（30）、海拔（29）、天气（27）、雪山（25）、太阳（22）	太阳（82）、阳光（81）、天空（54）、白云（51）、天气（49）、蓝天（48）、海拔（45）、自然（41）、湿地（36）
	旅游基础设施与旅游服务设施	客栈（287）、酒吧（177）、索道（59）、房间（59）、机场（57）、店铺（55）、包车（42）、飞机（33）、猪槽船（30）、公路（27）、酒店（26）、价格（26）	客栈（406）、酒吧（162）、索道（111）、门票（92）、价格（69）、房间（62）、包车（57）、店铺（47）、机场（43）、酒店（42）、广场（36）、街道（33）、飞机（32）、地图（28）、公路（25）、出租车（22）、阿拉丁（21）	客栈（523）、酒吧（157）、价格（97）、机场（73）、房间（71）、索道（69）、店铺（56）、酒店（51）、飞机（39）、街道（35）
	景区景点与旅游活动	丽江古城（394）、玉龙雪山（314）、泸沽湖（244）、虎跳峡（139）、束河古镇（107）、里格村（101）、四方街（98）、大研古镇（72）、拉市海（67）、巷子（47）、木府（42）、黑龙潭公园（38）、门票（37）、落水村（34）、大石桥（24）徒步（67）、聊天（41）、旅游（38）、骑马（32）、发呆（30）、篝火晚会（27）、喝酒（25）	丽江古城（559）、玉龙雪山（379）、束河古镇（222）、泸沽湖（141）、拉市海（107）、四方街（101）、大研古镇（91）、虎跳峡（81）、木府（78）、黑龙潭公园（78）、茶马古道（51）、东巴神园（50）、巷子（47）、大水车（46）、里格村（29）、大石桥（28）、万古楼（24）、村寨（21）、白沙古镇（20）、骑马（66）、徒步（43）、发呆（28）游览（27）、旅游（26）、线路（20）	丽江古城（994）、束河古镇（425）、玉龙雪山（425）、大研古镇（223）、泸沽湖（216）、拉市海（200）、木府（181）、虎跳峡（139）、黑龙潭公园（124）、茶马古道（94）、四方街（84）、里格村（82）、狮子山（73）、七一街（60）、大水车（58）、五一街（44）、万古楼（39）、白沙古镇（35）、旅行（91）、骑马（59）、印象丽江（51）、游玩（50）、门票（46）、徒步（42）、旅游（35）、步行（34）
	人文环境与历史文化	纳西族（139）、摩梭人（126）、民居（89）、老板（76）、生活（62）、纳西古乐（61）、当地（53）、宣科（40）、当地人（40）、民族（36）、音乐（30）、东巴文化（30）、新城（27）、灯笼（24）、走婚（24）	纳西族（161）、老板（83）、生活（46）、导游（45）、当地（40）、新城（37）、民族（36）、迷路（32）、当地人（31）、民居（28）、故事（26）、传说（23）、城市（23）、纳西古乐（23）、摩梭人（20）、建筑（20）	纳西族（178）、老板（128）、生活（114）、当地（78）、文化（52）、摩梭人（48）、老板娘（42）、故事（42）、城市（41）、东巴文化（42）、历史（40）、传说（39）、民居（38）、民族（38）、音乐（38）、导游（36）、建筑（34）
	美食餐饮	味道（54）、丽江粑粑（25）、米线（25）	味道（65）、小吃（22）	味道（79）、三文鱼（61）、小吃（48）、餐厅（41）、米线（34）

续表

一级属性	二级属性	高频特征词（频次）		
		第二阶段（2001—2005 年）	第三阶段（2006—2010 年）	第四阶段（2011—2016 年）
情感形象	积极情绪	美丽（84）、不错（83）、喜欢（61）、漂亮（51）、安静（46）、干净（33）、好吃（33）、便宜（32）、特色（29）、热情（27）、享受（27）、美景（26）、悠闲（26）、快乐（26）、清澈（24）	不错（97）、便宜（68）、喜欢（57）、特色（45）、安静（39）、美丽（39）、好吃（36）、漂亮（30）、干净（29）、方便（29）、值得（29）、热情（27）、享受（27）、悠闲（22）、欣赏（21）、舒服（21）	喜欢（139）、不错（120）、特色（92）、美丽（76）、安静（64）、好吃（63）、便宜（52）、美好（46）、漂亮（43）、享受（43）、热情（38）
	中性情绪	热闹（37）、熟悉（27）、慢慢（35）	热闹（46）、免费（32）	热闹（63）、慢慢（59）、随便（47）、免费（34）
	消极情绪	遗憾（38）、可惜（36）、不好（27）	商业化（30）、喧嚣（19）	喧嚣（39）、商业化（35）
整体形象	—	流水（41）、人家（36）、古老（32）	人家（23）、繁华（23）	偶遇（69）、流水（37）、繁华（36）

1. 认知形象方面

自然环境：游客的关注度呈减少趋势。第二阶段与"自然环境"相关的高频词比其他两个阶段要多，这与丽江旅游发展和环境变化有关。第二阶段属于丽江旅游发展的初级阶段，独特的地理环境和独特的纳西文化所形成的人与自然和谐的独特美丽景观和世外桃源般的氛围，是丽江最重要的吸引因素，游客身处这样的环境中是一种体验和享受，当然对自然环境有更多关注。随着丽江旅游业的迅速发展，旅游开发活动越来越频繁，旅游活动内容越来越多，游客不断增长，而环境的承载能力越来越小。旅游业的发展不仅推动了丽江市城镇化发展，也促进丽江坝区的城镇扩张。遗产区周边农田、山体等自然环境要素不断被城镇建设侵占。不断扩张的城镇空间，不断退让的生态田园，使得丽江坝区"山水田城村"空间格局中"田"的要素越来越小，"城"的要素越来越大，丽江古城引以为傲的辽阔田园风光将沦为现代丽江都市的微缩"田园盆景"。[①] 同时，出现自然环境的明显改变，如雪山雪线增高、地下水位降低、古城小溪断流等。自然生态空间的减少和自然环境质量的下降，使游客更多地关注旅游活动带来的满足，而非感受当初美丽纯净的自然环境。

旅游基础设施与旅游服务设施：三个阶段都以"客栈""酒吧"为主，"客栈""酒吧"在三个阶段的高频词排序和频次都最为突出，是影响丽江旅游形象的典型特征高频词，而其他属于一般高频词。"店铺"虽为一般高频词，但由于它是最重要的典型特征高频词"丽江古城"的重要组成部分，也是游客在古城内必不可少的旅游活动场所，对丽江

① 赵敏：《旅游挤出效应下的丽江古城文化景观生产研究》，博士学位论文，云南大学，2015 年。

旅游形象也有重要影响。

在三个阶段的发展中，"客栈"排序呈现上升趋势，这取决于其"特色"和"风格"的凸显，增强了丽江休闲度假旅游的吸引力，更在于游客对丽江休闲需求的不断增长进而促进客栈规模不断增加。第二阶段的游记主要描述"客栈"的环境，如"干净""安静"，第三、第四阶段游记的"客栈"在第二阶段特征的基础上打造得更具"特色"。如第三阶段游记中"很容易找到之前预定的'丽江云水遥客栈'，两层的木楼把小庭院包围在中间，庭院里摆放着精致的茶具、太师椅、悠闲椅，布置富有特色"。第四阶段游记中"这一天住在醉漫时光客栈，朋友夏雨开的，里面的房间都很有特色，有的临河，可以听汩汩的水声入眠，有的临街，可以通过天窗看天上繁星；还有的可以看见整个院子，安静闲适"；"古城里的客栈参差不齐，但是都打扮得古朴典雅别有风情，很有当地民族风格，小资情调也很浓"。游客数量的迅速增长使丽江古城空间呈现明显的扩大化趋势，典型标志就是客栈逐步由古镇核心区向边缘区扩散，由古镇遗产区向缓冲区扩散。[①] 众多富有特色的客栈成为丽江的一道亮丽风景被游客感知。

相反，"酒吧"排序却呈下降趋势，主要原因在于"酒吧"本色流失，吸引力下降。第二阶段，"酒吧"还是舒适、轻柔的，带着属于"丽江"特有的本色和游客喜欢的酒吧情调。如"酒吧的音乐在小街上飘荡，悠悠地，悠悠地；风儿撩动着游人的发梢，轻轻地，轻轻地；烛光映红着情人对望的脸，融融地，融融地"。第三阶段，"酒吧"是热闹的。如"爱热闹的朋友晚上可以去四方街的酒吧里消磨时间"。第四阶段，"酒吧"就变得喧嚣嘈杂，且带有"偶遇"的意味。如游记中说到"丽江的酒吧已经有点变味了，音乐太吵了，越来越像大都市的酒吧了，不喜欢"。这已然颠覆了原有的"酒吧"本色，激发很多游客强烈的负面情绪。

"店铺"的日益"兴旺"体现了丽江古城旅游商贸功能挤占古城居住生活功能而成为古城文化的主宰（表5-4）。

表5-4   2008—2016年丽江古城商业和原住民增长情况

年份	客栈（个）	增长（%）	酒吧（餐饮）（个）	增长（%）	店铺（个）	增长（%）	古城原住民（纳西族）（人）	增长（%）
2008	—	—	—	—	—	—	14668	
2009	—	—	—	—	—	—	14624	-0.30
2010	629	—	148	—	1753	—	14461	-1.11
2011	706	12.24	155	4.73	1773	1.14	14384	-0.53
2012	884	25.21	175	12.90	1890	6.60	14203	-1.26

---

① 赵敏：《旅游挤出效应下的丽江古城文化景观生产研究》，博士学位论文，云南大学，2015年。

年份	客栈（个）	增长（%）	酒吧（餐饮）（个）	增长（%）	店铺（个）	增长（%）	古城原住民（纳西族）（人）	增长（%）
2013	924	4.52	195	11.43	1984	4.97	14105	-0.69
2014	971	5.09	237	21.54	2088	5.24	14037	-0.48
2015	1080	11.23	282	18.99	2468	18.20	13876	-1.15
2016	1166	7.96	309	9.57	2704	9.56	13977	0.73

注：数据经过四舍五入处理。

资料来源：丽江古城管理局。

由于商业化氛围渐浓并取代文化展示功能，"店铺"失去特色，吸引力下降，在高频词中排序也呈下降趋势。第二阶段的"店铺"大多还是带着丽江"基因"的小店，是以纳西文化展示和体验为主的商业空间。如"纳西民俗小店商品五彩缤纷，琳琅满目，几乎都是单一性经营，类似家庭作坊。很多手工艺品小店中都有一个别致的工作台，台上放着雕刻了一半的花纹独特的木盘、木瓢，或串了一半的牦牛骨项链，或零碎的色彩对比强烈的土布等，别以为是装饰啊，店主可真真正正是一位手工艺人，一边经营一边在小店的一隅做着手工活"。这一阶段，游客逛丽江小店是一种积极的对纳西文化的感受和体验。第三阶段，"店铺"的纳西文化特色淡化，商业化氛围趋强。如"回到广场，先去见识见识早上的丽江古镇，在'四方街'一带有许多不同风格的店铺和客栈，一超过10点丽江就到处是游人了，店铺叫卖吆喝声不绝"，以致有游客这样说道，"如果没有那些沿街的店铺，丽江应该会有另外一番景象，更符合我心中对古镇的想象"。显然店铺的商业化色彩与丽江的环境氛围相冲突，引起了游客的不满情绪。第四阶段，"店铺"商业化氛围浓厚，纳西文化特色流失，文化感知和体验功能消失，吸引力明显减弱，且引起游客较为强烈的负面情绪。如"大部分的店铺里都有一个漂亮的打鼓姑娘，所有的店铺里几乎都在放着同一首歌曲。给我的第一感觉挺商业化的，并没有太多惊喜，跟想象中的差不多"。

景区景点与旅游活动：文化景区景点地位呈提升趋势。结合表5-2所有景区景点在三个阶段的变化趋势来看，呈现上升趋势的有"丽江古城""束河古镇""大研古镇""木府""黑龙潭公园""茶马古道""万古楼""白沙古镇"等一批带有浓厚纳西文化的景区景点，尤其是"束河古镇""大研古镇""木府"三个景点从第二阶段较低的位置挤进第四阶段高频词排序前十的位置，成为影响丽江旅游形象的典型特征高频词。相应地，自然风光景区排序下降，如虎跳峡。这是因为纳西文化得到不断开发和宣传。在丽江旅游发展之初，只有大研古镇得到开发，束河古镇、白沙古镇等一批重要的纳西文化遗产处于待开发状态，随着旅游发展得以逐步开发。丽江着力打造民族文化品牌，采用影视剧营销纳西文化收到很好效果。典型的是2012年上映的《木府风云》和2004年上映的《一米阳光》，增强了纳西文化景点吸引力。这一现象说明，在不断的旅游开发中，纳西文化依然是丽江的突出吸引力，而自然生态文化因自然环境的变化关注度降低。

旅游活动呈现越来越丰富的趋势，且增添了现代休闲娱乐元素。表 5 - 3 显示，"景区景点与旅游活动"类高频词数量从第二阶段到第四阶段逐渐递增，分别是 22 个、25 个和 27 个，反映丽江旅游的内容越来越丰富。不同的景区景点有不同的旅游活动，如"丽江古城"对应"发呆""喝酒"，"玉龙雪山"对应"徒步""骑马"，"拉市海"对应"骑马"，"泸沽湖"对应"篝火晚会"等，这是第二、第三阶段休闲娱乐活动的标配。到了第四阶段，除了原有的旅游活动之外，旅游演艺异军突起，增加了丽江休闲娱乐活动要素。如《印象·丽江》，通过实景演出，展现纳西族的茶马古道文化、殉情文化、祭天文化、打跳文化等，成功诠释了纳西族独特的民族文化；《丽江千古情》通过舞台，重现"纳西创世纪""泸沽女儿国""马帮传奇""木府辉煌""玉龙第三国"等纳西族历史与传说，勾勒出一部充满着灵与肉、血与泪、生与死、情与爱的文化传奇。这些旅游演艺活动为丽江旅游注入了新鲜血液。

人文环境与历史文化：民族色彩感知逐渐减弱。如"纳西族""民居""纳西古乐""当地人""民族""摩梭人""走婚"等带有强烈民族色彩的高频词总体呈下降趋势，作为纳西文化突出元素的"纳西古乐"，以及作为纳西文化承载者和丽江环境氛围营造重要因素的"当地人"，甚至"消失"在第四阶段前 100 高频词中。

第二阶段，游客描述的纳西古乐是动人和精彩的。"其实，对于古乐，我感受最深的并不仅仅是古乐本身的崇高空灵，还有它透过音符，通过本地农民歌手的一唱三叹中，列举了许多生命易逝的现象，礼赞此世的美丽、愉悦或幸福；这些奏乐的老人，让这古乐更有了一份沉稳与动人；宣科先生身世坎坷，口才极好，古乐犹如天籁，十分精彩。"游记中的"当地人"展示了纳西族的生活场景和纳西人的淳朴，是游客快乐的源泉。如"清晨的丽江古城人不多，当地人都在自己家门外的水沟旁洗漱，买了一根刚煮好的玉米做早餐，选了一条前几日没有走过的小巷走了进去；到达丽江古城后，马上感受到当地人的纯朴，在他们的引导下，我们来到网友推荐的万古楼国际青年客栈；和当地人打交道、了解当地的风土人情是重要的快乐来源之一。"但在第四阶段，古城的纳西古乐犹在，游客的感知却大大降低了；"当地人"的生活场景消失了，只能在"新城"见到"当地人"了。这样的变化充分反映了纳西文化影响力下降的趋势。

美食餐饮：高频词中"美食"不太突出，三个阶段与"美食"相关的高频词都较少，且排序靠后，如第二阶段的"丽江粑粑""米线"，第三阶段的"小吃"，第四阶段的"三文鱼""小吃""米线"。

2. 情感形象方面

从高频词类型结构表可知，代表积极情感的高频词数量在三个阶段呈现减少的趋势，虽然在第四阶段还有较多积极评价，游客还"喜欢胖金妹泡茶讲茶和土司贡茶那个味道"，"很喜欢客栈的风格"，觉得"马帮饭味道还不错"，"穿过街道，爬上山，去看一看丽江古城全景其实也是个不错的选择"，认为"花间堂休闲酒店将纳西文化与现代设计相融合，强调精致、唯美、人文，并以家庭式、老友式的服务贯穿始终很有特色"，"《印象·丽江》体现了民族特色的魅力，触动心灵"，感觉"在丽江可以享受慢节奏生活，可以边闲聊边喝茶"，"走在古城的每条具有迷宫般的巷子里都是那么的有感觉，似乎在这里步行也是一种享受了"，"漫步在古城，清风拂面，溪水淙淙，石径小巷，鲜艳的三角梅绿青藤从木门石墙上蔓延出来，很享受这种惬意"；但总体来看，游客对丽江旅游的积极评价有减弱的趋势。

相反，反映消极情感的高频词，从第二阶段较弱的消极情感"遗憾""可惜"演变为第三阶段和第四阶段较强的消极情感"商业化"和"喧嚣"。"不好"只出现在第二阶段，主要是对天气和住宿方面的描述，如"玉龙雪山的能见度不好"，"后来住了和家客栈，感觉不好"。"商业化"程度在第三阶段最为突出，如第三阶段游记中"让我担忧的是，旅游业的兴旺发达给丽江带来了新鲜事物，带来了经济发展，却也带来了浓重的商业化气息"，"2005 年的丽江已经很商业化了，现在所看到的是束河镇的新商业街。几乎没什么人气"。"喧嚣"呈现上升趋势，在第四阶段达到顶峰。如第四阶段游记中"丽江古城比白天仿佛更多了一份热闹和喧嚣，尤其是经过酒吧，震耳欲聋的歌声和门口拉客的店员会让人觉得有点儿吵"，"清晨的丽江古城是一天中最美的时刻，安静、暇逸，没有沸腾的人声、喧嚣的人群，溪水、巷子、石桥、垂柳，在阳光下享受这短暂的静谧"，从中可以看出丽江古城大部分时间是喧闹的，主要原因是白天大街小巷熙熙攘攘的人群和夜晚的"酒吧"，这与丽江古城的"小桥流水人家"的静谧意境严重不符，是"商业化"的恶性升级。这表明丽江旅游形象的情感成分因过度商业化已经产生趋向负面形象的变化。

再运用 ROSTCM6.0 情感模块对四个阶段分词后的 txt 文本进行情感分析，结果见表 5-5。可以看出四个阶段的情感是变化的，前三个阶段都是以积极情感为主，到了第四阶段，积极情感消失，代之以中性情感。这个结果正是由于消极情感上升、积极情感下降导致的，证明丽江旅游形象的情感成分确实已经产生了趋向负面形象的变化。

表 5-5　　　　　　　丽江四个阶段游记高频词情感分布　　　　　　单位:%

阶段	积极情感	中性情感	消极情感
第一阶段（1978—2000 年）	100	—	—
第二阶段（2001—2005 年）	75	—	25
第三阶段（2006—2010 年）	100	—	—
第四阶段（2011—2016 年）	—	100	—

3. 整体形象方面

三个阶段的整体形象高频词建构出游客感知的各阶段丽江旅游形象。第二阶段的高频词"流水""人家""古老"，构建的是"充满神秘感的世外桃源"旅游形象，表明丽江旅游形象的核心要素是"人家"和"流水"，而且是"古老"的原真文化和生活。第三阶段的高频词"人家""繁华"，构建了"具有纳西民族风情的商贸之地"旅游形象，虽然形象的核心要素还有"人家"，但"流水"没有了，却增加了象征浓厚商业文化氛围的"繁华"，并"挤占"了"人家"。水文化是丽江古城的关键要素，活水长流体现了纳西族传统文化之精神，代表的是纳西人的文化和生活。所以，这一阶段的丽江旅游形象不再是"古老"的，而且形象要素中传统文化精神在逐渐流失。第四阶段的高频词"偶遇""流水""繁华"，构建出丽江"商业化浓厚的偶遇之都"旅游形象。第二阶段和第三阶段的形象核心要素"人家"消失了，丽江充斥着"繁华"商业，"流水"虽然还在，但只是一个自然景观而已，失去了地方意义。

以上分析显示，丽江旅游整体形象经历了从"充满神秘感的世外桃源"到"商业化浓厚的偶遇之都"的演变，原因在于"人家"的出走、商业的繁荣，没有了"人家"的丽江古城景区失去了空间意义，纯粹只是一个物理空间，没有活力，没有灵魂。正如游记中所描述的那样，"丽江古城的存在，不在小桥，不在流水，而在人家。丽江古城音容，不在小桥，不在流水，而在人家。丽江古城魂魄，不在小桥，不在流水，而在人家"。现在，当地的纳西人感慨地说，"丽江古城已经不是我们的了，它是一个商品大卖场"。其他地方的人提到丽江旅游就说"已经不好了，商业化太重了""太吵了"……。

总体来看，丽江旅游认知形象结构发生极大变化，情感形象发生明显变化，积极形象下降和消极形象上升的趋势已经形成，导致旅游形象特色减弱，丽江旅游整体形象发生明显演变。丽江旅游形象的演变充分证明，纳西文化、生态文化、休闲娱乐文化和商业文化是影响丽江旅游形象的主要文化生态单元，纳西文化影响力下降、生态文化关注下降、休闲娱乐文化日益兴旺和商业文化过度展示等文化因子强弱的变化，是丽江旅游形象发生演变的根本原因，即旅游文化因子地位的演替引起目的地旅游形象的演变。通过分析影响丽江旅游形象的主要文化生态单元的旅游文化生态位，可进一步探讨丽江旅游形象演变的动力机制。

二 丽江旅游文化生态位演变

（一）旅游文化生态位测评指标体系及计算

1. 指标体系构建

根据本研究构建的旅游文化生态位维度和影响因素（见图 5-1），确定"旅游文化资源维（A1）""旅游文化市场维（A2）""旅游文化发展环境维（A3）"3 个维度，为测评目的地旅游文化生态位状态层（A）指标，分别对应旅游文化的营养生态位、空间生态位和时间生态位，反映目的地旅游文化资源价值、市场需求和发展环境。根据本研究对状态层三个维度内涵的阐释和数据的可获得性，选取旅游资源价值（B1）、旅游资源规模（B2）、旅游市场经济效益（B3）、旅游市场影响力（B4）、旅游服务质量（B5）、旅游文化投资（B6）、旅游从业人员（B7）、旅游交通（B8）和旅游支持政策（B9）9 个因素为测评目的地旅游文化生态位影响因素层（B）指标，分别反映旅游文化的市场地位、功能地位和发展顺序。进一步分解影响因素层（B）指标，确定旅游文化资源品位度（C1）、旅游文化资源丰度（C2）、旅游经济总收入（C3）、旅游经济总收入占第三产业比重（C4）、旅游经济的产业增加值（C5）、旅游文化资源网络知名度（C6）、国内游客接待人数（C7）、国际游客接待人数（C8）、投诉次数（C9）、网络服务程度（C10）、投资项目

（C11）、投资强度（C12）、从业人员数量（C13）、从业人员的学历水平（C14）交通等级
（C15）、交通便捷程度（C16）、政府直接政策（C17）和政府相关政策（C18）18 个变量
为要素变量层（C）指标。依据上述指标，构建测评目的地旅游文化生态位评价指标体系
（表 5－6）。

表 5－6　　　　　　　　　　目的地旅游文化生态位评价指标体系

目标层	状态层（A）	影响因素层（B）	要素变量层（C）
目的地旅游文化生态位	旅游文化资源维（A1）	旅游资源价值（B1）	旅游文化资源品位度（C1）
		旅游资源规模（B2）	旅游文化资源丰度（C2）
	旅游文化市场维（A2）	旅游市场经济效益（B3）	旅游经济总收入（C3）
			旅游经济总收入占第三产业比重（C4）
			旅游经济的产业增加值（C5）
		旅游市场影响力（B4）	旅游文化资源网络知名度（C6）
			国内游客接待人数（C7）
			国际游客接待人数（C8）
		旅游服务质量（B5）	投诉次数（C9）
			网络服务程度（C10）
	旅游文化发展环境维（A3）	旅游文化投资（B6）	投资项目（C11）
			投资强度（C12）
		旅游从业人员（B7）	从业人员数量（C13）
			从业人员的学历水平（C14）
		旅游交通（B8）	交通等级（C15）
			交通便捷程度（C16）
		旅游支持政策（B9）	政府直接政策（C17）
			政府相关政策（C18）

2. 数据获取和文化生态位计算

根据各年政府发布的统计公报、相关规划等，获得 2001—2005 年、2006—2010 年、
2011—2016 年三个阶段的目的地旅游文化生态位评价指标体系要素变量层相关数据。由于
旅游文化资源品位度和交通等级无法直接计算，所以对其进行相应的赋分量化。计分依据
为：5A 级景区 10 分，4A 级景区 8 分，3A 级景区 6 分，2A 级景区 4 分，1A 级景区 2 分；
高速公路 10 分，一级公路 8 分，二级公路 6 分，三级公路 4 分，四级公路 2 分。

运用式（1），分别以 2001 年、2006 年和 2011 年的现状数值为每个阶段的"态"的
度量指标，以每个阶段年平均增长量作为"势"的度量指标，以 1 年为时间尺度（每年的
平均增长量），即量纲转换系数，得出每个因子生态位指标测量结果，计算结果如表 5－7
所示。

表 5 −7 丽江旅游文化因子生态位指标测量结果

	变量	2001—2005 年	2006—2010 年	2011—2016 年
纳西文化因子	旅游文化资源品位度（C1）	0.375	0.415384615	0.399503722
	旅游文化资源丰度（C2）	0.50955414	0.412371134	0.294985251
	旅游经济总收入（C3）	0.31632361	0.3082365	0.213576614
	旅游经济总收入占第三产业比重（C4）	0.288180544	0.314843256	0.210998467
	旅游经济的产业增加值（C5）	0.169346177	0.319930088	0.195318503
	旅游文化资源网络知名度（C6）	0.31380597	0.228667791	0.239854696
	国内游客接待人数（C7）	0.343870585	0.291175582	0.319212116
	国际游客接待人数（C8）	0.34387059	0.29117558	0.31921212
	投诉次数（C9）	0	0	0
	网络服务程度（C10）	0.221154	0.221591	0.230032
	投资项目（C11）	0.270588235	0.166666667	0.114427861
	投资强度（C12）	0.179497575	0.168034541	0.081099496
	从业人员数量（C13）	—	—	—
	从业人员的学历水平（C14）	—	—	—
	交通等级（C15）	0.263158	0.256684	0.247423
	交通便捷程度（C16）	0.2	0.2	0.131148
	政府直接政策（C17）	0.538461538	0.410526316	0.12972973
	政府相关政策（C18）	0.35714286	0.16129032	0.13913043
休闲娱乐文化因子	旅游文化资源品位度（C1）	0.3125	0.161538462	0.151364764
	旅游文化资源丰度（C2）	0.114649682	0.288659794	0.324483776
	旅游经济总收入（C3）	0.041076774	0.085037809	0.115781282
	旅游经济总收入占第三产业比重（C4）	0.038243762	0.054896885	0.116716478
	旅游经济的产业增加值（C5）	0.01605993	0.066869308	0.085866213
	旅游文化资源网络知名度（C6）	0.248134328	0.275885329	0.232693306
	国内游客接待人数（C7）	0.189443817	0.317531412	0.262211787
	国际游客接待人数（C8）	0.18944382	0.31753141	0.26221179
	投诉次数（C9）	0	0	0.33802817
	网络服务程度（C10）	0.259615385	0.267045455	0.261980831
	投资项目（C11）	0.4	0.642857143	0.507462687
	投资强度（C12）	0.344368583	0.557769321	0.634646786
	从业人员数量（C13）	—	—	—
	从业人员的学历水平（C14）	—	—	—
	交通等级（C15）	0.263157895	0.267379679	0.264604811
	交通便捷程度（C16）	0.28	0.3	0.303278689
	政府直接政策（C17）	0.153846154	0.031578947	0.186486486
	政府相关政策（C18）	0.21428571	0.30645161	0.27012623

续表

	变量	2001—2005 年	2006—2010 年	2011—2016 年
生态环境文化因子	旅游文化资源品位度（C1）	0.15625	0.361538462	0.337468983
	旅游文化资源丰度（C2）	0.286624204	0.06185567	0.056047198
	旅游经济总收入（C3）	0.356161365	0.382800928	0.311967342
	旅游经济总收入占第三产业比重（C4）	0.316707932	0.403533682	0.304566543
	旅游经济的产业增加值（C5）	0.534474459	0.341679385	0.489055507
	旅游文化资源网络知名度（C6）	0.175	0.191231029	0.206538661
	国内游客接待人数（C7）	0.138387306	0.109576408	0.102251243
	国际游客接待人数（C8）	0.13838731	0.10957641	0.10225124
	投诉次数（C9）	0.333333333	0	0.04225352
	网络服务程度（C10）	0.221153846	0.221590909	0.230031949
	投资项目（C11）	0.282352941	0.095238095	0.114427861
	投资强度（C12）	0.406952002	0.129337781	0.064650836
	从业人员数量（C13）	—	—	—
	从业人员的学历水平（C14）	—	—	—
	交通等级（C15）	0.368421053	0.368983957	0.312714777
	交通便捷程度（C16）	0.28	0.3	0.319672131
	政府直接政策（C17）	0.230769231	0.210526316	0.067567568
	政府相关政策（C18）	0.35714286	0.46774194	0.14642356
旅游商业文化因子	旅游文化资源品位度（C1）	0.15625	0.061538462	0.111662531
	旅游文化资源丰度（C2）	0.089171975	0.237113402	0.324483776
	旅游经济总收入（C3）	0.286438251	0.223924764	0.358674763
	旅游经济总收入占第三产业比重（C4）	0.356867762	0.226726177	0.367718512
	旅游经济的产业增加值（C5）	0.280119434	0.271521218	0.229759778
	旅游文化资源网络知名度（C6）	0.263059701	0.304215852	0.320913337
	国内游客接待人数（C7）	0.328298292	0.281716599	0.316324853
	国际游客接待人数（C8）	0.32829829	0.2817166	0.31632485
	投诉次数（C9）	0.666666667	1	0.61971831
	网络服务程度（C10）	0.298077	0.289773	0.277955
	投资项目（C11）	0.047058824	0.095238095	0.263681592
	投资强度（C12）	0.06918184	0.144858358	0.219602883
	从业人员数量（C13）	—	—	—
	从业人员的学历水平（C14）	—	—	—
	交通等级（C15）	0.105263	0.106952	0.175258
	交通便捷程度（C16）	0.24	0.2	0.245902
	政府直接政策（C17）	0.076923077	0.347368421	0.616216216
	政府相关政策（C18）	0.07142857	0.06451613	0.44431978

再运用式（2）得到每个旅游文化生态单元的综合生态位。

$$M_{ij} = \sum_{i=1}^{n} N_{ij}/n \tag{2}$$

其中，M_{ij} 表示旅游文化因子的生态位；N_{ij} 为每个变量因子的生态位；n 表示变量因子个数；j 表示旅游文化因子个数。各类生态位及总的综合生态位的取值范围在 0—1，且总和为 1。

计算得到 2001—2005 年、2006—2010 年、2011—2016 年三阶段丽江旅游文化生态位（表 5 – 8、表 5 – 9、表 5 – 10）。

表 5 – 8　　　　2001—2005 年丽江文化各维度生态位和综合生态位分值及排名

文化类型	旅游文化资源	名次	旅游文化市场	名次	旅游文化发展环境	名次	综合生态位	名次
纳西文化	0.44227707	1	0.249568927	3	0.301474704	2	0.29312211	1
休闲娱乐文化	0.213574841	3	0.122752223	4	0.27594306	3	0.191551613	4
生态环境文化	0.221437102	2	0.276700685	2	0.320939683	1	0.286382362	2
旅游商业文化	0.122710987	4	0.350978165	1	0.101642553	4	0.228943915	3

表 5 – 9　　　　2006—2010 年丽江文化各维度生态位和综合生态位分值及排名

文化类型	旅游文化资源	名次	旅游文化市场	名次	旅游文化发展环境	名次	综合生态位	名次
纳西文化	0.413877875	1	0.246952464	2	0.227200321	3	0.260411087	1
休闲娱乐文化	0.225099128	2	0.173099693	4	0.351006138	1	0.246314536	3
生态环境文化	0.211697066	3	0.219998583	3	0.261971363	2	0.234700685	4
旅游商业文化	0.149325932	4	0.35994926	1	0.159822177	4	0.258573692	2

表 5 – 10　　　　2011—2016 年丽江文化各维度生态位和综合生态位分值及排名

文化类型	旅游文化资源	名次	旅游文化市场	名次	旅游文化发展环境	名次	综合生态位	名次
纳西文化	0.347244486	1	0.21602557	3	0.140493054	4	0.204103235	3
休闲娱乐文化	0.23792427	2	0.209436237	4	0.361100863	1	0.269871485	2
生态环境文化	0.19675809	4	0.223614507	2	0.170909416	3	0.200493043	4
旅游商业文化	0.218073153	3	0.350923685	1	0.327496668	2	0.325532237	1

（二）丽江旅游文化因子重要性演替机制分析

从表 5 – 8、表 5 – 9 和表 5 – 10 三个阶段丽江旅游文化各维度生态位和综合生态位分值及排名可以看出，纳西文化和生态环境文化综合生态位处于下降趋势，休闲娱乐文化和旅游商业文化处于上升趋势，最终，主导目的地文化生态景观系统功能和外貌（形象）的主导文化因子由原来的纳西文化演变为现在的旅游商业文化,景观系统重要文化因子由生态环境文化演变为休闲娱乐文化,纳西文化成为旅游文化景观生态系统的背景文化因子,生态环境文化成为一般文化因子。丽江旅游文化景观生态系统主导因子发生明显演替,使丽江旅游功能出现从观光旅游到观光和休闲度假并重的转变,旅游形象从"充满神秘感的世外桃源"演变为"商业化浓厚的偶遇之都"。

从丽江文化各维度生态位演变来看,丽江旅游文化因子演替主要在于旅游文化资源生态位和旅游文化发展环境生态位的演变。纳西文化和生态环境文化的资源生态位,从第二阶段到第三阶段再到第四阶段都较快下降;纳西文化和生态环境文化的发展环境生态位出现快速下降。然而,旅游商业文化和休闲娱乐文化的资源生态位,从第二阶段到第三阶段再到第四阶段都呈现上升走势;旅游商业文化和休闲娱乐文化的发展环境生态位出现快速上升走势。结合丽江旅游文化因子生态位测量结果(见表5-7)可以看出,纳西文化生态位下降主要是旅游文化资源丰度生态位、投资项目和投资强度生态位被压缩形成的;生态环境文化生态位下降主要是因为资源丰度生态位和旅游投资强度生态位被压缩形成的;休闲娱乐文化生态位上升主要是因为资源品位度和丰度生态位扩充,以及投资强度生态位的不断扩充形成的;旅游商业文化生态位上升主要是因为资源丰度生态位迅速扩充,以及旅游投资项目和投资强度生态位迅速扩充,并伴随政府政策生态位的迅速扩充形成的。在这个过程中,旅游文化发展环境中的交通变量生态位变化不大。因为丽江旅游发展高度集中在古城区和玉龙县,这两个区域交通基础较好,这次旅游文化生态位的测评景区几乎都来自这两个区域。另外,旅游文化发展环境中的政府政策变量生态位扩充,直接产生了旅游投资效应。从2013年国务院办公厅印发《国民旅游休闲纲要(2013—2020年)》,2014年国务院发布《关于促进旅游业改革发展的若干意见》,2015年国务院办公厅发布《关于进一步促进旅游投资和消费的若干意见》,到2016年12月14日国家发改委联合国家旅游局发布《关于实施旅游休闲重大工程的通知》,都积极引导了各类资本对旅游休闲设施的投资。由于丽江旅游文化的景区共生性明显,突出表现在丽江古城景区内有纳西文化、旅游商业文化、休闲娱乐文化和生态环境文化,这必然导致商业和休闲设施的扩张对纳西人家的挤出。从2008—2016年丽江古城商业和原住民增长情况表可以看出,2010—2015年古城客栈、酒吧和店铺一直处于增长态势,同时,古城原住民(纳西人)却在不断下降。到了2016年,由于政府出台一系列鼓励纳西居民回流的政策,以及丽江旅游市场发展速度下降,商业利润降低,一些商铺退出古城,商铺增长速度下降,才使纳西居民人数出现首次增长。由于纳西人家是纳西文化的承载者,当商铺挤出纳西人家时,纳西文化资源丰度生态位被压缩,引起纳西文化生态位下降。

所以,丽江旅游文化景观生态系统主导文化因子演替的本质是,在旅游快速发展阶段,在纳西文化集中展示区域,因投资带来的商业文化过度展示,导致旅游商业文化生态位极大扩充,因纳西人被挤出带来的纳西文化展示弱化,导致纳西文化生态位极大压缩。

三 丽江旅游文化对形象的影响

根据景观生态学原理推导,在目的地文化景观生态系统中起主导作用的文化因子发生变化成为背景文化因子时，将引起系统旅游功能和旅游形象的演变。前文对丽江游记高频词和丽江旅游文化主要文化因子生态位的分析结果显示，文化展示引起丽江旅游目的地文化景观生态系统主导因子由纳西文化演替为旅游商业文化，丽江旅游形象从"充满神秘感的世外桃源"演变为"商业化浓厚的偶遇之都"。这里，采用结构方程方法，进一步验证丽江文化景观生态系统中主要文化因子对丽江旅游形象的影响情况。

（一）假设与结构模型构建

以前人对旅游形象结构研究为基础，提出 3 个验证性假设：

Hd1：认知形象正向影响整体形象

Hd2：情感形象正向影响整体形象

Hd3：认知形象正向影响情感形象

根据前文对旅游形象影响因素和文化对旅游形象的影响分析，以及游客游记高频词分析，提出 12 个开拓性假设：

Hd4：纳西文化正向影响认知形象

Hd5：纳西文化正向影响情感形象

Hd6：纳西文化正向影响整体形象

Hd7：休闲娱乐文化正向影响认知形象

Hd8：休闲娱乐文化正向影响情感形象

Hd9：休闲娱乐文化正向影响整体形象

Hd10：生态环境文化正向影响认知形象

Hd11：生态环境文化正向影响情感形象

Hd12：生态环境文化正向影响整体形象

Hd13：旅游商业文化正向影响认知形象

Hd14：旅游商业文化正向影响情感形象

Hd15：旅游商业文化正向影响整体形象

根据 15 个假设，构建丽江旅游文化影响旅游形象的结构模型（图 5 - 4）。

（二）研究方法

1. 问卷设计与调查样本分析

为了运用结构方程模型方法，探究丽江旅游文化与丽江旅游形象之间的关系，本研究设计了测量纳西文化、休闲娱乐文化、生态环境文化、旅游商业文化、认知形象、情感形象和整体形象 7 个结构程潜变量的游客调查问卷。按照"丽江旅游文化影响丽江旅游形象的结构模型"，分别设计测量 7 个潜变量的量表。根据结构方程模型测量变量设计的"多元指标原则"[1]，由于潜变量无法由单一变量反映其抽象内容，必须透过测量变量推估，因此，一个潜在变量必须以两个以上的测量变量来估计。[2] 考虑到测量模型的识别效果和问卷题目量对游客评价和判断的影响，每个潜变量的测量变量数目设计为 3—5 个。

---

① 参见邱皓政、林碧芳《结构方程模型的原理与应用》，中国轻工业出版社 2009 年版，第 29 页。

② 邱皓政、林碧芳：《结构方程模型的原理与应用》，中国轻工业出版社 2009 年版，第 29 页。

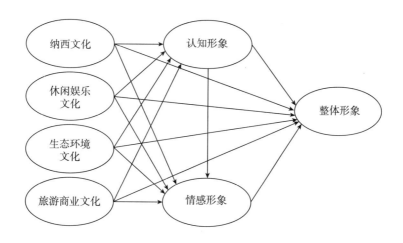

图 5 - 4　丽江旅游文化影响旅游形象的结构模型

　　问卷共分 3 个部分 7 个量表。第一部分为测量游客感知丽江旅游文化的 4 个量表。题项选择来源于游记分析提炼的游客较为熟悉的文化旅游活动。纳西文化包括古城的纳西古乐演奏、旅游景点的纳西族传说、四方街的纳西族歌舞表演和参观木府 4 个题项；休闲娱乐文化包括酒吧休闲娱乐、拉市海骑马、客栈休闲和欣赏旅游演艺节目 4 个题项；生态环境文化包括游览玉龙雪山、老君山国家公园观光、丽江乡村观光和欣赏黑龙潭公园湖光山色 4 个题项；旅游商业文化包括品尝古城多种多样小吃、购买古城旅游商品和工艺品、游览古城各具特色商业街 3 个题项。第二部分测量丽江旅游形象。首先是对认知形象的测量。由于影响目的地形象的因素很多，既有传统的目的地资源认知和服务认知等，也有地区特征、地区竞争力、居民素质和居民竞争力等地区形象因素的认知。[①] 由于旅游目的地类型多样、特色各异，因此，在测量认知形象时不可能使用通用的量表。而每次测量时应该选择哪些属性，要根据每个目的地的吸引物、定位和测量目标来决定。[②] 影响目的地认知形象的因素很多，考虑游客对独特性感知较易判断、评价和表达，该部分采用评价丽江旅游活动独特性、旅游环境独特性和旅游服务独特性 3 个题项测量游客对丽江旅游的认知形象。其次是对情感形象的测量。借鉴拉塞尔（Russel）的"感情的环状模式"中的三个维度构建语义差别量表，即"愉快的—讨厌的"、"放松的—痛苦的"和"令人兴奋的—沉闷的"。最后，是对整体形象的测量。采用"重游意愿""推荐意愿""是否值得"三个题项考量游客对丽江旅游的整体感知，即"重游丽江的意愿强烈""推荐他人游丽江的意愿强烈""丽江之旅不虚此行"。上述 7 个量表都采用李克特 5 点量表打分。第三部分调查游客个人特征。通过对调查人员的培训和问卷试调查修改后，于 2017 年 8 月 14 日、15 日在丽江古城区开展问卷调查。本次调查共计向游客发放调查问卷 500 份，采用当场回收的方法回收作答问卷共 464 份，回收率 92.8%。经过排除一部分作答不完整和答案统一的

---

① 陶玉国、李永乐、孙天胜等：《PI 背景下的 TDI 结构方程模型》，《旅游学刊》2009 年第 7 期。
② 李宏：《旅游目的地形象测量的内容与工具研究》，《人文地理》2007 年第 2 期。

无效问卷，最终得到有效问卷 371 份，有效率为 80.5%。在调查的 371 名游客中，男性共 161 人，占 43.4%，女性共 210 人，占 56.6%，女性高于男性。调查游客的其他人口统计特征见表 5-11。

表 5-11 丽江调查游客人口统计特征和旅游特征

年龄	人数占比（%）	月收入（元）	人数占比（%）	学历	人数占比（%）	客源地	人数占比（%）
≤15	4.5	≤1000	18.8	高中及以下	17.5	丽江市	4.1
16—25	41.0	1001—3000	19.5	大专	25.6	云南省其他市州	18.8
26—45	47.5	3001—5000	34.5	本科	48.3	国内其他省区市	74.7
46—65	6.5	5001—10000	19.0	硕士及以上	8.6	我国港澳台地区及国外	2.4
>65	0.5	>10000	8.2				
主要职业	人数占比（%）	旅游次数	人数占比（%）	旅游方式	人数占比（%）	旅游动机	人数占比（%）
学生	22.4	1 次	68.5	独自一人	10.2	文体/科技交流	10.7
自由职业	16.8	2 次	15.9	家人	48.0	观光游览	62.0
公务员	9.3	3 次及以上	15.6	朋友	41.7	休闲度假	60.2
技术人员	11.6			单位集体	4.6	探亲访友	2.0
企业职员	18.3			自驾游	11.3	商务会议	4.3
退休人员	2.6			跟团游	8.3	购物	8.3
教师	7.3			散客	7.4	养生保健	3.3
农民	0.9					偶遇	7.6
商贸人员	3.4					其他	8.9
服务人员	2.2						
其他	5.2						

注：①表中数据经过四舍五入处理。②表中"旅游方式"和"旅游动机"为多选项。

2. 数据信度和效度检验

问卷信度检验。运用 SPSS18.0 统计软件对调查问卷数据进行信度分析，7 个分量表和总体量表的 Cronbach's α，除休闲娱乐文化 0.668 为可接受值外，均高于广泛接受的门槛值 0.7（见表 5-12），说明问卷数据具有较好的内部一致性。

丽江旅游文化因子结构的验证性因子分析。用 AMOS21.0 对已经通过信度检验的丽江旅游文化 4 个潜变量和 15 个观测变量进行验证性因子分析。得到的模型各项拟合指数为：$\chi^2/DF = 2.356$；$GFI = 0.939$；$AGFI = 0.910$；$PGFI = 0.635$；$NFI = 0.901$；$IFI = 0.941$；$CFI = 0.940$；$RMSEA = 0.061$。各项指标均满足标准，说明模型与数据拟合较好。

表 5 – 12   丽江旅游文化游客问卷数据信度检验

指标	纳西文化	休闲娱乐文化	生态环境文化	旅游商业文化	认知形象	情感形象	整体形象	所有测量因子
Cronbach's α	0.770	0.668	0.768	0.752	0.781	0.809	0.807	0.926

整体测量模型的验证性因子分析。为了避免测量模型与结构模型的相互影响，需要对整体测量模型进行验证性因子分析。用 AMOS21.0 软件对问卷的 24 个观测变量和 7 个潜变量进行整体测量模型的验证性因子分析（CFA）。通过 CFA，删除了载荷小于 0.50 的变量"参观木府""酒吧休闲娱乐""欣赏旅游演艺节目""丽江乡村观光""欣赏黑龙潭公园湖光山色"和"游览古城各具特色商业街"。模型的各项拟合指数为：$\chi^2/DF = 3.119$，GFI = 0.900，AGFI = 0.853，PGFI = 0.612，NFI = 0.879，IFI = 0.914，CFI = 0.913，RMSEA = 0.076。

拟合指数中，除 AGFI 和 NFI 接近理想值外，其余全部符合标准，所有显变量与潜变量自检的测量路径均在 99% 的置信区间，且各个因子的标准化载荷均超过临界值 0.5。同时，6 个潜在变量的平均差异数萃取量（AVE）大于 0.5（见表 5 – 13），说明潜变量具有较好的内部一致性和聚合效度。另外，每一个潜变量的 AVE 值都大于与其他任意一个潜变量间路径系数的平方，表明潜变量之间有显著区分，各个潜变量的大部分信息只能够被自身的指标变量所解释，与其他潜变量的指示变量相关性极低，即潜变量之间判别效度好。[1]

表 5 – 13   丽江旅游文化影响旅游形象模型各潜变量平均差异数萃取量（AVE）

潜变量名称	纳西文化	休闲娱乐文化	生态环境文化	旅游商业文化	认知形象	情感形象	整体形象
AVE 值	0.57	0.52	0.53	0.54	0.48	0.54	0.53

3. 结构模型拟合与假设验证

在 AMOS21.0 中，采用最大似然估计法，用经过信度和效度检验的数据拟合理论模型，并按照修正指数的提示，在对若干观察变量的残差间增加相关路径修正后，模型拟合指标均达到理想值（见表 5 – 14）。拟合以后的潜变量间标准化路径系数见表 5 – 15、图 5 – 5。

表 5 – 14   丽江旅游文化影响旅游形象结构方程模型拟合优度指数

	χ^2/DF	GFI	AGFI	PGFI	NFI	IFI	CFI	RMSEA
理想值	<5	>0.9	>0.9	>0.5	>0.9	>0.9	>0.95	<0.08
拟合值	2.02	0.934	0.901	0.623	0.920	0.958	0.957	0.052

---

[1]　李静、Pearce、吴必虎等：《雾霾对来京旅游者风险感知及旅游体验的影响——基于结构方程模型的中外旅游者对比研究》，《旅游学刊》2015 年第 10 期。

表 5 – 15　　　　　　丽江旅游文化影响旅游形象标准化路径估算系数

作用路径	标准化路径 估算系数	C. R.	P	是否支持假设
认知形象←纳西文化	0.299	4.101	***	支持
认知形象←休闲娱乐文化	0.285	2.672	**	支持
认知形象←生态环境文化	0.074	1.190	0.234	不支持
认知形象←旅游商业文化	0.507	5.788	***	支持
情感形象←认知形象	0.612	5.324	***	支持
情感形象←纳西文化	0.101	1.387	0.165	不支持
情感形象←休闲娱乐文化	0.196	2.365	*	支持
情感形象←生态环境文化	0.151	2.658	**	支持
情感形象←旅游商业文化	0.062	0.656	0.512	不支持
整体形象←认知形象	0.254	2.008	*	支持
整体形象←情感形象	0.669	5.713	***	支持
整体形象←纳西文化	- 0.026	- 0.403	0.687	不支持
整体形象←休闲娱乐文化	- 0.042	- 0.740	0.459	不支持
整体形象←生态环境文化	0.038	0.731	0.465	不支持
整体形象←旅游商业文化	0.065	0.755	0.450	不支持

注：＊＊＊P＜0.001，＊＊P＜0.01，＊P＜0.05。

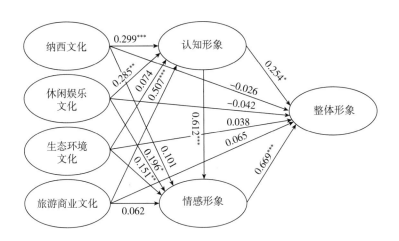

图 5 – 5　丽江旅游文化影响旅游形象结构模型标准化路径系数

检验结果显示，假设 Hd1、Hd2、Hd3、Hd4、Hd7、Hd8、Hd11 和 Hd13 通过检验，获得支持，Hd5、Hd6、Hd9、Hd10、Hd12、Hd14 和 Hd15 没有通过检验，不被支持。也就是 3 个验证性假设通过检验；12 个开拓性假设中，只有 Hd4 等 5 个假设通过检验，其余 7 个都没有通过检验；而丽江旅游文化影响整体形象的 4 个开拓性假设，全部没有通过检验。

（三）研究结果分析

第一，在目的地形象感知与目的地整体形象之间的关系上，大多数国内外学者的研究结果是，认知形象正向影响整体形象，情感形象正向影响整体形象，且认知形象正向影响情感形象。对整体形象而言，认知形象的正向影响强于情感形象的正向影响。本研究的结果与之有差异，对整体形象而言，认知形象的正向影响（$\gamma = 0.254$）弱于情感形象的正向影响（$\gamma = 0.669$）。这个结果证明在目的地形象演变阶段，游客对丽江旅游的认知通过强烈的负面情感共鸣，进而引起丽江旅游形象演变，导致游客感知的丽江旅游形象从"充满神秘感的世外桃源"演变为"商业化浓厚的偶遇之都"。本研究对丽江游记的高频词分析也发现，在丽江旅游发展四个阶段的形象演变过程中，丽江旅游认知形象结构发生很大变化，情感形象发生明显变化，积极情感形象下降，消极情感形象上升，导致丽江旅游整体形象发生明显演变，与这里的研究结果相吻合。这个结果说明情感形象的逆转变化是引起目的地旅游形象演变的关键。

第二，在丽江旅游文化的四个维度对认知形象的影响中，旅游商业文化正向影响最大（$\gamma = 0.507$），这符合游客的感知实际，其次是纳西文化（$\gamma = 0.299$），最后是休闲娱乐文化（$\gamma = 0.285$）。生态环境文化对认知形象的影响不显著（$\gamma = 0.074$，$P = 0.234$），这是因为丽江形象的演变过程中，原来"人与自然和谐协调"的空间氛围被打破，空间成分更多的是人文要素，使游客的生态环境感知下降。在丽江旅游文化的四个维度对情感形象的影响中，休闲娱乐文化（$\gamma = 0.196$）和生态环境文化（$\gamma = 0.151$）有正向影响，纳西文化（$\gamma = 0.101$，$P = 0.165$）和旅游商业文化（$\gamma = 0.062$，$P = 0.512$）影响不显著。在丽江旅游文化四个维度对认知形象和情感形象影响方面，只有休闲娱乐文化既正向影响认知形象，又正向影响情感形象，这与丽江作为理想的休闲度假目的地的旅游形象相吻合。

第三，丽江旅游文化四维度不直接影响目的地整体形象，但通过认知形象和情感形象影响整体形象。按照结构方程的结构模型效应原理，间接效应的强度可直接由两端点变量之间的直接效应标准回归系数相乘而得；每一个自变量对于每一个内生变量的整体效应，可以从路径模型中与该自变量与内生变量有关的所有显著与不显著的直接效应与间接效应的回归系数值加总和而得。[①] 通过计算，可获得丽江旅游文化四维度影响丽江整体旅游形象的效应值（见表 5 - 16）。

从表 5 - 16 可知，对丽江旅游形象影响最大的是旅游商业文化，其次是休闲娱乐文化，再次是纳西文化，最后是生态环境文化。这说明，在目前的丽江文化景观生态系统中，旅游商业文化是主导文化因子，休闲娱乐文化是重要文化因子，纳西文化是背景文化因子，生态环境文化是一般文化因子，丽江旅游形象由旅游商业文化主导，丽江旅游功能从发展之初的观光功能向目前的观光与休闲度假并重转变，丽江旅游形象从发展之初的

---

① 邱皓政、林碧芳：《结构方程模型的原理与应用》，中国轻工业出版社 2009 年版，第 213 页。

"充满神秘感的世外桃源"演变为目前的"商业化浓厚的偶遇之都"。这个结果与游记高频词分析和丽江旅游文化生态位分析结果相吻合，进一步证明，丽江旅游发展过程中文化展示引起旅游文化景观生态系统主导文化因子演替，导致丽江旅游形象演变。

表 5 – 16　　　　丽江主要旅游文化对丽江整体旅游形象的影响效应值

自变量 （旅游文化）	内生变量 （整体旅游形象）	效应值排名
纳西文化	0.152	3
生态环境文化	0.101	4
休闲娱乐文化	0.320	2
旅游商业文化	0.337	1

四　研究结论与启示

（一）结论

（1）文化展示引起旅游文化景观生态系统主导文化因子演替，导致丽江旅游形象演变。影响旅游形象的主要文化因子是纳西文化、休闲娱乐文化、旅游商业文化和生态环境文化。在丽江旅游发展之初，纳西文化是主导文化因子，生态环境文化是重要文化因子。随着丽江旅游的快速发展，古城区商业价值凸显，各路资金涌入开发，旅游商业文化展示迅速发展，丽江旅游文化景观生态系统中各主要文化因子的生态位发生显著变化，主导文化因子发生演替，由纳西文化演变为旅游商业文化，而纳西文化成为背景文化因子，休闲娱乐文化成为重要文化因子，生态环境文化成为一般文化因子。主导文化因子的演替导致丽江旅游形象从发展之初的"充满神秘感的世外桃源"演变为目前的"商业化浓厚的偶遇之都"。

（2）丽江文化展示引起旅游形象演变的动力机制是，政府政策是间接影响因素，旅游投资是直接驱动因素，旅游文化因子生态位的变迁是驱动力，主导文化因子演替是关键。在旅游快速发展的市场背景下，政府政策促进了旅游投资，投资带来旅游商业文化的过度展示，导致旅游商业文化生态位极大扩充，同时，商业扩张使纳西人被挤出，带来纳西文化展示弱化，导致纳西文化生态位极大压缩，引起旅游文化主导因子演替及丽江旅游的形象演变。

（3）旅游在丽江旅游形象演变过程中，情感形象对丽江整体旅游形象的影响更为重要，情感形象的逆转是丽江旅游形象演变的关键。引起丽江旅游情感形象逆转的根本原因是商业投资过度，挤占了纳西人生活空间，导致体现纳西文化基因重要成分的纳西人的流失，人与自然和谐的环境氛围被削弱，引起旅游者对纳西文化的体验感下降，负面情绪上升。

（二）启示

（1）旅游投资是旅游快速发展时期目的地的重要特征，投资方向和投资强度是引起目的地旅游文化生态系统文化因子演替的直接因素。把握目的地文化展示的科学规律，监测评估文化展示引起的旅游文化因子生态位变化，可有效引导和管理目的地旅游投资行为，促进目的地旅游业可持续发展。

（2）目的地旅游开发要用景观分析作为工具，保护目的地独特的环境氛围和目的地旅游文化景观生态系统中主导文化因子的重要景观基因成分，才能在旅游开发过程中始终体现目的地的独特性，实现旅游可持续发展。

第四节　实证研究：苏州世界遗产地文化展示与旅游形象变化

一　苏州旅游形象的动态变化

目的地旅游形象的动态特征已被国内外学者证明。[1][2] 在目的地旅游长期发展过程中，有的目的地表现为形象颠覆性演变，如丽江；有的目的地表现为旅游形象表征局部更新，如苏州；[3] 有的目的地表现为从不成熟向成熟演变，或从冷点向温点再向热点演变，如国内的很多世界遗产地。从短期来看，大多数旅游目的地都有一个旅游过程的形象认知变化，即从原生形象到诱导形象，再到实地感知形象和游后形象的"形象形成→形象调整→形象形成"的循环变化过程；另外，旅游目的地还有一个全年的季节形象波动，表现为春夏秋冬的季节变化。

程德年等以意象表征为视角，通过对2006—2015年的在线旅游博客文本的内容分析，解析苏州旅游目的地意象变迁的动态特征和机制。[4] 该研究认为，从"十一五"时期（2006—2010年）到"十二五"时期（2011—2015年），在苏州市政府主导下，苏州旅游意象实现了从"国际知名、水城特色、江南风情"到"国际一流、历史文化与现代文明交融"的提升。该研究显示，2006—2015年，游客感知的以"园林"为标志性符号的苏州旅游意象文脉属性一直是苏州旅游意象表征的核心。同时，苏州旅游意象出现局部更新，江南古镇、博物馆、历史街区等在意象表征中的重要性逐步凸显。该研究提出，旅游目的地意象更新的主要动力是地方政府、市场机构、当地居民和旅游者之间的协商互动。实际上该研究还表明，江南古镇、博物馆、历史街区等在意象表征中重要性的凸显强化和延续了苏州的历史文化，而反映苏州旅游意象提升的"历史文化与现代文明交融"特征，证明对现代文明的展示使苏州旅游形象变得更加丰富。

① Gallarza, M. G, Saura, I. G, Garcia, H. C., Destination Image: Towards a Conceptual Framework. *Annals of Tourism Research*，2002，29（1）：56 –78.

② 李蕾蕾：《旅游地形象策划：理论与实务》，广东旅游出版社1999年版，第88 –92页。

③ 程德年、周永博、魏向东：《旅游目的地意向固化与更新的动力机制研究——以苏州为例》，《旅游学刊》2017年第2期。

④ 程德年、周永博、魏向东：《旅游目的地意象固化与更新的动力机制研究——以苏州为例》，《旅游学刊》2017年第2期。

旅游产品是文化展示的重要载体，旅游产品的类型直接反映文化展示的类型与品质。近年来苏州高品质旅游景区产品不断丰富，现已拥有 2 项世界文化遗产，而第三项文化遗产江南古镇正在申遗中，6 项世界级和 33 项国家级非物质文化遗产，2 个国家级度假区、2 个国家湿地公园和 8 个省级度假区，5A 级景区 6 家，4A 级景区 34 家，呈现出古城历史文化、商务时尚文化、山水娱乐文化、生态休闲文化和乡村度假文化等多种文化展示方式。这些旅游文化在苏州文化景观生态系统中占据重要地位，影响旅游者对苏州旅游形象的感知。对这些旅游文化的展示，正在让苏州旅游形象变得丰满迷人。

文化展示必然引起旅游文化生态位演变，通过探讨苏州旅游文化生态位的演变，可为分析苏州旅游形象演变规律奠定基础。

二 苏州旅游文化生态位演变

根据生态位相关理论和计算方法，测评 2000—2014 年苏州旅游文化景观生态系统中主要文化因子的生态位，分析主要文化因子，尤其是对系统产生关键性作用的主导文化因子生态位随时间的演变，从而分析苏州旅游文化景观生态系统的阶段性变化。

（一）旅游文化因子测评指标体系

1. 文化因子和测评时间选取

关于文化因子的选取。苏州旅游文化景观生态系统斑块所展示的主题文化明显，是旅游文化景观生态系统的主要内容。因此，将斑块的主题文化作为系统的主要文化因子，分别为古城历史文化因子、乡村度假文化因子、古镇休闲文化因子、生态休闲文化因子、商务时尚文化因子和山水娱乐文化因子，计算这些文化因子的生态位。

关于研究时间的选取。以《苏州旅游志》所列苏州旅游业进入产业化发展阶段的标志年份 2000 年为测量起点，以 2004 年苏州市推出"天堂苏州，东方水城"的城市新形象为第一阶段测量时间节点，每 5 年划分一个阶段，共三个阶段跨度 15 年，研究 2000—2004年、2005—2009 年、2010—2014 年苏州旅游文化景观生态系统中主要文化因子生态位的演变情况，进而分析系统的演进情况。

2. 测评体系的构建

依据本研究所提出的旅游文化生态位维度和影响因素，本着构建科学性、数据易取得性原则，将苏州旅游文化景观生态系统中主要文化因子的生态位测评维度分为资源基础、旅游市场和旅游支撑。其中，通过旅游文化资源知名度、品位度和丰裕度来量化主要文化因子所拥有的资源基础；通过入境游客接待量、入境旅游创汇、国内游客数量和国内旅游收入四项指标来解释旅游市场；通过旅游项目数量和以星级饭店数量、旅行社数量、星级农家乐数量为代表的项目和设施建设情况等研究主要文化因子的旅游支撑。具体测评体系如表 5 – 17 所示。

（二）主要文化因子生态位测评数据获取

由于苏州旅游发展政府主导性很强，主要旅游空间单元斑块与城市行政区域划分在空间上具有极高的一致性。即斑块主题文化所指向的旅游文化景观，在空间分布上与城市行政区域基本重合。本研究尝试以主要文化因子所在行政区域的旅游统计数据表示各主要文化因子的数据，计算相关文化因子的生态位数值及排名。

表 5－17　　　苏州旅游文化景观生态系统主要文化因子生态位测评体系

评价对象	评价维度	可量化指标
苏州旅游文化景观生态系统主要文化因子生态位	资源基础	旅游文化资源知名度
		旅游文化资源品位度
		旅游文化资源丰裕度
	旅游市场	入境游客接待量
		入境旅游创汇
		国内游客数量
		国内旅游收入
	旅游支撑	旅游项目数量
		星级饭店数量
		旅行社数量
		星级农家乐数量

这样的计算方法虽不能精确计算出各主要文化因子生态位的数值，但能反映旅游文化景观生态系统中各主要文化因子的变化趋势和相对地位，有其合理性和可取之处。

（三）主要文化因子生态位测评数据分析

按照表 5－17 的测评体系，运用生态位计算公式，分别以每个文化因子 2000 年、2005 年和 2010 年的现状数值作为"态"的度量指标，以五年平均增长量作为"势"的度量指标，以 1 年为时间尺度（每年的平均增长量），即量纲转换系数，得出每个因子生态位指标测量结果（见表 5－18）。

表 5－18　　　苏州旅游文化景观生态系统主要文化因子生态位指标测量结果

	指标	2000—2004 年	2005—2009 年	2010—2014 年
古城历史文化因子	旅游文化资源知名度	0. 511627907	0. 380475594	0. 365963855
	旅游文化资源品位度	0. 33974359	0. 418867925	0. 285714286
	旅游文化资源丰裕度	0. 464387464	0. 419191919	0. 390057361
	入境游客接待量			0. 127433442
	入境旅游创汇	0. 778105	0. 609665	0. 13872879
	国内游客数量			0. 2843
	国内旅游收入			0. 295843521

指标		2000—2004 年	2005—2009 年	2010—2014 年
古城历史文化因子	旅游项目数量	—	0.035714286	0.072100313
	星级饭店数量	0.349829352	0.37956621	0.346014493
	旅行社数量	0.595330559	0.522398899	0.495850866
	星级农家乐数量	—	—	0.01552795
乡村度假文化因子	旅游文化资源知名度	0.186046512	0.395494368	0.27560241
	旅游文化资源品位度	0.455128205	0.294339623	0.278911565
	旅游文化资源丰裕度	0.316239316	0.397979798	0.31166348
	入境游客接待量			0.060254656
	入境旅游创汇	0.121199	0.184369	0.030725397
	国内游客数量			0.258829015
	国内旅游收入			0.246728934
	旅游项目数量	—	0.214285714	0.194357367
	星级饭店数量	0.201365188	0.180365297	0.223188406
	旅行社数量	0.121428571	0.108267717	0.181598063
	星级农家乐数量	—	—	0.48447205
古镇休闲文化因子	旅游文化资源知名度	0.2325581	0.100125	0.137048
	旅游文化资源品位度	0.0320513	0.124528	0.131519
	旅游文化资源丰裕度	0.1566952	0.120202	0.152964
	入境游客接待量			0.021004
	入境旅游创汇	0.054582	0.062318	0.046049
	国内游客数量			0.181077
	国内旅游收入			0.160448
	旅游项目数量	—	0.285714	0.404389
	星级饭店数量	0.2389078	0.212329	0.223188
	旅行社数量	0.102381	0.21063	0.171913
	星级农家乐数量	—	—	0.139752
生态休闲文化因子	旅游文化资源知名度	0.0232558	0.043805	0.054217
	旅游文化资源品位度	0.0320513	0.018868	0.011338
	旅游文化资源丰裕度	0.02849	0.040404	0.049076
	入境游客接待量			0.039461
	入境旅游创汇	—	0.019575	0.019555
	国内游客数量			0.064385
	国内旅游收入			0.069603
	旅游项目数量	—	0.234375	0.018809
	星级饭店数量	0.0279863	0.030365	0.027681
	旅行社数量	0.0301433	0.026451	0.025106
	星级农家乐数量	—	—	0.208075

续表

	指标	2000—2004 年	2005—2009 年	2010—2014 年
商务时尚文化因子	旅游文化资源知名度	0.023256	0.006258	0.061747
	旅游文化资源品位度	0.032051	0.018868	0.102041
	旅游文化资源丰裕度	0.02849	0.010101	0.080943
	入境游客接待量	—	0.078112	0.581395
	入境旅游创汇			0.529762
	国内游客数量			0.113007
	国内旅游收入			0.130697
	旅游项目数量	—	0.129464	0.147335
	星级饭店数量	0.111945	0.121461	0.110725
	旅行社数量	0.105502	0.092577	0.087872
	星级农家乐数量			-0.01863
山水娱乐文化因子	旅游文化资源知名度	0.023256	0.073842	0.105422
	旅游文化资源品位度	0.108974	0.124528	0.190476
	旅游文化资源丰裕度	0.0001	0.0001	0.0000
	入境游客接待量	0.046113	0.04596	0.170451
	入境旅游创汇			0.23518
	国内游客数量			90.098378
	国内旅游收入			0.096678
	旅游项目数量	—	0.100446	0.163009
	星级饭店数量	0.069966	0.075913	0.069203
	旅行社数量	0.045215	0.039676	0.03766
	星级农家乐数量	—	—	0.170807

注：由于各年份旅游统计口径不一，各区数据起始阶段不一，故有部分数据缺失。

再运用式（2）得到每个文化因子的综合文化生态位。根据各阶段计算结果（表5 - 19，表5 - 20，表5 - 21），分析苏州旅游文化景观生态系统主要文化因子各阶段生态位演变情况和近15 年总体变化特征。

2000—2004 年，苏州旅游文化景观生态系统主要文化因子生态位演变情况见表5 - 19。该阶段，古城历史文化因子以绝对性优势占据苏州旅游文化景观生态系统的首位。作为文化资源知名度最大、品位度最好的文化因子，古城历史文化吸引了绝大多数来苏旅游者，也因此得到了苏州市政府和社会的广泛开发，旅游支撑和旅游市场生态位占据旅游文化景观生态系统首位。古城历史文化因子是该阶段苏州旅游文化景观生态系统的主导因子，对系统的支配能力和控制能力大。

表 5 - 19　　　2000—2004 年苏州旅游文化景观生态系统主要文化因子生态位演变情况

文化因子	资源基础	排名	旅游市场	排名	旅游支撑	排名	综合	排名
古城历史文化	0.430242	1	0.778105	1	0.47258	1	0.560309	1
乡村度假文化	0.313455	2	0.121199	2	0.161397	3	0.198684	2
古镇休闲文化	0.137619	3	0.054582	3	0.170644	2	0.120948	3
生态休闲文化	0.027420	5	—	—	0.029065	6	0.018828	6
商务时尚文化	0.027420	5	—	—	0.108724	4	0.045381	5
山水娱乐文化	0.063843	4	0.046113	4	0.05759	5	0.055849	4

　　注：由于各年份旅游统计口径不一，各区数据起始阶段不一，故有部分数据缺失。

　　综合生态位排名前三的还有乡村度假文化因子和古镇休闲文化因子。该阶段因这两大文化因子有一定的资源基础，吸引了一定的旅游支撑发展条件，占据了小份额旅游市场，对系统的支配能力较弱。相比之下，其他文化因子的资源基础不足，对旅游支撑发展条件吸引力不够，旅游开发滞后，在旅游文化景观生态系统中占据的生态位微乎其微，几乎不起作用。由此可见，这一阶段苏州旅游发展内在逻辑是，资源是基础，投资跟着资源走，由投资撬动市场，市场支撑发展。

　　2005—2009 年苏州旅游文化景观生态系统主要文化因子生态位演变情况见表 5 - 20。该阶段，尽管所有文化因子综合生态位排名没有变化，且古城历史文化因子生态位无论在资源基础、旅游市场还是在旅游支撑维度上，仍然占据苏州旅游文化景观生态系统的首位。但仔细分析文化因子的维度和要素成分，可以发现一些变化在发生。值得注意的是，由于乡村度假文化的旅游支撑条件中，旅游项目生态位急剧膨胀，使乡村度假文化在此阶段得到大力开发，资源基础维度生态位提升并吸引了更多旅游者，导致乡村度假文化综合生态位大幅增加，挤占了系统内其他文化因子的生态位，使古城历史文化因子综合生态位相对数值下降。

表 5 - 20　　　2005—2009 年苏州旅游文化景观生态系统主要文化因子生态位演变情况

文化因子	资源基础	排名	旅游市场	排名	旅游支撑	排名	综合	排名
古城历史文化	0.395731	1	0.609665	1	0.31256	1	0.439319	1
乡村度假文化	0.352686	2	0.184369	2	0.16764	3	0.234898	2
古镇休闲文化	0.111956	3	0.062318	4	0.236224	2	0.136833	3
生态休闲文化	0.033352	5	0.019575	5	0.097064	5	0.049997	6
商务时尚文化	0.011491	6	0.078112	3	0.114501	4	0.068035	5
山水娱乐文化	0.094784	4	0.04596	6	0.072012	6	0.070919	4

　　由于这一阶段其他文化因子投资项目生态位都有较大提高，使得这些旅游文化因子综合生态位数值均有所增长。说明在该阶段，除古城历史文化外，其他文化因子均得到了不同程度的开发和展示。总体来看，古城历史文化因子仍是苏州旅游文化景观生态系统的主

导因子，但其对系统的支配能力和控制能力因其他文化因子，特别是乡村度假文化因子的发展壮大而比上一阶段有所减弱；其他文化因子因得到不同程度的投资开发和展示，资源基础、旅游市场和旅游支撑生态位都有所提高，综合生态位的变化量能正在积累。

2010—2014 年苏州旅游文化景观生态系统主要文化因子生态位演变情况见表 5 – 21。该阶段旅游文化生态位有以下几个突出特点。第一，占据苏州旅游文化景观生态系统首位的依然是古城历史文化因子。第二，发生显著变化的是商务时尚文化因子，生态位从上一阶段的第 5 位跃升至这一阶段的第 3 位。这一变化的主要原因是，该阶段苏州旅游市场需求与前两个阶段相比出现了明显变化。商务时尚文化成为旅游者体验的文化新宠，在旅游市场生态位中位居第 1，从而吸引了旅游投资对商务时尚文化因子进行文化展示，且得到旅游市场认可，商务时尚文化因子在旅游文化景观生态系统中的地位迅速提升，挤占了其他文化因子在系统中的地位。第三，该阶段系统内各文化因子生态位差距减少态势明显。占据主导地位的古城历史文化因子和处于重要地位的乡村度假文化因子虽综合生态位排名不变，但其数值与除生态休闲文化因子外的其他因子差距显著缩小。这一阶段中国旅游从资源大国走向旅游大国，旅游市场需求从观光旅游向多样化旅游需求和休闲度假旅游转变。长三角区域旅游起步早发展快，休闲度假旅游明显领先，与休闲度假旅游相关的目的地文化展示较为突出。苏州作为长三角优秀旅游目的地，商务时尚文化因子、古镇休闲文化因子和山水娱乐文化因子在该阶段得到较好展示。第四，因资源基础不足，市场需求不足，吸引投资能力不足，对旅游市场吸引力不足，生态休闲文化因子生态位继续垫底。

表 5 – 21　2010—2014 年苏州旅游文化景观生态系统主要文化因子生态位演变情况

文化因子	资源基础	排名	旅游市场	排名	旅游支撑	排名	综合	排名
古城历史文化	0.332545	1	0.211583	2	0.232373	2	0.258834	1
乡村度假文化	0.276980	2	0.149135	4	0.270904	1	0.23234	2
古镇休闲文化	0.134746	4	0.102145	5	0.23481	3	0.157234	4
生态休闲文化	0.036361	6	0.048251	6	0.069918	6	0.05151	6
商务时尚文化	0.078527	5	0.338715	1	0.081825	5	0.166356	3
山水娱乐文化	0.140841	3	0.150172	3	0.11017	4	0.133728	5

可见，该阶段旅游市场趋势对投资的牵引作用，使得多种旅游文化因子得到较好展示，苏州旅游文化景观生态系统在保持主导文化因子不变的情况下，文化因子的格局出现了很大变化，商务时尚文化成为系统重要的文化因子，除生态休闲文化因子外，其他文化因子的重要性也逐渐得到体现，一个古城历史文化主导、商务时尚文化凸显、多元旅游文化并存的苏州旅游文化景观生态系统形成。所以，苏州旅游目的地的感知形象仍然是一个以古镇、古城和古典园林"三古"为核心的江南独特目的地，在旅游功能上，多元化的旅游产品使得苏州旅游正在从观光向休闲度假转变。

三 苏州旅游文化对旅游形象的影响

采用结构方程方法，进一步分析苏州主要旅游文化因子影响苏州旅游形象的重要性，探讨文化展示与旅游形象的关系。

（一）假设与结构模型构建

以前人对旅游形象结构研究为基础，提出3个验证性假设：

He1：认知形象正向影响整体形象

He2：情感形象正向影响整体形象

He3：认知形象正向影响情感形象

根据前文对旅游形象影响因素和文化对旅游形象的影响分析，以及苏州旅游文化生态位分析，提出12个开拓性假设①：

He4：古城历史文化正向影响认知形象

He5：古城历史文化正向影响情感形象

He6：古城历史文化正向影响整体形象

He7：乡村度假文化正向影响认知形象

He8：乡村度假文化正向影响情感形象

He9：乡村度假文化正向影响整体形象

He10：古镇休闲文化正向影响认知形象

He11：古镇休闲文化正向影响情感形象

He12：古镇休闲文化正向影响整体形象

He13：商务时尚文化正向影响认知形象

He14：商务时尚文化正向影响情感形象

He15：商务时尚文化正向影响整体形象

根据以上15个假设，构建苏州旅游文化影响苏州旅游形象的结构模型（图5-6）。

（二）研究方法

1. 问卷设计与调查样本分析

为了运用结构方程模型方法，探究苏州旅游文化与旅游形象之间的关系，本研究设计了测量古城历史文化、乡村度假文化、古镇休闲文化、商务时尚文化、认知形象、情感形象和整体形象7个结构方程潜变量的游客调查问卷。按照"苏州旅游文化影响旅游形象结构模型"，分别设计测量苏州旅游文化和旅游形象7个潜变量的量表。根据结构方程模型测量变量设计的"多元指标原则"，考虑到测量模型的识别效果和问卷题目量对游客评价和判断的影响，每个潜变量的测量变量数目设计为3—4个。

问卷共分3个部分7个量表。第一部分为测量游客对苏州旅游文化感知的4个量表。由于游客对旅游文化的感知来源于代表该旅游文化的旅游景观和旅游活动，所以，测量题

---

① 这里选取综合生态位排名前四位的主要文化因子，其余两个文化因子生态位较低，作用较小，故剔除。

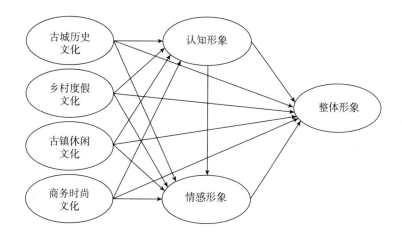

图 5 - 6　苏州旅游文化影响旅游形象结构模型

项选择每一个旅游文化类型中的著名景区景点和市场认知度较高的旅游活动，以便降低游客评价的难度。古城历史文化包括欣赏苏州园林、平江路和山塘街等街区文化体验、寒山寺听钟和苏州博物馆了解苏州历史文化 4 个题项；乡村度假文化包括东山陆巷古村、旺山等旅游乡村度假，东山、西山采摘活动，太湖农家乐品尝美食 3 个题项；古镇休闲文化包括同里、黎里、震泽等古镇民俗活动，盛泽丝绸、震泽蚕丝等特色旅游商品购物，古镇夜间酒吧活动 3 个题项；商务时尚文化包括金鸡湖商务休闲娱乐活动、金鸡湖时尚艺术文化活动和阳澄湖半岛购物度假 3 个题项。第二部分测量苏州旅游形象。按照丽江旅游形象测量思路，首先是对认知形象的测量。采用评价苏州旅游活动独特性、旅游环境独特性和旅游服务独特性 3 个题项测量游客对苏州旅游的认知形象。其次是对情感形象的测量。借鉴拉塞尔的"感情的环状模式"中的三个维度构建语义差别量表，即"愉快的—讨厌的"、"放松的—痛苦的"和"令人兴奋的—沉闷的"。最后是对整体形象的测量。采用"重游苏州的意愿强烈""推荐他人游苏州的意愿强烈""苏州之旅不虚此行" 3 个题项考量游客对苏州旅游的整体感知。上述 7 个量表都采用李克特 5 点量表打分。第三部分调查游客个人特征。通过对调查人员的培训和问卷试调查修改后，于 2017 年 8 月 12 日、13 日在苏州火车站开展了问卷调查。本次调查共计向游客发放调查问卷 500 份，采用当场回收的方法回收作答问卷共 478 份，回收率 95.6%。经过排除一部分作答不完整和答案统一的无效问卷，最终得到有效问卷 341 份，有效率为 71.3%。在调查的 341 名游客中，男性共 195 人，占 57.2%，女性共 146 人，占 42.8%，男性多于女性。调查游客的其他人口统计特征见表5 – 22。

　　2. 数据信度和效度检验

　　问卷信度检验。运用 SPSS18.0 统计软件对调查问卷数据进行信度分析，7 个分量表和总体量表的 Cronbach's α，除古城历史文化 0.632 和古镇休闲文化 0.651 为可接受值外，均高于广泛接受的门槛值 0.7（见表 5 – 23），说明问卷数据具有较好的内部一致性。

表 5 − 22 苏州调查游客人口统计特征和旅游特征

年龄	人数占比（%）	月收入（元）	人数占比（%）	学历	人数占比（%）	客源地	人数占比（%）
≤15	3.8	≤1000	21.6	高中及以下	22.2	苏州市	10.9
16—25	56.9	1001—3000	13.6	大专	27.4	江苏省其他市	29.5
26—45	34.7	3001—5000	28.0	本科	42.9	国内其他省区市	58.5
46—65	3.8	5001—10000	27.4	硕士及以上	7.5	我国港澳台地区及国外	1.1
>65	0.8	>10000	9.4				
主要职业	人数占比（%）	旅游次数	人数占比（%）	旅游方式	人数占比（%）	旅游动机	人数占比（%）
学生	31.4	1 次	37.7	独自一人	26.2	文体/科技交流	19.2
自由职业	15.9	2 次	18.2	家人	30.3	观光游览	52.7
公务员	2.5	3 次及以上	44.1	朋友	55.0	休闲度假	45.8
技术人员	12.6			单位集体	5.4	探亲访友	13.6
企业职员	23.6			自驾游	7.3	商务会议	7.1
退休人员	0.6			跟团游	2.9	购物	9.0
教师	3.8			散客	8.4	养生保健	1.7
农民	0.8					其他	17.6
商贸人员	2.1						
服务人员	1.5						
其他	5.2						

注：①表中数据经过四舍五入处理。②表中"旅游方式"和"旅游动机"为多选项。

表 5 − 23 苏州旅游文化游客问卷数据信度检验

指标	古城历史文化	乡村度假文化	古镇休闲文化	商务时尚文化	认知形象	情感形象	整体形象	所有测量因子
Cronbach's α	0.632	0.780	0.651	0.801	0.761	0.797	0.840	0.884

苏州旅游文化因子结构的验证性因子分析。用 AMOS 软件 21.0 版本对已经通过信度检验的苏州旅游文化 4 个潜变量和 13 个观测变量进行验证性因子分析。得到的模型各项拟合指数为：$\chi^2/DF = 2.086$；$GFI = 0.946$；$AGFI = 0.917$；$PGFI = 0.614$；$NFI = 0.906$；$IFI = 0.949$；$CFI = 0.948$；$RMSEA = 0.057$。各项指标均满足标准，说明模型与数据拟合较好。

整体测量模型的验证性因子分析。为了避免测量模型与结构模型的相互影响，需要对整体测量模型进行验证性因子分析。用 AMOS 软件 21.0 版本，对问卷的 22 个观测变量和 7 个潜变量进行整体测量模型的验证性因子分析（CFA）。通过 CFA，删除了载荷小于 0.50 的变量"寒山寺听钟""参观苏州博物馆的苏州历史文化""古镇夜间酒吧活动""苏州旅游服务""苏州之旅不虚此行"。模型的各项拟合指数为：$\chi^2/DF = 2.810$，$GFI =$

0.899, AGFI = 0.851, PGFI = 0.611, NFI = 0.868, IFI = 0.911, CFI = 0.910, RMSEA = 0.073。

拟合指数中, GFI 几乎达到理想值, AGFI 和 NFI 接近理想值, 其余全部符合标准, 且所有显变量与潜变量自检的测量路径均在 99% 的置信区间, 各个因子的标准化载荷均超过临界值 0.5。同时, 7 个潜在变量的组合信度 CR 值均大于 0.8, 平均差异数萃取量 (AVE) 大于 0.5 (见表 5 – 24), 说明潜变量具有较好的内部一致性和聚合效度。另外, 每一个潜变量的 AVE 值都大于与其他任意一个潜变量间路径系数的平方, 即潜变量之间判别效度好。

表 5 – 24　　　苏州旅游文化影响旅游形象模型各潜变量平均差异数萃取量 (AVE)

潜变量名称	古城历史文化	乡村度假文化	古镇休闲文化	商务时尚文化	认知形象	情感形象	整体形象
AVE 值	0.53	0.55	0.52	0.58	0.53	0.57	0.67

3. 结构模型拟合与假设验证

在 AMOS 软件 21.0 中, 采用最大似然估计法, 用经过信度和效度检验的数据拟合理论模型, 并按照修正指数的提示, 在对若干观察变量的残差间增加相关路径修正后, 模型拟合指标均达到理想值 (见表 5 – 25)。

表 5 – 25　　　　　苏州旅游文化影响旅游形象结构方程模型拟合优度指数

	χ^2/DF	GFI	AGFI	PGFI	NFI	IFI	CFI	RMSEA
理想值	<5	>0.9	>0.9	>0.5	>0.9	>0.9	>0.95	<0.08
拟合值	1.918	0.937	0.906	0.625	0.912	0.956	0.955	0.052

拟合以后的潜变量间标准化路径系数见表 5 – 26、图 5 – 7。

结构模型检验结果显示, 本研究的假设 He1、He2、He3、He4、He5、He10 和 He13 通过检验, 获得支持, He6、He7、He8、He9、He11、He12、He14 和 He15 没有通过检验, 不被支持。也就是 3 个验证性假设通过检验; 在 12 个开拓性假设中, 只有旅游文化正向影响认知形象和情感形象的 4 个假设通过检验, 其余 8 个都没有通过检验; 而苏州旅游文化正向影响整体形象的 4 个开拓性假设, 全部没有通过检验。

表 5 – 26　　　　　苏州旅游文化影响旅游形象标准化路径估算系数

作用路径	标准化路径估算系数	C. R.	P	是否支持假设
认知形象←古城历史文化	0.393	3.931	***	支持
认知形象←乡村度假文化	− 0.032	− 0.358	0.720	不支持
认知形象←古镇休闲文化	0.191	2.358	*	支持

续表

作用路径	标准化路径估算系数	C. R.	P	是否支持假设
认知形象←商务时尚文化	0.263	2.908	**	支持
情感形象←认知形象	0.593	6.330	***	支持
情感形象←古城历史文化	0.222	2.763	**	支持
情感形象←乡村度假文化	0.067	0.889	0.374	不支持
情感形象←古镇休闲文化	0.001	0.001	0.991	不支持
情感形象←商务时尚文化	-0.006	-0.071	0.943	不支持
整体形象←认知形象	0.249	2.550	*	支持
整体形象←情感形象	0.587	6.265	***	支持
整体形象←古城历史文化	0.016	0.254	0.800	不支持
整体形象←乡村度假文化	-0.081	-1.210	0.226	不支持
整体形象←古镇休闲文化	0.036	0.607	0.544	不支持
整体形象←商务时尚文化	0.013	1.845	0.065	不支持

注：＊＊＊P<0.001，＊＊P<0.01，＊P<0.05。

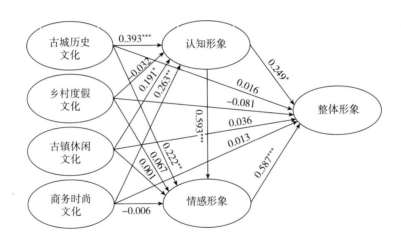

图 5-7　苏州旅游文化影响旅游形象结构模型标准化路径系数

（三）研究结果分析

第一，在目的地形象感知与目的地整体形象之间的关系上的研究结果。本研究的结果与前人研究结果不同的是，对整体形象而言，认知形象的影响（γ=0.249）弱于情感形象的影响（γ=0.587）。结合本研究长三角游记文本分析，这个结果可解释为，苏州文化底蕴深厚，游客很喜欢苏州的文化氛围，尤其是对古城历史文化的体验，引起游客强烈的积极情感共鸣，从而情感形象对苏州整体旅游形象有更强的影响。

第二，在苏州旅游文化四个维度对认知形象的影响中，古城历史文化影响最大（γ=

0.393），其次是商务时尚文化（$\gamma = 0.263$），最后是古镇休闲文化（$\gamma = 0.191$）；乡村度假文化对认知形象的影响不显著（$\gamma = -0.032$，$P = 0.720$）。在苏州旅游文化四个维度对情感形象的影响中，只有古城历史文化有显著影响（$\gamma = 0.222$），乡村度假文化（$\gamma = 0.067$，$P = 0.374$）、古镇休闲文化（$\gamma = 0.001$，$P = 0.991$）和商务时尚文化（$\gamma = -0.006$，$P = 0.943$）影响不显著。从前面两个方面影响结果看，只有古城历史文化既影响认知形象，又影响情感形象。这是因为苏州一直以来致力于展示和宣传古城历史文化，游客对古城历史文化有较强感知，并产生较强的积极情感共鸣。另外，只有乡村度假文化既不影响认知形象，又不影响情感形象。

第三，苏州旅游文化四维度不直接影响目的地整体形象，但通过认知形象和情感形象影响整体形象。按照结构方程的结构模型效应原理，通过计算可获得苏州旅游文化四维度影响苏州整体旅游形象的影响效应值（表5-27）。

表 5-27　　　　　　　苏州主要旅游文化对苏州整体旅游形象的影响效应值

自变量 （旅游文化）	内生变量 （整体旅游形象）	效应值排名
古城历史文化	0.365	1
乡村度假文化	—	—
古镇休闲文化	0.114	3
商务时尚文化	0.157	2

从表5-27可知，对苏州旅游形象影响最大的是古城历史文化，第二是商务时尚文化，第三是古镇休闲文化。由于乡村度假主要为本地市场，而本研究问卷调查的游客以外地人（占调查游客的约90%）为主，因而游客感知的乡村度假文化对苏州旅游形象的影响较弱。

这说明在目前的苏州旅游文化景观生态系统中，古城历史文化是主导文化因子，商务时尚文化和古镇休闲文化是重要文化因子，乡村度假文化是一般文化因子，苏州旅游形象由古城历史文化绝对主导，商务时尚文化的影响开始显现。在不考虑乡村度假文化的影响时，这与苏州旅游文化生态位的分析结果相吻合，这就证明苏州旅游文化展示，在增强古城历史文化的同时，注重按照旅游市场发展需求变化，结合本地旅游资源实际，进行了旅游文化多元化展示，使苏州既保持了具有吸引力的独特旅游形象，又使目的地形象更加丰满，更能满足现代旅游者的需求，为苏州旅游从观光向休闲度假转变奠定了基础。

（1）旅游形象是动态演变的，在旅游发展过程中，旅游目的地要把握和监测旅游投资方向和强度，从而调控旅游文化展示方向，保持和建构有魅力的旅游形象。

（2）为适应旅游市场发展多元化趋势，旅游目的地要进行多元文化展示，丰满目的地形象，满足游客多元化旅游需求。

（3）目的地要准确定位文化展示的市场层次，评估游客感知，实现与市场需求的耦合，提高文化展示的形象影响力。

第五节 实证研究：乐山世界遗产地旅游文化
展示与旅游形象变化

一 乐山旅游形象变化

乐山旅游业是在依托峨眉山和乐山大佛世界文化与自然遗产景区观光旅游基础上发展起来的，主要经历了三个阶段，即 2000—2006 年的起步阶段，2007—2010 年的发展阶段，2011—2016 年的快速发展阶段。在地方政府主导下，乐山旅游发展第一阶段主要展示世界遗产景区为代表的佛教文化，旅游形象表现为观光旅游；第二阶段开始注重休闲度假文化的展示，但旅游形象延续遗产景区观光旅游；第三阶段大力发展休闲度假和康养旅游等其他类型旅游，休闲空间和度假设施迅速发展，休闲文化开始展现，旅游形象主要还是以世界遗产景区观光为主，局部旅游意象得到更新。总体来看，各阶段乐山旅游形象仍然是观光旅游形象，但旅游形象感知出现丰富化趋势。

（一）文化展示与乐山旅游形象变化

在 2016 年国家旅游局提出发展全域旅游以前，我国目的地旅游经济主要是门票经济，从旅游景区发展即可探测目的地旅游文化展示情况，从而分析乐山旅游形象的变化。表 5-28 显示，乐山旅游发展的三个阶段 A 级景区数量不断递增，从 2006 年的 9 个到 2016 年的 27 个。从文化类型看，第一阶段以佛教文化景区为主；第二阶段仍以佛教文化景区为主，开始出现休闲文化景区，如夹江天福观光茶园、峨眉山竹叶青生态茗园等；第三阶段佛教文化景区依然突出，增加了峨眉山大佛禅院文化旅游景区。同时，休闲文化景区增长较快，如沐川桃源山居、旅博天地、沙湾叠翠坪休闲度假中心等。生态文化景区异军突起，如黑竹沟景区、犍为嘉阳·桫椤湖、沐川竹海、大渡河金口大峡谷等。此外，出现历史民俗文化景区，如犍为文庙、井研雷畅故居、马边县烟峰彝家新寨等。可见，乐山旅游文化展示保持了佛教文化的突出地位，在增强休闲文化展示的同时，生态文化和历史民俗文化得到展示，出现文化展示空间扩散和多元文化展示趋势，使乐山旅游形象感知要素发生变化，并不断增加。

从游客的感知看，2011 年游客对乐山的印象（见表 5-29）最突出的是自然景色美丽，第二是人与自然和谐，第三是宗教文化。而代表乐山休闲文化展示的"休闲活动丰富"选项，却位居倒数第二。这表明，在乐山旅游发展的三个阶段，虽然乐山旅游文化展示内容不断丰富，乐山旅游形象的感知要素不断增加，但乐山旅游形象仍然以佛教文化观光形象为主。

（二）政府建构的乐山旅游形象的变化

根据建构主义的观点，旅游形象的塑造过程是典型的社会建构过程。[①] 在 2007 年以

---

① 马凌：《旅游社会科学中的建构主义范式》，《旅游学刊》2011 年第 1 期。

表 5-28　　　　　　　　　　2000—2016 年乐山市 A 级景区情况

景区等级	A 级旅游景区名称		
	第一阶段（2000—2006 年）	第二阶段（2007—2010 年）	第三阶段（2011—2016 年）
5A		峨眉山风景名胜区（1 个）	峨眉山风景名胜区、乐山大佛景区（2 个）
4A	峨眉山风景名胜区、乐山大佛景区（2 个）	乐山大佛景区、夹江天福观光茶园（2 个）	夹江天福观光茶园、乌木文化博览苑、峨眉山大佛禅院文化旅游景区、黑竹沟景区、东方佛都、沙湾郭沫若故居、峨眉山仙芝竹尖生态园、犍为嘉阳·桫椤湖、沐川桃源山居、旅博天地（10 个）
3A	东方佛都、金鹰山庄、峨眉山竹叶青生态茗园（3 个）	东方佛都、金鹰山庄、乌木文化博物苑、峨眉山竹叶青生态茗园、犍为文庙（5 个）	金鹰山庄、峨眉山竹叶青生态茗园、犍为文庙、沐川竹海、天工开物、农夫山泉峨眉山工业区、井研雷畅故居、大渡河金口大峡谷、沐川醉氧天街旅游景区（9 个）
2A	沙湾郭沫若故居、夹江千佛岩景区、犍为文庙（3 个）	沙湾郭沫若故居、峨眉大庙飞来殿民俗文化旅游区、夹江千佛岩景区（3 个）	夹江千佛岩景区、蜀南茉莉香都旅游景区、木鱼人家、沙湾叠翠坪休闲度假中心、马边县烟峰彝家新寨、马边县玛瑙苗寨（6 个）
1A	木鱼人家（1 个）	木鱼人家（1 个）	

注：2012 年 11 月，乐山市政府宗教局批准恢复峨眉山市大庙飞来殿为道教固定场所，所以，峨眉大庙飞来殿民俗文化旅游区没有出现在第三个阶段。

资料来源：乐山市文化广播电视和旅游局。

表 5-29　　　　　　　　　　2011 年游客对乐山的印象

乐山印象	选择比重（%）	排序	乐山印象	选择比重（%）	排序	乐山印象	选择比重（%）	排序
自然景色美丽	88.63	1	安全有序	53.55	5	旅游设施完善	36.97	9
人与自然和谐	64.69	2	文化气息浓厚	48.10	6	氛围浪漫迷人	25.36	10
宗教文化有吸引力	63.51	3	居民友好热情	45.02	7	休闲活动丰富	22.75	11
环境舒适宜养	60.90	4	城市古朴典雅	37.68	8	高品质旅游服务	20.14	12

资料来源：邓明艳：《旅游目的地文化展示与形象管理研究——以峨眉山—乐山大佛世界文化与自然遗产地为例》，博士学位论文，华中师范大学，2012 年。

前，乐山世界遗产地主要以世界遗产景区的观光旅游为主，城市旅游服务接待设施很不完善，旅游环境建设水平较低，文化展示意识不强。2003—2006 年围绕把峨眉山建成"中国第一山"，当地政府更是强化了遗产景区在该遗产地旅游中的突出重要地位，也奠定了世界遗产文化作为观光旅游阶段目的地旅游形象的主导文化因子的地位，而其他文化因子则不明显。2006 年后，乐山提出"景城一体"旅游发展战略，利用世界遗产景区发展带动城市旅游发展。旅游业发展着力转变发展方式，围绕建设"国际文旅旅游目的地"目标，突出"宁静城市，休闲之都"主题，建设集酒店度假、会议会展、休闲养生、娱乐演艺、商务购物、度假地产与新城开发为一体的乐峨黄金旅游大市场，实现旅游形态由观光型为主向观光、休闲、度假、会展复合型转变。可见，2006 年后，乐山世界遗产地旅游发展已进入一个新阶段，旅游文化活动日益丰富。打造了小吃街、商业步行街等城市特色街区，各个季节的旅游文化套餐活动层出不穷；嘉定坊、嘉州长卷、峨眉河田园风光带廊道设施等滨江滨河休闲度假项目的建设，表明乐山世界遗产地开启了休闲旅游发展方向；峨眉武术文化之乡建设、融汇地方文化的歌舞晚会、再现地方文化的灯光秀、各级非物质文化遗产的展示等使乐山地方文化重放异彩；城乡环境整治和城市绿心公园建设逐渐使乐山有了吸引力；对旅游市场诚信经营的管理、"海棠花"优质旅游服务品牌的打造和居民的热情态度等，使乐山旅游环境日渐优良。正是这些文化开发和展示，促进了乐山旅游形象文化因子多样化，同时伴随着旅游文化空间从景区向城市和滨江滨河等区域扩展和延伸，带来乐山世界遗产地旅游形象要素的多元化。

乐山市政府曾于 2005 年 12 月、2008 年 10 月和 2017 年向社会公开征集乐山城市标识、城市名片、城市宣传主题口号和乐山旅游形象标识。城市宣传主题口号和旅游宣传主题口号征集的要求和评选结果，可以充分反映乐山市政府对乐山旅游形象的认知和构建。见表 5 - 30、表 5 - 31、表 5 - 32。

表 5 - 30 2006 年乐山城市宣传主题口号评选结果

获奖等级	乐山城市宣传主题口号	作者
入选奖	乐山，乐水，乐在其中——中国乐山	湖南 彭放
提名奖	山水佛道，天地人和——中国乐山	安徽 白平
提名奖	千载佛文化，一脉山水传——中国乐山	广东 高承洁
提名奖	仙居峨眉，佛居三江，人居乐山	山西 冯慧芳
提名奖	佛在山中，山在景中，景在梦中，梦在心中——中国乐山	北京 崔子华
提名奖	一城汇聚山水佛——中国乐山	江苏 胡春霞

资料来源：乐山市征集城市标识、城市名片和城市宣传主题口号活动组委会：《关于乐山城市标识、城市名片和城市宣传主题口号征集评选结果的公告》，http：//bbs. city. tianya. cn/tianyacity/Content/463/1/720. shtml，经整理。

表 5 - 31 2009 年乐山旅游宣传主题口号征集评选结果

获奖等级	乐山旅游宣传主题口号	作者
一等奖	佛心乐山，大愿峨眉	张培敏
二等奖	峨眉天下秀，乐山大佛奇	谭凤祥
二等奖	云游峨眉美景，饱览大佛神韵	孙明忠

资料来源：张清：《我市旅游宣传主题口号和形象标识评选出炉》，《乐山日报》，http：//lsrb. newssc. org/html/2009 - 02/25/content_ 445085. html，经整理。

表 5-32 2017 年乐山城市形象宣传语征集评选结果

获奖等级	乐山城市形象宣传语
二等奖	山水佛地　灵秀乐山
	快乐之城　自在乐山
三等奖	大佛峨眉胜地　快乐山水名城
	佛甲天下　景秀乐山
	山水佛韵　自在乐山
	天下灵秀　自在乐山
	礼佛乐山　仁者之城

资料来源：中共乐山委宣传部：《乐山城市形象宣传语和形象标识征集获奖作品公示》，乐山新闻网，http: // www. leshan. cn/html/view/view_ 3D654DEE511234E1. html，经整理。

2006 年乐山征集城市宣传主题口号的目的是：能为乐山这座国际旅游城市增添新的风采，进一步做好城市宣传和旅游推广。从评选结果看，所有获奖的宣传主题口号都突出乐山的山水景观格局，大部分反映乐山旅游佛教文化特色。入选口号"乐山，乐水，乐在其中——中国乐山"体现了乐山的自然山水格局和自然风光观光旅游活动。这传递出政府对城市的认知以自然资源导向和观光旅游导向，构建的形象为"山水城市，观光旅游"。

2009 年乐山旅游宣传主题口号征集的主要要求是：能充分反映乐山市旅游资源的独特性和深厚文化内涵，符合游客对乐山旅游的心理期望与时代诉求，具有较强的震撼力、吸引力和启发性，重点突出世界文化与自然遗产乐山大佛—峨眉山两大景区特点。从征集的主要要求和评选结果来看，都反映出政府认知的旅游形象是"世界遗产景区主导的观光旅游"。

2017 年乐山城市形象宣传语征集评选评出的乐山城市宣传语的意蕴，主要是山水景观、佛教文化和休闲自在，反映了第三阶段政府对休闲文化的展示，政府对乐山未来旅游形象的构建，即山水景观基底和佛禅文化引领的休闲度假地。

二　乐山旅游文化生态位演变

根据乐山旅游文化展示分析，选择对乐山旅游形象影响较大的佛教文化、历史民俗文化、休闲度假文化和生态文化四类主要旅游文化，计算旅游文化生态位，考察乐山文化景观生态系统旅游文化因子的变化，探讨乐山旅游形象变化。

（一）旅游文化生态位测评指标体系及计算

1. 指标体系构建

由于乐山旅游发展还不太成熟，旅游产业高度集中在乐山大佛和峨眉山景区所在的市中区和峨眉山市，其他区域还未形成主题明确的旅游板块，这与丽江有相似之处。所以，按照前面构建的丽江旅游文化生态位测评指标体系，计算乐山主要旅游文化生态位。

2. 数据处理和旅游文化生态位计算

以景区为单位，分别收集 2003—2006 年、2007—2010 年、2011—2015 年三个时间段，体现佛教文化、历史民俗文化、休闲度假文化和生态文化四种旅游文化类型的景区相关数据。数据主要来源于2003—2015年乐山市旅游和体育发展委员会、乐山市文化局等官方提供的数据，乐山市人民政府、乐山市统计局和乐山市旅游和体育发展委员会等相关门户网站和乐山旅游资讯网的数据，乐山市统计局发布的各年度《乐山市国民经济和社会发展统计公报》《乐山统计年鉴》《乐山市旅游发展总体规划》等。当有不一致的数据资料出现时，通常以较高层次部门或者同一层次部门发表的最新统计资料为准。

首先将原始数据进行标准化处理，再根据丽江研究构建的旅游文化生态位测评指标体系，运用旅游生态位态势模型的计算公式，对乐山市旅游发展三个不同阶段四种主要旅游文化生态位的要素指标层（C层）生态位进行计算。以每种旅游文化在不同时间段的第一个年份数值作为"态"，以各个文化因子不同时段的平均增长量作为"势"，如果旅游文化的各个指标数值小于各个指标的平均增长量的数值，即认为平均增长量为负值，以1年作为时间尺度的量纲转换系数，得出不同时段（2003—2006年、2007—2010年、2011—2015年）主要旅游文化C层指标的生态位（表5-33）。

表5-33　　　　乐山市旅游文化景观生态系统主要文化因子生态位指标测量结果

文化因子	指标	2003—2006年	2007—2010年	2011—2015年
佛教文化	旅游文化资源品位度 C1	0.345599	0.368854	0.385993
	旅游文化资源丰富度 C2	0.322725	0.371735	0.352964
	旅游经济总收入 C3	0.394907	0.359360	0.339219
	旅游经济总收入占第三产业比重 C4	0.415665	0.398652	0.346524
	旅游经济的产业增加值 C5	0.379226	0.351561	0.337701
	旅游文化资源网络知名度 C6	0.336603	0.393083	0.372729
	国内游客接待人数 C7	0.467270	0.361963	0.356324
	国际游客接待人数 C8	0.392635	0.315885	0.296236
	投诉次数 C9	0.370219	0.416342	0.288092
	网络服务程度 C10	0.433274	0.376147	0.403213
	投资项目 C11	0.400066	0.366392	0.343670
	投资强度 C12	0.405863	0.366837	0.344847
	从业人员数量 C13	0.355261	0.405136	0.373913
	从业人员的学历水平 C14	0.427483	0.427234	0.433722
	交通等级 C15	0.476564	0.342266	0.345673
	交通便捷程度 C16	0.441178	0.343672	0.348030
	政府直接政策 C17	0.331029	0.315431	0.323089
	政府相关政策 C18	0.352666	0.313462	0.277692

续表

文化因子	指标	2003—2006 年	2007—2010 年	2011—2015 年
生态文化	旅游文化资源品位度 C1	0.235631	0.192392	0.189569
	旅游文化资源丰富度 C2	0.236195	0.172985	0.171805
	旅游经济总收入 C3	0.219320	0.210031	0.210881
	旅游经济总收入占第三产业比重 C4	0.215279	0.155937	0.160827
	旅游经济的产业增加值 C5	0.244101	0.187516	0.140517
	旅游文化资源网络知名度 C6	0.248119	0.166056	0.180128
	国内游客接待人数 C7	0.165216	0.176529	0.172274
	国际游客接待人数 C8	0.179745	0.217684	0.217080
	投诉次数 C9	0.227733	0.205219	0.262294
	网络服务程度 C10	0.186217	0.191184	0.177944
	投资项目 C11	0.238692	0.212708	0.180528
	投资强度 C12	0.230321	0.131714	0.187833
	从业人员数量 C13	0.233002	0.118187	0.166035
	从业人员的学历水平 C14	0.265715	0.234154	0.140921
	交通等级 C15	0.159412	0.199240	0.192444
	交通便捷程度 C16	0.195783	0.188891	0.209316
	政府直接政策 C17	0.233953	0.184595	0.172100
	政府相关政策 C18	0.238191	0.261533	0.261868
休闲度假文化	旅游文化资源品位度 C1	0.153161	0.224899	0.221421
	旅游文化资源丰富度 C2	0.185585	0.246993	0.249186
	旅游经济总收入 C3	0.131760	0.236089	0.231470
	旅游经济总收入占第三产业比重 C4	0.113774	0.258348	0.316348
	旅游经济的产业增加值 C5	0.122268	0.235730	0.295666
	旅游文化资源网络知名度 C6	0.162525	0.222670	0.227192
	国内游客接待人数 C7	0.164213	0.248789	0.276398
	国际游客接待人数 C8	0.131934	0.229675	0.244452
	投诉次数 C9	0.236299	0.238293	0.219567
	网络服务程度 C10	0.142926	0.255233	0.242415
	投资项目 C11	0.124696	0.288962	0.234388
	投资强度 C12	0.108773	0.288147	0.270472
	从业人员数量 C13	0.173162	0.283655	0.273303
	从业人员的学历水平 C14	0.061839	0.209515	0.220926
	交通等级 C15	0.127836	0.266045	0.264866
	交通便捷程度 C16	0.126984	0.221035	0.224040
	政府直接政策 C17	0.172421	0.300091	0.314947
	政府相关政策 C18	0.185111	0.233725	0.270910

文化因子	指标	2003—2006 年	2007—2010 年	2011—2015 年
历史民俗文化	旅游文化资源品位度 C1	0.265609	0.213855	0.203017
	旅游文化资源丰富度 C2	0.255495	0.208287	0.226044
	旅游经济总收入 C3	0.254014	0.194520	0.218430
	旅游经济总收入占第三产业比重 C4	0.255281	0.187064	0.176301
	旅游经济的产业增加值 C5	0.254405	0.225193	0.226116
	旅游文化资源网络知名度 C6	0.252754	0.218190	0.219951
	国内游客接待人数 C7	0.203301	0.212718	0.195005
	国际游客接待人数 C8	0.295686	0.236756	0.242232
	投诉次数 C9	0.165749	0.140147	0.230047
	网络服务程度 C10	0.237584	0.177437	0.176427
	投资项目 C11	0.236546	0.131939	0.241414
	投资强度 C12	0.255043	0.213302	0.196848
	从业人员数量 C13	0.238576	0.193021	0.186749
	从业人员的学历水平 C14	0.244963	0.129097	0.204430
	交通等级 C15	0.236188	0.192449	0.197018
	交通便捷程度 C16	0.236055	0.246402	0.218615
	政府直接政策 C17	0.262598	0.199884	0.189864
	政府相关政策 C18	0.224031	0.191280	0.189529

再运用式（2）得到三个阶段每个文化因子的综合文化生态位（表 5 – 34、表 5 – 35、表 5 – 36）。

表 5 – 34　　　　　　　2003—2006 年乐山主要旅游文化因子综合生态位

文化因子	旅游文化资源	排名	旅游文化市场	排名	旅游文化发展环境	排名	综合	排名
佛教文化	0.335062	1	0.405390	1	0.396803	1	0.379085	1
生态文化	0.239958	3	0.207617	3	0.225492	3	0.224356	3
休闲度假文化	0.166973	4	0.151830	4	0.127191	4	0.148665	4
历史民俗文化	0.258006	2	0.235163	2	0.250514	2	0.247894	2

表 5 – 35　　　　　　　2007—2010 年乐山主要旅游文化因子综合生态位

文化因子	旅游文化资源	排名	旅游文化市场	排名	旅游文化发展环境	排名	综合	排名
佛教文化	0.377922	1	0.358423	1	0.358435	1	0.364927	1
生态文化	0.177143	4	0.191018	4	0.194407	3	0.187523	4
休闲度假文化	0.231473	2	0.246042	2	0.257339	2	0.244951	2
历史民俗文化	0.213462	3	0.204517	3	0.189819	4	0.202599	3

表 5 - 36 2011—2015 年乐山主要旅游文化因子综合生态位

文化因子	旅游文化资源	排名	旅游文化市场	排名	旅游文化发展环境	排名	综合	排名
佛教文化	0.370672	1	0.332159	1	0.351618	1	0.351483	1
生态文化	0.180566	4	0.196034	4	0.182915	4	0.186505	4
休闲度假文化	0.232522	2	0.259118	2	0.263221	2	0.251620	2
历史民俗文化	0.216241	3	0.212689	3	0.202246	3	0.210392	3

(二) 乐山旅游文化生态位演变分析

1. 2003—2006 年乐山主要旅游文化因子生态位分析

2003—2006 年,佛教文化因子生态位以绝对优势占据乐山旅游文化景观生态系统的首位。作为文化资源知名度最大、品位度最好的文化因子,佛教文化吸引了绝大多数来乐山的旅游者,也因此得到地方政府和社会的广泛开发,旅游投资项目、旅游基础设施建设量占据旅游文化景观生态系统首位。佛教文化因子是该阶段乐山旅游文化景观生态系统的主导因子,对系统的支配能力和控制能力大。

其他文化因子综合生态位排名与各维度生态位排名相一致。说明在乐山旅游发展起步阶段,旅游业发展主要依赖于资源条件和环境支撑条件。旅游文化环境支撑条件好的高品位资源得到开发,也产生了相应的市场吸引力。所以,历史民俗文化生态位靠前,生态文化生态位靠后。虽然体现休闲度假文化的 A 级旅游景区主要分布在基础设施和旅游设施相对较好的乐山市中区和峨眉山市等区域,但由于只具有本地市场意义,所以第一阶段休闲度假文化生态位垫底。

由此可见,该阶段乐山旅游文化景观生态系统由佛教文化因子主导。这一阶段乐山旅游发展内在逻辑是,资源和环境支撑条件是基础,投资跟着资源和环境走,由投资撬动市场,市场支撑发展。

2. 2007—2010 年乐山主要旅游文化因子生态位分析

2007—2010 年,佛教文化因子综合生态位和各维度生态位仍然占据首位。但旅游文化综合生态位和各维度生态位排名发生了一些变化。由于该阶段在乐山基础设施支撑条件较好的区域,休闲度假文化得到投资和大力开发,新增了夹江天福观光茶园和市中区的乌木文化博览苑,使得休闲度假文化生态位扩充,综合生态位排名上升为第二位。同时,历史民俗文化生态位下降为第三位,生态文化生态位继续垫底。佛教文化生态位虽然仍居第一,但生态位份额有所下降。

3. 2011—2015 年乐山主要旅游文化因子生态位分析

2011—2015 年,旅游文化综合生态位排名保持了第二阶段的状态。但佛教文化和生态文化生态位下降,休闲度假文化和历史民俗文化生态位上升。这是因为,第一,在休闲旅游发展趋势下,该阶段国家对发展休闲旅游的政策导向和地方政府对休闲旅游开发的大力支持,使各类资金踊跃开发休闲度假项目,乐山休闲空间迅速增长。在大佛景区所在的岷江东岸，打造了仿古休闲街区嘉定坊和嘉州长卷；在峨眉山下的峨秀湖畔，打造了集聚多种商业业态的休闲度假项目峨眉院子；在犍为、沙湾和沐川等区县新增了一批休闲度假景区。各类休闲空间的供给，使休闲文化综合生态位继续扩充，显示出很大的发展潜力。第二，在乐山市委市政府"景城一体"和"山城一体"的发展战略下，促进一些历史民俗文化景区的开发，乐山的历史民俗文化得到展示，因而历史民俗文化生态位出现微弱的扩充；虽然边远地区交通基础设施和旅游设施得到改善，新增了一些高品位生态 4A 级旅游景区，如黑竹沟景区等，但没有得到旅游市场响应，生态文化生态位继续下降。第三，佛教文化生态位虽然被其他文化生态位扩充所挤占，但由于一些佛教文化景区等级提高，如乐山大佛和东方佛都景区，又新增了一些高等级佛教文化景区，如峨眉山大佛禅院文化旅游景区，使该阶段佛教文化的展示程度提高，佛教文化资源生态位得到提高，继续引领着旅游文化市场生态位和旅游文化发展环境生态位，从而使佛教文化生态位仍然稳居第一，佛教文化仍然是乐山旅游文化景观生态系统主导文化因子。

综上可见，资源保护和文化展示的加强，是乐山旅游目的地文化景观生态系统主导因子稳固地位的重要保证。该阶段旅游市场发展趋势对政府政策的推动和投资的牵引作用，使得休闲度假文化因子生态位得到扩充，乐山休闲旅游功能显现。交通基础设施和旅游设施的投资，支撑了生态文化的展示。与前两个阶段相比，该阶段乐山旅游文化因子格局发生了明显变化，形成了由佛教文化主导、休闲度假文化重要性显现、多元文化并存的旅游文化景观生态系统。所以，这一阶段乐山的旅游形象还是以观光旅游形象为主，多元化的旅游产品使乐山旅游功能正在向观光与休闲度假旅游并重发展。

三 乐山旅游文化对旅游形象的影响

采用结构方程方法，进一步分析乐山主要旅游文化因子影响乐山旅游形象的重要性。

（一）假设与结构模型构建

以前人对旅游形象结构研究为基础，提出 3 个验证性假设：

Hf1：认知形象正向影响整体形象

Hf2：情感形象正向影响整体形象

Hf3：认知形象正向影响情感形象

根据前文对旅游形象影响因素和文化对旅游形象的影响分析，以及乐山旅游形象变化和旅游文化生态位分析，提出 12 个开拓性假设：

Hf4：佛教文化正向影响认知形象

Hf5：佛教文化正向影响情感形象

Hf6：佛教文化正向影响整体形象

Hf7：休闲度假文化正向影响认知形象

Hf8：休闲度假文化正向影响情感形象

Hf9：休闲度假文化正向影响整体形象

Hf10：历史民俗文化正向影响认知形象

Hf11：历史民俗文化正向影响情感形象

Hf12：历史民俗文化正向影响整体形象

Hf13：生态文化正向影响认知形象

Hf14：生态文化正向影响情感形象

Hf15：生态文化正向影响整体形象

根据以上15个假设，构建乐山旅游文化影响乐山旅游形象的结构模型（图5-8）。

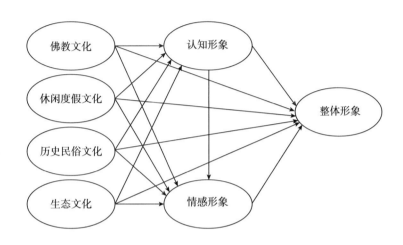

图5-8　乐山旅游文化影响旅游形象结构模型

（二）研究方法

1. 问卷设计与调查样本分析

为了运用结构方程模型方法，探究乐山旅游文化与乐山旅游形象之间的关系，本研究设计了测量佛教文化、休闲度假文化、历史民俗文化、生态文化、认知形象、情感形象和整体形象7个结构方程潜变量的游客调查问卷。按照"乐山旅游文化影响旅游形象结构模型"，分别设计测量乐山旅游文化和旅游形象7个潜变量的量表。根据结构方程模型测量变量设计的"多元指标原则"，考虑到测量模型的识别效果和问卷题目量对游客评价和判断的影响，每个潜变量的测量变量数目设计为3—4个。

问卷共分三个部分7个量表。第一部分为测量游客对乐山旅游文化感知的4个量表。佛教文化包括峨眉山金顶朝拜、乐山大佛游览祈福和参观峨眉大佛禅院3个题项；休闲度假文化包括嘉定坊和嘉州长卷休闲，品乐山和峨眉小吃，峨秀湖休闲度假，以及峨眉旅游演艺节目欣赏4个题项；历史民俗文化包括嘉阳小火车工业文化体验、罗城古镇文化体验，以及乐山古城墙历史感体验3个题项；生态文化包括观赏乐山三江汇流生态景观、峨眉山生态猴区游玩和沐川竹海生态观光3个题项。第二部分测量乐山旅游形象。首先是对认知形象的测量。采用评价乐山旅游活动独特性、旅游环境独特性和旅游服务独特性3个题项测量游客对乐山旅游的认知形象。其次是对情感形象的测量。借鉴拉塞尔的"感情的环状模式"中的三个维度构建语义差别量表，即"愉快的—讨厌的"、"放松的—痛苦的"

和"令人兴奋的—沉闷的"。最后是对整体形象的测量。采用"重游乐山的意愿强烈""推荐他人游乐山的意愿强烈""乐山之旅不虚此行"3个题项考量游客对乐山旅游的整体感知。上述7个量表都采用李克特5点量表打分。第三部分调查游客个人特征。通过对调查人员的培训和问卷试调查修改后，于2017年8月5日、6日在峨眉山五显岗车站开展问卷调查。选择峨眉山五显岗车站作为调查地点，是因为这里的游客大部分是游览了乐山旅游景区和峨眉山主要景点后下山的游客，这些游客较为了解乐山旅游情况。本次调查共计向游客发放调查问卷500份，采用当场回收的方法回收作答问卷共461份，回收率92.2%。经过排除部分作答不完整和答案统一的无效问卷，最终得到有效问卷374份，有效率为81.1%。在调查的374名游客中，男性共165人，占44.1%，女性共209人，占55.9%，女性高于男性。调查游客的其他人口统计特征见表5-37。

表5-37　　　　　　　　　乐山调查游客人口统计特征和旅游特征

年龄	人数占比（%）	月收入（元）	人数占比（%）	学历	人数占比（%）	客源地	人数占比（%）
≤15	10.3	≤1000	29.5	高中及以下	31.5	乐山市	12.3
16—25	33.2	1001—3000	16.2	大专	22.5	四川省其他市州	41.5
26—45	42.5	3001—5000	27.2	本科	40.0	国内其他省区市	46.2
46—65	13.0	5001—10000	19.7	硕士及以上	6.0	我国港澳台地区及国外	0
>65	1.0	>10000	7.4				
主要职业	人数占比（%）	旅游次数	人数占比（%）	旅游方式	人数占比（%）	旅游动机	人数占比（%）
学生	34.4	1次	60.3	独自一人	4.1	文体/科技交流	8.4
自由职业	13.0	2次	16.8	家人	66.1	观光游览	66.3
公务员	5.3	3次及以上	22.9	朋友	30.0	休闲度假	61.8
技术人员	7.5			单位集体	2.4	探亲访友	3.1
企业职员	15.4			自驾游	18.0	商务会议	0.7
退休人员	2.8			跟团游	14.7	购物	1.7
教师	8.7			散客	3.1	养生保健	3.8
农民	0					其他	3.4
商贸人员	1.9						
服务人员	1.4						
其他	9.6						

注：①表中数据经过四舍五入处理。②表中"旅游方式"和"旅游动机"为多选项。

2. 数据信度和效度检验

问卷信度检验。运用SPSS18.0统计软件对调查问卷数据进行信度分析，7个分量表和总体量表的Cronbach's α，除生态文化0.606为可接受值外，均高于广泛接受的门槛值0.7（见表5-38），说明问卷数据具有较好的内部一致性。

表 5 - 38 乐山旅游文化问卷数据信度检验

指标	佛教文化	休闲度假文化	历史民俗文化	生态文化	认知形象	情感形象	整体形象	所有测量因子
Cronbach's α	0.716	0.704	0.759	0.606	0.782	0.822	0.866	0.899

乐山旅游文化因子结构的验证性因子分析。用 AMOS 软件 21.0 版本对已经通过信度检验的乐山旅游文化 4 个潜在变量和 13 个观测变量进行验证性因子分析。得到的模型各项拟合指数为：$\chi^2/DF = 1.927$；$GFI = 0.954$；$AGFI = 0.930$；$PGFI = 0.619$；$NFI = 0.910$；$IFI = 0.955$；$CFI = 0.954$；$RMSEA = 0.050$。各项指标均满足标准，说明模型与数据拟合较好。

整体测量模型的验证性因子分析。为了避免测量模型与结构模型的相互影响，需要对整体测量模型进行验证性因子分析。用 AMOS 软件 21.0 版本，对问卷的 22 个观测变量和 7 个潜变量进行整体测量模型的验证性因子分析（CFA）。通过 CFA，删除了载荷小于 0.50 的变量"峨眉山金顶朝拜""嘉定坊和嘉州长卷休闲""峨眉旅游演艺节目欣赏"和"峨眉山生态猴区游玩"。模型的各项拟合指数为：$\chi^2/DF = 2.561$，$GFI = 0.909$，$AGFI = 0.870$，$PGFI = 0.638$，$NFI = 0.891$，$IFI = 0.931$，$CFI = 0.930$，$RMSEA = 0.065$。

拟合指数中，AGFI 和 NFI 接近理想值，其余全部符合标准，且所有显变量与潜变量自检的测量路径均在 99% 的置信区间，各个因子的标准化载荷均超过临界值 0.5。同时，7 个潜变量的平均差异数萃取量（AVE）大于 0.5（见表 5 - 39），说明潜变量具有较好的内部一致性和聚合效度。另外，每一个潜变量的 AVE 值都大于与其他任意一个潜变量间路径系数的平方，即潜变量之间判别效度好。

表 5 - 39 乐山旅游文化影响旅游形象模型各潜变量平均差异数萃取量 (AVE)

潜变量名称	佛教文化	休闲度假文化	历史民俗文化	生态文化	认知形象	情感形象	整体形象
AVE 值	0.56	0.51	0.53	0.51	0.51	0.59	0.67

3. 结构模型拟合与假设验证

在 AMOS 软件 21.0 中，采用最大似然估计法，用经过信度和效度检验的数据拟合理论模型，并按照修正指数的提示，在对若干观察变量的残差间增加相关路径修正后，模型拟合指标均达到理想值（见表 5 - 40）。拟合以后的潜变量间标准化路径系数见表 5 - 41 及图 5 - 9。

结构模型检验的结果显示，本研究的假设 Hf1、Hf2、Hf3、Hf4、Hf7、Hf8、Hf13 和 Hf14 通过检验，获得支持，Hf5、Hf6、Hf9、Hf10、Hf11、Hf12 和 Hf15 没有通过检验，不被支持。也就是 3 个验证性假设通过检验；12 个开拓性假设中，5 个假设通过检验，7 个都没有通过检验；而乐山旅游文化直接影响整体形象的 4 个开拓性假设，全部没有通过检验。

表 5－40　　　　　　　　乐山旅游文化影响旅游形象结构方程模型拟合优度指数

	χ^2/DF	GFI	AGFI	PGFI	NFI	IFI	CFI	RMSEA
理想值	<5	>0.9	>0.9	>0.5	>0.9	>0.9	>0.95	<0.08
拟合值	1.969	0.934	0.904	0.644	0.918	0.958	0.957	0.051

表 5－41　　　　　　　　乐山旅游文化影响旅游形象标准化路径估算系数

作用路径	标准化路径估算系数	C. R.	P	是否支持假设
认知形象←佛教文化	0.461	5.873	***	支持
认知形象←休闲度假文化	0.253	3.648	***	支持
认知形象←历史民俗文化	0.116	1.481	0.138	不支持
认知形象←生态文化	0.209	2.278	*	支持
情感形象←认知形象	0.601	7.325	***	支持
情感形象←佛教文化	0.105	1.448	0.148	不支持
情感形象←休闲度假文化	0.126	2.093	*	支持
情感形象←历史民俗文化	－0.091	－1.343	0.179	不支持
情感形象←生态文化	0.208	2.701	**	支持
整体形象←认知形象	0.216	2.430	*	支持
整体形象←情感形象	0.639	7.111	***	支持
整体形象←佛教文化	0.047	0.755	0.450	不支持
整体形象←休闲度假文化	0.024	0.464	0.643	不支持
整体形象←历史民俗文化	0.081	1.371	0.170	不支持
整体形象←生态文化	－0.093	－1.354	0.176	不支持

注：＊＊＊P<0.001，＊＊P<0.01，＊P<0.05。

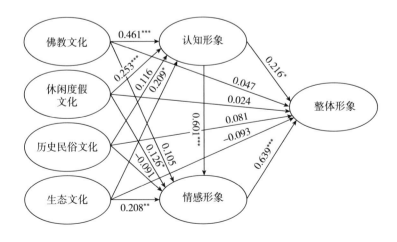

图 5－9　乐山旅游文化影响旅游形象结构模型标准化路径系数

（三）研究结果分析

第一，在目的地形象感知与目的地整体形象之间的关系上，本研究的结果与前人研究结果不同的是，对整体形象而言，认知形象的正向影响（γ = 0.216）弱于情感形象的正向影响（γ = 0.639）。结合乐山旅游的实际分析，这个结果可解释为，乐山众多旅游活动的体验性通过认知引起游客情感共鸣，从而更强烈地影响乐山旅游形象。如游客对峨眉山和乐山大佛两个世界遗产景区佛教文化体验，乐山周边地区游客对乐山餐饮文化的体验，游客普遍对乐山优美自然生态环境的体验等。

第二，在乐山旅游文化四个维度对认知形象的影响中，佛教文化正向影响最大（γ = 0.461），这符合乐山旅游活动以世界遗产景区观光为主的实际；其次是休闲度假文化（γ = 0.253）；再次是生态文化（γ = 0.209）；而历史民俗文化对认知形象的影响不显著（γ = 0.116，P = 0.138）。在乐山旅游文化四个维度对情感形象的影响中，生态文化的影响（γ = 0.222）最大，其次是休闲度假文化（γ = 0.126）；而佛教文化（γ = 0.105，P = 0.148）和历史民俗文化（γ = -0.091，P = 0.179）影响不显著。值得注意的是，休闲度假文化和生态文化既正向影响认知形象，又正向影响情感形象，而历史民俗文化既不影响认知形象，又不影响情感形象。因为在乐山旅游发展的第三阶段，峨眉山景区所在的峨眉山市区和乐山大佛景区所在的乐山市中区，休闲空间增长迅速，生态环境好，游客感知较为明显，既能引起游客关注，又能引起游客情感共鸣。另外，因为乐山历史民俗文化的展示还未产生较大的吸引力，乐山游客的主要旅游模式是世界遗产景区游览，较少进城观光消费，而乐山丰富的历史民俗文化恰恰是保存在老城区。所以，历史民俗文化展示是乐山丰富目的地旅游形象需要进行优化的内容。

第三，乐山旅游文化四维度不直接影响目的地整体形象，但要通过认知形象和情感形象影响整体形象。按照结构方程的结构模型效应计算原理，通过计算获得乐山旅游文化四维度影响乐山整体旅游形象的效应值，见表5 - 42。

表5 - 42　　　　　　　乐山主要旅游文化对乐山整体旅游形象的影响效应值

自变量（旅游文化）	内生变量（整体旅游形象）	效应值排名
佛教文化	0.277	1
休闲度假文化	0.233	3
历史民俗文化	—	—
生态文化	0.258	2

从表5 - 42可知，对乐山旅游形象影响最大的是佛教文化，这与第三阶段乐山旅游文化生态位分析结果相一致，在目前乐山旅游文化景观生态系统中，佛教文化仍然是主导文化因子，从而主导乐山旅游形象，乐山旅游形象主要还是表现为以峨眉山和乐山大佛景区观光为主。

　　从表5－42还看出，对乐山旅游形象影响较大的是生态文化，然后是休闲度假文化，历史民俗文化几乎不影响。这与第三阶段乐山旅游文化生态位分析结果不一致。这是因为旅游文化生态位是根据旅游文化在旅游文化资源、旅游文化市场和旅游文化环境三个维度上获得的生态资源计算的。生态文化生态位垫底，是因为乐山开发的自然生态项目较少，投资较少，市场效益少；历史文化生态位没有垫底，是因为计算了乐山外围旅游区域历史文化项目的旅游文化资源、旅游文化市场和旅游文化环境生态位；休闲度假文化生态位排名仅次于佛教文化，位居第二，成为乐山旅游文化景观生态系统重要的文化因子，是因为第三阶段在休闲度假旅游发展趋势和政府政策大力支持下，乐山吸引了各类资本投资于休闲度假项目所致。而旅游文化展示对目的地旅游形象影响的程度是由游客感知决定的。只有通过游客感知，旅游文化才能影响旅游形象。虽然历史民俗文化生态位在乐山旅游文化景观生态系统中排名没有垫底，但乐山的游客较少进城游览和消费，游客对乐山历史民俗文化的认知和情感感知当然不足以影响旅游形象。生态文化生态位虽然垫底，但由于乐山游客对"自然景色美丽""人与自然和谐"的旅游环境基底感知非常高，排名居于2011年"游客对乐山的印象"问卷调查项目前两位，游客选择比重分别高达88.63%和64.69%。①所以，生态文化目前作为基质对乐山旅游形象影响较为重要，这与环境氛围是影响旅游形象的重要因素相吻合。在乐山旅游文化景观生态系统中，休闲度假文化生态位虽然仅次于佛教文化，是重要的文化因子，但由于乐山很多休闲度假旅游项目本地市场意义更大，主要满足了本地居民周末休闲和节假日休闲，对外地游客吸引力不强，游客感知不强导致休闲度假文化对乐山旅游形象的影响落后于其生态位。

　　从上述分析可知，乐山旅游目的地文化景观生态系统旅游文化展示对旅游形象的影响重要性要通过旅游形象感知系统才能有效发挥作用，展示不足和展示空间错位，展示层次与旅游市场不匹配，都不能达到文化展示影响旅游形象的作用。

四　研究结论与启示

（一）结论

（1）旅游文化展示引起目的地旅游形象动态变化。随着乐山旅游文化展示空间的扩散和以佛教文化为主的旅游文化展示多元化趋势，乐山旅游形象感知要素不断丰富。但目前佛教文化为代表的宗教文化因子仍然是乐山旅游文化生态系统主导文化因子，目的地以世界遗产景区观光旅游形象为主，休闲度假文化对旅游形象的影响重要性在开始显现。

（2）旅游投资是乐山旅游发展过程中旅游文化展示的驱动因素和旅游文化因子生态位变迁的关键因素，政府政策导向是乐山旅游投资的风向标。

（3）旅游文化因子展示不足、展示与游客旅游形象感知空间发生错位，以及展示与旅游市场层次不匹配，都是导致旅游文化展示影响旅游形象效果不佳或无效的原因。乐山文化景观生态系统未来的旅游文化展示，要致力于休闲度假文化对外地市场的吸引力；在乐

---

　　① 邓明艳：《旅游目的地文化展示与形象管理研究——以峨眉山—乐山大佛世界文化与自然遗产地为例》，博士学位论文，华中师范大学，2012年。

山老城区有效展示历史民俗文化，提高乐山历史文化名城魅力；吸引投资项目，进一步展示山水自然生态文化，使乐山旅游环境品质更为突出。

（二）启示

（1）在旅游目的地发展过程中，目的地旅游文化展示市场吸引层次要与客源市场层次匹配，文化展示才能被游客感知，推动目的地旅游形象的优化与更新。

（2）空间是文化的载体，文化展示的空间扩展可改变目的地旅游流空间格局，但要通过目的地高水平规划整合旅游资源，结合旅游市场趋势、目的地环境和资源实际，把握旅游投资方向，引导和扩散旅游流，才能实现目的地旅游流空间格局优化。

第六节 实证研究：案例地旅游形象演变比较研究

一 文化展示引起目的地旅游形象演变

（一）三个案例地旅游形象发生不同程度演变

目的地旅游形象的动态特征已被国内外学者证明。[1][2] 在目的地旅游长期发展过程中，文化展示引起三个案例地旅游形象发生不同程度演变。丽江旅游从改革开放到2016年，经历了从发展之初的"充满神秘感的世外桃源"到现在的"商业化浓厚的偶遇之都"的演变。苏州从2006年到2015年，旅游意象出现局部更新，旅游形象从"水城特色，江南风情"提升为"历史文化与现代文明交融"。[3] 乐山从2000年到2016年，旅游形象的感知要素不断增加，旅游形象仍然以佛教文化观光形象为主，休闲度假旅游意象开始显现。[4]

目的地文化展示是旅游形象塑造的起点和重要环节。在旅游发展过程中，丽江旅游形象发生演变的根本原因是，由于文化展示弱化，作为丽江原初旅游形象核心感知要素的纳西文化影响力下降、生态文化关注下降，而过度展示的旅游商业文化和日益兴旺的休闲娱乐文化等日益趋强，引起旅游文化因子地位的演替导致目的地旅游形象的演变。苏州和乐山旅游形象只出现局部变化，主要是因为原初旅游形象的支撑文化因子展示不断得到强化。苏州的江南古镇、博物馆、历史街区等在意象表征中的重要性逐步凸显，强化和延续了以苏州古城为代表的苏州历史文化，是对苏州原初旅游形象的加强。乐山的佛教文化展示在旅游发展过程中，因佛教文化景区数量增加而得到不断强化，使佛教景区观光旅游形象始终是主要旅游形象。

（二）三个案例地旅游形象不断丰满，休闲度假旅游形象开始显现

由于三个案例地文化展示越来越多样化，旅游活动越来越丰富，使其旅游形象得以丰

---

① Gallarza, M. G., Saura, I. G., Garcia, H. C., Destination Image: Towards a Conceptual Framework. *Annals of Tourism Research*, 2002, 29（1）：56 – 78.

② 李蕾蕾：《旅游地形象策划：理论与实务》，广东旅游出版社1999年版，第88—92页。

③ 程德年、周永博、魏向东：《旅游目的地意向固化与更新的动力机制研究——以苏州为例》，《旅游学刊》2017年第2期。

④ 邓明艳：《旅游目的地文化展示与形象管理研究——以峨眉山—乐山大佛世界文化与自然遗产地为例》，博士学位论文，华中师范大学，2012年。

满，休闲度假旅游形象开始显现。丽江现在不仅有纳西文化观光活动，还有众多休闲文化体验活动，如演艺节目、酒吧、丽江古城和乡村休闲等。苏州除了展示古城历史文化外，还发展了现代文化展示，形成了"历史文化与现代文明交融"特征，休闲度假活动丰富。乐山除展示佛教文化外，休闲度假景区越来越多，休闲度假活动层出不穷，如城市滨水区休闲、乡村休闲和美食街休闲等。

（三）世界遗产资源始终是三个案例地旅游的核心吸引力

虽然文化展示引起三个案例地旅游形象发生不同程度演变，但世界遗产资源始终是三个案例地最重要的旅游吸引因素。

尽管丽江旅游形象已经发生演变，但从游记中游客感知的前 100 个高频词来看，所分析的三个阶段除"丽江"这个地域名词外，"丽江古城"始终排名第一。在对丽江景区景点与旅游活动的认知形象高频词中，"丽江古城"也是排名第一。说明世界遗产一直是丽江旅游最重要的吸引因素。

程德年等对苏州旅游目的地意象变迁的动态特征和机制的研究显示，[①] 从 2006 年到 2015 年，苏州旅游意象实现了提升，也发生了局部的改变，但游客感知的以"园林"为标志性符号的苏州旅游意象文脉属性一直是苏州旅游意象表征的核心。说明苏州园林世界遗产一直是苏州旅游的核心吸引力。

在乐山旅游发展的三个阶段，虽然乐山旅游文化展示内容不断丰富，乐山旅游形象的感知要素不断增加，但乐山旅游形象仍然以佛教文化观光形象为主，以世界遗产景区为代表的佛教文化是游客感知的核心吸引力。

综上所述，世界遗产始终是遗产地旅游的核心吸引力。即使遗产地旅游的主导文化因子发生变迁，旅游形象发生演变，因世界遗产文化转化为遗产地文化景观生态系统的背景文化因子，世界遗产文化也是遗产地旅游的重要文化资本，世界遗产资源仍然是核心吸引力。所以，世界遗产保护和展示的可持续发展至关重要，应成为遗产地旅游发展的重要战略。遗产地在不断丰富文化展示、培育符合市场发展趋势的旅游形象过程中，也要不遗余力地保护和展示世界遗产文化。

二 主导文化因子主导目的地旅游形象

前文探讨了目的地主要旅游文化对形象的影响，表 5 - 43 显示，三个案例地对旅游形象影响最大的文化因子都是目的地旅游文化景观生态系统的主导文化因子，丽江是旅游商业文化，苏州是古城历史文化，乐山是佛教文化。同时，三个案例地分别呈现与主导文化因子高度一致的旅游形象，苏州主要是古城历史文化观光形象，丽江是商业化浓厚的偶遇之都，乐山是佛教文化观光形象。这个结果符合景观生态学理论关于生物群落中优势物种决定生物生态系统功能和外貌的原理，目的地旅游文化景观生态系统中，主导文化因子主导目的地旅游形象。

---

① 程德年、周永博、魏向东：《旅游目的地意象固化与更新的动力机制研究——以苏州为例》，《旅游学刊》2017 年第 2 期。

从表 5-43 可以看出，三个案例地其他文化因子生态位排名与形象影响效应值排名不完全一致。其中，只有丽江完全一致。这是因为感知是旅游形象形成的前提，丽江古城区是丽江游客必游区域，在古城区内得到展示的四个旅游文化都能被游客感知到，进而影响旅游形象，且生态位越大对旅游形象影响越大。

表 5-43　　　　案例地第三阶段旅游文化生态位值与旅游形象影响效应值排名对比

案例目的地	旅游文化	生态位值排名	旅游形象影响效应值排名	案例地旅游形象
丽江	旅游商业文化	1	1	商业化浓厚的偶遇之都
	休闲娱乐文化	2	2	
	纳西文化	3	3	
	生态环境文化	4	4	
苏州	古城历史文化	1	1	古城历史文化观光目的地
	乡村度假文化	2	—	
	商务时尚文化	3	2	
	古镇休闲文化	4	3	
乐山	佛教文化	1	1	佛教文化观光目的地
	休闲度假文化	2	3	
	历史民俗文化	3	—	
	生态文化	4	2	

市场错位是苏州旅游文化生态位排名与旅游形象影响效应值排名不完全一致的主要原因。苏州的乡村度假文化主要是满足本地市场需求，而本研究在苏州火车站调查的游客绝大部分是外地游客，市场错位让外地游客感知较弱，即使乡村度假文化生态位较大，它也几乎不影响苏州旅游形象。如果不考虑乡村度假文化，那么苏州旅游文化生态位值和形象影响效应值排名完全一致。

生态基质感知与生态文化生态位计算区域局限，以及历史民俗文化展示与市场错位是乐山旅游文化生态位排名与形象影响效应值排名不完全一致的主要原因。由于乐山自然山水环境优美，"森林在城市中，城市在山水中"的城市生态格局美，于是游客对乐山生态文化基质感知较为强烈，使生态文化对旅游形象的影响较大。但生态文化生态位计算局限于景区生态，使生态文化生态位排名靠后，且明显落后于旅游形象影响效应值排名。另外，历史民俗文化展示区域主要在乐山老城区，老城区虽与大佛景区一江之隔，但游客一般不进城，游客对乐山历史民俗文化感知较弱，所以历史民俗文化几乎不影响旅游形象。

表 5-43 还显示，三个案例地休闲文化对旅游形象的影响都较为重要。丽江的休闲娱乐文化形象影响效应值仅次于旅游商业文化，位居第二；苏州的商务时尚文化仅次于古城历史文化，位居第二；乐山的休闲度假文化排在佛教文化和生态文化之后，位居第三。这是旅游目的地顺应市场需求发展大趋势，大力展示休闲文化的结果。

三　资源和投资是旅游文化生态位变迁的关键因素

三个案例地旅游文化展示引起目的地旅游文化生态位发生明显演变。共性是目的地文化展示越来越丰富，原来的主导文化因子生态位被压缩呈现下降趋势，其他旅游文化因子生态位扩充呈现上升趋势，休闲文化生态位上升趋势突出。这是因为旅游发展带动了地方对旅游文化资源的投资，其中，休闲文化是旅游市场需求发展趋势，各个目的地都在致力于旅游业转型升级，休闲旅游项目投资旺盛，休闲文化展示力度大，休闲文化因子生态位上升明显，从而促进目的地从观光旅游向观光和休闲度假旅游并重的旅游模式转变。差异性是丽江旅游文化景观生态系统的主导文化因子发生演替，而苏州和乐山旅游文化景观生态系统的主导文化因子未发生演替。

丽江旅游文化景观生态系统的主导文化因子由原来的纳西文化演变为现在的旅游商业文化，演替的本质是旅游文化因子生态位变迁，演替的关键驱动因素是旅游投资。

苏州和乐山旅游文化景观生态系统的主导文化因子未发生演替。在旅游发展各阶段，原来的主导文化因子的生态位一直位列第一。这是因为苏州和乐山两个目的地一直重视对古城历史文化和佛教文化的保护和展示的投资。

从三个案例地旅游文化生态位变迁分析中不难看出，虽然旅游文化生态位各维度的各因素对旅游文化生态位变迁都有作用，但资源和旅游投资因素是旅游文化生态位变迁的关键。在苏州旅游发展过程中，旅游投资方向和强度使苏州旅游文化展示格局发生明显变化，引起旅游文化因子生态位演变。在整个投资过程中，旅游发展之初的投资主要依托资源品位，投向古城历史文化斑块，使古城历史文化生态位在苏州旅游文化景观生态系统中占据绝对优势。后来主要受市场趋势的驱动，不同程度地投资于其他斑块。虽然主导文化因子没有发生演替，但其他文化因子的重要性开始显现，苏州旅游形象更为丰满，满足旅游市场多样化需求的能力更强。旅游投资也是乐山旅游文化生态位变迁的关键。在旅游发展之初主要投向资源品位和环境支撑条件好的世界遗产景区所在区域，后来在保持世界遗产所在区域投资的基础上，投向基础设施较好的其他区域，第三阶段依托市场和区位，投向休闲区位较好的区域。这样的结果就是世界遗产资源品位和价值得到保持，主导文化因子始终占据旅游文化景观生态系统绝对优势，其他文化因子得以发展，乐山旅游形象仍然保持观光旅游形象，但整体形象更加丰满，满足旅游市场多样化需求的能力更强。丽江旅游主导文化因子演替的关键在于旅游文化资源丰度和旅游投资因素。正是因为纳西人被挤出降低了纳西文化资源丰度，才导致纳西文化生态位被极大压缩；正是因为旅游商业文化过度投资，才导致了旅游商业文化生态位迅速扩充成为主导文化因子，引起丽江旅游形象演变。丽江另外两个主要旅游文化因子（生态环境文化和休闲娱乐文化）生态位变迁的关键也是资源和旅游投资因素。所以，保护旅游文化资源、引导旅游投资就成为目的地文化展示管理的重要内容。

四　目的地旅游形象演变机制

根据景观生态学原理，生态位体现生物单元在生态系统中的作用，生态位变迁带来生物单元在系统中的作用和地位的变化，必然出现生物群落中优势物种的演替，导致生物生态系统功能和外貌的演变。就像生物群落中的优势物种一样，旅游文化景观生态系统中的主导文化因子主导目的地的形象建构。当主导文化因子发生演替时，引起目的地旅游形象发生演变。

在三个案例地中，丽江旅游形象的演变完全符合上述景观生态学原理。在丽江旅游发展的三个阶段，旅游商业文化由于大量投资获得过度展示，其生态位迅速扩充。同时，因古城的纳西文化环境质量降低和纳西人被挤出，使纳西文化展示弱化，纳西文化资源感知降低、文化旅游市场吸引力下降和旅游文化发展环境质量降低，引起纳西文化生态位极大压缩，导致主导文化因子由纳西文化演替为旅游商业文化，旅游形象相应地从发展之初的"充满神秘感的世外桃源"演变为现在的"商业化浓厚的偶遇之都"。

苏州和乐山旅游形象的演变也符合上述景观生态学原理。在苏州和乐山旅游发展的三个阶段，旅游文化展示不断丰富，其他文化因子生态位都获得了不同程度的扩充，主导文化因子生态位一定程度上被压缩，但三个阶段主导文化因子的展示和保护得到加强，没有发生演替，在主导文化因子主导下，目的地旅游形象没有发生演变，只是出现局部意象的改变。

综上所述，在目的地文化展示背景下，目的地旅游形象的演变机制是，文化展示引起目的地旅游文化景观生态系统旅游文化因子生态位发生变迁，主导文化因子生态位被压缩，其他文化因子生态位扩充，当主导文化因子发生演替时，引起目的地旅游形象演变。旅游投资是文化因子生态位变迁的关键因素。

第七节　目的地文化展示与旅游形象互动模式

构建目的地文化展示与旅游形象互动模式，指导目的地文化展示，调控目的地当前形象或培育目的地未来形象，更好地进行目的地形象管理，解决目的地形象错位、落后或模糊等问题。

前面研究分析得出的两个结论是目的地文化展示与旅游形象互动模式构建的重要理论基础。一是目的地文化展示是形象构建过程；二是目的地旅游文化展示系统是一个旅游文化景观生态系统，文化展示引起旅游文化景观生态系统生态单元的生态位变迁，导致主导文化因子发生演替，使旅游文化景观生态系统结构和功能发生变化，最终引起目的地形象演变。结合文化结构理论、目的地文化展示的景观生态空间结构和旅游形象感知理论，构建目的地文化展示与旅游形象互动模式（见图5-10）。该模式包括文化系统、旅游文化展示系统和旅游者形象感知系统等三部分。

（1）文化系统。目的地旅游文化是文化系统的子系统，根据文化层次理论，目的地旅游文化要从文化的观念层、制度层和物质层三个层次上进行展示，并遵从三个层次的内在联系。其中，观念层是最高层次，展示目的地的价值，并指导其他层次的文化展示，是其他层次文化展示的准则。制度层居于中间层次，展示目的地旅游景观文化的空间格局，表现目的地文化的多样性、整体性和独特性，并透射目的地的价值。物质层处于最下层，具体展示目的地各种景观文化空间单元，是目的地旅游文化创新的直观体现，是旅游者直接感知的对象。

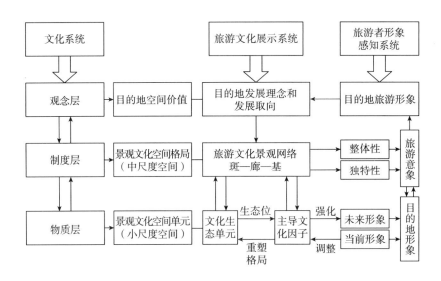

图 5 - 10　目的地文化展示与旅游形象互动模式

（2）旅游文化展示系统。对应旅游文化的层次，在操作上，价值展示要体现目的地的发展理念和发展取向。发展理念和发展取向的确定，一方面要观照文化发展趋势，另一方面要结合目的地的文化特色和优势，强化优势旅游文化。这样才能使目的地保持文化发展的先进性，保持文化发展的脉络，并得到旅游者认同。旅游景观文化的空间格局展示要在发展理念和发展取向准则指导下，根据旅游景观生态学原理，规划布局目的地旅游文化的"斑—廊—基"景观网络，体现目的地的整体意象和独特意象。景观文化空间单元展示要按照空间价值感知评价的"环境氛围、象征性、功能和情感体验性"三个目标，根据旅游文化空间建构的"空间、旅游文化资源和旅游活动"三个基本要素，以及"空间意义、空间吸引力和空间集聚力"三个基本维度进行营造，使景观文化空间单元成为多视角触点、意义丰富的一个整体空间，并呈现出可感知的氛围、象征意义、旅游功能和情感体验三维价值，成为具有较大吸引力和较强集聚力的文化空间。

（3）旅游者形象感知系统。旅游者感知是连接文化展示与旅游形象的纽带。目的地意象和形象都是旅游者感知目的地后形成的。目的地旅游文化展示系统所展示的各层次文化通过旅游文化景观生态系统的景观网络和文化生态单元来呈现。文化景观网络中的斑块、廊道和基质单元是旅游意象的空间要素，文化景观网络是旅游文化生态单元的总体布局，是旅游者形成旅游意象的结构基础。旅游者在目的地不同文化生态单元之间流动，在不同的文化生态单元参加游览参观、购物、美食、娱乐、康体、运动和文化交流等旅游活动，感知和体验目的地多样化的文化特色。当所有活动完成后，旅游者就在心目中形成目的地的旅游形象。因此，旅游者感知规律是目的地旅游文化展示的重要基础，具体包括旅游者对目的地空间层次和空间单元、空间整体性和独特性等空间感知，对目的地旅游文化和文化景观等文化感知。

（4）互动和优化。目的地文化展示与旅游形象的互动和优化是目的地形象管理的理论依据。根据文化展示的层次性特点、目的地旅游景观生态系统结构和演化机制的研究，旅游者感知研究，以及旅游形象演变研究得出的结论，在目的地旅游文化展示系统和旅游者形象感知系统之间构建清晰互动层次结构和完整路径，使目的地文化展示与形象的互动和优化成为可能。

互动指目的地文化景观生态系统各层次文化展示通过旅游者感知形成目的地旅游形象，或在形象定位发生变化时，以旅游形象为统领，通过目的地文化景观生态系统各层次文化展示的调控，从而构建未来新形象。优化指旅游者实地感知到的当前形象与目的地通过营销宣传投射的旅游形象不相符时，或目的地要培育和塑造未来旅游新形象时，通过调整目的地发展理念和发展取向，以及旅游文化景观网络和景观生态单元，提升或培育目的地形象。

目的地文化展示与旅游形象互动的路径有两条：

路径1：文化展示→目的地形象。①旅游文化景观网络从整体性和独特性上构建目的地意象，进而形成目的地形象；②旅游者通过对旅游文化景观网络中各种文化生态单元的感知，形成目的地形象，其中主导文化因子起主导作用。

路径2：目的地形象→文化展示。①将目的地未来形象定位作为文化展示系统的发展理念和发展价值层，指导旅游文化景观网络的构建，从而构建相应的文化生态单元类型，培育主导文化因子，使其强化未来形象。②当当前形象与未来形象不符时，可调整主导文化因子，重构文化生态单元格局，从而改变旅游文化景观网络，重塑目的地意象，进而调整目的地形象。

在目的地文化展示与形象的互动和优化中，主导文化因子的作用很关键，是目的地形象演变的标志。通过分析游客对目的地的感知，找出影响目的地形象的主要文化因子，再通过生态位分析，确定目的地旅游文化景观生态系统的主导文化因子。

第六章　目的地当前文化展示调控与
未来文化展示策略

第一节　基于苏州当前旅游形象的文化展示调控

一　苏州当前旅游形象评价

（一）目的地推广的旅游形象与游客感知的旅游形象不一致

2004年，苏州市提出"旅游即城市，城市即旅游"理念，确立"天堂苏州，东方水城"为城市旅游品牌。2006年，苏州市旅游局注册了"东方水城"的中文域名和通用网址，并对"东方水城"进行商标注册，还提出了"游东方水城，品苏式生活"的旅游品牌形象（表6-1）。这是苏州旅游发展史上，第一次由官方确立的旅游形象，该形象结合了前期自由发展而成的"上有天堂，下有苏杭"和"东方威尼斯"这两个形象。

表6-1　　　　　　　　　　　　苏州旅游形象定位及宣传口号

旅游形象定位	国内及东亚市场：天堂苏州，东方水城
	欧美市场：Suzhou，Chinese Classic Scroll
重点细分市场形象宣传口号	长三角地区：古城古镇古园林世界遗产瑰宝，长江太湖金鸡湖风景休闲天堂
	珠三角地区：古典园林甲天下，灵秀水乡冠江南
	京津唐地区：小桥流水江南画卷，苏绣评弹艺术奇葩
	东亚、东南亚地区：游赏人间天堂美景，品味东方精致生活
	欧美地区：Suzhou，An Oriental Venice

除苏州市整体旅游形象外，各区也拥有自己的旅游形象，由此构成苏州市、区两级旅游形象系统（见表6-2）。

表 6 - 2 苏州旅游形象系统

区域	旅游形象
苏州市	天堂苏州，东方水城 游东方水城，品苏式生活（旅游品牌形象）
吴中区	苏州吴中——太湖最美的地方
吴江区	漫游吴江，快乐无疆
相城区	苏州相城，休闲天堂
工业园区	国际新都市，苏州新天堂
高新区	真山真水新苏州，旅游休闲新天堂

自苏州旅游形象系统确立以来，苏州市、区针对各自辖区形象举办了多系列、长期性宣传推广活动，并有意配合调整旅游文化展示方式。如苏州市对古城区进行了数次风貌整治，强力打造水上旅游产品，并创建了古城旅游示范区。不断强化的文化展示手段维持了古城历史文化在苏州市文化展示系统中的主导地位，维护了"天堂苏州，东方水城"的古典形象。吴中区以太湖为核心资源，形成并不断扩张山水观光文化、乡村生态文化，成为展示"太湖最美的地方"之手段方式。而相城区全力打造休闲度假文化，不断完善相城阳澄湖度假区项目建设，以凸显"休闲天堂"的相城区旅游形象。工业园区围绕"新"和"国际"，以国际性、现代化标准打造商务旅游、度假旅游景区。高新区则立足"山""水"资源，开发西京湾生态农场、树山生态村等生态、休闲新景点，形成新的山水观光、乡村生态文化展示区，完善了高新区文化展示系统。

当前，苏州主推"天堂苏州，东方水城"旅游形象，意在凸显苏州千年积淀的"天堂"形象和富有东方韵味的江南水乡风情。"东方"一词针对国际市场，与著名的威尼斯水城形成攀附效应。可见，苏州旅游形象基于苏州核心旅游资源、市场美誉度和国际性旅游地目标，并有一定的标志性和记忆度。

官方确立的旅游形象与旅游者感知形象是否一致，是检验旅游形象塑造及其文化展示有效性的标准。根据《苏州古城国际旅游研究报告 2015》分析，入境旅游者来苏前对苏州的印象是："细腻、精巧、原汁原味、古城、园林"，而来苏州后印象为"现代化、景点难找、拥堵、生硬、水城感觉难寻"。

显然，目的地推广的旅游形象与游客感知的旅游形象不一致，苏州旅游文化展示需要调控。

（二）文化展示与形象管理脱节

（1）旅游者感知与官方推广的旅游形象错位。显然旅游者感知的"现代化"与官方推广的"天堂苏州，东方水城"旅游形象所突出的历史传承感错位，"景点难找、拥堵、生硬"也与"天堂"形象相去甚远，"水城感觉难寻"更与"游东方水城，品苏式生活"的旅游品牌形象背道而驰。

（2）旅游者感知形象模糊。从旅游者实际感知的"现代化、景点难找、拥堵、生硬、水城感觉难寻"要素中，难以提炼苏州旅游形象的标志性要素，可知苏州在旅游者感知中形象模糊，特色不显著。苏州的文化展示与形象管理脱节。

（三）对旅游形象缺乏动态管理

（1）新形象未纳入品牌管理。随着苏州社会的进步和城市的发展，苏州的旅游形象也发生了局部变化，就现在官方主打的苏州旅游形象品牌而言，现有旅游形象主要体现古城历史文化要素，与其他文化要素联动较少。新型旅游文化业态如乡村生态、度假休闲、文旅商贸等所产生的新形象均未纳入旅游形象品牌。

（2）对苏式生活的展示和推广不够。"游东方水城，品苏式生活"旅游品牌形象首次提出"苏式生活"概念。对当代旅游者来说，生活方式旅游极具吸引力。然而，"苏式生活"是随着社会历史变迁而不断扩大内涵和外延的文化概念，在当前苏州旅游文化展示中不够明显，缺乏具象，仅在传统水乡古镇、园林街区有所体现，而这种文化展示往往流于物质展示载体表面，如复古建筑、水乡交通工具等，对"苏式生活"的内里，特别是经过岁月沉淀愈发珍贵的"苏式生活"精神推广不足。

二　苏州当前旅游文化展示评价

（一）旅游文化展示的丰富性

苏州旅游文化展示内容丰富。苏州是我国历史文化名城，是吴文化的发祥地，历史文化底蕴深厚。同时，苏州处于经济发达的长江三角洲地区，毗邻我国经济发展的核心城市上海，是江苏省乃至全国城市化进程最为剧烈的地区之一，城市现代文化多元丰富。来苏旅游者无不感受着苏州历史文化和现代文化和谐共生、交相辉映，多类型多层次的旅游文化。

苏州旅游文化展示类型多样。旅游产品是文化展示的重要载体，旅游产品的类型直接反映文化展示的类型与品质。近年来苏州不断丰富高品质旅游产品，已拥有2项世界文化遗产，6项世界级、34项国家级非物质文化遗产，2个国家级度假区、2个国家湿地公园、8个省级度假区等。这些产品增加了古城历史文化、乡村生态文化和休闲度假文化的展示，使这三类文化在旅游文化景观生态系统中占据重要地位，从而影响旅游者对苏州旅游形象的感知。

苏州旅游文化展示方式多样。主要有景区景点、文化街区（文化城、商业休闲街区、历史文化街区）、文化场馆（博物馆、主题馆、美术馆、文化墙、博览会、文化展）、产业园（文化产业园、文化创意园、高新技术产业园、农业生态园、生态农庄）、主题公园（城市公园、主题乐园、生态公园）、节庆、表演、居民生活场景、旅游设施（餐饮、住宿、交通、解说系统）等。

（二）文化展示的不平衡性

在苏州旅游发展过程中，旅游文化展示的时空格局不断演化。空间上，随着苏州城市旅游开发和游客流空间演变的有序推进，苏州旅游文化景观生态系统的空间格局由以古城为核心的单核多点结构向东西轴向生长带状扩展，再向东南西北多核生长多向扩展，现在呈现出"一心、多核"的格局。时间上，文化因子展示呈现出从单一的古城历史文化因子演变为以古城历史文化为主导、多种文化因子并存的格局，同时，呈现出古城历史文化因子对系统的主导作用逐渐减弱，其他文化因子逐渐增强的演变趋势。但苏州旅游文化展示不平衡性突出，主要还是集中在古城历史文化斑块上。

根据实地考察和苏州推出的主题线路途经斑块可知，60%以上的主题旅游线路集聚在古城历史文化斑块，其他板块主题线路不到40%。其他板块以商务时尚文化斑块连接的主题线路较多，主题线路连接的还有乡村度假文化斑块、古镇休闲文化斑块和生态文化斑块。由此可知，苏州旅游文化展示主要以古城历史文化斑块为主，其他斑块展示不足。

苏州文化展示的空间不平衡性反映出古城历史文化斑块是苏州旅游的集散核心，承载大量游客的输入与输出，且内部廊道建设完备，旅游流通道便捷。但也带来古城历史文化斑块过度拥挤、游客对历史文化氛围体验性下降的问题。2014年海外游客调查显示，[①] 在对苏州感知中，海外游客认为苏州园林拥挤，古城交通拥挤，公路和汽车破坏了水城的意境；古城古老的历史，如建筑，保留不多；缺乏文化体验，苏州园林历史和艺术价值展示不足。所以，优化古城历史文化斑块的旅游环境和历史文化体验产品是该斑块优化的重点。

（三）"江南水乡"基质被蚕食，水乡氛围降低

江南水乡是江南地区特有的景观环境，其最大的特点就是因地制宜地去营造景观要素，以桥、树木、港口、船、小巷等为主要构成要素，以水系为景观组成线索，呈现出清新、素雅、委婉、自然相结合的景观特色。苏州的周庄、同里、甪直、震泽、黎里等水乡古镇是江南水乡原汁原味的表现，深受海内外游客喜爱。同时，江南典型的非物质文化也是江南景观的重要组成部分，吴歌、古琴、江南丝竹、苏剧、昆曲、评弹等古典音乐营造出的江南水乡诗情画意氛围，也深受游客喜爱。

随着苏州城市环境的变迁，城市规模的扩大，"水陆并行，河街相邻"的"老苏州"城市格局在城市环境中占比越来越小，"小桥·流水·人家"的"江南水乡"印迹在城市中演化为零星旅游古镇、若干历史街区，且随着古镇、历史街区的旅游开发，一些过度商业化现象为不少居民、游客所诟病，"老苏州"所营造的文化体验氛围呈边际递减。2014年海外游客调查显示，海外游客认为，由于过度开发建设，苏州原来的水镇已所剩无几。苏州在今后全域旅游发展和全国首个古城旅游示范区建设中，应着力彰显"江南水乡"基质的旅游体验感，加强"老苏州"城市文化展示。

（四）整体旅游网络需要完善，斑块个体网络需要构建和加强

研究苏州旅游文化景观生态系统空间单元总体分布情况，可发现主要空间单元斑块和廊道布局不均衡。就斑块而言，古城历史文化斑块主要集中在古城区，文化斑块密集度高且影响广。周边区域旅游资源较少且分散，聚集度不够。目前，苏州园林、金鸡湖商务度假区、同里古镇、太湖度假区已成为各自斑块重要文化展示载体，[②] 斑块东西南"T"形发展态势明显，北部发展较缓，整体旅游文化景观生态系统北向联系不足。凸显出系统内部廊道空间分布不均、总体数量不够的问题，尤其是各斑块间旅游廊道较少，联系较弱，

---

① 苏州市旅游局、英国巴斯大学：《苏州古城国际旅游研究报告2015》，2015年。

② 根据苏州市旅游局提供2014年苏州市区各旅游景点接待量排名。

仅古城历史文化与商务时尚文化有所互动。

目前，苏州正着力建设全域旅游城市。六个行政区与六个旅游文化斑块高度一致，各区都有突出的旅游资源，且主题化发展突出，但旅游发展程度不一。《苏州市全域旅游发展规划》提出要错位竞争，打好"组合拳"——遵循重点突出、全域统筹，局部集中、空间连续、因地制宜、差异发展的原则，突破资源边界和管理边界。因此，针对苏州旅游文化景观生态系统空间布局不均衡问题，应丰富廊道体系，尤其是系统内廊道完善和弱势斑块内廊道建设，加强古城旅游斑块的带动作用，增强乡村度假文化斑块的影响力，真正实现畅游苏州。

此外，斑块内部的个体网也很重要，关系到斑块对旅游流的集聚力。目前，苏州旅游流网络中，一些处于网络边缘和个体网过渡带上的景区节点没有入网，处于苏州北部区域的生态休闲文化斑块个体网最弱、成员较少，难以带动苏州北部区域发展，对未来苏州生态文化展示和南北联动发展都有制约作用，优化个体网应成为苏州全域旅游发展的重点工作。

(五) 部分旅游文化斑块旅游市场吸引层次和特色有待提升

旅游文化斑块因吸引力大小差异而产生不同的市场吸引层次。根据空间吸引范围，市场吸引层次可粗略分为国内本地市场、国内外地市场和国际市场。苏州旅游文化斑块中，古城历史文化斑块是主导文化因子斑块，市场吸引力最大，可吸引所有层次市场，对苏州旅游形象影响最大；乡村度假文化斑块虽然生态位较大，但主要吸引国内本地市场，对苏州旅游形象影响较弱；商务时尚文化斑块吸引国内本地市场、国内外地市场和部分国际市场，对苏州旅游形象影响较为重要；古镇休闲文化主要吸引国内本地市场、国内外地市场和部分国际市场，对苏州旅游形象有一定影响（见表6-3）。

表6-3　　　　　　　　　苏州主要旅游文化旅游市场吸引层次

旅游文化类型	综合生态位	排名	整体形象影响效应值	排名	市场吸引层次
古城历史文化	0.258834	1	0.365	1	国际市场 国内本地市场 国内外地市场
乡村度假文化	0.23234	2	—	—	国内本地市场
商务时尚文化	0.166356	3	0.157	2	部分国际市场 国内本地市场 国内外地市场
古镇休闲文化	0.157234	4	0.114	3	部分国际市场 国内本地市场 国内外地市场

2014年海外游客调查显示，海外游客主要在古城区游览，少部分游客游览古城区后还去商务时尚文化斑块，很少有游客去其他斑块。可见，除古城历史文化斑块外，苏州其他

旅游文化斑块文化展示的市场吸引层次需要提高，旅游特色需要增强，从而提高"以历史文化为主，多元文化并存"的旅游形象感知。

三　苏州当前文化展示调控

基于当前苏州官方推广的旅游形象"天堂苏州，东方水城"，对照游客对苏州旅游形象要素的感知，当前苏州文化展示调控的重点一方面在于调整苏州旅游文化景观生态系统主导文化因子，使游客感知的旅游形象与官方推广的旅游形象相一致，就是要彰显古城历史文化斑块"水城"特色，以解决当前旅游形象特色不显著和缺乏历史文化体验感的问题。另一方面在于各文化斑块的提升和整合，提高苏州整体旅游形象感知，以解决游客感知与"天堂"形象错位和"天堂"形象模糊的问题。

（一）旅游文化斑块的优化提升

1. 优化提升古城历史文化斑块

在旅游者感知中，古城历史文化对旅游形象的影响最为深远。当前文化展示策略的重点在于提质扩容，以保持古城历史文化对苏州旅游文化展示系统的绝对主导力和影响力，构建苏州旅游核心吸引力。

在增强历史文化体验感方面，第一，以古典园林为核心，通过丰富夜园产品、演艺活动等，创新旅游文化展示方式，持续增强古典园林的吸引力和辐射能力。第二，以古城为核心，按照社区旅游模式，围绕世界遗产巩固文化观光产品，强化文创艺术、传统生活习俗体验功能。还要丰富精品特色住宿、主题餐厅等旅游文化展示方式，提高旅游者对"旅游设施"的满意度。第三，在吴中区以春秋遗址为核心打造新的古城历史文化空间斑块，丰富旅游文化展示手段，活化利用遗址建筑。如通过创设国际考古遗址公园，安排精品艺术活动进场；采用还原历史场景的剧场，举办古风民乐节；借鉴英国文学主题公园狄更斯世界，打造历史文学作品场景再现的江南文学主题乐园等。第四，以胥口镇和香山核雕村为核心，打造非遗旅游综合体。通过非遗文创旅游，举办文化节事和研修活动等旅游文化展示手段，扩大本地特色旅游文化影响力。同时，加强斑块内的联系，使之整体连片发展。第五，控制古城历史文化斑块游客数量，有效疏散分流游客。通过政策手段引导游客合理流动，施行峰值控制，针对古城区、重要景区颁布交通限行政策，引导自助游和散客在重点区域使用公共交通系统出行。从2015年8月开始运营的"苏州好行"就是古城历史文化斑块优化的最好例子。目前"苏州好行"开通的七条线路，其中有三条由古城区开往南部吴中区的太湖区域和石湖区域，不仅打通了各斑块间的联系，更是对过分集中于古城区游客流的有效分流。

在彰显古城"水城"特色方面，首先，充分利用大运河，建设运河沿岸的江南景观要素，建设古运河博物馆，展示运河贸易文化和古丝绸之路历史文化，打造运河水上体验旅游产品。其次，充分利用环古城河，精心设计与陆上景点的互动，打造水上体验苏州历史文化的环古城河旅游产品，体现"水城"特色。

2. 提升展示乡村度假文化斑块

乡村度假是苏州市致力开发的旅游产品，但由于苏州乡村休闲度假旅游本地市场意义更大，旅游者感知的乡村休闲度假文化对苏州旅游形象的影响微弱。在塑造苏州当前旅游形象时，应针对外地游客市场提升该文化斑块吸引层次。以太湖国家旅游度假区为生态核心，通过整合湿地生态观光、营造湖泊养生疗养度假氛围、打造全新度假酒店群、开发岛屿主题旅游等途径，全面提升乡村度假文化斑块。在现有传统民宿的基础上，提升民宿的文化性和独特性魅力，趣味化打造乡村活动，引入顶级野奢生态度假酒店，打造定制化隐居地和社交空间，积极拓展乡村度假文化因子。

同时，在苏州城市南北共振的现实交通基础上，乡村度假文化斑块可借此得以强化和提升。在全面升级公共服务体系、提升旅游服务质量、有效引导客源的基础上，联动南部同里、黎里等古镇共同升级发展，并辐射以相城阳澄湖生态休闲旅游度假区、荷塘月色公园为核心的北部生态休闲文化斑块，将乡村度假文化斑块打造成为辐射北部生态休闲文化斑块和南部古镇休闲文化斑块的苏州旅游流网络重要核心节点。

3. 积极发展商务时尚文化斑块

商务时尚文化是近年发展态势迅猛的旅游文化，且旅游者感知较为重要。在当前旅游形象塑造中，一是要深度挖掘商务时尚文化因子的文化内涵。利用该文化因子主要分布区域——工业园区，进行文化品质提升，打造含商务会展、时代文旅、极致度假、高教科技、主题乐园、购物美食的综合娱乐和教育旅游产品，使之成为国际商旅综合体验目的地。以丰富的现代文化内涵提升该文化因子在旅游者心目中的重要性。二是将商务时尚文化与古城历史文化、古镇休闲文化相结合。将古城历史文化和古镇休闲文化因子融入商务时尚文化斑块，并以符合现代旅游者品味的旅游文化展示方式包装，如古城墙主题酒店、古城墙咖啡厅等。使文化因子间优势互补，增强旅游者的文化体验并形成新的竞争力，推动苏州旅游文化展示系统良性发展。

4. 错位发展古镇休闲文化斑块

古镇休闲文化在苏州旅游文化景观生态系统生态位的排名与旅游者感知重要程度上均落后于商务时尚文化。探究其原因，一是古镇散落分布难以对旅游者产生集聚的组团印象。二是古镇休闲文化总体上还停留在古镇观光的初始阶段，与古城历史文化有大量雷同、相似的文化要素，因而被古城历史文化所削弱。但其仍然是对苏州未来旅游形象产生重要影响的文化因子。对于散落在古城外围的各古镇，要在旅游文化展示优化建设中形成错位发展的思路，以主题化引导古镇旅游文化展示的优化，如将木渎古镇定位为园林古镇、将震泽古镇定位为桑蚕丝绸古镇、将甪直古镇定位为桥梁古镇，同时采用主题住宿、主题餐饮、博物馆、工艺品店等有效的旅游文化展示方式，引导古镇休闲文化因子在苏州旅游文化展示系统中不断占据市场资源，巩固并提升生态位地位，以提升旅游者对此类文化因子的表现满意度。

（二）打通旅游核心区与资源集聚区的旅游廊道

根据前文分析，当前苏州旅游资源分布不平衡，古城区及南部集中了大量资源，周边区域资源少而分散，集聚度较差，因而旅游廊道分布不均，旅游核心区和集聚区内旅游廊道多元且丰富，有效引导了游客的流动与集聚，但各斑块间旅游廊道较少，联系较弱，仅古城历史文化与商务时尚文化有所互动。调整当前苏州旅游文化生态景观系统的廊道，必须依托现有旅游集散中心和包括公路、地铁、河道、高铁在内的城市交通枢纽，通过"苏州好行"及其他主题旅游路线等旅游交通产品，构建各斑块，尤其是旅游核心区与资源集聚区的南北旅游交通联系。

第二节　基于苏州未来旅游形象的文化展示策略

一　苏州未来旅游形象分析

苏州旅游业发展"十三五"规划提出今后苏州旅游发展的总体方向：以全域化发展为重点，着力推动全域旅游资源整合和产业融合创新，通过创新旅游业发展模式与转变发展方式，实现旅游业态从观光型旅游向体验休闲型旅游转变、从资源型旅游向价值型旅游转变。以国际化视野、品牌化推广、市场化运营、资本化投入、精致化服务，利用"旅游+""互联网+"发展契机，推动旅游市场向国际化拓展，促进苏州旅游业向集约联动与品质效益型转变，把苏州建设成为"国际一流旅游目的地"，将苏州市打造为"具有独特魅力的国际文化旅游胜地"，旅游业成为促进苏州城乡一体化和生态文明建设的绿色产业。在国际特色文化旅游目的地建设方面，以古城旅游提升为重点，强化遗产文化游、苏式生活文化游、苏式会奖旅游（MICE）、水乡古镇休闲度假游，推动苏州旅游向精致化、品牌化和生活化转化。①

上述阐述苏州旅游业发展方向的关键词有"遗产文化""苏式生活文化""独具魅力""文化旅游胜地""国际一流""全域旅游""绿色产业"等。这些关键词反映了未来苏州旅游在时空上对地域文化和特质的继承性和发展性。"遗产文化""苏式生活文化"正是对苏州最具独特性的地域文化的提炼与传承，是未来"国际一流"、"独具魅力"的"文化旅游胜地"的魅力源泉，体现了目的地旅游形象独特性维度。"全域旅游"反映了苏州未来旅游跳出景点发展旅游的空间发展模式，体现了目的地旅游形象的整体性维度。"绿色产业"是对生态文化的发展，体现苏州旅游目的地的品质。所以，未来苏州旅游形象应包含以下内容：

1. 独特性更加显著的地域文化基质——江南水乡

地域文化背景是游客在区域背景下感知旅游目的地的途径，地域文化氛围是游客最容易感知的目的地独特性，对目的地旅游形象有重要影响。"江南水乡"是苏州"遗产文化"和"苏式生活文化"的环境基质，是中外游客喜欢的传播久远的独特环境氛围，对形成苏州旅游的整体性和独特性形象有直接作用。"江南水乡"蕴含丰富的物质文化和非物质文化，且意境优美生动，为塑造苏州旅游形象魅力和独特性提供了广阔的拓展空间。所以，在未来旅游形象塑造的文化展示中，要让"江南水乡"成为整个城市的旅游环境基

① 苏州市人民政府：《市政府办公室关于印发苏州市旅游业发展"十三五"规划的通知》，（苏府办［2017］18号），2017年1月25日。

质，让"双面绣"城市坐落在具有"江南水乡"风情的基质上，打造"具有独特魅力的国际文化旅游胜地"。

2. 有机融合历史文化与现代文化的"双面绣"文化格局——贯古铄今

当前苏州旅游文化展示系统多元文化交织且古今文化相融，已形成以古城历史文化为核心、东西两翼现代文化相伴的"双面绣"格局。海外旅游者对苏州贯古铄今有机融合的历史文化与现代文明有清晰显著的感知，[①] 作为有效的文化展示方式和高体验价值的文化环境，苏州的现代文化与以古城为代表的历史文化有机融合，为历史文化的持续提升注入新活力，也为现代文化的发展奠定文化根基。古今文化相融的旅游形象体现出苏州城市在继承中发展、在发展中继承的文化脉络，是苏州旅游文化格局的独特性。在未来文化展示中，历史文化要更具历史体验感，现代文化要引领现代时尚的潮流。

3. 世界一流休闲旅游目的地——生态苏州

在可持续发展方式已成为全人类的共识、生态理念被游客普遍接受的今天，目的地将越来越重视生态文化展示，如层出不穷的湿地景观塑造、山水景观打造、生态旅游活动设计等。苏州具有得天独厚的自然生态环境，自古传承的活态"天人合一"生态理念，凸显生态苏州之形象，是打造极具国际旅游吸引力，塑造更为开放、包容的苏州旅游形象的重要选择。

4. 具有精致化典型代表的生活方式型目的地——自在苏州

文化展示越来越多地围绕着对差异而不是对等级的展示。而且，文化概念已不再局限于产品，还包括生活方式、风格和身份。基于对全球范围内差异的广泛承认，人们更加关注文化和生活方式的独特性。[②] 苏式生活是苏州旅游当前提出的一个颇具吸引力的概念。"天人合一"的生活理念、闲适自在的生活态度、慢生活的生活方式等常常出现在对苏州生活的描述中。当前提出"情调苏州""自在苏州"均包含了此意。在苏州未来的旅游形象塑造中，应对苏式生活的具体内涵和外延有更为全面的诠释，对苏式生活随社会变化而新增的部分也应纳入旅游形象的范围。可将园林文化作为诠释苏式生活的方式，将苏州塑造成具有代表性的生活方式目的地。

5. 全球高端旅游城市——品质苏州

品质型的旅游服务是目的地国际竞争力的源泉。依托历史文化、商务时尚文化、生态旅游资源和江南水乡风情，突出国家古城旅游示范区、国家商务旅游示范区优势，针对国内、国际重点市场，全面升级遗产文化、商务会奖、婚庆旅游、乡村度假、生态休闲、山水娱乐和研修教育等旅游产品，优化升级旅游配套设施、城市公共服务设施，集中展示"精致苏州，品质苏州"的形象。

基于上述五大内涵要素，我们认为，苏州未来旅游总体形象可选择"江南水乡氛围浓郁的'双面绣'生活品质型国际休闲旅游目的地"，即在浓郁江南水乡的地域特征下，充分

① 苏州市旅游局、英国巴斯大学：《苏州古城国际旅游研究报告2015》，2015年。
② Bella Dicks, *Culture on Display：The Production of Contenmporary Visitability*，北京大学出版社2007年版（英文影印版）。

展示园林文化、现代时尚文化、生态文化、山水娱乐文化，打造宛如苏州"双面绣"的品质生活之城，以此指导苏州旅游文化展示的调控和苏州旅游文化景观生态系统的进一步优化。

二　苏州未来旅游形象的文化展示思路

按照本研究提出的"目的地旅游文化展示与旅游形象互动模式"路径，从发展理念和取向、目的地旅游文化景观生态系统格局和主要旅游文化因子优化三个文化展示层次，构建苏州未来旅游发展的文化展示时空整体格局；以文化景观作为分析工具，以融入地域文化体系的视角，探讨构建苏州未来旅游形象整体性和独特性的展示途径。

（1）发展理念。将苏州未来的形象内涵，作为苏州旅游文化景观生态系统发展理念，指导目的地景观文化格局优化和景观文化单元空间优化，最终将苏州塑造为"江南水乡氛围浓郁的'双面绣'生活品质型旅游目的地"。"江南水乡氛围浓郁"是苏州整体环境基质所形成的环境氛围；"双面绣"是历史文化和现代文化的格局；"生活型目的地"就是以"苏式生活方式"为吸引物，吸引游客来苏体验当地居民的生活氛围、生活状态和生活品质，包括"老苏州""新苏州""洋苏州"的居民生活。总体来说，通过旅游文化景观生态系统的优化，构建"江南水乡"基质景观，彰显苏式生活的生态品质和地域特征；构建包括"老苏州""新苏州""洋苏州"在内的各具特色的苏式生活文化景观，展示苏式生活的丰富性和独特性；构建主题特色鲜明的历史文化和现代文明相融的"双面绣"文化格局，体现苏式生活文化的动态发展特性；以"生活文化＋艺术＋科技"的模式提升苏式生活品质，实现苏州旅游文化展示与旅游形象的互动，打造"具有独特魅力的国际文化旅游胜地"。

（2）目的地景观文化格局优化。首先要完善空间格局。一是完善六个主题文化斑块之间的网络，提高各斑块间的联系程度，为游客体验"老苏州""新苏州""洋苏州"的居民生活方式提供便利，以便游客形成完整的苏式生活感知，形成苏州生活型目的地整体形象。二是构建苏州北部生态休闲文化斑块个体网络，弘扬园林文化，打造全国最重要的植物园艺和盆景艺术品中心，使之成为体现苏州生态文化特色和品质生活的亮点之一。其次要完善斑块旅游文化格局。围绕苏式生活，体现"老苏州"的历史文化体验性和慢生活节奏，"新苏州"的先进性和"洋苏州"的时尚性和快节奏，构建"双面绣"特色的文化格局。再次，以游客价值为导向培育斑块内部有价值的文化景观节点，以拳头旅游产品协同整合各文化斑块，打造品牌旅游活动，增强苏州旅游的影响力。最后，依托目的地景观单元斑—廊—基，利用江南水乡的主要景观要素，塑造"江南水乡"整体氛围。

（3）景观文化空间优化。一是目的地旅游文化景观生态系统主导文化因子优化，提升古城历史文化的体验性，展示"老苏州"居民生活。二是以苏式生活展示为导向优化各斑块文化展示。

三　苏州未来旅游形象的文化展示策略

（一）构建旅游联系顺畅的整体旅游廊道和风景道

首先，构建廊道系统。古城与周边旅游景区的畅游体系不完善，游客较难被输送到外围地区。因此，在尊重苏州城市规划、交通建设发展的基础上，通过旅游大数据采集，提出全域旅游交通构想，对接交通、规划部门实施工作，搭建多部门合作建设平台，切实、有效地推进旅游交通与城市交通的衔接工作。围绕苏州市域主要交通廊道及对外交通通道，于一级集散中心、二级集散中心及景区、景点之间，构建快速旅游交通联系网络，最终打造出"东西2道、南北2线、内外2环"的旅游廊道网络体系。

内环即以苏州护城河环绕古城。苏州护城河勾连苏州古城八大城门，是盘门、七里山塘等景区的重要进入方式，也提高了环状区域内拙政园、狮子林、沧浪亭、北寺塔等重要景区的通达性。外环即苏州中环快速路，于2012年1月31日正式开工，全长112.204千米。大致走向为东起工业园区星华街，穿过阳澄湖，北至相城太阳路，西到高新区金枫路，往南从绕城高速东山出口，与绕城高速共线后，由车坊互通折向星华街。中环快速路勾连工业园区、高新区、相城区、吴中区四大区域，往南延伸将吴江区纳入，全线建成通车后，可有效实现苏州市内交通无缝对接。东西2道：东道从南向北由苏同黎公路—中环东线—G312组成，沟通同里古镇、黎里古镇、独墅湖高教区、阳澄湖度假区、荷塘月色湿地公园、中国花卉植物园等。西道由南向北由S230勾连震泽古镇、平望古镇、桃源乡村旅游度假地、苏州湾景区、石湖景区、旺山景区、穹窿山景区、天平山景区等。南北2线：南线由东向西由角直大道—独墅湖大道—南环快速路—苏福快速路勾连角直古镇、独墅湖高教区、盘门景区、石湖景区、木渎古镇、天平山景区、穹窿山景区、东山景区、西山景区等。北线由东向西由娄江快速路—北环快速路—太湖大道连接阳澄湖度假区、金鸡湖商务休闲度假区、虎丘景区、白马涧龙池景区、大阳山景区、太湖国家湿地公园等。

通过以上旅游廊道，可最终实现苏州市内北部生态休闲文化斑块、中部古城历史文化斑块、南部乡村度假文化斑块和古镇休闲文化斑块、东部商务时尚文化斑块、西部山水娱乐文化斑块各大斑块的无缝对接。

其次，构建和优化斑块间特色廊道。以斑块间廊道优化推进全域旅游，除交通功能廊道外，应拓建以旅游功能为主的风景道。太湖、阳澄湖沿线生态资源与人文景观极为丰富，可建设湖岸风景道，打造成未来新的生态文化旅游发展通道。在南部古镇休闲文化区域，以"河流水系+湖泊湿地+塘浦圩田+古镇名村+非遗工艺美术"的复合发展模式构建水乡风情廊道，助推南部成为苏州旅游新的增长极。

再次，未来应以"板块驱动"为理念，通过斑块间廊道优化，加强各区县旅游合作，打破地方条块分割，整合资源，突出特色，统一形象，全力推进全域旅游发展。例如在2016年因举办园博会而新建的非遗文化馆，集中介绍了苏州非物质文化遗产的现状，形象地展示了非遗众多的项目，包括传统文化、口头文学、戏剧、传统礼仪、节庆等，是苏州非遗的集大成者。但因其建设时间较晚，处于西线和南线之间，位于西部山水娱乐斑块中较西部分，尚未被现有廊道有效勾连，未来应以增设公交线路、开通专线等形式，纳入斑块间廊道建设。

最后，优化斑块内部廊道。在各斑块内部完善特色化旅游交通网络，形成快慢换乘、具有移动体验的交通廊道。围绕重点景区、休闲度假基地、特色旅游基地、特色旅游村，形成以交通干道、旅游专用通道、景观廊道、慢行绿道串联的覆盖全域的旅游交通路网体系，实现景区与交通干道、景区与景区、景区与城镇、乡村旅游点与交通干道间的无缝对接。中部古城历史文化斑块结合古城区道路拥挤、交通不便的特点，在主干线人民路、干将路增加各景区点专线公交路线，增设公共自行车点，以换乘的形式加强斑块内各景点对接。东部商务时尚文化斑块现代化程度高，北部生态休闲文化斑块景区范围较大，主要面向自驾游，应加强廊道内部自驾游体系建设，加强交通标识指示。南部古镇文化斑块各古镇景区、乡村度假点间距离较大，可加大对斑块内专线大巴、专线公交投入。西部山水娱乐文化斑块森林公园、湿地公园等自然山水较多，生态环境优美，在廊道建设时可充分考虑慢行系统建设，打造健身步道、有轨电车等适合游客观赏休闲的生态廊道。

（二）斑块优化

1. 古城历史文化斑块的历史文化体验性和苏式生活方式塑造：构建现代人诗意栖居的生活家园

古城历史文化是苏州旅游的主要吸引物，对苏州旅游形象影响最大，也是"双面绣"文化格局的组成部分。在未来苏州旅游形象塑造的文化展示中，要以提升历史文化体验感和塑造苏式生活方式为重点，继续展示古城历史文化。

第一，博物馆展示途径。新建一座苏州历史博物馆，展示苏州丰富独特的历史文化，尤其要与苏式生活文化展示相联系，让游客在博物馆能了解苏式生活方式的变迁，走出博物馆能体验苏式生活。可修建专题博物馆，如丝绸之路博物馆，展示运河文化、贸易文化和美食文化。苏州人杰地灵，人才辈出，还可修建苏州名人博物馆，展示苏州各类名人，全方位体现苏州的文化底蕴。

第二，园林文化创新展示。园林是苏州最突出和游客感知最重要的苏州旅游形象要素，也是古城历史文化斑块的重要组成部分。苏州园林文化诞生于苏州"水陆并行、河街相邻"的双棋盘城市格局，汲取苏州源远流长、兼收并蓄的文化底蕴，更因苏州现代旅游活动和城市建设的开展而绽放新的生机与活力。苏州园林文化以各式各样物质的、非物质的和活动的形式，在城市特定的历史、文化街区集中展示，也散落在街头巷尾，向访苏者、旅苏者甚至居苏者传递着独特的园林文化信息，展示着苏州城市的独有风情，成为日益现代化的苏州城市有别于其他城市的标志和文化元素。通过创新展示方式，在多元的苏州旅游文化景观生态系统中打造园林文化标识，开展园林文化活动，让游客充分体验园林的历史和艺术价值，感受苏式生活的精致。主要途径有：

深耕文化内里，创新展示形式，增加园林文化的休闲体验价值，重点表达"文化苏州"。目前，市场上已出现注重互动性和文化品位的园林特色活动与旅游产品，要持续挖掘园林文化内涵，更要加大创新力度，以新颖的园林文化展示方式引领苏州旅游文化潮流，增强园林文化的体验值，同时要确保创新形式的体验价值。

苏州园林文化展示回归到人们的生活，精彩诠释"生活苏州"。园林文化是苏式生活的精华和代表，苏式生活应借助园林文化的开发和展示来延续、发展。随着"全域旅游"的全面铺开，人们需要在更加开放和共享的城市空间里体验生活、享受当下。由于居民生活和园林文化的融合，园林空间不仅仅是一种"文化标本"，更是一种具有地域文化特征的古城区传统街区居民的现实"文化生活"状态。①"人，诗意地栖居"，苏州园林便是现代人栖居的诗意家园，苏州园林所代表的苏式生活便是吸引现代人诗意的生活方式。

第三，围绕苏式生活，构建古城历史文化斑块的社区旅游活动。在社区中，食、住、行、游、购、娱各种旅游要素皆要有本地化、特色化的布局和体现，通过旅游要素的特色化供给，创造最接近于苏式生活本质的旅游体验舞台。除了文化旅游景点外，要建设一些生活场景空间，如鸟市、小商品市场、街头小吃摊点等，让游客体验真实的苏式生活。

2. 提升生态文化斑块主题形象：打造全国园艺和盆景艺术中心

苏州北部生态休闲文化斑块集聚了一些生态文化景区，但由于景区吸引力不足，旅游配套设施和基础设施还有待完善，这一斑块还未形成个体网，使该斑块在苏州旅游文化景观生态系统中生态位排名一直垫底，对旅游形象影响较小。在未来旅游形象的文化展示中，该斑块首先要以中国花卉植物园为核心节点，打造全国园艺和盆景艺术中心，带动其他生态文化景区，开展观光、休闲旅游活动，以生态化完善基础设施和旅游设施，如生态民宿、生态餐厅等，集聚旅游流，形成个体网。其次要拓展产业链，开展园艺和盆景艺术品生产、销售和研习等，将生态休闲文化因子所在的相城区打造为生态休闲产业带，弥补苏州北部旅游发展的不足，从而优化旅游文化展示系统。

3. 优化提升山水娱乐文化斑块：打造全国山水科技娱乐休闲中心

山水娱乐文化斑块位于高新区，是"新苏州"的代表。但在苏州旅游文化景观生态系统中，山水娱乐文化斑块生态位始终靠后，并有下降趋势。在苏州未来形象的文化展示中，要以该板块的科技特色优化提升山水娱乐文化因子。依托苏州乐园、白马涧生态园、太湖国家湿地公园、大白荡城市生态公园和何山公园等景区，结合休闲康养旅游活动，用科技元素，创新提升山水娱乐活动的体验性、娱乐性和趣味性，融入康养训练和健康体育旅游价值，将山水娱乐文化斑块打造为全国山水科技娱乐休闲中心。

4. 以价值为导向培育或提升各斑块内部节点（景区景点），为游客提供新的旅游价值

当苏州未来旅游发展进入更成熟、旅游流网络更完善的全域旅游阶段，各斑块需要有更多有价值的景区景点，以便整合全域旅游资源进行旅游线路的组织，打造独具特色的有影响力的旅游产品品牌（婚庆旅游和会奖旅游），丰富和提升苏州未来旅游产品品质，提供更多游客旅游价值。

苏州市作为著名的风景旅游城市，一直以来以古城旅游而闻名，苏州园林、平江历史街区等景点世界知名，是苏州旅游的标志和代表。而太湖、西山、阳澄湖、金鸡湖等古城外的优质旅游资源的文化和价值尚待展示和挖掘。为增强苏州旅游各斑块吸引力，需要在加强联动基础上，培育提升各斑块有价值的旅游景区景点。具体而言，中部古城历史文化斑块，以历史文化为脉络，以点带面，培育一到两处具有国际美誉度的旅游集聚区。重点

---

① 孙剑冰：《从"文化标本"到"文化生活"——以苏州古典园林为资源的社区旅游发展模式研究》，《旅游科学》2012 年第 4 期。

在拙政园、虎丘、留园景点（区）及山塘街、平江历史街区周边地段探索"社区旅游"试验区，构建"历史中心集聚区"，研究导入新型业态功能，全方位提升文化旅游产品价值。东部商务时尚文化斑块，依托商务及生态旅游资源，突出国家商务旅游示范区优势，针对国际国内商务客群，重点发展商务会奖、购物、休闲观光及研修教育旅游产品，全力推进打造金鸡湖国际商务旅游示范区、独墅湖研修旅游区、国家工业旅游示范区3个旅游集聚区。南部古镇文化斑块依托国家级历史文化名镇资源，以古镇与美食为主线，水网为脉络，构建江南水乡古镇最佳体验集群，重点打造同里—周庄古镇主题旅游示范区、南部水乡古镇主题旅游群、南部古村落集聚区3个旅游集聚区。西部山水娱乐文化斑块，紧扣太湖山水、农村乡愁两大主题，重点发展西部生态城度假区、太湖国家湿地公园、大阳山森林公园等生态景区景点，形成以生态体验、自然感受为主题的旅游生态聚集区。北部生态休闲文化斑块面向长三角地区短途自驾游及小团化客群，以阳澄湖多样性的自然生态景观资源为依托，打造以生态园艺和盆景艺术观光休闲度假为亮点，集休闲购物美食、湿地湖泊度假、主题乡村旅游于一体的多彩旅游斑块。中国花卉植物园、盛泽湖月季园、渭塘珍珠城、虎丘湿地公园等培育成主题多样的生态景区景点集聚区，打造特色显著的全国园艺和盆景艺术中心。围绕5A级旅游景区、省级以上旅游度假区，打造阳澄湖半岛旅游度假区和阳澄湖生态休闲旅游度假区两大旅游产业集聚区。各斑块游客价值见表6–4。

表6–4   苏州未来旅游文化展示的游客价值

斑块名称	游客价值
古城历史文化	历史文化和苏式生活体验地： 为游客观赏古城景观、体验古典文化氛围提供场所，能接触、观赏、体验苏州特色民俗、古典音乐、江南园林生活等
乡村度假文化	江南主题乡村休闲度假： 提供游客特色江南乡村体验，进行农家菜品尝、乡村生活感受、温泉疗养等项目体验，放松身心
古镇休闲文化	水乡古镇特色休闲体验： 游客在古镇体验生活、观赏风景，了解古镇历史、古镇文化以及古代时期人们的生活方式。同时，体验湿地休闲氛围，获得休闲享受
生态休闲文化	湿地生态休闲和园艺艺术休闲体验： 为游客提供生态养生、度假养生场所，让游客体验四季花卉美景、购买园艺盆景艺术品和生态研学、体验现代农业等
商务时尚文化	节庆、时尚生活体验： 为游客提供时尚文化体验活动，娱乐观光、购物体验等丰富的活动增加游客商务时尚文化体验氛围
山水娱乐文化	山水科技娱乐休闲、健康养生度假： 体验自然山水的乐趣，进行房车露营、森林公园深呼吸、新兴景区游览度假等休闲活动

（三）基质优化：打造处处见江南的水乡基质

江南水乡基质是深受中外游客喜欢的苏州城市地域文化特征，它彰显了苏式生活情调，是构建情调苏州旅游产品不可缺少的部分。打造处处见江南的水乡基质更是发展生态文化的创造性实践。目前，江南水乡景观基质主要体现在苏州古城历史文化斑块，未来要延伸到其他文化斑块，利用各斑块水域，采用江南水乡景观要素构建不同主题的水岸景观，设计连接江南景观水域与苏州文化遗产景区景点的遗产廊道线路，依托苏州中环交通廊道，结合苏州未来建设的环城游憩带中的太湖生态段、水乡古镇段和中部湖荡段，打造苏州水乡风情带，构建处处见江南的水乡基质，让"双面绣"城市浮现在中外闻名的江南水乡基质上，让来苏州的游客体验诗意栖居的苏式生活方式，将苏州打造成"具有独特魅力的国际文化旅游胜地"。

第三节　基于乐山当前旅游形象的文化展示调控

一　乐山当前形象评价

1. 宣传推广旅游形象与游客感知基本一致

当前乐山的旅游形象宣传主题口号"佛心乐山，大愿峨眉"，具有以下特点：

第一，定位于观光旅游市场，满足游客世界遗产观光需求。虽然峨眉山和乐山大佛景区是我国著名的佛教圣地，但作为观光旅游市场中满足宗教旅游动机的目的地，具有较大的可替代性。我国其他三大佛教名山浙江普陀山、山西五台山和安徽九华山都位于中、东部地区，接近东部发达地区客源市场，具有区位优势。而乐山远离东部客源市场，市场拓展受到一定程度制约。

第二，宣传推广旅游形象与游客感知基本一致。从游客感知看，2011年游客对乐山印象的调查结果中，位居前三的选择除了突出的自然环境优美、和谐外，就是宗教文化。而"休闲活动丰富"选项却位居倒数第二。这表明，在乐山旅游发展中，虽然文化展示内容不断丰富，旅游形象的感知要素不断增加，但乐山旅游形象仍然以佛教文化观光形象为主。可见，乐山宣传推广旅游形象与游客感知基本一致。

2. 游客感知旅游形象落后于城市宣传形象

结合现代旅游市场的五种消费导向"自然生态、休闲度假、文化体验、健康运动和娱乐"，当前乐山城市宣传主题口号"乐山乐水，乐在其中"具有以下特点：

第一，突出乐山自然环境的山水格局，展示乐山山水风光特色，符合旅游市场对自然生态环境的渴求愿望，也是乐山依托良好生态环境发展与健康相关的旅游的基础。但城市宣传中主打"山水"牌需要谨慎。因为山水城市的可替代性较强，如何与早已闻名中外的"桂林山水甲天下"美誉相匹敌，如何与江南水乡美丽灵动的山水相媲美，都是要回答的问题。更进一步看，桂林山水和江南水乡山水都以深厚的地域文化意蕴形成持久魅力和吸引力。

第二，"乐在其中"之"乐"，最可能让人们联想到的是乐山山水观光旅游之乐，其次才可能联想到山水娱乐、山水休闲之乐。不管怎样，也体现了乐山城市宣传形象中的休闲旅游形象。由于乐山休闲旅游文化展示外地市场错位，休闲旅游形象感知较弱，主要还是世界遗产景区观光旅游形象。所以，游客旅游感知形象落后于城市宣传形象。

综上所述，乐山当前旅游宣传的观光形象与旅游市场发展趋势的连接出现偏差，不能有效反映旅游者心中已存在的"东西"，如休闲、健康和文化需求等。同时，游客感知的乐山旅游形象落后于城市宣传形象。目前，乐山一流的环境和资源没有转化成一流的符合旅游市场发展趋势的高品质旅游产品，对城市旅游和城市发展的拉动效应没有体现。城市山水形象缺乏文化支撑，初级观光形象难以推动城市旅游做大做强。乐山当前旅游形象需要优化，需要进一步深化自然生态特征，突出休闲、健康和文化意蕴。

二　乐山当前文化展示评价

根据文化展示与目的地旅游形象互动模式，目的地旅游形象优化就是目的地旅游文化展示系统优化的过程，从上到下包括目的地发展理念和发展价值、目的地景观文化空间格局和景观文化空间优化。这是目的地文化展示评价的依据。

旅游文化展示理念和价值落后。根据乐山官方推广的当前形象所反映的内涵，乐山旅游地的发展理念和发展价值定位于自然生态和世界遗产观光旅游。自然生态是乐山的环境优势，也符合未来旅游市场发展的需求，是乐山旅游的重要吸引力。

世界遗产观光旅游是乐山旅游起步阶段引领乐山旅游发展的最重要旅游产品，但在乐山旅游转型升级阶段，仅强调世界遗产观光旅游是不够的。在乐山旅游业起步时，我国旅游业处于观光旅游时代，居民的收入、闲暇时间、对旅游的认识和当时我国旅游开发水平等都制约着旅游者的选择，一般都选择重要的知名景区游览观光，增长见识。世界遗产作为最高级别的旅游资源，自然成为旅游者的重要选择，推动目的地旅游发展。在我国旅游业经过三十多年粗放发展进入集约发展阶段后，旅游已成为人们的生活方式，旅游市场需求发生了巨大变化，多元化趋势日益明显，旅游产品供给得到极大丰富，休闲度假旅游、健康旅游、购物旅游和会展旅游等层出不穷，仅以世界遗产观光旅游为核心的发展理念和仅满足游客观光价值的单一化价值发展方式显然落后了。

按照《四川省乐山市旅游发展总体规划（修编）2010—2020》，现阶段的乐山旅游发展，应依托自身的旅游资源条件和现有基础，以打造国际休闲度假旅游目的地为主题，塑造"乐山乐水，天下峨眉；宁静城市，休闲之都"的旅游目的地形象，把乐山建设成为宜居宜游的四川第一、国内一流、国际知名的休闲度假旅游目的地城市。所以，当前文化展示优化重点是突出休闲文化，从整体性和独特性上构建休闲文化展示系统，满足旅游者多样化休闲旅游需求，增强目的地休闲旅游吸引力，推动城市休闲旅游发展。

对目的地景观文化空间格局的评价。目的地景观文化空间格局直接反映目的地的发展理念和发展价值。从当前格局来看，具有以下特点：

1. 对山水自然生态文化的展示和挖掘不足

在山水自然生态文化的展示方面：第一是对现有自然廊道和自然斑块的利用不足，影响了山水自然生态独特性的展示。乐山世界遗产地水系发达，使这座城市灵动而妩媚，但绕城而过的三江和穿城而过的竹公溪，以及连接乐山市中区和峨眉山市区两大节点、蜿蜒于乡间的峨眉河等都没有得到开发和利用。居于城市中心区域的城市绿心虽已配置了一些道路基础设施，进行道路的美化，但其他休闲游憩功能开发还不够。可见，乐山的山水观光旅游仅局限于两大世界遗产景区，游客对乐山的山水景观体验不足，使山水自然生态文化对乐山旅游形象的影响还没有充分发挥出来。第二是人工廊道网络化程度较低，制约了山水自然生态文化的全方位展示。乐山市中区和峨眉山市区是乐山两个世界遗产景区所在地，旅游开发程度最高，但道路网络密度较低、等级较低，游客难以到达一些有利于观赏自然山水的地点，限制了游客多角度体验乐山的山水景观。此外，由于乐山市中区和峨眉山市区连接边远区县的交通网络没有形成，区县到景区的交通不便，一些分布于边远地区的高等级旅游生态景观可进入性较低，直接影响到山水自然生态文化的展示。第三是亲水空间利用不足，山水自然生态中最灵动的"水"元素特质没有得到足够的展示。目前仅岷江东岸靠近大佛景区的滨水区域得到展示，修建了嘉定坊和嘉州长卷仿古街区。而在景观很丰富的乐山城区滨江、滨河路，道路狭窄、景观单调，游客很少在此观光停留。穿城而过的竹公溪两岸的建筑临水而建，乐山之水的秀美未得到展示。

在山水文化的挖掘方面：乐山山水文化资源丰富，文化底蕴厚重。距今已有2600多年历史的乐山，唐代时是川西南造船中心和水运枢纽。宋代的嘉定城号称"西南名郡"，名胜众多，文人墨客对嘉州山水的赞叹有加。宋代邓谏从的"天下山水窟有二：曰嘉州，曰桂林"；邵博的"天下山水之观在蜀，蜀之胜曰嘉州。"为嘉州山水陶醉的文人学士，如"三苏"、黄庭坚、范成大和陆游等，留下了许多题咏嘉州山水的名句。诗人笔下的山水格局之美有待保护和展示。

此外，在山水之滨的乐山的古城墙和城楼是值得展示的历史文化。由嘉州古城墙串起的楼阁气势恢宏，一些楼阁还创造了建筑史上的奇迹，有被称为"西南第一楼"的万景楼。但绝大部分城墙和城楼在旧城改造中被毁，代之以林立的现代高楼，乐山历史文化名城的风姿已成为过去。

峨眉山同样有着悠久的历史文化底蕴，是儒、释、道长期共存且民俗文化十分丰富的地区，佛教称峨眉山为"大光明山"，是中国四大佛教名山，普贤菩萨的道场；道教称峨眉山为仙家"第七洞天"，早在唐代之前就已成名；儒家文化在峨眉山的历史中占有重要地位，在峨眉古城中，峨眉文庙曾占据峨眉全城三分之一的地盘。拥有数百年历史的峨眉朝山会、城隍会、大庙庙会等活动，曾经影响着整个巴蜀大地。而历史上许多文化名人隐居峨眉，许多传说中的神仙也来自峨眉，如轩辕黄帝曾问道峨眉，寻求长生不老之妙方；古籍中记载的周成王时羌人葛由骑木羊入山，楚昭王时楚国名士陆通入蜀在峨眉山结庐耕食隐居，唐代诗仙李白、药王孙思邈和民间广为流传的被道家奉为"八仙"之一的"纯阳师祖"吕洞宾，宋代的"华山老祖"陈抟，明代的"太极祖师"张三丰以及神话传说中的赵公明及"三霄娘娘"，对爱情忠贞不渝的白娘子等，都在峨眉山留下了优美的传说典故。[1] 这些丰富的历史、故事和传说尚待挖掘和展示。

2. 旅游文化斑块类型单调

首先是乐山市中区和峨眉山市已开发的旅游景区文化类型单调，现有景区主要是宗教文化，然后是休闲文化和民俗文化。

其次，休闲娱乐文化空间类型单调。乐山休闲文化空间主要是以城郊乡村旅游为主的环城游憩带、中心城区滨江滨河带的卡拉 OK 厅、小吃街区、仿古街区等，而其他类型的休闲文化空间如山水休闲、康疗休闲、运动休闲、购物休闲、教育休闲和文化园区休闲等空间较少。另外，娱乐文化空间如剧院、演艺中心和游乐园等也很少。

最后，文化艺术空间类型单调，缺乏博物馆、艺术馆、科技馆和体育馆等文化艺术场馆设施。

对目的地旅游文化空间的评价。总体来看，乐山世界遗产地旅游文化空间规模较小；缺乏特色旅游文化空间，尤其是标志性旅游文化空间；旅游文化空间的文化氛围不足。

旅游文化空间对旅游流的吸引、集聚作用的大小对应不同的市场层级，满足不同层次的文化需求，如国际性或全国性需求、地区性或本地文化需求。旅游文化空间层级越高，满足需求层次的空间范围越大，对目的地形象的影响就越大。大型文化旗舰项目如城市文化地区，通常是文化策略中用以改善城市文化环境、提高城市竞争力的一种途径。它的空间特征是文化资源高度集聚和混合发展。城市文化地区作为城市富有特色的地区之一，与历史保护区的显著不同在于其具有明显的经济性功能，以文化生产及文化消费作为主要目的，同时具有文化设施或者文化生产消费空间的高度集聚，并且同商业、办公、居住，以及室外空间混合存在。在空间选址上，基本上都位于城市的中心地区，同城市的中心商务区、旅游地区和会议地区有着密切的联系，往往作为一种"黏合剂"，将原有的城市文化设施、城市公园、商业地区等连接起来，形成具有更大文化和经济影响力的城市地区。[2]

乐山世界遗产地旅游文化空间规模普遍不大，且呈散点状分布，集聚力和影响力都不够，对城市发展的推动作用不明显。虽有峨眉山和乐山大佛作为该遗产地的标志景观，但特色旅游文化空间缺乏，尤其是具有视觉吸引力、能聚人气和商气的标志性旅游文化空间还未形成。所以，整个遗产地缺少功能强大的旅游流集聚中心来组织旅游流在全市范围内有序流动，从而发挥遗产地的核心辐射作用，带动周围旅游文化景观的开发。此外，很多旅游文化空间主要满足基本的活动承载功能，缺乏空间文化氛围的营造。特别是城市的公共开敞空间，如城市广场、城市绿地和街道，很少有能引起游客和市民互动的文化艺术雕塑、文化艺术环境设计，空间文化氛围不足。

三　乐山当前旅游文化展示优化

（一）旅游文化景观生态单元优化

结合乐山当前旅游形象分析和当前文化展示评价，以问题为导向，优化现有主要旅游

---

① 林立：《浅谈文体活动在打造世界级旅游目的地中的作用》，《乐山师范学院学报》2011 年第 10 期。

② 黄鹤：《文化规划：基于文化资源的城市整体发展策略》，中国建筑工业出版社 2010 年版，第 114—117 页。

文化景观生态单元结构，在类型上突出山水生态文化、历史文化和休闲文化；通过旅游文化景观生态单元优化，形成更加突出的自然山水生态文化基质，促进景城一体城市旅游发展战略，打造城市休闲气质。

1. 显山露水展示自然山水生态文化

第一，水域。包括市区和市郊河流。为水上观光和水上娱乐休闲旅游产品的开发塑造背景和文化氛围。

沿岷江和大渡河的滨江滨河区域——遗产地文化综合展示带。把整个环城的滨江滨河区域作为一个整体，从时空上整体构建文化景观，展示乐山丰富的景观文化，丰富山水文化，让游客领略城乡交融、历史和现代辉映、景城浑然一体的多视点景观文化。岷江东岸人与自然和谐文化景观区：整个岷江东岸的山脊轮廓线要全部可视，所有建筑高度严格控制在山脊与江面的连线以内，保证在江面上能看见岷江东岸山体，展示"城市在山水中"的意境，让水上观光的游客真切体验到行游在山水景城中的美妙，以及人与自然和谐的环境美。岷江上游平羌小山峡段的山水文化区（岷江三桥以上）：目前为待开发状态，可构建李白"峨眉山月歌"的意境，岛上建李白对月饮酒赋诗亭，附近建诗书文化公园，以及配套的休闲娱乐设施。岷江中段现代城市建筑文化景观区（岷江一桥到岷江三桥）：突出城市钟楼，注重现代高楼的造型艺术，岷江二桥的改造应产生更现代和独特的效果，成为一个城市标志景观。岷江下段景城一体园林文化区（岷江一桥以下）：岷江两岸建筑要相互呼应形成一体，营造历史文化名城的文化氛围。目前东岸的嘉定坊仿古一条街建筑已经具有历史文化氛围，需要改造岷江一桥以下城区滨河区域建筑，构建错落有致的包括亭、台、楼、榭等建筑的滨河园林景观，让水上游客仿佛看到一幅生动的山水画。滨河区域上段城乡文化融合景观区（大渡河大桥以上区域）：大渡河西岸保持原始古朴的乡村田园风光，东岸是成片新建居住区，展现乐山城乡融合的恬静人居环境。大渡河下段两岸休闲娱乐文化展示区：在大渡河下段两岸滨水区域，集聚不同类型的休闲活动和娱乐公园，展示休闲娱乐文化。

竹公溪沿岸——亲水休闲文化带。竹公溪由北向南呈 L 形蜿蜒穿越乐山中心城区，增添了城市的柔美气质。把中心城区的竹公溪沿岸全部建成城市居民的滨水游憩空间，让城市更有休闲氛围，提高城市的人居环境质量。竹公溪北段沿岸可建休闲公园和休闲商业街，集聚酒吧、水吧和茶楼等业态，南段可建成美食一条街，集地方名食、地方老字号名食和外来特色小吃于一体。

峨眉河沿岸——绿道。峨眉河发源于峨眉山，全长 60 多公里，数百平方公里流域如诗如画。峨眉河上段流经峨眉山市城区，在治理河道的同时，两岸可配套建设绿化景观带，打造城市休闲长廊，为"宜居宜养"城市建设提供环境支撑。峨眉河中下段流经乡间田园，农舍点点、绿荫婆娑、河道蜿蜒、石桥平卧、白鹭掠水、碧波浮鹅、渔舟唱晚、牧童欢歌……田园景色尤为迷人，淳朴而悠然。峨眉河田园风光带是古代人类迁徙的走廊，是南方丝绸之路和茶马古道的重要节点。峨眉河流域农耕文明特征鲜明，沿途保留有古镇、古街和古民居等物质载体，还有苏稽米花糖制作和手工草席编制等非物质文化载体。

峨眉河的最大优势就是田园风光和农耕文化，在最大限度保护原生态自然风光和人文风情的同时，根据当地产业发展需求，规划建设特色文化小镇和风情小镇，打造传统农业、现代农业和特色农作物景观带，通过已建成的峨眉河绿道，串联起沿岸的古迹、古镇、村落和自然景点，用绿道展示峨眉河农耕文化和地域文化，让峨眉河田园风光带成为当地市民休闲的好地方，为游客展示两大世界遗产景区之间丰富的山水文化和地方文化。

峨秀湖区域——峨眉山下湖滨休闲度假集群。峨秀湖地处峨眉山东北麓，是峨眉山景区与峨眉山市区之间的过渡带，西距报国寺1.5公里，东距市区2公里，地理区位极其重要。湖面约70万平方米，可容水700万立方米，既给峨眉平原上数万亩农田提供充足的水源灌溉，又给峨眉山增添旖旎的波光水色。峨秀湖正处在峨眉平原与峨眉群峰之间，兼容湖泊、平原和山岳的自然风光，是峨眉山风景区的"景外之景"。湖泊东南面，河滩、长堤、平坝紧密相连，田畴似锦，疏林轻烟；北面，马路桥一带，沿旅游公路新建的一排排现代化的白色楼房，鳞次栉比，好像浮游在湖岸；西面，翘首则见金顶三峰雄峙摩天，朝晖夕照，浮光跃金，色彩斑斓。晴朗无云的天气，从金顶俯瞰，峨秀湖宛如点缀在绿锦上一块光洁的白玉。

峨秀湖是一处正在开发的湖泊景观，目前已建设一些酒店群落、公园和休闲度假设施，旅游产业规模和文化展示集群效应还未体现，对峨眉山市旅游发展和城市发展的助推作用不太明显。重要的区位和独特的自然山水景色使峨秀湖区域具有在未来休闲时代脱颖而出的先天资本，以休闲度假酒店集群和各类主题公园为载体，集中展示峨眉山的茶文化、温泉文化和健身养生文化等地域文化，激活峨秀湖区域的休闲度假活动，让峨秀湖区域成为峨眉山文化展示和旅游活动的延伸和补充，成为峨眉旅游"山城一体化"的纽带，带动整个区域旅游起飞。

第二，山体。包括峨眉山景区和乐山城市绿心。

峨眉山景区——构建文化展示体系。峨眉山景区文化深厚，佛教文化、茶文化、武术文化和温泉文化都非常有名。但目前游客知晓的主要是峨眉山的佛教文化，其他文化缺乏挖掘和展示。今后要以多种方式展示茶文化、武术文化、温泉文化和自然科学文化，培育养生文化，采用多种方式将物质文化与非物质文化结合展示，构建文化展示体系，提升峨眉山的文化形象，实现峨眉山旅游转型升级。

佛教于公元1世纪传入峨眉山，两千多年的佛教发展历程，让峨眉山成为著名的佛教圣地，给峨眉山留下丰富的佛教文化遗产。目前，峨眉山佛教文化已形成高山区朝拜中心、中山区修行中心和低山区教育中心的展示体系。

"峨眉山茶"现在已成为一个著名茶叶品牌，为国家地理标志保护产品，具有独特品质和历史文化内涵。茶叶是物质消费与精神消费的高度融合体，符合未来大众消费方向。峨眉山要利用"峨眉山茶"品牌，通过举办节庆、茶文化交流和体验，大力展示峨眉山茶文化，开展茶生态旅游、茶文化科普和休闲游，打造独具特色的茶文化生态旅游品牌。

峨眉武术与少林、武当并称为中国武术三大宗派，早已享誉中外。但因为展示不够，目前在旅游市场上的地位不如它的名气，没有建立起相应的品牌地位。展示峨眉武术文化要立足于完善物质文化载体和非物质文化体系，以品牌打造为目标。建立峨眉派武术弟子习武寺院、峨眉武术研习学院、峨眉武术公园、峨眉山武术文化村和峨眉武术国际交流传播中心等物质文化载体，传承、展示和传播峨眉武术文化。建立峨眉派武术谱系及掌门人制度、峨眉国际武术文化节、中国武术三大派金顶论剑峰会和健身养生武术功法等非物质文化体系，传承、传播和发扬峨眉武术文化。

温泉也是峨眉一绝。峨眉山拥有的氡温泉，不仅是中国最大的露天氡温泉，也是全世界少见的高品位氡水温泉之一，被称为温泉中的贵族。目前，峨眉山主要展示温泉娱乐文化，今后应大力挖掘、创新和展示温泉养生文化，打造峨眉山温泉养生品牌，助推峨眉山市宜居宜养城市建设。

此外，峨眉山还是"震旦第一山""巨大的生物基因库"。峨眉山博物馆以介绍和馆藏峨眉山地质历史和珍稀动植物标本为主要内容，与游客体验和互动不足。峨眉山可建一个科学公园，用高科技展示峨眉山的自然科学秘密，结合娱乐、体验和教育，展示峨眉山自然环境的文化，丰富"峨眉天下秀"的文化内涵。另外，还应增加标识牌和解说牌，完善解说媒体布局。从清音阁到雷洞坪之间的步行线路，有很丰富的自然景观、珍稀植物和重要地质现象，应增加相关内容的解说牌，满足游客强烈的对峨眉山自然生态的解说需求。①

乐山城市绿心——生态休闲游憩区。适度保护性开发城市绿心将为乐山中心城区增加广阔的公共绿色开放空间，为市民和游客提供更多接近自然、体验山水文化的休闲、健身和游憩场所，提高城市居民的生活品质和游客的休闲活动品质，促进城市生态资源可持续利用。

已通过评审的《乐山城市绿心规划》，将乐山城市绿心性质定为人与自然和谐共存的城市核心生态绿地，规划了"一轴三区"的文化展示格局。"一轴"是横穿绿心的景观轴，分布有竹溪景城、绿心湖、绿心阁和多个功能中心。"三区"即自然密林区、生态休闲区和人文景观区。

2. 重塑历史文化名城风貌

展现乐山历史文化名城风貌，目前的重点是历史城区风貌展现和海棠香国文化意境营造。

历史城区风貌展现。乐山历史城区风貌的特色在于山水格局、城墙和城门、历史建筑和街巷。

乐山独特的山水格局是形成乐山历史文化名城的重要原因，正是岷江和大渡河交汇的重要位置、便利的水运交通条件和山地的限制，奠定了城市"凭山依水，因地营城"的特色，② 山水格局就是乐山城市之根。展现乐山历史城区山水格局要保护重要景观。首先，历史城区西北的高标山是城区的制高点和历史城区空间形态的控制点，可以俯视江河，眺

---

① 邓明艳、覃艳：《基于需求分析的遗产景区旅游解说系统优化研究》，《旅游学刊》2010 年第 7 期。
② 上海同济城市规划设计研究院、乐山市城乡规划设计院：《乐山历史文化名城保护规划（规划说明）》，2011年。

望乐山大佛和岷江东岸柿子湾、三龟山等山体，要禁止在高标山周边修建超高建筑。岷江与大渡河沿岸景观是水上游客和凌云山游客观览历史城区的重要景观。要保护历史城区沿江沿河的天际线景观与视觉走廊，严格控制江河沿岸建筑的高度，使历史城区的空间从高标山逐级下降，展现历史城区的山水格局，营造滨江两岸的历史文化氛围。其次，修建沿江沿河的文化园林绿化景观带，让市民和游客可去老宵顶公园登高观景，可到江河沿岸休闲，体验历史城区独特的山水格局和美景。

历史城区的城墙和城门也很独特。古城墙的建设充分结合地形，形成"城堤合一，岩墙险固，襟江为池，三龟九顶对峙"的城防体系。[①] 咸丰十年，于古城东北增修嘉定外城墙，使古城平面成为不规则的内外两重城墙的布局。为便利水运，古城沿江设 7 座城门，占全城 10 座城门之大半。[②] 为保护城墙和凸显历史城区形态，应改善现存古城墙和古城门周边环境，开辟适当公共绿地，营造城市景观节点。在桂花楼、龙神祠城墙外侧增加开放空间，将城墙展示出来。为保护和展示顺城街东侧的城墙根，可适当拆除上部建筑，提升景观品质。还可在原址上尽量恢复重建已破坏毁掉的古城墙和古城门。

历史建筑遗产是历史城区风貌最重要的载体。由于城市更新过程中大部分传统建筑被拆除，历史城区内现有建筑与传统风貌冲突较大的占 97.53%，历史城区内现存建筑遗产数量少。[③] 应尽快修缮那些仅存的公共建筑，并建成历史城区的游览观光景点。在改造相关地段居住建筑时，应保持传统建筑特色，以留存古城记忆。

历史城区道路体系较为完整，道路格局基本没有改变，大部分延续了原有走向和宽度，但由于街巷两侧建筑更新，街巷整体风貌、界面以及空间尺度已经不复存在，能够体验到历史街道特色的路段唯有上河街、中河街、府街、桂花楼部分地段。[④] 展现历史城区风貌一方面要尽量保护仅存的这些特色历史街道风貌，另一方面要将老字号商业品牌往历史街区集中，突出历史街区的特色，以增强历史城区的旅游休闲功能。

旅游休闲功能是历史城区活化的重要途径。首先要调整用地结构，将行政办公场所全部迁往新城，打造特色商业街区，增加绿地、文化娱乐和休闲设施。其次，完善旅游接待设施，建设文化景观，精心设计历史城区游览观光线路。

营造海棠香国文化意境。"海棠香国"曾是古代乐山的称谓，历史上嘉州素以盛产馨香的海棠花而久负盛名，现在海棠文化已成为乐山的特色地域文化。

据《阅耕余录》记载："蜀嘉定州海棠有香，独异他处。"《西阳杂俎》也称："嘉州海棠，色香并胜。"据宋《海棠记》载："其香清酷，不兰不麝。"唐代嘉州刺史薛能写道："四海应无蜀海棠，一时开处一城香。晴来使府低临槛，雨后人家散出墙。"

---

① 上海同济城市规划设计研究院、乐山市城乡规划设计院：《乐山历史文化名城保护规划（规划说明）》，2011 年。

② 宋秋：《山水城市的构建及其游憩功能的发挥——以乐山市为例》，硕士学位论文，四川师范大学，2006 年。

③ 上海同济城市规划设计研究院、乐山市城乡规划设计院：《乐山历史文化名城保护规划（规划说明）》，2011 年。

④ 上海同济城市规划设计研究院、乐山市城乡规划设计院：《乐山历史文化名城保护规划（规划说明）》，2011 年。

乐山的海棠受到历代文人名士的推崇和喜爱，他们争相咏赞，写下了大量优美的诗篇，成为乐山特有的珍贵文化遗产。宋代大文豪苏东坡为海棠所倾倒，写下"只恐夜深花睡去，故烧高烛照红妆"的传世佳作。当代文豪郭沫若在《我的童年》中自豪地说，乐山是号称"海棠香国"的地方，并题写了"海棠香国"四个大字。

海棠花因其自身的特质和蕴涵乐山独有的地方特色文化而成为现在乐山的市花。海棠花是著名的观赏花木，又有"花中神仙"之称。此外，海棠花还有着许多美好的象征意义。自古以来，人们喜欢将玉兰、海棠与牡丹组合在一起，构成吉祥图案，表示"玉堂富贵"之意，象征着事业蒸蒸日上，人民生活富足安康，以及努力拼搏、不断进取的精神。海棠花还是喜庆、美好与友谊的象征。虽然散发馨香的嘉州海棠已无迹可寻，但花开似锦、艳美高雅的海棠花形态已化为乐山的形象代表，深深植入乐山人民的心中，有着挥之不去的"海棠情结"。《乐山报》在 1980 年创刊时，其文艺副刊即以"海棠"命名，希冀嘉州海棠能以另一种生命形式，"深深地植根于嘉州膏腴的土地中，四时竞秀，缕缕喷馨，用她绚丽的色彩和沁脾的异香，辉映时代的风貌，陶冶人民的情操。"这个刊名沿用至今。现在，乐山以"海棠"为地名、公园名、道路名和企业名的例子不胜枚举，还有活跃在国际舞台上的"海棠女子乐队"，活跃在四川国际旅游交易博览会的"小海棠"志愿者，乐山打造的服务品牌也以"海棠花"命名。

海棠花所蕴涵的独特地方文化已形成乐山厚重的地方感，重现海棠香国盛景，展示海棠香国文化意境，是对乐山历史文化的延续，是展示乐山山水文化的重要内容，也是营造乐山浪漫迷人休闲氛围、构建独特诗意栖居图景的重要途径。海棠花必将为历史文化名城再添馨香。

要体系化构建和展示海棠香国文化，包括物质景观与非物质文化的结合，以及丰富的文化展示方式。海棠香国文化意境主要由海棠园林景观、海棠文化和海棠文化产业构成。在老宵顶公园大面积集中栽植海棠花，与城市绿心边缘海棠公园的海棠花和乐山大佛景区凌云山的海棠花一起，构成海棠香国景观，形成春天乐山市民赏花观景的休闲生活方式。在继承原有海棠文化的基础上，打造"海棠香国文化节"。该节庆一年可举办两次，分别叫"春花"和"秋实"，策划一系列市民能参与、有旅游吸引力、有文化品位、能带动相关文化产业发展的活动。海棠文化产业由诗、书、画、影视和创意文化相关产业构成，并培育相应的大企业集团，推动海棠文化品牌培育和打造。

3. 构建丰富的休闲文化展示空间体系

在即将进入休闲时代的背景下，建设休闲空间体系、设计丰富的有地方特色的休闲活动，是乐山旅游业转型升级发展的必然选择，也是未来乐山旅游业竞争的重要路径。

乐山的休闲文化空间体系包括城市和乡村的各类休闲文化空间。乐山需要建设的城市休闲空间类型有特色商业街区、休闲场馆（文化、艺术和体育运动）、休闲娱乐活动接待设施和休闲公园等。在历史城区可依托特色街道修建特色商业街区，在新城区商业繁华地段可建具有现代情调的特色商业街区。休闲场馆方面，规划建设专门的艺术馆、博物馆和运动场馆，以及具有综合休闲功能的高星级酒店，满足日益增长的休闲活动需求。

乐山需要建设的乡村休闲空间主要有特色古镇、乡村休闲景区景点、休闲农庄和教育农园等。现在正在打造的省级历史文化名镇峨眉山市罗目镇，位于乐山中心城区西部苏稽古镇，区位良好，可开发为重点的乡村休闲旅游地。此外，大量的乡村水域可开发为休闲旅游景点，如乐山市中区外围的三尊水库、高中水库和剑锋水库等。峨眉河沿岸可建主题村镇，如在黄湾乡建峨眉武术文化村。此外，要提高农家乐品质，丰富休闲活动内容。

餐饮文化是重要的休闲文化，要集中展示打造特色餐饮一条街，展示宣传老字号餐饮品牌，挖掘和培育适应养生度假旅游发展的养生餐饮文化，做强做大当前游客和居民认同的乐山餐饮文化，增强乐山旅游目的地吸引力。

在休闲空间体系构建的基础上，利用节庆活动展示地方文化，提高乐山休闲空间的独特性。乐山的地方文化丰富多彩，据普查统计：① 全市非物质文化遗产资源共 209 项，包括民间文学 19 项、传统音乐 22 项、传统舞蹈 34 项、传统戏剧 4 项、曲艺 1 项、杂技 1 项、传统美术 6 项、传统技艺 60 项、消费习俗 3 项、人生礼俗 2 项、岁时节令 2 项、民间信俗 18 项、传统体育游艺与竞技 34 项、传统医药 1 项、其他 2 项。目前已列入国家级非物质文化遗产保护名录 4 项，省级非物质文化遗产保护名录 34 项，市级非物质文化遗产保护名录 58 项，县级非物质文化遗产保护名录 111 项。节庆活动是有效整合展示地方各种文化要素的有效途径。乐山要着力培育国际、国内和区域系列节庆品牌，提高节庆影响力，带动会展旅游、创意旅游和演艺等旅游新产业发展，提高旅游对城市发展的贡献。

此外，乐山还需开展丰富多样的休闲活动和有地方特色的休闲活动支撑休闲文化的发展。要充分利用山林、水体环境开展养生、运动健身活动。发扬光大乐山"贰柒拾"休闲娱乐文化、民俗文化，在特色古镇和峨眉河城市田园风光带村镇开展集市贸易活动，将乡村休闲旅游与农产品贸易、民俗文化展示和乡村遗产展示结合起来。在乡村开展农事活动、农业科技教育活动、农业节庆活动、生态农业和现代农业展示活动等，形成丰富完善的乡村旅游休闲产品体系。

（二）旅游文化景观生态系统网络优化

目前，乐山旅游文化景观生态系统网络要解决网络化、高等级化、绿道构建、河道利用和道路文化风貌建设等问题。

在峨眉山市和乐山市中区两大核心区域内部，形成景点之间、景点与城区之间的道路网络。峨眉山市新建龙池镇至四溪沟峡谷溶洞公路，双福镇至普兴镇"仙芝竹尖"黑包山茶园公路；为扩大峨眉山麓游览活动，建龙池和峨眉后山公路，川主至峨眉后山公路；为了提高整个峨眉山市内部交通网络的通达性，提高双福镇至龙池镇全线公路水平，形成纵贯南北的快速主干线；建成川主—高庙—龙洞公路，形成景区游览环线。乐山中心城区建设快速路环线，连接中心城区到周边乡镇的公路，形成周边乡镇之间的公路网。

城市和乡村绿道构建。乐山中心城区构建沿竹公溪的自行车道，岷江东岸滨江自行车道和滨水步行栈道；峨眉山市构建环峨眉山景区的自行车道和沿峨眉河的自行车道；乡村

―――――――――――

① 乐山市文化馆：《乐山非物质文化遗产》（内部资料），2011 年。

绿道构建主要位于岷江西岸和大渡河南岸的乐山高新区，绿道连接江河、田园和乡镇，绿道线路上有蜜蜂博物馆和故宫南迁遗址公园。

第四节　基于乐山未来形象的文化展示策略

一　乐山未来形象分析

（一）未来形象定位

认知乐山遗产地未来形象的依据是已出台的相关规划和官方推广的旅游形象。

《乐山市国民经济和社会发展第十三个五年规划纲要（2015—2020年）》提出，"十三五"乃至更长一段时期，乐山发展总体战略定位是：建设国际旅游目的地，全省高新技术产业增长极，四川综合交通次枢纽，大小凉山综合扶贫开发示范区。该规划纲要在"突出发展四大核心产业"中提出：突出旅游业龙头，坚持"国际化"发展之路，加快推进旅游功能、产品、营销、管理、服务、环境"六个国际化"，不断提升入境游、休闲游、度假游、养生游、体验游、乡村游比重，加快建设国际旅游目的地。

乐山市"十三五"旅游业发展规划提出，建设"四川首选地"目标，实施"扩容提质、景城一体、全域旅游"三大战略，构建"四川遗产观光旅游首选地、四川禅修度假首选地、四川美食首选地、四川旅游会展首选地、四川户外探险首选地、四川旅游商品集散地、四川水上旅游首选地"七大支撑。

2017年乐山官方征集推广的乐山城市形象宣传语为"山水佛地，灵秀乐山"。

总结以上各方的要点，乐山世界遗产地未来形象可定位为山水禅意特色突出的国际休闲度假旅游目的地。

（二）未来形象定位支撑要素分析

解读乐山世界遗产地未来形象定位，所包含的形象构成要素有山水生态基质、禅意休闲度假和国际旅游目的地。

1. 国际旅游城市

根据乐山旅游发展的实际，建国际旅游目的地就是建国际旅游城市。虽然我国学者对国际旅游城市已做了较多研究，但目前为止还不太成熟，关于国际旅游城市的概念、内涵和标准也没有定论。有的强调旅游吸引物、城市服务设施和旅游设施、旅游形象，有的突出社会环境、旅游业发达程度和城市经济发展水平，以及城市和旅游业管理水平等，见表6-5。此外，国际旅游城市还有不同的类型和层次，见表6-6。

我们认为，国际旅游城市的类型多样，每种类型的国际旅游城市所具有的要素的重要性是不同的，但国际旅游城市作为旅游城市的高级发展阶段，有一些基础性条件是共同的、可以确定的，如城市服务设施发达、旅游设施符合国际标准、社会环境文明安全、城市管理和旅游管理水平较高等。在此基础上，不同类型的国际旅游城市有自己的突出要素。如商贸型国际旅游城市新加坡具有发达的转口贸易，娱乐型国际旅游城市拉斯维加斯的娱乐业世界闻名。从乐山形象定位来看，乐山未来建设国际旅游城市的方向应是自然风光型和文化型的综合，即生态和文化型。

表 6 - 5　　　　　　　　　　　**国际旅游城市标准、来源及出现频次**

序号	标准	提出者	频次
1	旅游吸引物具有世界吸引力	张广瑞，李明德，周玲强，罗明义，张婷，历新建，赵娇	7
2	城市服务设施发达	张广瑞，李明德，周玲强，罗明义，张婷，历新建，赵娇	7
3	旅游设施符合国际标准	张广瑞，李明德，周玲强，罗明义，张婷，历新建，赵娇	7
4	旅游形象鲜明（或城市形象的国际知名度高）	李明德，周玲强，罗明义，张婷等，历新建、赵娇	6
5	社会环境文明友好	张广瑞，李明德，周玲强，张婷等，赵娇	5
6	旅游服务遵循国际惯例，质量一流	张广瑞，周玲强，罗明义，张婷等，赵娇	5
7	国际交往程度高，开放度大	李明德，罗明义，历新建	3
8	旅游业成为国民经济的支柱产业	周玲强，赵娇	2
9	旅游业发达，旅游产业体系完善	罗明义，赵娇	2
10	国际游客众多	周玲强，罗明义	2
11	城市管理水平满足国际化需要	罗明义，赵娇	2
12	旅游业管理水平科学高效	张婷等，赵娇	2
13	城市经济水平高	李明德，罗明义	2
14	城市生态环境优良	李明德，周玲强	2
15	良好的区位条件	罗明义	1
16	固定的节庆活动	李明德	1
17	独特的人文环境	历新建	1
18	完善的旅游市场	张婷等	1

资料来源：闻飞等：《国际旅游城市研究进展》，《黄山学院学报》2009 年第 4 期。

表 6 - 6　　　　　　　　　　　**国际旅游城市类型**

划分标准	城市类型	来源
城市规模等级	世界旅游城市、国际化旅游城市、国际性旅游城市	赵娇
国际经济及生产要素与变化层次	一级中心城市——全球性综合型大城市 二级中心城市——在洲际间具有明显的区域性和专业性特点 三级中心城市——中等发达国家的国际性大城市	李明德
主体吸引物	自然风光型、花园型、娱乐型、商贸型、文化型	周玲强

资料来源：闻飞等：《国际旅游城市研究进展》，《黄山学院学报》2009 年第 4 期。

国际旅游城市的首要特征是具有世界旅游吸引力。对于层次较高的国际旅游城市，国际交往程度很高，城市本身就有很高的国际知名度和旅游吸引力。而对于层次较低的国际旅游城市，增强吸引力、提升旅游形象或城市形象的国际知名度就非常重要。对于乐山来说，未来乐山旅游形象的独特性是建成国际旅游城市目标的关键，城市文化和特色问题也是乐山未来发展需要解决的五大问题之一。未来乐山旅游形象的独特性来自生态、文化的独特性，也来自生态与文化相结合所创造出来的独特性，以及未来休闲文化的独特性。

2. 独特性

只有在国际层面构建乐山国际旅游城市的独特性要素，才能提高城市旅游吸引力。还要构建独特性要素体系，形成整个城市的独特性，提高城市竞争力和发展潜力。

文化独特性。文化独特性一是来源于目的地文化资源的国际影响力，二是来源于彰显目的地未来形象的旅游文化景观生态系统中的主导文化因子。

乐山人杰地灵，文化荟萃，文化资源类型多数量大，但在国际上有影响力的只有峨眉山—乐山大佛世界文化与自然遗产所承载的宗教文化。乐山世界遗产地的突出普遍价值已经获得联合国教科文组织官方认定，具有独特性和观赏价值。对于外国人，他们感兴趣的依然是具有中国特色和世界唯一性的吸引物。[①] 根据朱竑等的研究，我国主要客源国中的5家国际知名旅行商日本旅行局（JTB）、美国嘉信力旅游公司（Carlson Wagonlit Travel）、加拿大东方假日旅行社（Tour East Holiday）、英国汤普森假日（Thomson Holidays）和澳大利亚学生青年旅游组织（STA Travel），它们所供给的旅游线路反映了我国旅游城市和旅游目的地的国际知名度。[②] 其中，成都是旅游城市中出现频率高的城市之一，而乐山大佛和峨眉山是重中之重。因而，在国际旅游市场上认知度最高的乐山文化资源仍然是峨眉山—乐山大佛这个世界"品牌"。

未来的乐山旅游形象为山水禅意特色突出的国际休闲度假旅游目的地，那么，休闲度假文化就是未来乐山旅游文化生态系统的主导文化因子，展示山水禅意特色的休闲度假文化就是凸显乐山文化独特性的重要途径。

峨眉山—乐山大佛是大自然的杰作和古代人类的文化遗存，具有突出的普遍价值。在现代观光旅游业发展中，乐山主要继承和弘扬了它的佛教文化。这对于世界遗产的品牌价值来说是远远不够的。在建设国际旅游目的地的过程中，还应思考如何传播已有的世界遗产文化，怎样挖掘世界遗产品牌价值，怎样更多地利用世界遗产品牌的价值为遗产地经济、社会服务，为遗产地居民造福。更重要的是，要思考未来怎样创造根植于当地文化环境的未来文化遗产，提高城市的个性和世界影响力，成为推动城市走向世界的重要力量。

人类进入休闲时代，休闲是城市的基本功能。对于以休闲度假为发展目标的国际旅游城市，应提供大量的不同类型的休闲空间，有丰富有趣有特色有价值的休闲活动，城市居民有休闲化的生活，整个城市具有休闲气质。乐山优良的自然环境和山水生态空间，以及禅意文化和丰富多彩的地方文化，是未来乐山创造城市休闲文化独特性的重要资源。节庆活动是国际旅游城市极其重要、最为活跃的要素。乐山需要培育有国际影响力的节庆活动，创新策划节庆活动，发挥节庆文化的带动作用，为地方文化展示创造契机，增强城市

---

① 朱竑等：《中国国际级旅游目的地建设的重新审视——基于国外旅行商视角》，《旅游学刊》2007年第6期。
② 朱竑等：《中国国际级旅游目的地建设的重新审视——基于国外旅行商视角》，《旅游学刊》2007年第6期。

国际性。

生态独特性。乐山未来城市空间骨架的生态独特性非常突出，形成由外而内的独特生态结构和优越的生态环境。

在外部，多条绿水穿城而过，形成城市和山林相间分布的格局。根据《乐山市城市总体规划（2010—2030）》，乐山将建成百万人口大都市，采取"三区连片、拥江发展"[①] 的布局，将现在市中区西南的沙湾区和东南的五通桥区纳入中心城区。利用交通设施和公共设施的发展，引导中心城区人口向新城和产业区转移，形成"一城五区"[②] 的空间结构。将岷江、大渡河、青衣江变为城市内河，实现城市核心区跨越岷江、大渡河向南发展。中心城区形成"外山内水，一心三轴"[③] 的山水绿地生态格局，好似美丽的"嘉州海棠"盛开在中国西南。

在内部，《乐山市城市总体规划（2010—2030）》将山水景观与城市公园绿地相结合，将旅游景点与城市公共开敞空间相结合，构成山、水、绿、城、游、休相结合的城市景观环境体系，建成"花园城市"，形成可观赏、可亲近、可停留和可享受的城市优美生态环境。

二　乐山未来文化展示思路

按照本研究提出的"目的地旅游文化展示与旅游形象互动模式"路径，从发展理念和取向、目的地旅游文化景观生态系统格局和主要旅游文化因子优化三个文化展示层次，构建乐山未来旅游发展的文化展示时空整体格局；以文化景观作为分析工具，以融入地域文化体系的视角，探讨构建乐山未来旅游形象整体性和独特性的展示途径。

1. 发展理念

结合全域化、生态化发展，将乐山旅游文化景观生态系统未来的形象内涵，作为该系统发展理念，指导目的地景观文化格局优化和景观文化单元空间优化，最终将乐山塑造为"山水禅意特色突出的国际休闲度假旅游目的地"。"山水禅意特色"体现乐山山水自然环境格局和文化格局形成的整体旅游环境基质的环境氛围；"国际休闲旅游目的地"表明，通过大力展示休闲文化，乐山未来旅游文化景观生态系统主导文化因子将演变为休闲度假文化，游客感知到的目的地形象是休闲旅游形象，乐山旅游功能主要体现为丰富多样的休闲度假活动。而佛教文化将演变为背景文化，仍然具有强大的吸引力，增强乐山休闲文化的禅意特色。总体来说，通过旅游文化景观生态系统的优化，构建"山水禅意"基质景观，彰显佛教文化地域特征；构建包括山水生态文化、历史文化和商业文化等在内的各具特色的文化景观，展示乐山休闲度假活动的丰富性和独特性；构建标志性文化区域，体现

---

① "三区"指乐山市中区、沙湾区和五通桥区。
② "一城"指未来大城市的中心城区；"五区"指东部现代农业及旅游区、峨眉河田园风光带、城市远景拓展区、南部山林生态保护区、北部山林生态保护区。
③ "一心"指嘉州绿心、河口湿地、大佛景区连成的新城市绿心；"三轴"指城市空间发展依托的三条江河：岷江、青衣江和大渡河。

乐山旅游文化的动态发展特性；以"世界遗产＋"的模式优化乐山旅游空间，升级乐山旅游休闲度假产品，实现乐山旅游文化展示与旅游形象的互动，打造"山水禅意特色突出的国际休闲度假旅游目的地"。

2. 目的地景观文化格局优化

首先要完善空间格局。依托城市未来发展格局，对接乐山"十三五"旅游发展规划，本研究认为，乐山未来应构建"一区一带一线七组团"空间格局。"一区"指以峨眉山和乐山大佛为核心的乐峨国际旅游度假区；"一带"指以峨眉山观光为驱动力，以山地火车为交通工具，连接峨眉山金顶—沙湾—峨边—金口河—马边—沐川的山地观光休闲度假带；"一线"指井研—五通—犍为盐文化旅游线；"七组团"指夹江峨眉前山综合度假组团、沙湾大渡河滨水休闲组团、犍为文化怀旧体验组团、沐川竹海生态休闲组团、五通桥民俗文化深度体验组团、井研研学休闲组团、两边一区自然生态和民族文化体验组团。其次是完善斑块旅游文化格局。以生态文化打底，宗教文化和历史文化构建引擎区域乐峨国际旅游度假区"海棠香国"文化景观，以休闲文化渗透整个乐山旅游文化景观生态系统，形成生态文化、佛教文化和休闲文化三足鼎立层次分明的文化格局。再次，以游客价值为导向培育斑块内部有价值的文化景观节点，以拳头旅游产品协同整合各文化斑块，打造品牌旅游活动，增强乐山旅游影响力。最后，依托目的地景观单元斑－廊－基，利用生态文化和佛教文化主要景观要素，塑造"山水禅意"整体氛围。

3. 景观文化空间优化

一是优化乐峨国际旅游度假区斑块，使其成为有效辐射各组团斑块的强大引擎。二是以休闲文化展示为导向优化各斑块，尤其要打造山地观光休闲度假带的山地休闲度假旅游产品，展示乐山山地休闲度假文化的独特性。三是以地域文化和民俗文化为线索，优化五通桥民俗文化深度体验组团、井研研学休闲组团、两边一区自然生态和民族文化体验组团。

三 乐山未来文化展示策略

（一）城市文化动态展示：创造未来城市文化遗产斑块

未来的乐峨国际旅游区，是乐山旅游发展的引擎，旅游流核心集散地。通过展示世界遗产保护的最佳实践，将遗产保护与旅游发展、城市发展和人居环境建设相结合，打造未来的城镇文化遗产，提升城市魅力和吸引力，增强乐峨国际旅游区对乐山其他旅游斑块的辐射带动作用，构建全域旅游网络。文化遗产不仅仅是"历史留下的"人类作品，更应该是"留给历史的"人类作品。文化遗产是"过去献给现在和未来的礼物"，也应是"现在献给未来的礼物"。①

1. 文化发展的完整时间脉络彰显城市发展个性

文化的时空特性决定了文化是动态发展的。不同时空环境下有不同的文化发展态势，每个城市都有自己过去的文化历史、现在的文化发展状态和未来的文化发展方向。文化发

① 魏小安、王洁平：《创造未来文化遗产》，中国人民大学出版社 2005 年版，第 4 页。

展历史是城市当下文化发展的起点和基石。如果继承了历史发展经验和历史上富有智慧的发展成果，现在的城市文化就有继续繁荣发展的深厚底蕴。如果将当今基础雄厚的文化作为发展基石，那么未来的城市文化发展就有先天优势，为城市发展和当地人创造极大的价值。过去、现在和未来的清晰文化发展时间脉络，必定成就城市的鲜明个性和特色，让城市具有认同感、归属感和凝聚力，产生魅力和影响力。相反，那些文化关系和发展脉络不清的城市，只有林立的高楼和宽阔的大马路的城市，必然湮没在千城一面的城市队伍中，失去魅力和发展潜力。没有个性和特色的城市很大程度上是因为没有深入思考自己的文化发展脉络，构建自己的完整文化发展时间脉络，而是照搬照抄发达国家、发达地区的文化或者流行文化。所以，凸显城市个性和特色的重要性是，用文化引领城市发展，尊重文化动态发展规律，深入研究城市文化发展脉络，构建完整的文化发展时间脉络，展示城市文化的过去、现在和未来。

乐山的城市文化时间脉络可通过"历史文化名城—世界遗产地城市—世界遗产城市"这条发展线索构建。乐山是中国历史文化名城，许多历史文化遗迹和历史文化空间是现代旅游发展的重要文化资源，为旅游业发展所用。在此基础上，乐山传承发展了佛教文化，成为世界遗产地城市。世界遗产提高了乐山城市的知名度，世界遗产旅游价值极大地促进了乐山旅游经济的发展，这是乐山未来发展的强大基石。未来乐山城市空间扩展后，生态优势更加突出，通过精心设计文化展示，进一步整合乐山城市文化资源，发挥更大的整体效应，形成更突出的独特性，提升城市的整体文化价值。乐山未来城市文化发展方向完全可以选择以创造世界文化遗产城市为目标的路径，高起点展示乐山的历史文化、现代文化和未来文化，形成从历史文化名城到世界遗产地城市，再到世界遗产城市的城市文化发展时间脉络，使乐山的佛教文化得到发展，城市的国际影响力大大提高，国际旅游城市的建设和后续发展有更强大的引擎。

2. 未来世界文化遗产内涵和特点解读

世界遗产城市属于文化遗产。联合国教科文组织世界遗产委员会在《实施世界遗产公约操作指南》中设定了相应的价值标准，明确规定世界文化遗产必须具备以下标准中的一个或多个，并经过真实性检测合格，在保护管理方面达到要求。

世界文化遗产的具体评定标准共有 6 个：[①]

①代表一种独特的艺术成就，一种创造性的天才杰作。

②在一定时期内或在世界某一个文化区域内，对建筑艺术、纪念物艺术、城镇规划或景观设计方面的发展产生过重大影响。

③能为一种现存的或为一种已消失的文明或文化传统提供一种独特的或至少是特殊的见证。

④可作为一种类型的建筑物或建筑群或景观的杰出范例，展示人类历史上一个（或几个）重要阶段的作品。

---

① 晁华山编著：《世界遗产》，北京大学出版社 2004 年版，第 10 页。

⑤可作为传统的人类居住地或使用地的杰出范例，代表一种或几种文化，尤其在不可逆转的变化之下容易毁损的地点。

⑥与某些事件或现行传统或思想或信仰或文学艺术作品有着直接和实质的联系。这一条只有在某些特殊情况下，或此条件下标准与其他标准一起使用时，才能成为列入世界遗产名录的理由。一般情况下，此条款不能单独使用。

世界遗产是一个不断发展的概念。世界各国在保护世界遗产的实践中，不断积累保护经验，对世界遗产价值的认识不断深入，世界遗产概念随之不断发展，标志是世界遗产保护范围的扩大，类型的增加，内涵的丰富。[1] 1972 年联合国教科文组织制定的《保护世界文化和自然遗产公约》规定，文化遗产为文物、建筑群和遗址。在公约实施过程中，有关的操作方式始终在调整和完善。鉴于代际公平和可持续发展思想，联合国教科文组织在致力于古代遗产的保护之外，对那些历史时间相对较短、具有内在价值的 19—20 世纪的建筑、城镇规划和景观设计给予高度关注，并将它们定名为现代遗产（Modern Heritage）。

为了让现在所形成的文化作品能够成为见证人类文明延续的实证符号，魏小安和王洁平提出"未来遗产"概念，将未来遗产定义为：当代人所创造的、能够体现当代特色和创新能力、符合世界遗产委员会所确立的评定标准，并能作为人类文明延续的实证符号。这些实证符号以建筑物、城镇规划和景观设计成果为主要表现形式。他们认为这个概念包含四个层次的意思：未来遗产的理念是现代遗产之思想的进一步发展；创造未来遗产是我们这个时代的社会责任和目标；创造未来遗产是建立双向通道（文化遗产—旅游景观）的需要；未来遗产的根本意义在于理念导向。[2] 我们应该将"为未来创造世界文化遗产"的指导思想贯穿于整个目的地建设过程，让我们这个时代不至于在历史的长河中缺失自己的位置。

魏小安和王洁平认为，一个旅游资源要成为给后人留下的文化遗产，至少应该具有四个方面的品质：[3]

第一，要成为一种文化形态。作为文化遗产的旅游资源要有文化的积累、内涵的挖掘和思想的传播，具有社会教育、历史借鉴和供人研究、鉴赏的价值。

第二，要形成现实的文化影响力。具有社会性、大众性、广泛性和参与性，形成使自身不断发展壮大的有生命力的文化。

第三，要体现文化的传承性。要成为未来的文化遗产，不仅要继承文化，更要创造文化，创新是文化生生不息的动力。

第四，要树立文化保护意识。在未来文化遗产培育、建设和发展各个阶段，突出保护和精品意识。只有这样，文化才不会遭到破坏和中断，才有可能历经岁月而根植人间。

笔者认为，创造未来的文化遗产要以世界遗产委员会制定的价值标准为目标，使未来文化遗产具备某种或几种突出价值，并具有以下特点：

① 邓明艳：《世界遗产旅游研究》，中央文献出版社 2009 年版，第 7 页。
② 魏小安、王洁平：《创造未来文化遗产》，中国人民大学出版社 2005 年版，第 2—3 页。
③ 魏小安、王洁平：《创造未来文化遗产》，中国人民大学出版社 2005 年版，第 2—3 页。

①文化的根植性。未来文化遗产所代表的文化要根植于当地的自然环境和人文环境。地方的才是唯一的，才是世界的。文化是人们长期实践取得的成就，当地独特环境孕育的文化闪耀着独特的超凡智慧，独特性是未来文化遗产价值的重要体现。

②文化的认同感。首先是当地居民的认同。居民认同才会产生归属感，增强居民广泛的参与性和关注度，形成对当地社会文化的广泛影响，激励居民在文化的传承发展中不断创新，让文化具有可持续发展的强大生命力。

③文化的启迪性。文化遗产是杰出的文化资源，要促进人类文化价值的交流，才能产生巨大的影响力，体现其突出的价值。

④巨大的文化影响力。文化遗产是人类文明发展的见证，是一个标志性的作品。只有对人类社会某一方面或多方面产生过积极重大影响的文化遗产，才能成为一个标志性符号，辉煌地留存在人类历史上。

3. 创造乐山未来城市文化遗产的构想

乐山在长期的发展进程中，创造了独特的地域文化，尤其是形成了适应自然环境的城市发展格局和城市文化。在未来的发展图景中，乐山的文化、生态，以及文化与生态的完美结合，都具有突出的价值。为此，提出创造乐山未来城市文化遗产的构想。

①以世界遗产委员会的文化遗产价值标准（ⅱ）和（ⅳ）为目标创造乐山城市文化遗产的突出价值，使其成为城镇规划或景观设计方面的杰出范例及展示出人类生态文明阶段的重要作品。

通过构建峨眉山与乐山大佛之间的世界遗产整体保护网络，将世界遗产保护与城市旅游发展完美结合。整合两个世界遗产景区在遗产的真实性和完整性上具有重要意义的自然文化要素、遗产地周边环境范围内的山形水系、大佛景区与乐山城区之间的景观视廊、峨眉山与峨眉山市之间的景观视廊、乐山大佛与峨眉山之间的远景视廊，以及乐山和峨眉山之间的重要廊道，构建地方维度的峨眉山—乐山大佛世界文化与自然遗产地的整体保护空间网络，完整地保护乐山世界文化与自然遗产地的价值、特色及其载体，维护自然和文化景观共生关系，展现乐山世界遗产地自然山水与历史文化相融的特点，整体保护乐山世界遗产的自然背景和文化脉络及其协调关系，强化乐山世界遗产地的整体形象，最大限度地保护乐山世界遗产的整体特征、遗产所处环境和遗产所蕴涵的价值，从而实现可持续保存和传承，寻求与遗产保护相兼容并产生互惠关系的最大机会，使乐山成为保护、展示和弘扬世界遗产文化的典范。

创新展示生态文化。对未来城市中放射状分布的"三江"（岷江、大渡河和青衣江）采用城市双修理念，结合江河两岸自然和城市景观，设计水岸主题文化景观带和水上景观；采用海绵城市概念，设计富有生态智慧、具有游览价值的雨洪工程，展示世界遗产地的生态智慧。

②创造文化经典，成为以世界遗产带动区域发展的最佳实践。以创造未来文化遗产为目标，将世界遗产保护、遗产地旅游发展、人居环境建设和城市发展相结合开展城市文化展示实践，在凝聚社会共识中实施不懈追求目标的行动，这些实践和行动都将成为富有启

迪性的、可持续发展的文化交流经典。

③建设生态城市，展示最优人居环境。依托乐山现有的自然环境，构筑"水在城中流，城在山林中"的生态城市景观格局，展示城市发展中"天人合一"、人与自然和谐统一的传统东方哲学思想。让市民和游客共享诗意栖居的环境，悠然闲适的生活节奏，丰富多彩的精神生活，使乐山成为最幸福城市的典范。

④构建"海棠香国——中国西部花园"意境，创造浪漫的城市气质，增添休闲文化的浪漫元素，提高乐山休闲文化的体验性，让乐山成为最浪漫的世界遗产城市，成为世界休闲度假旅游者向往的地方。

（二）主题文化展示策略：价值导向的主题休闲文化斑块构建

城市形象主题化将成为21世纪对国际旅游城市的全方位需求。[①] 主题化的城市旅游形象使城市特色更鲜明，便于旅游者选择。未来乐山国际旅游城市空间将形成"三江串五城"的格局。"五城"是指综合商务经济区（商城）、田园度假经济区（慢城）、制造业经济区（钢城）、临港产业经济区（港城）和都市农业经济区（耕城）五大功能区。乐山国际旅游城市形象将主要通过这五个区域的主题文化展示形成，反映国际旅游城市文化多样性和丰富性的特点。采用主题方式展示五个区域的优势文化资源，突出支撑乐山整体形象的文化优势，强化了形象的独特性。

为体现未来乐山的休闲目的地形象，将各区域优势文化作为文化展示主题，建立各具特色的文化休闲区，五个展示主题分别为商业文化（综合商务经济区）、名人文化（制造业经济区）、民俗文化（临港产业经济区）、田园度假文化（田园度假经济区）和现代农业文化（都市农业经济区）。另外，还要考虑地方文化与国际文化的结合、历史文化与现代文化的结合、物质文化与非物质文化的结合、主题文化与其他文化的结合，培育价值多元、城市整体休闲文化气质突出的休闲旅游目的地形象。

商业文化休闲区。包括历史城区商业文化和新城区商业文化。

历史城区形成古城风貌较为突出的商业文化区。在风貌上要注重历史感，避免大体量和高层建筑。在环境营造上，要精心设计和美化环境，让美丽拥抱古城。在特色构建上，主要利用保存较好的街道、建筑和历史遗迹，构建多条兼容多种商业业态的综合性和主题性历史文化特色商业街区，并与老霄顶文化公园一起，形成商业文化休闲区。历史城区的特色商业街区可吸引老字号、品牌商业和文化商业企业集聚，利用文化资本提升旅游文化空间的档次，发展精品商业消费和休闲娱乐文化活动。

新城区形成现代风貌的商务休闲区，即中央商务区（Central Business District，CBD）。

根据CBD区位特点，乐山可在时代广场附近建设CBD，形成有现代化的高档商业、商务、康体娱乐、文化和服务等功能的一流商务休闲区，在其他区域发展大众商业休闲中心，构成整个新城区的商业休闲网络。

名人文化休闲区。规划中的制造业经济区是我国文化名人郭沫若故居所在地。名人文

---

① 郑杨：《城市旅游休闲服务网络的建设》，《旅游学刊》1998年第2期。

化展示是该区域特色。

该区可依托郭沫若旧居，建设郭沫若纪念馆、沫若文化广场、滨河沫若文化景观休闲长廊、沫若文化区特色文化街和沫若剧院等文化设施，作为名人文化的物质载体。同时要保护和弘扬名人文化，将沫若文化延伸到该区域产学研和社区生活中，形成浓郁的名人氛围。如成立沫若研究协会，研究、出版相关书籍，开展沫若研究学术交流；拍摄一部反映沫若经历的电视剧，成立沫若剧团，创作一台反映沫若成长环境文化的舞台剧；在企业创建弘扬沫若文化的特色企业文化；在工业园区由企业捐助成立沫若中小学基金，对品学兼优和家庭困难的学生实施奖励和资助；在滨河区建沫若商务文化休闲特色街，满足企业的商务交流和人们的旅游休闲。

民俗文化休闲区。民俗文化休闲区所在临港产业经济区是乐山的五通桥区。岷江支流芒溪河和涌斯江自北而南穿过该区，城镇街道背山临水，沿河生长的大黄角树让整个城镇美丽婉约、楚楚动人，五通桥区因此有"小西湖"之称。"小西湖"孕育了丰富的地方特色文化，是建设民俗文化休闲区的重要文化资源。

五通桥民俗文化展示空间选择现在最繁华的地段四望关滨河两岸，建成仿古民俗文化休闲商业步行街。以沿河亭、台、榭、石凳等开放休闲设施和沿街鳞次栉比的低层仿古建筑，营造古色古香的恬静休闲氛围。街区重点展示西坝陶瓷、西坝豆腐、根雕艺术等非物质文化。建陶瓷艺术馆，展览、展销西坝及世界名陶瓷，游客体验陶瓷工艺制作。建根雕艺术博物馆，展览、展销根雕艺术。研究开发豆腐宴会文化，建正宗西坝豆腐酒店，展示豆腐宴饮食文化和健康文化。

打造国际端午龙舟文化节，除开展传统的龙舟赛外，还开展一些具有国际意义的民俗文化交流活动，提升龙舟文化节的地位和影响力，使民俗文化休闲特色更浓厚。

结合港口建设，在港口附近建港口商务休闲街。建港口博览馆，展示乐山的码头文化和世界的港口文化。

田园度假文化休闲区。峨眉河田园风光带是峨眉山和乐山大佛世界遗产景区之间的连接地带。在未来乐山城市格局中，峨眉河田园风光带将建成城市内部的田园度假区。这一地带的区位和文化具有独特性，即大城市中的农耕文化和世界遗产景区之间的纽带。怎样以田园度假文化为主题把这一地带的独特性发挥到极致呢？主要思路是，以构建世界遗产文化景观为目标，沿峨眉河形成一条旅游景观带，承载田园休闲度假活动；深入展示这一区域的农耕文化；结合当地市民的休闲度假活动，让这一地带的农耕文化根植于地方环境之中；与乐山其他文化展示区域的联动展示，使田园度假文化区融入乐山城市整体形象的构建。

（1）保持自然地形地貌，展示田园景色，使其成为城市居民最理想的亲近自然的休闲环境。

（2）沿峨眉河构建特色小镇集群。建几座特色乡村小镇，展示世界上独特的农耕文化和民俗风情，包括建筑、餐饮、服饰和习俗等。乡村小镇的农耕文化应从年代上或农耕技术进步上体现发展时序，反映文化发展的动态性。

（3）营造优美的田园风光。在不同的小镇种植不同花期的花卉，使这一地带一年四季都被鲜花装点，吸引城市居民常年到此休闲度假。尤其要栽种玉兰花和牡丹花，与嘉州古城的海棠花遥相呼应，呈现"玉堂富贵"的意境。

（4）举办"嘉州秋实节"，每个小镇展示不同国度的农业收获节庆风情。

（5）将农耕活动与当地市民的休闲度假活动结合起来，使农耕文化根植于居民的生活，从而得到不断发展。

现代农业文化休闲区。依托未来都市农业经济区的绿色农业、生态水产产业、特色花卉产业和特色林果产业，以及配套的林下养殖产业和特色农产品加工产业等，展示各种现代农业技术和现代农业景观。利用乡村的自然环境、文化遗产、土特产品和人力资源等，把传统的种植业转变为体验式休闲旅游业，展示乡土文化。

借鉴国际流行的教育农园模式，加强交流和体验产品的设计。教育农园是农场经营者以农业生产、自然生态、农村生活文化等资源为内涵，对中小学生或一般游客设计体验活动，经由翔实的解说服务方式，满足游客求知需求，完成自然生态教育，同时促进城乡交流的一种休闲农业经营形态。它属于社会教育系统，是一种非正式的教育历程，通过休闲活动，提供游客终身学习的场所，让游客了解人与环境相处的伦理观念，树立正确的自然生态态度和价值观。教育农园设计的体验活动，能在自然环境中透过解说服务，让游客了解自然之奥秘、体验自然之美，从而认知环境生态的伦理关系，实现新的环境价值。

（三）"世界遗产 +"区域旅游展示策略：特色观光休闲度假廊道构建

用山地火车连接峨眉山金顶、沙湾、峨边、金口河、马边、沐川，整合乐山西南周边山地的自然和人文景观资源，打造峨眉山观光旅游驱动的乐山山地火车观光休闲度假带，发挥资源的集聚效应，形成丰富多样、壮美秀丽、多姿多彩的中国山地巨型景观带，开展山地火车观光体验、山地运动健身、山地探险发现、山地考察和山地拓展，以及各具特色的乡村、古镇和彝家新寨观光休闲度假游等旅游新活动，丰富旅游新业态，打造高品质中国山地旅游带，促进乐山旅游从观光向观光休闲度假综合旅游转变。

该带的开发，可促进山地旅游项目投资，支撑全域旅游发展，助推贫困山区脱贫。尤其是带动边远山区的旅游服务业、健康产业、有机农业、非遗文化产业、农产品加工业等，重构山地生态产业系统，实现产业的转型升级。

采用"世界遗产 +"区域旅游模式进行该带的开发，可有效扩大世界遗产旅游产品供给。虽然遗产旅游需求随旅游者收入的增加和教育程度的提高而呈上升趋势，但需求的变化受供给的影响更大。同时，由于遗产旅游产品的生产在空间上存在局限性，增加遗产旅游供给难度较大。[①] 因此，利用乐山周边丰富的高品位山地旅游资源，采用"世界遗产 +"区域旅游模式进行该带的开发，是扩大世界遗产旅游产品供给的有效途径。这样的开发模式可有效分流峨眉山金顶游客，解决旺季峨眉山金顶环境容量瓶颈问题，保护世界

---

① Greg Richards. Production and Consumption of European Cultural Tourism. *Annals of Tourism Research*，1996，23（2）：261 – 283. 转引自朱桃杏、陆林《近 10 年文化旅游研究进展——*Tourism Management*、*Annals of Tourism Research* 和〈旅游学刊〉研究评述》，《旅游学刊》2005 年第 5 期。

遗产。多样化的山地景观和文化，补充了乐山世界遗产旅游产品的体验内容，可满足越来越多的国际游客希望去往景点之外的地方，深度体验普通民众的生产和生活的"多样化体验"需求，促进乐山的入境旅游发展。

构建乐山山地火车观光休闲度假带是乐山实现全域旅游发展的必要路径。目前，乐山提出加快推进仁沐新高速、乐汉高速、峨马公路、乐西高速等项目，形成能满足3—5日游的全域旅游交通环线（公路）；建成多种交通运输方式无缝衔接的地接交通服务体系。该措施可形成乐山山地以外区域的全域旅游网络，而打造山地观光休闲度假带，才能全面整合乐山旅游资源，实现乐山全域旅游发展。

山地火车观光休闲度假带的构建，将乐山山地旅游资源的开发模式从目前各区县各自进行的"点状开发"模式转变为"带状开发"模式，放大了旅游空间经济效应。系统论认为，结构决定功能。旅游空间结构对旅游者感知目的地、旅游活动体验和旅游质量都会产生重要影响，进而决定旅游空间经济效益。国外旅游发展实践已证明，构建旅游大格局空间形态是整合区域旅游资源、彰显地域特色、打造旅游品牌、增强旅游吸引力的有效途径。2016年我国向国际旅游市场力推的"美丽中国"品牌，也正是以构建旅游大格局空间为支撑的。乐山山地旅游资源的"带状开发"产生的空间经济效应是目前乐山任何一条线路无可替代的。山地火车观光休闲度假带与峨眉山世界遗产景区相互补充、相互带动和相互提升，相得益彰，构成对国际国内市场有巨大吸引力的巨型山地旅游景观带，打造国内首条山地火车观光休闲度假带，利用世界级旅游资源，发挥世界遗产品牌效应，推出世界级旅游产品，增强乐山旅游国内外影响力和竞争力，打造真正意义上的旅游目的地；带动该带内乡村、古镇和彝家新寨休闲度假旅游的发展和乐山边远地区的旅游扶贫；创新和丰富乐山旅游业态和旅游产品，丰富游客乐山旅游体验；有效分流峨眉山景区游客压力，优化乐山旅游流；开展山地游历度假，有效延长游客停留时间。所以，本研究构建的"一区一带一线"旅游大格局，将在乐山发展全域旅游和旅游业转型升级中发挥重要的旅游空间经济效应。

（四）文化与生态结合策略：高级旅游廊道网络构建

国际旅游大城市是旅游城市发展的高级阶段，目的地旅游文化景观生态系统的廊道高级化，才能适应国际旅游城市的发展。

1. 旅游文化生态系统高级廊道网络特点

从形态来看，呈网状，网络密度大，通达性好，能方便快捷地到达各个旅游景点和旅游景区。

从等级类型上看，网络道路等级高，旅途舒适。有多样化的交通方式，如水上交通、公路交通、步行道和自行车交通、轨道交通等，即呈立体化的交通方式。

从性质上看，交通网络是其基本性质，生态和文化网络是升级目标。旅游廊道是旅游者在目的地的运动通道，对旅游者感知目的地有不可忽视的影响，还具有目的地旅游形象整合的功能。因而，旅游廊道的特性对目的地旅游形象将产生重要影响。其中，生态性是旅游廊道网络的基本要求。文化性是旅游廊道网络高级化的重要体现，也是整个目的地旅游文化生态系统文化展示的内在要求。所以，乐山的旅游廊道网络建设要突出生态和文化特性。

从服务来看，应具有高品质的旅游交通服务。包括旅游解说系统完善、标准，信息咨询系统发达、现代化，能满足国际游客自助游。

2. 乐山国际旅游城市交通规划

目前，乐山的交通现状距离国际旅游大城市的要求有很大差距，主要问题是交通组织不顺、交通不畅。过境交通与城市交通混杂；跨江过河桥梁过少，导致江河两岸之间联系不畅；各城区内部道路不够顺畅，道路系统有待完善。

《乐山市城市总体规划（2010—2030）》规划道路分级体系包括城市快速路、城市主干道、城市次干道和城市支路。不断完善次干道和支路系统，增强城区各个地块的可达性，疏解交通，构建可持续发展的、完善的道路体系。同时，对道路功能应根据用地规划布局和交通出行需求合理确定，满足交通、生活、休闲、景观等不同需要，为营造舒适、宜人、和谐的城市空间创造条件。

未来城市发展组团城市的布局结构。中心城区由市中区、沙湾区和五通桥区三大组团组成。强化各组团间交通联系，采取建设过境通道、区间快速联系通道和组团内部道路系统相结合的路网模式。

中心城区形成以高速公路与快速路为骨架、主城区与各组团内部路网以方格网为主要形式、组团间以环线加强联系的路网格局。其中快速路形成主城区环线并向外呈放射状，主干道形成"六横八纵"的路网格局。

3. 高级旅游廊道网络构建

未来乐山的交通有待解决的主要问题是廊道类型的完善和廊道如何体现生态和文化特性。

按照朱光亚等的"四网"理论，[①] 乐山需要构建水网、绿网和遗产廊道网，与路网有机结合，发挥网络的整合功能，构建整体景观特色，成为休闲和文化体验活动的载体，实现生态、游憩、文化、教育和经济功能。

水网构建。城市水网既可进行水上观光游览，又可承载滨水区域的休闲活动。对滨水空间的利用越多，越能突出城市的生态特性。

乐山城市水系发达，但对滨水空间利用不足。未来对城市水系廊道的建设应包括构建水网和滨水空间利用两个方面。

构建以综合服务经济区为中心的放射状水网。规划中未来乐山将形成拥江发展、山林与经济区相间分布的生态格局。水网的构建对展示优美生态格局、突出整体地域特性有重要意义。多山的地形成为水系成网的制约因素。考虑未来岷江下游航电开发将抬高三江水位，可在青衣江通江镇和岷江牟子镇之间开凿一条人工河道，连接青衣江和岷江，形成环城水道。以此为中心由三江及其支流形成东北、西北、东南和西南方向的放射状水网。这样，城市内外水网深入城市的各个区域，将各个主题文化斑块连接成为一个整体，到处显

① 朱光亚、杨国栋：《城市特色与地域文化的挖掘》，《建筑学报》2001 年第 11 期。

现山水生态特色，而且沿江、沿河、沿溪都有不同类型和特色的人文景观，如峨眉河田园风光、环城水道的古今融合城市风光、芒溪河的优雅小镇风光、大渡河的沫若文化景观和竹公溪的繁华都市景象等，多样的文化景观丰富了水网内涵，生态与文化相结合的特色凸显，成为开展水上观光游览休闲活动的高品质资源。

精心设计滨水景观，布局滨水休闲旅游带。只有广泛开展滨水的休闲旅游活动，形成多条滨水休闲旅游带，才能激活水网，吸引旅游者在滨水的休闲活动中感知城市，水网才能真正起到整合城市旅游形象的作用。滨水空间是一个多层次多视点的整体空间，滨水区景观设计不能只考虑人们可到达的区域，还包括周围建筑和视域内区域的协调。另外，休闲活动要丰富多样，各条滨水休闲带的特色要形成差异。

绿道网络构建。绿道网络是连接城市中绿地体系和乡村自然人文要素的非机动车道路。国际旅游大城市绿道网络由不同类型的绿道连接而成，如山地、滨河、田野和村庄绿道等，体现城市自然生态的多样性，丰富市民和游客的休闲度假活动（见图6-1）。

图6-1　乐山绿道体系

资料来源：四川省乐山市旅游局、北京达沃斯巅峰旅游规划设计研究院有限公司：《四川省乐山市旅游发展总体规划（修编）2010—2020》，2011年。

未来的乐山国际旅游大城市将建设完善的绿地系统（见表6-7）。未来可依托城市绿地系统、城市水网和山林，以"一环、三轴、五楔、十园"为骨架，构建深入城乡的包括各种自然要素的绿道网络，使其成为城市的呼吸系统、市民和游客亲近自然的最佳场所。

一环：商务经济区外围的河流、自然山体、生态绿地、林地和风景名胜区形成的绿化环，既能为城市提供休闲游憩空间，又是商务经济区与另外四城之间的自然分隔。

三轴：大渡河、青衣江和岷江绿轴。规划沿大渡河、青衣江和岷江两侧控制一定宽度的绿地，在滨水绿地内布置步道、建筑小品等，在绿地的外围规划商业、休闲服务设施，使大渡河、青衣江和岷江成为城市内部集休闲、绿化、商业服务等功能为一体的游憩带。

表 6-7 乐山国际旅游城市绿地系统类型

子系统	类型
生态绿地系统	风景名胜区、水源保护区、郊野公园、森林公园、自然保护区、风景林地、城市绿化隔离带、湿地、垃圾填埋场恢复绿地等
公园绿地系统	片区（区级）公园、社区公园、街头绿地
生产绿地系统	苗圃、花圃、园林部门所属的果园与各种林地
防护绿地系统	交通防护绿地、城市电力设施的防护绿地、隔离防护绿地
附属绿地系统	旅游度假区绿地、休闲疗养区绿地、公共设施用地绿地、工业用地绿地、市政设施用地绿地

资料来源：乐山市人民政府、上海同济城市规划设计研究院：《乐山市城市总体规划（2010—2030）》，2011 年，经整理。

五楔：田园度假经济区、制造业经济区、临港经济区、都市农业经济区之间依托自然山体、河流和林地形成的五条绿楔。形成乐山中心城区的绿化背景和通风走廊，提升城市整体空间环境质量。

十园：规划 10 处公园，其中包括 2 个生态公园和 8 个市级综合公园。

遗产廊道网络构建。即将城市范围内的历史文化遗迹用道路连接起来，使其具有可达性，实现观光、教育、文化和休闲功能。

乐山是一座历史文化名城。春秋时期乐山就是古蜀国开明故治，由于其重要的水运交通地位和军事战略地位，在以后的朝代成为川南地区重要的政治、经济、交通和文化中心，文化内涵丰富，各种古建筑遗迹众多。主要包括世界遗产、文物保护单位、历史文化名镇、历史文化街区、风景名胜区和非物质文化遗产等（见表 6-8）。

表 6-8 乐山市文化遗产类型和数量（截至 2021 年 8 月）

序号	遗产保护类型		数量（个）
1	世界遗产		1
总数			312
2	文物保护单位	国家级	12
		省级	32
		市级	82
		县级	186
总数			3
3	历史文化名镇	国家级	1
		省级	2
总数			3
4	历史文化街区	国家级	3
总数			4

续表

序号	遗产保护类型		数量（个）
5	风景名胜区	国家级	1
		省级	3
总数			408
6	非物质文化遗产	国家级	4
		省级	44
		市级	124
		县级	236

资料来源：乐山市文化广播电视和旅游局。

　　将众多不同类型的文化遗产通过道路构建成遗产廊道网，改善遗产周边环境，增加解说牌，在重要节点设计休闲服务设施，方便游客停留，构建具有观光、教育、文化和休闲功能的遗产廊道网络。让历史遗迹成为城市环境的重要组成部分和景观，增加城市文化氛围和底蕴，让人们在休闲活动中欣赏历史文化，让历史文化成为人们的精神家园，增加市民的自豪感和认同感。

　　主题文化线路特色廊道构建。"犍盐入滇，川盐济楚"。乐山千年盐文化影响深远，是长江文明的一颗璀璨明珠。乐山在源远流长的井盐制盐史中，创造了属于自己独特而璀璨的盐文化。诸如因盐成邑的城市建筑文化、因盐而兴的五通桥龙舟文化、因盐成景的古黄葛树人文群落，以及因盐而娱的盐码头文化"贰柒拾"和因盐而味的嘉阳河美食文化等。

　　以乐山盐文化核心区五通桥古镇为中心，开发"井研—五通—犍为盐文化旅游线路廊道"，融入乐山遗产廊道网络，展示乐山古老的井研制盐历史，以及因盐而兴的古镇、民俗、美食、娱乐和码头文化。三地错位开发，分别展示井盐生产场景、乐山盐业兴衰演变、盐民俗文化和盐商贸文化，并结合现代旅游需求，分别开发盐文化康养旅游、五通古镇盐民俗文化休闲度假游和盐码头文化观光和休闲娱乐游。设计以盐井架为标识的盐文化线路廊道标识，整合游客对盐文化线路廊道的感知。

　　将上述"四网"有机结合构建成为生态和文化特色突出的高级旅游廊道网络，整合乐山国际旅游城市形象，为实现乐山国际旅游城市的发展目标创造条件。

　　（五）多视角文化展示策略：标志性形象区斑块构建

　　标志性形象区是目的地的象征性区域，是以城市标志为核心的一定空间范围的区域，具有巨大的旅游吸引力、旅游流集聚力和形象影响力。国际旅游大城市几乎都有这样的区域，既发挥城市标志的作用，又集聚旅游流，提高城市的国际影响力。如美国曼哈顿、上海陆家嘴等。乐山作为未来的国际旅游大城市，有必要构建标志性形象区，提高乐山城市形象的国际影响力。

　　1. 标志性形象区的选择

　　景观安全理论强调景观中关键要素对整个生态系统的重要性。俞孔坚指出，不论景观是均质的还是异相的，景观中的各点对某种生态的重要性都是不一样的，其中有一些局部点和空间关系对控制景观水平生态过程起着关键作用，如源、源间连接、缓冲区和战略点等。① 在目的地文化景观生态系统中，标志性形象区是系统的关键文化斑块，相当于"源"的功能，即旅游流的输出地，通过廊道向其他区域扩散旅游流，对整个系统的形象具有决定性作用。也就是说标志性形象区要集聚大量的旅游人流。

在凯文·林奇的意象理论中，城市意象由道路（Path）、边界（Edge）、区域（Domain）、节点（Node）和标志物（Landmark）五个要素构成。标志性形象区可对应意象要素节点、标志物和区域。按照凯文·林奇的观点，节点要成为目的地重要意象特征，就要有强大的物质形式、空间形态或者活动，如建筑、植被、代表性空间和功能等。标志物在某些方面具有唯一性，或是在整个环境中令人难忘。与历史的关联，或是别的意蕴，对标志物能产生有力的强化作用。从区域来看，滨水景观和大空间全景景观是较受欢迎的区域环境特征。可见，标志性形象区空间与文化联系的重要性。

从边界活力效应可以获得标志性形象区区位选择的启示。根据生态学原理，由于交错区生态环境条件的特殊性、异质性和不稳定性，使得毗邻群落的生物可能聚集在这一交错区域中，不但增大了交错区中物种的多样性和种群密度，而且增大了某些生物物种的活力和生产力，这一现象称为边界效应。心理学家也观察到自然边界的人口聚集现象，德克·德·琼治（Derk de Joge）指出，森林、海滩、树丛、林中空地等环境边界都是人们喜爱的逗留区域，而开敞的旷野或滩涂则无人光顾，除非边界区已人满为患。② 国内学者发现，城市作为生命体，其公共空间边界同样具有这种现象。蒋涤非认为，边界区域之所以受到青睐，显然是因为处于空间的边界为观察空间提供了最佳条件；另外，处于森林边缘或背靠建筑物的立面有助于个人或团体与他人保持距离，这样，既可看清一切，自己又暴露得不多。所以，边缘作为逗留场所在实际上和心理上都有许多显而易见的优点。③ 国际旅游大城市标志性形象区旅游流集聚力和形象影响力大小根本在于这一区域的活力。城市公共空间边界是国际旅游大城市标志性形象区的最佳区位，可充分利用边界活力增强这一区域旅游流的集聚能力，构建有很大吸引力、集聚力和影响力的标志性形象区，还能带动构成边界其他区域的发展，进而营造城市活力。

根据场域理论，行为环境影响人的感知。这一理论从感知角度，具体概括了标志性形象区的景观和功能特征。标志性形象区作为目的地形象的象征，它的独特性来自景观类型的多样性和功能的复合性。独特的意境较少依赖于单体景观。不同景观类型组合在一起，相互辉映，可营造特定的场域，传递特定的信息，激起特定的场域反映，让人们产生丰富的联想，在头脑中构成美的意境。对于不同的观赏者来说，它能触动一种心绪，创造一种心境。具有多种功能的区域才能聚集人气，产生规模效应，创造影响力。

综上所述，标志性形象区是目的地文化景观生态系统的关键文化斑块，对整个系统有决定性作用。构建国际旅游大城市的标志性形象区，要考虑区位特征、空间形态和文化关

① 转引自蒋涤非《城市形态活力论》，东南大学出版社 2007 年版第 121 页。
② 俞孔坚：《景观：文化、生态与感知》，科学出版社 1998 年版，第 184—185 页。
③ 蒋涤非：《城市形态活力论》，东南大学出版社 2007 年版第 121 页。

联、景观类型和功能等。

按照上述分析，未来乐山的标志性形象区的最佳区位是乐山中心城区三江汇流处，包括凤洲岛、大佛景区和老城区所在区域。该区域正好位于景观类型多样化的城市边界，尚未开发的凤洲岛与乐山大佛所在的凌云山隔江相对，乐山历史城区与大佛所在凌云山隔江相望，还有由乌尤山、凌云山和龟城山组成的长达 1000 多米的巨型睡佛，属于滨水景观和大空间全景景观。此外，这里具有构建旅游流集聚区的历史文化联系。古代的嘉州城就位于现在的凤洲岛，由于历史上大渡河经常泛滥，古城北退到现在的位置。因为世界遗产乐山大佛景区游人如织，在这里构建具有复合功能、有更大集聚能力的标志性形象区，将会延长游客停留时间，集聚大量旅游流，提高城市活力，塑造国际旅游城市形象，提高城市影响力。

2. 标志性形象区文化展示

国际旅游大城市的标志性形象区实际上就是高级形态的游憩商务区（Recreational Business District，RBD）。RBD 是城市商务、休闲、游憩的集中承载空间。保继刚等把 RBD 定义为城市中以游憩与商业服务为主的各种设施（购物、饮食、娱乐、文化、交往、健身等）聚集的特定区域，是城市游憩系统的重要组成部分。[1] Getz 认为，RBD 今后将向文化—娱乐—会议设施的增多以及办公—商业功能的增强发展，届时，可称之为文化游憩商务区（CRBD）。[2] 王玲等依据所依托的资源将 RBD 分为依托城市形成的 RBD（大型的购物中心、由传统商业街改造的步行街、经改造的历史文化街区、城市的中心绿地或大型的公共广场等）和依托旅游者形成的 RBD（自然风景游憩区和游憩型城镇）。[3] 乐山国际旅游大城市的标志性形象区可构建为依托大佛风景区的文化游憩商务区（CRBD）。

乐山标志性形象区的文化展示方向可选择会议会展旅游、文化创意旅游、禅意休闲度假和娱乐休闲旅游。会议会展旅游和文化创意旅游是旅游业向其他新兴服务业融合的新业态，代表着未来旅游业发展的重要方向。利用地域文化和产业优势，乐山可以发展有特色有优势的会议会展旅游和文化创意旅游。禅意休闲度假和娱乐休闲旅游彰显乐山 CRBD 的特色。

在会展方面，利用乐山硅材料产业的优势，[4] 培育"中国新材料博览会"，打造以"中国新材料博览会"为龙头的会展业，发展会展旅游。此外，乐山还可利用山区农业优势，发展农产品展览会，利用旅游业发展优势并结合今后创意产业发展，发展旅游商品博览会、文化创新创意展览会等，形成乐山会展产业群，推动会展旅游发展。

在会议方面，培育以四川国际旅游交易博览会"峨眉高峰论坛"为龙头的国际会议群。乐山是世界文化与自然遗产双遗产地，是"峨眉高峰论坛"的永久举办地，"峨眉高峰论坛"极大地提升了乐山的国际形象。乐山借助"峨眉高峰论坛"这一平台推荐文旅

---

① 保继刚、古诗韵：《广州城市游憩商业区（RBD）的形成与发展人文地理》，《人文地理》2002 年第 5 期。

② Getz D. , Planning for Tourism Business Districts. *Annals of Tourism Research*，1993，(20)：583 - 600. 转引自陈虹涛、武联《信息时代我国城市游憩商务空间演变初探》，《西北大学学报》（自然科学版）2007 年第 5 期。

③ 转引由陈晓馨《长沙城市旅游内部空间结构研究》，硕士学位论文，中南林业科技大学，2007 年。

④ 陈洪波：《国内唯一国家级硅材料产业化基地落户乐山》，四川新闻网，http：//www. newssc. org。

项目，促进文旅深度融合，加快建设世界重要旅游目的地。

在休闲娱乐文化展示方面，体现国际性和业态多样性最为重要。借鉴欧洲文化地区发展理念，通过大力发展文化设施，建设旗舰文化项目，有效提升乐山标志性形象区的国际影响力。这里的旗舰文化项目包括大型会展中心、创意产业文化园区、国际禅意休闲小镇、影视制作基地、大型科技馆、大型艺术馆、大型博物馆、大型体育设施和国家级剧院等。充分利用滨河滨江区域配套建设多条综合性和专业性步行商业街，包括中西交融的餐饮购物街、现代化商业中心和酒吧街，以及高星级酒店群等。在娱乐方面，发展演艺业，经常举办国际专业艺术团体的演出。建设具有中国文化内涵的主题娱乐公园和民俗风情园，展示中国的童话、民俗和节庆文化等非物质文化。

国际性节庆也是国际旅游城市的重要特征。乐山国际大佛节可打造成国际性节庆，把海棠花节和峨眉武术文化节培育成有国际影响力的节庆。

通过发展商业地产和居住地产提升标志性区域的综合功能，使其集聚能力和发展能力大大提高。这一区域临近临港产业区、高新科技园区、制造产业区和机场，商务办公、商业和居住都有较大需求。这里的影响力足以辐射附近区域，形成有一定规模的商务办公、商业和居住地产。

标志性形象区建成后，将形成乐山旅游文化展示最有特色、最有魅力、最有活力和最有影响力的旅游核心区域，展现历史与现代对话、现代与未来相约的图景，生态与文化完美结合的意境，以及禅意文化与休闲度假旅游融合的特色，体现乐山国际旅游城市的形象。

第五节 基于丽江当前旅游形象的文化展示调控

一 丽江当前旅游形象评价

（一）目的地推广的旅游形象与游客感知形象错位

丽江市旅游局组织编制的《丽江市旅游发展总体规划（2006—2020）》提出的丽江旅游形象即官方推广的旅游形象为：世界遗产集中地，感触自然、体验自然、享受自然的休闲度假旅游区。其策划理念是：一级理念"文化旅游、休闲旅游"，二级理念"世界遗产集中地旅游"，三级理念"生态旅游"。该规划将丽江旅游形象主题定位为"感知人文丽江，体验世界遗产"，以及"天地神奇之旅，梦归丽江神奇"。提出的旅游形象宣传口号为"多情丽江，感悟人生""梦幻丽江，人生享受""上青天，看尽人间天色；游丽江，享尽世外桃源""山、水、城、峡交相辉映；古、文、情、奇天上人间"。目前，丽江旅游使用的宣传口号是"天雨流芳，梦幻丽江"。

分析丽江现有旅游形象策划内容和旅游形象推广口号，主要表达的是三个体验：一是自然生态文化体验，二是以纳西文化为主的文化体验，三是"世外桃源"般的梦幻体验。根据丽江游记高频词分析、丽江旅游文化生态位分析和丽江旅游文化对旅游形象的影响分析可知，游客感知的丽江旅游形象要素第一是商业文化，第二是休闲度假文化，第三是纳西文化，第四才是生态文化。显然，旅游者的感知形象与丽江策划和推广的旅游形象错位。丽江已经不是旅游者心中的"世外桃源"，而是喧嚣、商业化氛围浓厚的地方；对纳西文化的体验下降，取而代之的是休闲度假文化；由于人与自然和谐氛围的削弱，以及自然环境质量的下降，游客对生态文化的体验感大大降低。所以，目前采取怎样的生态环境保护措施，恢复游客心中的"世外桃源"景观？怎样采取更有效的旅游资源管理措施，降低过度商业化的影响？怎样加大纳西文化的展示力度，将丽江文化特色传承下去？对这几个问题的回答，就是当前丽江旅游文化展示调控的方向。

（二）旅游者感知的情感形象消极成分增加

根据游记高频词分析，2011 年以前旅游者感知丽江的情感形象以积极成分为主，特别是 2006 年以前，几乎都是积极情感形象。当时，潜在旅游者一提到丽江旅游就有动身的冲动，旅游结束后都以很好的口碑宣传丽江。而现在，潜在旅游者一提到丽江旅游，就开始发表消极评价，并明确表示不去丽江。所以，丽江旅游形象急需通过调控旅游文化展示，消除引起消极情感形象的文化展示状态，恢复丽江旅游形象吸引力。

二　丽江当前旅游文化展示评价

（一）旅游文化展示空间不平衡性突出

丽江旅游文化展示高度集中在丽江古城（包含大研古镇、束河古镇和白沙古镇）。

丽江古城因是纳西族聚居的区域，展示的内容几乎涵盖了纳西文化的所有内容：城市布局、民居建筑、特色饮食、民族服饰、民族风俗、民族乐舞、民族手工艺品、名人历史遗迹等。丽江古城是人们心目中"小桥、流水、人家"纳西风情的代表性区域，民族文化保留比较完整，交通通达性好，在传承民族文化和适应旅游业开发的情况下对纳西文化进行综合性展示，能够满足旅游者游览、观光、休闲、科考、猎奇、体验等多元化的旅游需求，是丽江旅游者必到的景区。

此外，丽江还有散点分布的景区和村落的旅游文化展示。截至 2021 年 8 月，丽江市共有 19 个 A 级旅游景区，除了虎跳峡景区和老君山黎明景区主要展示自然风光外，其他 17 个景区都涉及纳西文化的开发与展示。在丽江古城往北 30 公里廊道上，依次分布着黑龙潭、束河古镇、白沙壁画、北岳庙、东巴万神园、东巴王国、东巴谷、玉柱擎天、玉水寨、玉峰寺、玉龙雪山 11 个景区；丽江古城往南 12 公里的廊道上分布有观音峡景区；丽江古城往西北 20 公里的廊道上分布有三股水景区；丽江古城往东南廊道上有永胜县毛家湾景区和华坪县鲤鱼河景区，往东北 110 公里有泸沽湖景区。17 个景区中除了丽江古城、束河古镇和泸沽湖景区集中展示纳西文化外，其他各景区对纳西文化的展示均有不同。

20 世纪 90 年代起，随着丽江旅游空间的不断拓展，丽江的乡村旅游也不断兴起，多个村镇依托自然风光、民族文化等打造乡村旅游品牌。村落中的纳西文化展示多是对建筑、饮食、歌舞等多样的原生态生活方式展示。以纳西文化展示为主的村落主要分布在纳西族聚居的丽江古城周边及纳西文化保存比较完好的倒"N"字形金沙江沿岸。如丽江古城周边有着"纳西乐舞之乡"美誉的黄山镇;被誉为"丽江古城后花园"的拉市镇;金沙江沿岸的太安乡、玉湖村、文海村、龙蟠乡、宝山石头城和丽江著名的"东巴圣地"和"歌舞之乡"塔城。

由于交通基础设施的制约,丽江旅游文化景观生态系统网络结构还未形成,这些散点分布的景区和少数民族村寨的旅游文化展示较弱,旅游吸引力不足。

(二)"小桥·流水·人家"景观基质要素格局被破坏,人与自然和谐的环境氛围降低

由于丽江古城商业文化展示空间的挤压,使代表纳西文化核心的纳西人生活文化空间被压缩。"人家"出走,古城少见纳西人,往日的"小桥"虽然还在,可"流水"已不像往昔那样清澈,时而还断流。与日俱增的是店铺的增加、酒吧的喧嚣、熙熙攘攘的旅游者和各种外地小商品。"小桥·流水·人家"景观基质要素格局被破坏已是不争的事实。

(三)旅游廊道需要大力完善

系统外部和内部的廊道都不完善。丽江"十三五"规划提出,把丽江建设成为中国大香格里拉区域旅游门户与集散地,创建中国国际民族文化旅游目的地和国家全域旅游示范区,辐射东南亚、南亚,国内一流、国际知名的旅游目的地和游客集散地。《长江经济带综合立体交通走廊规划(2014-2020年)》提及丽江在经济和交通方面要形成面向成渝经济区和攀西经济区开放的格局。这就要求丽江要有与川、藏联系,与东南亚、南亚联系的便捷交通廊道。但目前除航空外,与这些外部区域相联系的交通廊道只有部分铁路和一般公路,铁路、高速公路、高铁等综合性旅游通道还未形成。再从丽江旅游目的地内部来看,由于长期以来受交通条件、旅游宣传、产品开发和游客心理等因素影响,丽江已开发的旅游产品和游客分布均高度集中于丽江古城、玉龙雪山、泸沽湖等少数核心景区(点)。内部旅游廊道不健全制约了旅游流从核心区向外扩散,相应地制约了丽江全域旅游的发展。

(四)旅游文化展示方式多样化,但缺乏系统化和创新性

丽江旅游文化展示方式丰富多样:

一是博物馆展示。博物馆是一段历史、一种文化最好的展示方式。丽江市内共有5个博物馆:东巴文化博物馆、木府博物院、茶马古道博物馆、纳西传统民族服饰馆和"手道丽江"民间手工艺术馆。5个博物馆均位于丽江知名景区内,分别以纳西文化中的东巴文化、政治历史、茶马古道文化、服饰文化和手工艺文化为主题进行展示,不仅以古代建筑和历史文物等方式直观展示物态的纳西文化,还通过文化讲解、游客参与祭祀仪式和手工艺品制作等方式深入展示纳西文化的精神内涵。

二是旅游演艺展示。演艺是一种利用现代科技和设计方式集中通过物化、场景化等手段实现文化有形化的展示方式,让游客的视觉和听觉受到震撼,游客对传统文化的体验由静态转向动态互动,能够加深对民族文化的了解和感悟。丽江的民族文化演艺推出了5个著名的品牌,分别是"纳西古乐""丽水金沙""印象丽江""丽江千古情""云南的响声"。

　　三是旅游商品展示。旅游商品是可以被游客带走的民族文化载体。旅游商品作为载体对纳西文化的展示主要有两种形式，一种是将纳西族传统的民族工艺品直接作为旅游商品出售，如铜器、银器、纺织品、皮革制品等。这些旅游商品直接反映纳西人生产生活水平、审美水平和纳西族手工艺人的传统技艺。另一种是依托纳西族的文化元素创新出来的工艺品，如东巴木雕、东巴扎染、东巴纸和各种有纳西族象形文字、图案的饰品。这些旅游商品结合了现代人的审美和功用，通过纳西文化符号加以修饰和包装，在一定程度上对纳西文化起到了展示作用。

　　四是节庆活动。节庆活动是在特定的时间以节庆为载体进行的文化展示方式，它综合面大、参与性强、表现力丰富，能够综合性地展示民族文化。纳西族比较盛大的节庆活动有"棒棒会""三多节""火把节""东巴文化艺术节"等。

　　五是乡村旅游展示。乡村旅游是最能够"活态"展示纳西文化，满足旅游者文化体验需求的方式，其市场潜力巨大。据统计，2016 年丽江全市接待乡村旅游者至少 350 万人次，约占全市总游客量的 10%，客源地主要是川渝地区、云南各市县及丽江城区。[1] 乡村旅游的发展不仅可以补偿核心景区民族文化受到过分商业化的冲击和原生文化不断流失的缺陷，还可吸引中远程游客到乡村地区亲身体验民族文化和观赏田园风光，实现游客分流，缓解核心景区的压力，为丽江旅游注入新的活力。以纳西文化为主要依托的乡村旅游地主要有黄山镇、拉市镇、太安乡、玉湖村、文海村、石鼓镇、龙蟠乡、宝山乡、塔城乡等。丽江古城周边的黄山镇、拉市镇、玉湖村等因为靠近城区，公路四通八达，基础设施较好；金沙江沿岸的龙蟠乡、石鼓镇已开通高速公路，可进入性强；但是距离丽江古城较远的金沙江沿岸的宝山乡、塔城乡等地均为三级、四级乡村道路，路况复杂，且夏季泥石流频发，安全系数较低，阻碍了乡村旅游的发展。

　　由于纳西文化在展示过程中缺乏前期的系统规划，民族文化传承展演经营门店和民族文化示范窗口是在丽江古城保护和管理过程中分期、分批建设的，在地域分布上比较分散，相互之间关联度不高，导致旅游者对纳西文化展示的碎片化感知，缺乏系统性感知，未能全面了解纳西文化的内容以及深层次的文化内涵。比如东巴文化中鲜活的乡间民俗、东巴文化的多元宗教文化内涵、摩梭饮食文化中的分餐制、摩梭传统歌舞、与东巴教同源异流的达巴教等挖掘展示不够。另外，纳西文化中最独特、最重要的"丽江古城""东巴文化""摩梭文化"三个文化系统在展示过程中没有进行较明晰的区分，相互交叉甚至相互替代，很多游客把"东巴文化"等同于"纳西文化"，把"摩梭文化"又剔除于"纳西文化"之外。

　　虽然丽江具有独特的世界级民族文化资源，丽江旅游文化展示方式多样化，然而文化旅游展示渐趋僵化，文化内涵感知不断变弱，文化旅游产品逐渐趋同。丽江古城商业业态布局的不均衡与古城作为景区、街区、城区的三重功能叠加，导致本地居民逐渐迁出，大研古镇作为纳西古城的文化本底形象受到削弱。众多景点与夜间演艺将纳西族东巴文化图

---

　　[1]　丽江市旅游发展委员会、丽江市扶贫开发办公室、丽江市旅游文化研究中心编：《丽江市乡村旅游与扶贫发展规划》，2016 年 8 月。

案化、符号化、表象化，文化旅游产品体验性不足，未能创新性地表现丽江文化的深刻内涵。丽江有广袤的乡村，不仅有独特的民族文化资源，还有丰富的自然环境资源和生物资源，但是目前的乡村旅游展示业态不够丰富，仅从观赏乡村风光、体验民族风情、感受乡村美食几个方面进行开发，综合吸引力不强。

三 丽江当前文化展示调控

当前，丽江旅游文化展示调控的一个重点在于调整丽江古城纳西文化斑块文化因子生态位结构，恢复纳西文化作为丽江旅游文化景观生态系统主导文化因子地位，以解决当前丽江旅游形象商业化过度展示挤出纳西人家，导致"小桥·流水·人家"景观环境基质要素破坏的问题，使游客感知的旅游形象与官方推广的旅游形象相一致。另一个重点是完善丽江文化景观生态系统内部廊道，整合古城周围旅游景点和乡村旅游点，引导扩散古城旅游流，提高游客对丽江整体旅游形象的感知，以解决游客感知与"文化丽江"和"梦幻丽江"形象错位的问题。

（一）古城纳西文化斑块的优化

古城纳西文化斑块的优化主要是通过有效的政策措施，降低商铺经营空间，吸引纳西人重返家园，从事生产、生活和旅游经营服务活动，活态化展示纳西文化，重现"小桥·流水·人家"的环境基质景观结构，恢复丽江特有的人与自然和谐协调的"世外桃源"般的环境氛围，体现"文化丽江""梦幻丽江"意境。

丽江古城地处滇、川、藏三省交界处，自古以来就是三省的交通要道，茶马古道重镇。中华人民共和国成立以后丽江古城形成了以四方街为中心，呈放射状分布的自由式路网和民居院落、大街小巷、河流水系相得益彰的古城空间形态。四方街作为丽江古城的中心，既是商品交易的集市，也是居民欢聚的场所，它吸引着居住在丽江古城的纳西百姓和附近乡村的人们，到这里来买卖各种农产品、家禽家畜、日用百货、土特产等，并在这里相互交流，进行纳西语对歌、猜字、打跳等民俗活动。但随着旅游业的飞速发展，丽江古城内的纳西人家不断流失，纳西族的生活场景已消失殆尽，丽江古城"空巢化"现象十分突出。另外，真正知识渊博的东巴目前已寥寥无几，东巴文化面临失传的危机，纳西文化展示日趋僵化。

首先，通过规划，科学制定古城文化展示空间结构，确定各种文化展示的科学容量。

其次，制定有效的丽江古城世界遗产保护条例，将古城文化展示规划加以落实。

最后，建立地方政府管理机构、当地居民、古城商业经营者、古城文化展示机构和相关专家学者等组成的利益相关者委员会，并建立由地方政府主导的委员会协商机制，共同探讨丽江古城空间优化途径的落实问题。

（二）丽江旅游文化景观生态系统内外部廊道完善

完善丽江旅游文化景观生态系统内部廊道，促进游客向其他区域扩散，缓解核心景区古城旅游流压力，扩大旅游文化展示空间，全方位、多方式展示丽江旅游整体形象。

在内部廊道方面，要打破古城区和玉龙县的行政区划，编制丽江旅游交通发展规划，以丽江古城为核心，形成辐射状和环状结合的交通网络，古城与景区和旅游乡镇之间形成纵向连接，各景区之间、各旅游乡镇之间以及景区和旅游乡镇之间形成横向互连，尤其要加快建设金沙江沿岸的交通设施，实现丽江旅游网络化发展，为旅游文化展示提供便捷廊道，有效整合丽江旅游形象，提高游客对丽江人与自然和谐协调环境和纳西文化独特性感知。

在外部廊道方面，要建成联系川藏渝和通达滇西北其他州的便捷交通廊道。现已有大丽高速和仁丽铁路，丽香铁路预计 2021 年建成通车，大丽攀铁路 2021 年开工建设，丽攀高速正在推进，滇藏铁路和滇藏公路也正在建设之中。这些铁路和公路建成后，将完善丽江旅游文化景观系统外部廊道，为游客进出丽江提供便捷交通，为丽江成为滇西北区域门户和集散中心提供条件。

第六节　基于丽江未来旅游形象的文化展示策略

一　丽江未来旅游形象分析

《丽江市"十三五"旅游业发展规划（2016—2020）》提出今后丽江旅游发展的总体目标是，把丽江建设成为中国大香格里拉区域旅游门户与集散地，创建中国国际民族文化旅游目的地和国家全域旅游示范区，辐射东南亚、南亚，国内一流、国际知名的旅游目的地和游客集散地，继续向国际精品旅游胜地的远大目标迈进。规划提出，优化旅游空间布局，构建"一体两翼、一带一路"的丽江旅游产业大格局。进一步完善丽江旅游城镇的休闲游憩功能和公共服务功能，把丽江市打造成国际休闲城市。

上述关于丽江旅游业发展方向的关键词有"大香格里拉区域旅游""民族文化旅游""国际旅游""全域旅游""精品旅游""休闲城市""辐射（东南亚和南亚）"等。

这些关键词反映未来丽江旅游在时空上对地域文化和地域特质的继承性和发展性。"大香格里拉区域旅游"要求丽江要营造与该区域一致的"世外桃源"基质；"民族文化旅游"体现丽江文化旅游独特性；"国际旅游"需要大力发展国际旅游市场；"精品旅游"的本质是要走品质化之路；"休闲城市"指休闲功能成为城市的主要旅游功能。所以，未来丽江旅游形象具体包含以下内容：

1. 独特的香格里拉地域文化背景——纳西人诗意栖居的"世外桃源"

地域文化背景是游客在区域背景下感知旅游目的地的途径，地域文化氛围是游客最容易感知的目的地整体性，对目的地旅游形象有重要影响。纳西人栖居的"世外桃源"是丽江旅游的环境基质，是中外游客向往的独特意境，对形成丽江旅游的整体性和独特性形象有重要作用。纳西人栖居的"世外桃源"蕴涵丰富的纳西族物质文化和非物质文化，以及自然景观，且意境优美生动，为丽江旅游形象魅力和独特性塑造提供了广阔的拓展空间。由于丽江旅游的高度集中性，使旅游者感知的"世外桃源"局限在丽江古城景区。随着未来丽江旅游文化展示空间的全域拓展，应以全域为背景塑造人与自然和谐协调、具有纳西族基因的"世外桃源"基质景观,推动丽江建设国际民族文化特色旅游目的地。

2. 以纳西文化为主的多元民族文化——文化丽江

丽江位于川滇藏交汇处,地理环境复杂多样,民族文化多元交汇,以纳西族为主,是纳西人聚居的地方。现有纳西、彝、傈僳、白、普米等 22 个少数民族,其中有 12 个世居民族。各民族都以自己独特的文化,彰显丽江独特丰富的民族文化,为丽江旅游增添多姿多彩的光芒。在未来丽江旅游文化斑块优化中,除突出展示纳西文化外,还要展示聚居较为集中、区位条件较好的其他民族文化,如丽江古城东南永胜县分布的他留人文化和边屯文化,华坪县的傈僳族文化等。

3. 独特多样的休闲生活体验——休闲丽江

目前,丽江休闲已被国内旅游市场广泛接受,且休闲娱乐文化对丽江旅游形象的影响仅次于商业文化。所以,未来丽江打造国际休闲旅游城市主要是升级传统休闲活动,以独特多样的休闲生活体验为导向构建高品质休闲旅游活动,发展城市休闲和乡村休闲。

4. 具有国际竞争力的高品质旅游体验产品——国际旅游目的地

独特的纳西文化旅游体验吸引着源源不断的国际游客前来丽江观光游览,推动着丽江国际旅游的发展,国际旅游接待人数和旅游外汇收入双双获得巨大增长。从 2008 年到 2018 年,接待海外游客从 46.58 万人次增长到 119.42 万人次,增长 156.38%;旅游外汇收入从 14830.59 万美元增长到 68534.06 万美元,增长 362.11%。但从 2014 年开始,接待海外游客人数年增长率从两位数下降到一位数,且逐年下降,2018 年仅增长 0.71%。这与丽江文化展示中商业化过度、纳西文化旅游产品体验性下降直接相关。所以,打造具有国际竞争力的高品质旅游体验产品,重塑丽江国际旅游形象,丽江才能建设成为国际旅游目的地。

基于上述三大内涵要素,我们认为丽江未来旅游形象可选择"'世外桃源'般环境氛围的民族文化特色突出的国际休闲旅游目的地",以此指导丽江旅游文化展示的调控和丽江旅游文化景观生态系统的进一步优化。

二 丽江未来旅游形象的文化展示思路

按照本研究提出的"目的地旅游文化展示与旅游形象互动模式"路径,从发展理念和取向、目的地旅游文化景观生态系统格局和主要旅游文化因子优化文化展示三个层次,构建丽江未来旅游发展的文化展示时空整体格局;以文化景观作为分析工具,以融入地域文化体系的视角,探讨构建丽江未来旅游形象整体性和独特性的展示途径。

(1) 发展理念。将丽江旅游文化景观生态系统未来的形象内涵作为该系统发展理念,指导目的地景观文化格局优化和景观文化单元空间优化,最终将丽江塑造为"'世外桃源'般环境氛围的民族文化特色突出的国际休闲旅游目的地"。"'世外桃源'般环境氛围"是丽江旅游整体环境基质所形成的环境氛围,体现丽江的香格里拉区域特征;"民族文化特色"是丽江以纳西族为主的多元少数民族文化,体现丽江文化格局独特性;"国际休闲旅游目的地"是以纳西族文化和其生活环境为吸引力,吸引游客来丽江体验当地纳西居民的生活氛围、民族风俗和风情，开展各种独特的城市和乡村休闲活动，体现丽江旅游的独特价值。总体来说，通过旅游文化景观生态系统的优化，构建"世外桃源"基质景观，彰显香格里拉地域特征；构建丰富的纳西人城镇生活和乡村生活文化景观，展示休闲文化的丰富性和独特性，体现以纳西文化为背景文化因子、休闲文化为主导文化因子的丽江旅游文化新格局；向游客提供基于地域文化的现代休闲活动，实现丽江旅游文化展示与旅游形象的互动，打造"'世外桃源'般环境氛围的民族文化特色突出的国际休闲旅游目的地"。

（2）目的地文化景观格局优化。第一，要提高旅游文化景观生态系统内外部通达性。对外形成联系川藏和通向东南亚和南亚的外部通达，对内要构建由多样化立体旅游廊道组成的网络系统，连接城镇与乡村、景区与城乡，以及景区与景区，提高丽江旅游通达性，整合全域资源，形成丽江旅游整体性。第二，按照《丽江市"十三五"旅游业发展规划（2016－2020）》确定的"一体两翼，一带一路"空间格局，优化旅游文化斑块，增强西翼吸引力，特色化发展"一带一路"的景区和旅游乡村，活态化展示各个景区斑块的民族文化，突出展示现代休闲文化，提高游客对丽江的休闲文化感知。第三，以游客价值为导向培育斑块内部有价值的文化景观节点，以拳头旅游产品协同整合各文化斑块，打造品牌旅游活动，增强丽江旅游的影响力。第四是依托目的地景观单元斑—廊—基，利用自然与丽江人文和谐协调的主要景观要素，塑造"世外桃源"整体氛围。

（3）景观文化空间单元优化。以民族文化为目的地文化景观生态系统的背景文化，大力展示目的地文化景观生态系统主导文化因子休闲文化，提高休闲文化的体验性价值。

三　丽江未来旅游形象的文化展示策略

（一）以古城为载体，活态保护生动展示纳西文化

"活态性"的民族文化展示离不开特定的背景，即社会文化生境及其变迁。现在，不可能将丽江古城的原住民全部迁回古城里恢复生产生活原貌，也不可能在各村镇培养东巴传承人恢复各种宗教仪式，更不可能强制要求所有摩梭人实行母系家庭和走婚制。只能在当前的社会文化生境中加强对纳西文化相关的人、空间、物和载体的"活态性"保护及展示。以玉水寨景区为例，该景区以"东巴圣地"作为景区品牌建设的核心内容，除了进行丁巴什罗殿、东巴村、传统祭祀场、演艺中心等景观建设外，还要建立东巴文化传承基地培养年轻东巴、设立原生态东巴文化保护区、资助民间东巴文化传承活动，景区内的东巴既是东巴文化的传承者、研究者，又是景区的管理者和讲解者。景区的"东巴法会""东巴学位等级评定"以及"祭天""祭署"等宗教仪式进行常态化的开展。这种东巴文化的"活态"保护与展示让来丽江古城的游客切实触摸到纳西文化、感受到纳西文化、体验到纳西文化，使玉水寨成为纳西文化旅游品牌，提高纳西文化在古城环境氛围营造中的影响力。

（二）以民族村寨乡村旅游为载体，扩大民族文化展示空间

丽江是纳西族聚居地，纳西文化丰富独特，除高度集中分布于丽江古城及其周边区域

外，还呈带状分布于丽江古城东北金沙江沿岸的乡村。此外，在古城南部的永胜县和东南部华坪县境内，沿着华丽高速分布着他留人聚集的乡村。这些少数民族村寨因为地理环境的差异，各村寨都呈现不同的文化风采。丽江古城周边的黄山镇纳西风情浓郁，有着"纳西乐舞之乡"的美誉，开展"吃纳西农家饭，住纳西农家院，做纳西农家活，享纳西农家乐，买纳西土特产"的乡村旅游项目，使旅游者真正感受到"做一天纳西人"的情趣；拉市镇被誉为"丽江古城后花园"，依托高原湿地独特的生态旅游资源大力发展乡村旅游业，形成以拉市海湿地生态旅游、体验纳西风情和田园风光为主的乡村民俗旅游线路；太安乡依托吉子水库、高美古天文台科教基地、原始森林、纳西族古老的火葬文化、纳西歌舞等资源，大力发展观光休闲农业；玉湖村是纳西族在丽江坝最早定居的地方，民族文化底蕴深厚，民风淳朴，已被云南省和丽江市列为纳西文化保护区；文海村拥有茂密的原始森林、广阔的高山草甸、逶迤的雪山美景、丰富的生物资源以及纳西族和彝族村庄传统的民族文化风情。倒"N"字形金沙江沿岸的石鼓镇充分发挥万里长江第一湾、茶马古道要津、"三江并流"世界自然遗产老君山南大门的优势，借助丰富的自然、人文、历史、民俗文化，大力发展红色文化旅游产业；龙蟠乡有得天独厚的长江第一湾自然风光、原生态景观、植被、纳西古村落、田园风光和丰富的水资源，打造出"三股水"景区；宝山石头城建于金沙江边一块独立的蘑菇状岩石，三面均是悬崖峭壁，一面紧临金沙江，被誉为"百户人家一基石"，城内保留有纳西族瓦屋、巷道、石床、石桌、石凳、石灶等。塔城是一个多种宗教并存、多个民族共融、多元文化和谐发展的地方，是丽江著名的"东巴圣地"和"歌舞之乡"。

着力建设10个民族特色文化展示区、3个民族文化保护区、一批传统文化村镇以及若干开放辐射展示窗口，形成"以点连线、以线带面、点线面有机互动"的丽江文化空间发展新格局，[①] 通过文化与生态、旅游的创新协调发展，打造"'世外桃源'般环境氛围的民族文化特色突出的国际休闲旅游目的地"。

（三）以民族节庆为载体，整合丽江民族文化旅游斑块

节庆活动是在特定的时间以节庆为载体进行的文化展示方式，它综合性强、参与性强、表现力丰富，能够综合性地展示民族文化。

纳西族比较盛大的节庆活动有"棒棒会""三多节""火把节""东巴文化艺术节"等。"棒棒会"在每年农历正月十五，传说古时纳西族地区木氏土司改土归流，引起纳西族民众的不满，人们操起棒棒对木氏家族示威和抗议，形成棒棒会的习俗。节日当天，人们拿着犁、耙、桶、锄等各种木制农具和种子、花卉涌向固定的集市进行交易，棒棒会之后，春耕大忙即将开始，因此，棒棒会实际上是为春耕做准备的一次农具交易的盛会；"三多节"在每年农历二月初八，纳西族人们身着节日的盛装云集到北岳庙，在"三多"像前跪拜磕头，虔诚祭祀。此外，纳西族人们还郊游野餐，举行赛马、对歌、跳舞比赛，到玉峰寺观看"万朵山茶花"，用各种各样的方式展示纳西族深厚的民族文化底蕴，共同

---

① 丽江市人民政府：《丽江市"十三五"文化发展专项规划（2016—2020）》，丽江政务网，www.lijiang.gov.cn.

缅怀护佑神"三多"。"火把节"依照古规从农历六月二十四日起，到农历六月二十七日结束，纳西族的家家户户每天门前都要点一支柱子般又粗又长的大火把，寨子里的青年们都拿着又细又长的小火把，沿着田埂、山路，边走边唱，直到深夜。"东巴文化艺术节"共举办两次，艺术节主要分为开闭幕式文艺表演、系列学术研讨会、文化艺术精品展和营造社会氛围的各种活动四个部分，大规模、全方位地展示以东巴文化为核心的纳西文化，极大地提升了纳西文化的知名度和影响力。

受特定节日时间的限制，民族文化的展示时空较为分散，不利于提高宣传营销效果和民族节庆影响力。可借鉴"欧洲文化之都"的经验，以品牌思路整合各民族文化节日，进行统一运作和展示，各区县配合所在地民族节庆举办相应民族文化旅游休闲活动，丰富节庆活动内容，彰显浓厚的民族文化休闲特色旅游形象。

（四）以价值为导向培育民族特色休闲旅游节点

当丽江旅游文化景观生态系统廊道网络完善后，系统中作为节点的景区景点的旅游价值将显现出来，并为组织更加灵活的旅游线路创造了条件。未来培育的旅游节点要围绕民族特色和特色休闲旅游活动两个方向进行创新，融入以纳西族文化为主的多样民族文化，体现以生态价值、特色休闲价值为主的多元价值体系。具体形态有：

历史文化商业街区。结合社区参与，在丽江古城打造历史文化商业街区，挖掘展示纳西文化、东巴文化、土司文化、白沙多元文化等文化旅游资源，开发具有丽江地域特色的文学、绘画、音乐以及传统民俗、传统商业、传统娱乐等主题旅游项目，开展丽江古城文化深度体验休闲旅游。

"演艺+主题公园+会展"旅游集聚区。在金沙江沿岸或华丽高速沿线，规划建设集演出、娱乐、影视、餐饮、住宿、时尚消费等多种业态为一体、集民族文化演艺与相关民族文化展示主题公园两种展示形态为一体，同时发展会展业的旅游集聚区，打造丽江演艺旅游升级版，提高游客的民族文化体验价值和休闲娱乐价值，使旅游与会展相互促进实现共赢。

"经济强镇、区域重镇和文化旅游名镇+"旅游的特色小镇。依托目前和未来建设的经济强镇、区域重镇和文化旅游名镇，采用"经济强镇、区域重镇和文化旅游名镇+"旅游的模式，打造星罗棋布的特色小镇，为旅游者提供更多特色休闲体验，同时增强小镇影响力和发展能力，使小镇发展与小镇旅游发展相互促进实现双赢。特色小镇的旅游体验内容如表6-9：

生态休闲度假主题村落。升级乡村旅游农家乐形态，打造主题精品民宿，发展生态休闲度假。借鉴台湾乡村旅游发展经验，发展果香庄园、创意农园、教育农园等新业态，完善"农业+"旅游产业链，开发乡村主题体验旅游产品，让游客体验四季美丽田园风光、生态地道特色餐饮、特色民俗节庆氛围、乡村户外休闲娱乐、农业科普教育和农业智慧等。

表 6 – 9 丽江"经济强镇、区域重镇和文化旅游名镇 +"

旅游特色小镇体验内容

所在县	特色镇	类型	旅游吸引物	旅游体验内容
古城区	七河乡	经济强镇	农业"五万三千"工程（万亩优质水稻、万担烟叶、万亩林果、万头商品畜、万只生态鸭，千亩冬桃千亩蔬菜、千亩稻田养鱼）；纳西村落、田园风光，河流峡谷，七色玫瑰小镇等景区	创意农业、休闲农业、教育农园体验，避暑度假
玉龙县	白沙乡	世界文化遗产"丽江古城"的重要组成部分	丰富的纳西文化遗址、优美的自然风光、独特的纳西风土人情	文化、观光、休闲度假、康体娱乐、探险等系列旅游体验
	石鼓镇	全国特色景观旅游名镇名村示范试点镇	万里长江第一湾、茶马古道要津、"三江并流"世界自然遗产老君山南大门，红军长征过丽江纪念馆、渡口遗址、民族风情、江边柳林及金沙江沿线风光	金沙江油画走廊观光、红色文化和民俗文化体验
	三股水景区（龙蟠乡）	2A 级景区	滇藏线和川藏线交汇的古道遗址、纯原生态自然景观、古道水乡、田园风光、纳西古村落特色民居，长江第一湾风景线	游览、休闲、度假、康体等旅游活动
	拉市镇	文化旅游名镇	"丽江古城后花园"，湿地生态、蓝天白云、碧海草甸、绿树田野和海鸟村落构成拉市海景区独特的自然景观和美丽的乡村生活图景	骑马、观光、划船等休闲体验，体验纳西风情和田园风光为主的乡村民俗旅游、指云寺佛教圣地为主的文化旅游、湿地—森林—雪山徒步健康旅游
	黎明乡	全县唯一的傈僳族自治乡	世界自然遗产"三江并流"重要组成部分老君山，丰富的高山植被，珍稀动植物，众多的冰蚀湖，奇异的丹霞地貌	科考，徒步，体验纳西族、白族、傈僳族、普米族、彝族等民族多姿多彩的民风民俗
	黄山镇	纳西乐舞之乡、玉龙县民俗文化旅游重镇	田园风光旖旎、人文景观众多、纳西风情浓郁的纳西民俗文化旅游重镇	吃纳西农家饭，住纳西农家院，做纳西农家活，享纳西农家乐，买纳西土特产，游客真正感受到"做一天纳西人"的情趣
	龙蟠乡	文化旅游名镇	茶马古道遗址、长江第一湾自然风光，原生态景观植被、纳西古村落、田园风光和丰富的水资源组成纯原生态乡村旅游地	观光、休闲、文化考察等

续表

所在县	特色镇	类型	旅游吸引物	旅游体验内容
玉龙县	大具乡	经济强镇	云南省最大的油橄榄种植基地，农产品丰富；玉龙雪山和虎跳峡景区、独特的文化遗址和民族风情等旅游资源	种植园休闲农业、农业观光体验，壮美的雪山和峡谷景观体验，高原雪山动植物景观观光，纳西民族风情体验等
	宝山乡	宝山石头城于2006年被评为国家级文物保护单位	被誉为"百户人家一基石"的宝山石头城建筑奇观	独特人文景观观光体验，休闲体验
永胜县	程海镇	经济强镇	滇西北高原明珠"程海湖"是世界最大螺旋藻养殖基地；程海之南的毛家湾是伟人毛泽东先祖父的客籍地，永胜毛氏宗祠已恢复重建	水生态教育体验，湖滨休闲度假、美食、康养体验，名人文化游览
	涛源镇	经济强镇	金沙江河谷的半山软籽石榴，万亩花海，水上机场；依山傍水，颇具特色的乡村农家乐和宗教文化	自然山水观光、水上渔家生活体验、宗教文化体验
	清水村（期纳镇）	区域重镇	清水村是南方丝绸之路川滇藏线的必经要塞，"中国幸存的古老边屯山村"，有以寺庙、民居、祠堂、书院为主体的建筑群落	体验以边屯文化为主的多元文化魅力
华坪县	新庄乡	经济强镇	新庄乡是典型的农业大乡，融坝区、半山区和山区为一体，立体气候特征十分明显，热河谷区资源丰富，攀宁公路穿境而过、山清水秀、无大型工业企业	立体农业景观观光体验，山地徒步，休闲农庄、教育农园体验，农业庄园康养度假
宁蒗县	红桥乡	文化旅游名镇	云南泸沽湖风景区的必经之地，有优美的自然风光，是汉、彝、普米、纳西、藏、傈僳、独龙、怒等八个民族混居地，有丰富多彩的民族文化	自然观光，多民族文化体验，黄腊吉意溶洞探险

（五）打造多样化立体廊道和特色廊道

第一，对连接外部和内部重要节点之间的廊道进行高铁化和高速化升级，使内外旅游廊道更加便捷。

第二，构建水、陆、空立体廊道，丰富游客对丽江自然山水田园景观的体验。开通金沙江航道，开展水上旅游活动；开展低空旅游，开发低空旅游产品；规划建设山地和平坝的自行车道和徒步游道，满足休闲度假游客的漫游需求和户外运动健身需求。

第三，打造地域特色和文化特色的旅游廊道。以束河古镇为中心，构建到拉市海再到虎跳峡的茶马古道，集中展示民族交往和民族融合发展的茶马文化。依托丽江一带一路高速公路打造风景道，北部形成巨甸—万里长江第一湾—石鼓—三股水—虎跳峡的金沙江油画走廊，南部形成山水民族风情风景道。

第七节　案例地比较研究

一　目的地当前文化展示调控研究比较

（一）共性

1. 目的地文化展示与形象管理脱节

三个案例地推广的旅游形象与游客感知的旅游形象不一致。当前，苏州主推"天堂苏州、东方水城"旅游形象，意在凸显苏州千年积淀的"天堂"形象和富有东方韵味的江南水乡风情。而《苏州古城国际旅游研究报告》（苏州旅游局、英国巴斯大学）显示，入境旅游者对苏州目的地印象为"现代化、景点难找、拥堵、生硬、水城感觉难寻"。乐山目前的城市宣传主题口号是"乐山乐水，乐在其中"，旅游形象宣传语是"佛心乐山，大愿峨眉"。而游客感知的乐山旅游形象主要为世界遗产景区观光旅游形象，落后于城市推广形象。目前，丽江官方推广的丽江旅游形象宣传口号是"天雨流芳，梦幻丽江"，主要表达三个体验：一是自然生态文化体验；二是以纳西文化为主的文化体验；三是"世外桃源"般的梦幻体验。而游客感知的丽江旅游形象要素第一是商业文化，第二是休闲度假文化，第三是纳西文化，第四才是生态文化。显然，旅游者感知形象与丽江策划和推广的旅游形象错位。

游客感知是对目的地文化展示的反应，游客感知的旅游形象与目的地官方推广的形象不一致，说明目的地形象管理与文化展示脱节，目的地文化展示中缺乏旅游形象理念的指导，没有以旅游形象塑造为目标进行文化展示，不利于提高目的地旅游形象的竞争力。运用本研究提出的目的地文化展示与旅游形象互动模式指导目的地文化展示和旅游形象塑造，是解决该问题的可行途径。

2. 目的地未实施旅游形象动态管理

三个案例地中，只有苏州实施过针对城市文化遗产的游客感知形象调查，但利用调查成果实施苏州旅游形象管理的系统性和力度还不太大。其他两个城市旅游形象管理仅停留在向游客单向推广形象阶段，少有调查收集游客对旅游形象的感知反馈。在丽江旅游形象发生变化后，实施文化展示调控，从而纠正偏差，恢复丽江旅游形象竞争力的措施不足。在乐山大力展示休闲文化后，休闲文化感知依然较弱而没有实施更有针对性和更有效的文化展示调控策略，乐山休闲旅游形象难以建立。所以，目的地应实施旅游形象战略管理，将形象动态管理纳入其中，通过监测游客感知对目的地形象进行动态管理，使游客感知形象与目的地推广形象相符，提高游客满意度、推荐度和重游率。

3. 基质的保护和展示没有引起足够关注

目的地文化景观生态系统的基质景观单元是目的地的自然和文化长期协调发展形成的，反映目的地区域独特的自然与人文特征，既是斑块和廊道的物质背景，又是游客能感知的目的地独特氛围的景观来源，如苏州的"江南水乡"基质，丽江的"小桥·流水·人家"基质，乐山的"山水自然生态"基质。但三个案例地对基质的保护和展示没有引起足够关注。苏州的"江南水乡"基质被蚕食，水乡氛围降低；丽江的"小桥·流水·人家"基质要素格局被破坏，人与自然和谐环境氛围降低；乐山对"山水自然生态"基质的展示和挖掘不足。基质的保护和展示是目的地文化展示调控的重要内容，目的地应通过景观分析方法展示和保护基质景观，营造目的地的独特氛围。

（二）文化展示进程的差异

三个案例地中，苏州文化展示发展领先，代表我国旅游目的地文化展示的一流水平。苏州旅游目的地文化斑块类型丰富多样，旅游文化斑块网络已经形成，内外廊道多样且较为完善，展示理念先进，展示方式丰富，展示方向符合旅游市场发展趋势。展示过程各阶段主导文化因子未发生演替，目的地意象局部发生改变。当前旅游文化展示的主要问题是"江南水乡"基质被蚕食，古城历史文化斑块"水城"特色不突出；各文化斑块整合不够；乡村休闲度假文化斑块市场吸引层次需提升；连接旅游核心区与旅游资源集聚区的旅游廊道不畅；部分重要个体网络尚未形成。

乐山旅游文化展示处于初级阶段，没有形成目的地旅游文化斑块网络，外部廊道较为完善，内部廊道类型少密度低。展示空间的核心—边缘结构较为明显，展示空间高度集中在以峨眉山和乐山大佛景区为核心的区域，但核心节点辐射能力不足。展示方式单一，展示方向符合旅游市场发展趋势。展示过程各阶段以佛教文化展示为主，主导文化因子未发生演替，目的地意象局部发生改变。当前旅游文化展示的主要问题是对山水自然生态文化的展示和挖掘不足，旅游文化斑块类型单调，历史文化斑块和休闲文化斑块吸引层次不够，缺乏特色旅游文化空间，尤其是标志性旅游文化空间；旅游文化空间的文化氛围不足；核心节点辐射带动性不足，斑块网络化程度低。

丽江旅游文化展示处于初级阶段，没有形成目的地旅游文化斑块网络，外部廊道不完善，内部廊道类型少密度低。展示空间的核心—边缘结构较为明显，展示空间高度集中在丽江古城区域，且不同文化展示空间高度重叠于丽江古城，旅游文化生态位竞争激烈。展示过程中，对旅游形象有负面影响的商业文化过度展示，原来的主导文化因子纳西文化展示弱化，导致主导文化因子发生更替，旅游形象发生演变。休闲娱乐文化展示符合旅游市场发展趋势。当前旅游文化展示的主要问题是：第一，"小桥·流水·人家"基质要素格局被破坏，人与自然和谐环境氛围降低；第二，旅游文化展示空间不平衡性突出，高度集中于丽江古城，古城北部丰富的乡村纳西文化和古城东南部的其他民族文化展示滞后；第三，旅游文化展示方式多样化，但缺乏系统化和创新性；第四，旅游廊道需要大力完善。

二　目的地未来文化展示策略研究比较

（一）共性

1. 国际休闲旅游目的地是三个案例地培育的未来旅游形象

三个案例地的官方旅游规划都将未来旅游形象定位于国际休闲旅游目的地。本研究认为，三个案例目的地未来应培育各具特色的休闲度假目的地，即苏州培育"江南水乡氛围浓郁的'双面绣'生活品质型国际休闲旅游目的地"，乐山培育"山水禅意特色突出的国际休闲度假旅游目的地"，丽江培育"'世外桃源'般环境氛围的民族文化特色突出的国际休闲旅游目的地"。这符合未来休闲发展趋势。

人类正在进入休闲时代，休闲将成为人们的生活常态。休闲旅游已经成为中国旅游业最重要的组成部分，2017 年休闲度假旅游在整体旅游市场占比超过 50%，而且休闲经济在整个经济总量中所占的份额正在稳步上升。旅游休闲、体育休闲、文化休闲等各类休闲活动正在成为百姓日常生活中不可或缺的部分。2016 年麦肯锡调查显示，老年、中年、青少年休闲市场都有全面发展。未来，随着人工智能等新兴技术的快速发展，四天工作制甚至三天工作制将逐步普及，休闲将更加深刻地影响人们的生活。更加充分地满足民众日益增长的休闲度假需要，将成为各个国家必须共同面对的主题。旅游休闲度假将会成为一个最有发展前景的行业。①

特色在未来休闲度假目的地竞争中更加重要。未来，当交通非常便捷、休闲度假目的地大量涌现时，人们可以更自由地选择周末和节假日度假地，更自由地选择任何一项休闲文化、休闲体育和休闲健康等活动项目，形象特色就成为增强休闲度假目的地吸引力最重要的因素。因此，三个案例地的休闲文化特色和基质景观特色展示成为未来形象培育的关键。

2. 目的地文化展示与旅游形象互动模式是可选择的形象管理工具

本研究运用"目的地文化展示与旅游形象互动模式"，探讨三个案例地培育未来旅游形象的文化展示策略。首先，根据目的地官方相关规划，尤其是"十三五"旅游业发展规划，分析目的地未来旅游形象，解读未来形象的支撑要素。其次，按照"目的地旅游文化展示与旅游形象互动模式"路径，将目的地未来形象内涵作为该目的地文化景观生态系统发展理念，指导目的地景观文化格局优化和景观文化单元空间优化，构建目的地未来旅游发展的文化展示时空整体格局；以文化景观作为分析工具，以融入地域文化体系的视角，探讨构建目的地未来旅游形象整体性和独特性的展示策略。最后，针对三个案例地实际，从斑块、廊道、基质三个方面提出未来目的地文化展示策略。

苏州第一要构建联系顺畅的整体旅游廊道和风景道，打造"东西 2 道、南北 2 线、内外 2 环"的旅游廊道网络体系，构建和优化斑块间特色廊道；优化斑块内部廊道。第二要优化斑块，塑造古城历史文化斑块历史文化体验性和苏式生活方式，构建现代人诗意栖居

---

① 《2017 中国休闲度假指数：休闲度假产业发展十大特征》，搜狐网，http://www.sohu.com/a/203129710_778107.

的生活家园；提升生态文化斑块主题形象，打造全国园艺和盆景艺术中心；优化提升山水娱乐文化斑块，打造全国山水科技娱乐休闲中心；以价值导向培育或提升各斑块内部节点（景区景点），为游客提供新的旅游价值。第三要优化基质，打造苏州水乡风情带，构建处处见江南的水乡基质，让"双面绣"城市浮现在中外闻名的江南水乡基底上，让来苏州的游客体验诗意栖居的苏式生活方式，将苏州打造成"具有独特魅力的国际文化旅游胜地"。

乐山第一要通过城市文化动态展示，将文化的传承和创新相结合，将世界遗产保护、遗产地旅游发展、人居环境建设和城市发展相结合，创造未来的城市文化遗产斑块，做强做大核心吸引区，辐射和带动全域旅游发展。第二，通过主题文化展示策略，构建各具特色和价值导向的主题休闲文化斑块。如古城风貌突出的历史城区商业文化和新城区商业文化组成的商业文化休闲区；依托文化名人郭沫若故居所在地打造名人文化休闲区；依托五通桥区丰富的地方特色文化打造民俗文化休闲区；依托峨眉河田园风光带打造田园休闲度假文化区；依托未来都市农业经济区的现代农业景观和乡村乡土文化景观，打造现代农业观光休闲文化区。第三，采用"世界遗产+"区域旅游展示策略，整合乐山西南连片分布的丰富山地自然和人文资源，构建峨眉山观光旅游驱动的乐山山地火车观光休闲度假带特色廊道，打造高品质旅游体验的巨型山地旅游带。第四，采用文化与生态结合策略，将城市中水网、绿网和遗产廊道网与路网有机结合，构建高级旅游廊道网络，成为休闲和文化体验活动的载体，实现生态、游憩、文化、教育和经济功能。第五，采用多视角文化展示策略，构建标志性形象区斑块。综合考虑空间形态和文化关联、景观类型和功能，以及区位特征，将三江汇流处的凤洲岛所在区域与隔江、隔河相望的乐山大佛景区和乐山历史城区一起，构建成乐山旅游文化展示最有特色、最有魅力和最有影响力的标志性形象区，展现历史与现代的对话、现代与未来相约的图景，生态与文化完美结合的意境，以及山水休闲旅游文化的禅意，体现乐山国际旅游城市形象。

丽江第一要以古城为载体，加强对纳西文化的"活态性"保护及生动展示，让来丽江古城的旅游者切实地触摸到文化、感受到文化、体验到文化，提高纳西文化在古城环境氛围营造中的影响力。第二，以丽江古城及其周边区域，以及呈带状分布于丽江古城东北金沙江沿岸的纳西族乡村和沿着华丽高速分布的他留人聚集的乡村为载体，建设民族特色文化展示区、民族文化保护区、传统文化村镇以及开放辐射展示窗口，形成"以点连线、以线带面、点线面有机互动"的丽江文化空间发展新格局，扩大民族文化展示空间。通过文化与生态、旅游的创新协调发展，突出浓郁的民族风情，打造"'世外桃源'般环境氛围的民族文化特色突出的国际休闲旅游目的地"。第三，以民族节庆为载体，借鉴"欧洲文化之都"的经验，以品牌思路整合各民族文化节日，进行统一运作和展示，各区县配合所在地民族节庆举办相应民族文化旅游休闲活动，丰富节庆活动内容，彰显浓厚的民族文化休闲特色旅游形象。第四，以价值为导向培育民族特色休闲旅游节点，围绕民族特色和特色休闲旅游活动两个方向进行创新，融入以纳西族文化为主的多样民族文化，体现以生态价值、特色休闲价值为主的多元价值体系，打造历史文化商业街区、"演艺+主题公园+会展"旅游集聚区、"经济强镇、区域重镇和文化旅游名镇+"旅游的特色小镇和生态休闲度假主题村落等形态的旅游网络节点,为游客提供多种休闲度假价值。第五,打造多样化立体廊道,满足休闲度假游客全方位和特色化休闲度假需求。具体可构建水、陆、空立体廊道,丰富游客对丽江自然山水田园景观的体验。打造地域特色和文化特色的旅游廊道,构建集中展示民族交往和民族融合发展的茶马文化,依托丽江"一带一路"高速公路,打造北部金沙江油画走廊,形成南部山水民族风情风景道。

3. 基质景观营造构建目的地形象独特性

基质是目的地自然与文化长期相互作用形成的,基质景观是地域特征的突出表现,基质氛围营造能够突出目的地的差异性,从而彰显目的地独特性。一提到"江南水乡"人们就会联想到长三角江浙一带的城市,加上"双面绣"品质生活,就一定非苏州莫属。虽然丽江目前旅游形象已经演变,但通过文化展示的调控优化和旅游形象修复,未来一提起"'世外桃源'般环境氛围的民族文化特色突出"的国际休闲旅游目的地,就一定会联想到丽江。虽然桂林是甲天下的山水城市,但像乐山这样山环水绕的佛教圣地型城市,是中国的唯一。所以,通过大力展示山水禅意文化,加强旅游形象培育和推广,未来的山水禅意休闲目的地就是乐山。

4. 游客价值导向是未来休闲旅游目的地斑块节点优化的方向

苏州旅游流网络研究表明,与目的地观光旅游流网络相比,休闲度假旅游网络的重要特征在于,重要性和控制力大的景区对拓展目的地旅游流网络的控制程度下降,网络骨架更为简单,目的地旅游流网络中存在大量重要性较高而控制性较低的节点景区。所以,在休闲旅游背景下,打造有重要游客价值和各具特色吸引力的景区景点是完善旅游流网络、整合旅游目的地资源的重要内容。

游客价值是指游客在旅游经历和消费过程中感知利得与感知利失的权衡。[①] 游客价值维度构成是多元化的,其中功能价值、情感价值、社会价值是三个关键的维度。功能价值主要体现游客对产品的质量性能及服务的效用感知,情感价值是游客对产品个人情感上的效用感知,社会价值则是产品定位给游客带来的效用感知。[②] 三个案例地在未来培育国际休闲旅游目的地形象过程中,游客价值导向是优化提升斑块节点的重要方向。

在苏州旅游目的地,本研究充分围绕功能价值、情感价值和社会价值等游客价值,依托苏州的文化优势和生态优势进行业态创新,结合社区旅游和时尚娱乐趋势,采用"文化+科技+艺术"的模式进行品质升级,全面提升古城历史文化斑块和乡村度假文化斑块等六大主题斑块的游客价值,提出苏州未来旅游文化展示的六方面游客新体验。

在乐山旅游目的地,未来城市发展格局将形成五个区域,五个区域的主题文化展示反映国际旅游城市文化多样性和丰富性的特点。围绕功能价值、情感价值和社会价值等游客价值,采用主题方式来展示五个区域的优势文化资源,突出支撑乐山整体形象的文化优势,进而在构建乐山国际旅游城市整体形象的同时,强化形象的独特性。依托各区域优势文化资源,将休闲文化与各区域优势文化相结合确定五个区域的文化展示主题,同时考虑

① 俞海滨:《基于游客价值的旅游企业服务创新》,《特区经济》2007年第5期。
② 陈剑峰:《乡村旅游目的地优化研究——基于游客价值创新视角》,《改革与战略》2012年第6期。

地方文化与国际化的结合、历史文化与现代文化的结合、物质文化与非物质文化的结合、主题文化与其他文化的结合，培育价值多元、城市整体休闲文化气质突出的休闲旅游目的地形象。

在丽江旅游目的地，围绕功能价值、情感价值和社会价值等游客价值，从民族特色和特色休闲旅游活动两个方面进行创新，融入以纳西族文化为主的多样民族文化，体现以生态价值、特色休闲价值为主的多元价值体系，打造和培育历史文化商业街区、"演艺＋主题公园＋会展"旅游集聚区、"经济强镇、区域重镇和文化旅游名镇＋"旅游的特色小镇和生态休闲度假主题村落四种形态的未来旅游节点，全面升级丽江旅游的游客价值，让游客获得古城文化深度休闲体验，提高游客的民族文化体验价值和休闲娱乐价值，为旅游者提供更多特色休闲体验，体现民族文化特色突出的国际休闲旅游目的地形象。

5. 特色旅游廊道是目的地整合和特色旅游产品打造的重要途径

特色廊道是旅游流通道，可以串联景区景点，整合斑块内部和斑块之间的各种旅游资源。如苏州的专属观光巴士"苏州好行"，在苏州古城历史文化斑块内，串联起苏州博物馆、拙政园、狮子林、平江路、玄妙观等重要景点。在乡村度假文化斑块中，"苏州好行"旅游巴士线路主要停靠苏州餐饮、酒店聚集区、交通枢纽站、游船码头、旅游景点和繁华商业街区等，很好地解决了主题文化斑块内部游客的顺畅流动问题。目前，"苏州好行"有三条由古城区开往南部吴中区的太湖区域和石湖区域，打通了各斑块间的联系，整合了苏州南北旅游资源。又如丽江未来构建的南北两条特色廊道，依托丽江"一带一路"高速公路，打造巨甸—万里长江第一湾—石鼓—三股水—虎跳峡的金沙江油画走廊风景道和南部的山水民族风情风景道，将很好地整合丽江南北的自然和人文旅游资源。

特色廊道也是一种重要的旅游产品。本研究提出的乐山山地火车观光休闲度假带，将整合乐山西南连片分布的高品质山地自然和人文旅游资源形成巨型山地景观带，开展山地火车观光体验、山地运动健身、山地探险发现、山地拓展、山地考察和山地研学，以及各具特色的乡村、古镇和彝家新寨观光休闲度假游等旅游新活动，可打造为中国高品质山地旅游带。

（二）三个案例地休闲旅游形象转变的突破方式不同

旅游目的地形象是动态演变的，未来三个案例地都要实现从观光旅游向国际休闲旅游目的地的形象转变，这一转变的机制是通过文化展示，促进目的地旅游文化的主导因子变迁为休闲文化因子。这一转变的关键是，三个案例地要打造独特性和吸引力强的休闲旅游产品，使休闲文化展示吸引层次对接国际旅游市场，进而体现目的地的国际休闲气质和形象，实现目的地旅游形象的转变。

本研究从整体性和独特性两个视角，以"区域环境基质＋地域文化休闲旅游产品"模式，构建三个案例地未来独特休闲旅游形象定位，但三个案例地在打造独特地域文化休闲旅游产品方面的突破方式不同。苏州通过展示传统与现代的苏式休闲生活方式，吸引游客体验老苏州和新苏州的社区休闲活动，打造生活型目的地品牌。乐山的突破方式在于做强（核心区）与扩容（拓展休闲文化展示空间）的结合，即通过"山城一体"和"景城一体"策略，加强水上和滨水区域休闲旅游产品开发，做强核心旅游区乐峨国际休闲度假旅游区；通过山地火车观光休闲度假带辐射区县休闲度假旅游，拓展休闲文化展示空间，让游客体验山水禅意休闲活动，打造山水禅意休闲旅游目的地品牌。丽江主要通过扩展民族文化展示空间，开发丰富多彩的乡村民族文化休闲体验旅游产品，打造民族文化风情浓郁的休闲目的地品牌。

第七章　结论

第一节　研究结论

本研究以问题为导向，以多维度目的地形象研究为视角，遵循"表象—机制—控制"的研究路线，采用多学科综合研究方法、结构主义方法和比较研究方法，以及规范研究与实证研究相结合、定性与定量相结合、实地调研与问卷调查相结合的方法，选择苏州、乐山和丽江三个世界遗产旅游目的地作为研究案例地，探讨旅游目的地形象管理的文化展示路径。通过分析目的地文化展示系统空间结构、功能和演变，探究旅游者目的地感知行为规律和旅游形象演变规律，构建了目的地文化展示与旅游形象互动模式。在分析评价三个案例地旅游形象和文化展示基础上，以目的地文化展示与旅游形象互动模式为指导，提出案例地塑造当前形象的文化展示调控措施和培育未来形象的文化展示策略，并通过案例地研究的比较，探讨以独特旅游形象塑造为目标的目的地文化展示共性规律和差异。

本研究的主要结论有：

（1）目的地文化展示的动态变化引起旅游形象演变，形象演变机制符合景观生态系统演变规律，主导文化因子演替是关键，旅游投资是重要驱动因素。

按照建构主义观点，旅游形象是典型的社会建构，目的地文化展示就是旅游形象建构过程。游客感知是旅游形象形成的起点，游客通过对目的地文化展示的感知，在心目中形成对目的地的印象，即目的地实地感知形象。根据景观生态学理论和生态位理论，目的地文化展示系统是旅游文化景观生态系统，系统中有不同类型的旅游文化因子，主导文化因子主导系统的旅游功能和旅游形象，旅游文化因子生态位变化（扩充或压缩）是引起系统演变的动力。当目的地文化展示引起原来的主导文化因子生态位压缩，而其他文化因子生态位扩充并上升为新的主导文化因子时，目的地主导文化因子发生演替，原来的主导文化因子转变为背景文化因子，目的地形象发生变化。所以，目的地文化展示的动态变化引起旅游形象演变，旅游文化景观生态系统主导文化因子演替是关键。

三个世界遗产地的实证研究证明了上述结论。在丽江世界遗产地文化展示发展过程中，旅游文化景观生态系统主导文化因子发生演替，原来的主导文化因子纳西文化的生态位压缩下降成为背景文化因子，而商业文化因子生态位扩充上升成为主导文化因子，使丽江旅游形象从"充满神秘感的世外桃源"演变为"商业化浓厚的偶遇之都"。在苏州世界遗产地旅游文化展示发展过程中，因加大了对主导文化因子古城历史文化的展示，使古城历史文化因子生态位一直保持主导因子地位，虽然作为一般文化因子的商务时尚文化因子生态位也有较大提高，其他文化因子生态位也有不同程度提高，但主导文化因子未发生演替，因而旅游文化景观生态系统旅游形象没有发生演变，只是局部旅游意象发生变化，形成一个历史文化主导、现代商务时尚文化凸显、多元旅游文化并存的苏州旅游文化景观生态系统，呈现出以古城历史文化观光为主的旅游形象。在乐山世界遗产地文化展示发展过程中，佛教文化资源保护和文化展示加强，同时加强了休闲文化展示，其他文化展示较弱。这使得乐山旅游文化因子格局发生了明显变化，形成由佛教文化主导、休闲文化重要性逐渐显现、多元文化并存的旅游文化景观生态系统。由于系统主导文化因子未发生演替，乐山旅游形象仍然以观光旅游形象为主，休闲文化展示正在促进乐山旅游形象向观光与休闲度假旅游并重发展。

在影响旅游文化生态位因素中，旅游投资是目的地各阶段旅游文化展示发展的驱动力，也是旅游文化生态位变迁的重要驱动因素。在目的地旅游发展初级阶段，旅游投资方向主要依赖于旅游资源等级，资源和环境支撑条件是基础，投资跟着资源和环境走，由投资撬动市场，市场支撑发展。世界遗产是三个案例地核心旅游资源，吸引到较多投资展示世界遗产代表性文化，开发世界遗产资源，使其文化生态位在目的地旅游文化景观生态系统中占据最大生态位，成为主导文化因子，而其他旅游文化获得的投资较少，展示较弱，旅游文化景观生态系统的旅游形象单一。在现阶段，旅游市场发展趋势有对政府政策的推动作用和对投资的牵引作用，使得投资跟着市场走，市场带动投资，投资助推旅游发展。这一阶段，旅游市场需求多元化趋势明显，旅游投资让多种旅游文化因子得到展示，目的地旅游形象逐渐变得丰满，三个案例地都是如此。如果对某种旅游文化资源进行大量投资，就将引起该文化因子生态位迅速扩张上升为主导文化因子，发生目的地旅游形象演变，丽江就是典型案例地。所以，对目的地旅游投资进行规划和监测，可以调控目的地文化展示方向，从而塑造目的地旅游形象。

在未来休闲时代背景下，三个世界遗产地都规划打造休闲度假旅游目的地，通过加大对休闲项目的投资，构建休闲文化景观生态单元，大力展示休闲文化，扩张休闲文化生态位，使其上升为主导文化因子，目的地将实现从观光旅游形象向休闲度假旅游形象的转变。同时，世界遗产的代表性文化将转变成为背景文化因子，但仍然是目的地的重要吸引力来源。所以，三个世界遗产地在大力展示休闲文化的同时，要加强对世界遗产价值的保护和世界遗产文化的展示，发挥它的辐射带动作用，促进目的地旅游流网络的发展和优化，为游客提供更多高品质、高价值的旅游产品和旅游体验。

（2）目的地文化展示与形象互动模式是最佳的目的地旅游形象管理工具。

我国旅游目的地的形象问题本质上是目的地文化展示与形象管理脱节，归根结底是普遍未实施旅游形象动态管理战略，缺乏形象调控管理工具。

本研究在探讨目的地文化展示引起旅游形象演变机制的基础上，根据文化层次理论、文化展示的层次性特点、目的地旅游景观生态系统结构和旅游者形象感知研究得出的结论，建立了目的地文化展示与形象互动模式，在目的地旅游文化展示系统和旅游者形象感知系统之间构建了清晰的互动层次结构和完整路径，使目的地文化展示与形象互动和优化成为可能。该模式的动态性，为目的地实施形象动态管理战略提供了理论依据，是最佳的目的地旅游形象管理工具。该模式中文化展示系统与游客的形象感知系统对接，让目的地能够通过文化展示并根据游客感知规律，塑造目的地期望的旅游形象，使游客感知的目的地形象与目的地推广的形象相符，对解决形象错位和形象脱节问题有很强的针对性，对应对信息时代旅游目的地的形象危机提供了参考解决方案，促进目的地文旅深度融合。

该模式聚焦目的地文化展示的整体性和独特性，符合目的地旅游形象管理目标，符合游客对目的地的感知特性，与目的地发展全域旅游相契合，又能体现目的地的独特性。整体性体现在构建目的地旅游文化景观生态空间的斑块—廊道—基质景观网络上，可实现目的地全域旅游资源整合，为游客提供丰富的文化体验，满足游客多样化旅游需求，提高游客价值，塑造目的地整体形象。独特性体现在目的地可分别通过斑块、廊道和基质三种景观空间单元，或通过斑块—廊道—基质独特空间结构，塑造目的地独特旅游形象，对解决目的地旅游形象雷同问题有很强的针对性。

该模式的文化展示系统具有可操作性，使旅游形象调控和培育得以实现。旅游文化展示系统自上而下有三个层次，分别是体现目的地空间价值的目的地发展理念和发展取向展示层，体现目的地景观文化空间格局的斑块—廊道—基质旅游文化景观网络展示层，以及体现目的地景观文化空间单元的文化景观生态单元展示层。以旅游形象的文化内涵为统领制定目的地发展理念和发展取向，采用目的地网络化发展思路，以及网络构建方法、景观分析方法、生态位分析方法等，指导旅游文化景观网络展示层和文化景观生态单元展示层的调控，促进目的地网络化发展，整合目的地旅游资源，整体展示目的地形象，塑造目的地独特形象，实现旅游形象调控和培育。运用该模式，本研究探讨了三个案例地当前形象调控途径和未来形象培育策略。

（3）旅游目的地应实施形象管理战略，对旅游形象进行动态管理。将文化展示纳入形象管理，以形象引领目的地文化展示，将文化展示与旅游形象互动模式作为目的地形象管理工具，监测旅游者形象感知，动态管理旅游形象，促进目的地文旅深度融合，解决目的地形象管理突出问题，应对越来越激烈的目的地竞争。

实施旅游目的地形象管理战略，动态管理旅游形象，是我国旅游目的地重要的现实需求，对解决我国目的地当前普遍存在的旅游形象模糊、形象错位和形象雷同等问题，以及培育目的地未来各具特色的休闲旅游形象，具有重要的现实意义。目的地旅游形象是建构的、动态演变的，目的地文化展示的动态变化引起旅游形象演变。这就要求目的地旅游形象塑造要与文化展示互动，把握旅游形象演变的科学规律，将文化展示与旅游形象互动模式作为目的地形象管理工具，以独特旅游形象塑造为目标，对文化展示过程进行管理并将其纳入形象管理，监测和评估文化展示发展动向、旅游投资的影响和旅游形象感知的动态变化，通过调控目的地当前文化展示，增强游客实地感知，塑造符合游客预期的、清晰独特的旅游形象；通过旅游市场分析预判和目的地文脉研究，确定未来目的地旅游形象定位，制定和实施未来文化展示策略，塑造符合未来市场发展的独特目的地形象，对目的地旅游形象进行战略管理。

目的地转型升级、旅游市场消费升级和旅游营销环境的巨大变化带来许多新的形象管理问题。针对这些新问题，目的地有必要实施形象管理战略，支撑形象引领的目的地旅游发展战略，应对越来越激烈的目的地竞争。我国目的地从观光旅游向休闲度假旅游模式转变，必然带来形象的转换和培育问题，仅仅采用简单的"形象征集—传播"的传统形象塑造模式，很难解决目前存在的旅游形象问题。在旅游业经过快速发展后，旅游消费从数量型向品质型升级，目的地面临品牌形象建设问题，仅靠大量投入进行轰炸式广告宣传，获得市场认同的难度较大。新媒体时代信息传播和内容生产的变化深刻影响旅游目的地形象构建和传播，目的地产生形象危机的风险越来越大，对目的地形象塑造带来新的挑战，静态管理旅游形象和就形象论形象的形象塑造模式，难以让目的地实现旅游高质量发展。目的地面临的这些新的形象问题，都聚焦于旅游形象的动态管理，都要求目的地实施旅游形象与文化展示的互动，都要考量目的地文化展示管理和旅游形象管理。对休闲时代形象转换和培育问题，要依据休闲时代旅游流网络特征构建旅游流网络，遵循文化景观生态规律和目的地旅游形象培育的共性规律，从文化展示空间建构和文化展示体系建构入手，通过目的地文化景观生态系统时空、文化和功能的特殊组合，培育休闲时代的目的地独特旅游形象。应对新媒体时代的目的地旅游形象危机，目的地文化展示要有更精准、动态的管理，让游客生成的内容反映美好的目的地形象，增强目的地的吸引力。

总之，旅游目的地实施形象战略，与文化展示互动，进行动态形象管理，是解决目的地当前形象问题和未来形象问题，以及培育未来形象的重要途径，有利于增强目的地竞争力。

（4）实施目的地文化展示管理工程，监测旅游投资对形象的影响，可把控目的地旅游形象的演变方向，解决目的地旅游形象塑造偏重营销端忽视目的地管理端的问题，促进目的地旅游业高质量发展。

旅游者对目的地的感知是目的地旅游形象形成的起点，目的地文化展示的动态变化引起并制约旅游形象演变。在全球竞争背景下，目的地形象竞争成为焦点。在新媒体时代背景下，旅游信息内容生产方式和传播方式的新特点，让旅游目的地面临巨大的形象危机风险。在形象竞争和形象危机风险双重压力下，目的地形象塑造应从偏重营销端向重视目的地管理端转变，实施目的地文化展示管理工程，评估旅游投资对形象的影响，预防旅游形象的负面演变、纠正形象偏差、控制形象危机风险、塑造独特形象、培育未来形象等，把控目的地形象的演变方向，对推进目的地旅游高质量发展意义重大。

目的地文化展示管理工程是系统工程，包括文化资源保护管理、文化展示规划管理、旅游投资监测管理、文化展示效果管理等。目的地要以旅游形象塑造为引领实施文化展示管理工程，构建科学的文化展示体系，重点运用目的地旅游文化因子的演替规律，评价和把握主导文化因子的展示效果，监测旅游投资对目的地形象的影响，把控目的地形象的演变方向。

（5）目的地应着力构建"时—空—文化"三维文化展示体系，在区域背景下塑造目的地形象，以目的地整体形象为基础，以独特形象为目标，塑造有竞争力的目的地形象。

在旅游市场上，目的地竞争越来越激烈，目的地独特形象越来越重要。本研究采用内容分析法分析游客游记，验证了旅游者在区域背景下感知的旅游目的地形象。地域临近性使目的地打上了区域特征的烙印。也正是因为区域特征烙印，为旅游者搜寻目的地提供了捷径，为目的地旅游形象塑造提供了独特背景。通过塑造在区域中的独特形象，目的地将在国内外旅游市场彰显独特性。在区域背景下塑造目的地独特形象包括两个方面，一是塑造体现区域整体地域特征的基质，二是展示独特的地域文化基因，构建独特的文化格局，即"区域环境基质＋目的地独特文化格局"模式。三个案例地未来旅游形象均体现了区域背景下目的地的独特形象。如苏州未来塑造"江南水乡氛围浓郁的'双面绣'生活品质型国际休闲旅游目的地"，"江南水乡"氛围体现长三角区域环境特征，"双面绣"生活品质型休闲旅游目的地反映历史与现代完美结合的文化格局，以及以园林文化为代表的苏式休闲生活，构建起不同于长三角区域其他城市的独特旅游形象。又如乐山未来塑造"山水禅意特色突出的国际休闲度假旅游目的地"，"山水"正是四川的区域景观特征，也是乐山旅游目的地的景观基质，"禅意特色突出的国际休闲度假旅游目的地"反映佛教文化和休闲文化相结合的文化格局，构建起不同于四川其他目的地的旅游形象。再如丽江未来塑造"'世外桃源'般环境氛围的民族文化特色突出的国际休闲旅游目的地"，"世外桃源"般环境氛围正是川滇藏大香格里拉旅游区的环境特征，也是丽江旅游发展之初的目的地环境基质，"民族文化特色突出的国际休闲旅游目的地"反映纳西文化为主的民族文化与休闲文化相结合的文化格局，构建起不同于大香格里拉区域其他旅游目的地的旅游形象。三个案例地的未来形象构建表明，区域独特的就是世界独特的。

整体性和独特性是旅游目的地形象的两个重要维度。旅游者总是从整体上感知目的地，形成对目的地的总体印象，又总是主要关注和感知目的地的独特性，形成对目的地最突出的印象，即目的地独特形象。独特形象是整体形象的一个组成部分。整体形象向旅游者传递满足旅游需求的程度，是旅游者选择进入考察范围目的地时考虑的重要因素。而目的地的独特形象是旅游者进行购买决策的重要考虑因素。因而，塑造目的地整体形象是目的地旅游营销的重要任务，构建目的地独特形象是目的地旅游营销的关键。

旅游形象是典型的社会建构，目的地文化展示是旅游形象建构过程，游客通过对目的地文化展示的感知形成目的地形象。在目的地的整个旅游过程中，游客从目的地整体氛围、目的地整体空间、目的地整体旅游活动以及目的地整体旅游服务和管理等多方面文化展示上整体感知目的地，形成目的地的整体旅游形象。当目的地某一个或几个文化展示上的独特特征被游客感知，就形成目的地独特旅游形象。所以，在目的地进入形象竞争的阶段，目的地文化展示要以塑造整体形象为基础，以塑造独特形象为目标，打造更具竞争力的目的地。

目的地整体旅游形象塑造要以发展全域旅游为支撑，整合目的地全域旅游资源，促进旅游流全域扩散，为旅游者提供丰富的旅游文化体验。旅游形象独特性要素存在于目的地自然生态、文化体系、景观和时空格局中，也体现为旅游环境形成的特殊"感觉"。

探讨目的地文化展示路径，塑造整体形象，培育独特形象，是本研究的重要目标之一。通过探究目的地旅游文化景观生态系统空间演变规律和特征、独特形象形成规律、目的地文化展示对旅游形象的影响等，本研究从"时—空—文化"三维体系出发构建目的地文化展示体系。时间是文化展示的坐标，体现文化展示的动态性。空间是文化展示的载体，体现文化展示格局。文化是展示对象。构建"过去—现在—未来"的历时性展示时间轴，依托旅游文化景观生态系统的空间单元斑块、廊道和基质，以网络化发展思路构建目的地文化展示空间载体结构，探讨目的地文化展示的整体性、独特性和调控策略。以文化生态和文化景观理论为指导，搭建被展示的文化体系，探讨目的地文化展示的提升和优化途径。

目的地"时—空—文化"三维文化展示体系构建如下：

第一，在空间维度上，构建网络化的目的地旅游文化景观生态系统空间格局和有吸引力的旅游文化空间。

目的地旅游文化景观生态系统景观空间单元斑块、廊道和基质，既是目的地文化展示的空间载体，又是目的地文化展示的调控对象。它们既相互联系、网络化发展形成目的地形象整体性，又相互独立形成目的地形象独特性。通过斑块、廊道和基质景观空间单元文化展示调控，促进目的地旅游流网络发展，进行当前形象优化。以基质景观氛围营造构建目的地形象独特性，以游客价值导向作为未来休闲旅游目的地斑块节点优化方向，以旅游特色廊道整合目的地资源，提供特色旅游产品，培育目的地未来旅游形象。

构建具有吸引力的旅游文化空间。本研究基于旅游者空间价值感知评价目标（环境氛围、象征性、功能和情感体验性），构建了以目的地旅游文化空间三要素（空间、旅游文化景观、旅游活动）和三维度（空间意义、空间吸引力和空间集聚力）为途径的目的地旅游文化空间塑造模型。该模型既注重旅游者价值，又观照旅游活动的文化内核和场所，为构建具有吸引力的旅游文化空间、塑造目的地独特形象提供了工具。

第二，在时间维度，构建承载"过去—现在—未来"的历时性文化景观格局。

"过去—现在—未来"的文化景观格局展示城市文化的完整发展历史，是城市无可复制的独特性来源。如过去的苏州古城，现在的"双面绣"苏州城市和未来的生活品质型国际休闲旅游目的地城市，以时间轴线承载动态的苏州文化和苏州的独特旅游形象。又如从过去的乐山嘉州古城，到现在的景城一体观光城市，再到未来的禅意山水休闲城市，时空的叠加构建出一幅完美独特的城市文化画卷，体现独特的城市旅游形象。

第三，在文化维度，建立包括文化展示框架体系、文化多样化生态体系和文化景观系统的目的地文化展示体系。

本研究根据文化类型和目的地旅游文化展示实际，构建物质文化、非物质文化和文化展示方式三维度文化展示框架体系，探讨文化展示对目的地旅游形象的影响。研究表明，三个案例地文化展示要素体系三维度都可被游客感知，并通过认知形象或情感形象间接影响整体形象。所以，目的地文化展示要体系化，既要重视物质文化景观营造，也要重视非物质文化展示，更要重视文化展示方式的丰富多样，塑造独特的目的地旅游形象。同时，还要特别关注物质文化与非物质文化相结合的展示，围绕物质景观讲故事，为非物质文化构建相应的物质文化场景，提高文化展示感知效果。

在目的地文化展示过程中，应建立文化多样化生态体系。该体系包括目的地文化景观生态系统中主导文化因子、背景文化因子和一般文化因子所代表的文化。该体系中不同种类的文化依据文化生态位的大小，通过竞争确立其地位。目的地文化展示的趋势是展示多样化文化，建立文化多样化生态体系将为目的地文化展示调控提供可能，满足旅游者日益增长的多样化体验需求，构建丰满的目的地旅游形象。

文化景观是自然和文化的统一体，反映目的地文化体系的特征和一个地区的地理特征，是目的地独一无二的重要吸引物。基于文化景观构建旅游产品为区域提供作为文化景观展示的机会，也为旅游者提供全面体验目的地自然和文化特征的机会。展示文化景观对目的地塑造整体旅游形象和独特旅游形象都具有重要价值。

基于目的地文化展示体系的旅游形象整体性塑造途径主要有：

第一，旅游流网络对目的地旅游资源的空间整合。旅游目的地空间整合过程本质上是目的地旅游流全域扩散和网络化发展过程。通过目的地旅游流网络中的旅游线路整合目的地的历史、文化、社会和自然等要素，让旅游者能够体验目的地的完整性，形成生动饱满的目的地整体形象。

第二，通过旅游主题整合目的地旅游空间要素。主题性旅游产品通过串联的方式，将主题文化资源丰富的地区进行打包，设计主题旅游线路，从而整合目的地旅游空间，为游客提供深度文化旅游机会，进行多元文化活动，提高游客对目的地的感知水平，提升旅游目的地魅力。

第三，按时序进行空间整合。将"过去、现在和未来"作为一个整体概念，通过保护历史文化空间，协调各时代相应的文化斑块，将目的地整合为内涵丰富、富有节奏和韵律的整体空间，向游客讲述更丰富、更生动、更精彩的故事，体现目的地文化的动态发展和更替，塑造难以复制的目的地形象。

第四，文化景观生态系统廊道整合。在目的地旅游文化景观生态系统要素中，廊道对架构/重构系统结构有重要作用。因为它是系统生态流运动的通道，当生态流在廊道中运动，景观系统各要素之间产生相互作用，从而整合景观系统的功能，实现景观系统的整体性。廊道本身是景观边界，廊道景观的独特性明显，利用廊道整合目的地自然和人文资源构建的旅游产品极具吸引力，在景观的观赏性、文化体验的丰富性、愉悦感等方面具有无可替代的价值。

目的地独特性形象是目的地留给旅游者最突出的印象，既可来源于目的地任何一项属性或任何一种功能，也可从整体上来源于目的地的时间、空间和文化的特殊组合。在空间上，目的地旅游文化景观生态系统的斑块、廊道和基质三种空间单元都分别是构建独特性的来源。基质体现目的地独特文化气质和氛围，著名的风景道和遗产廊道因自然和文化完美融合产生独特吸引力，标志性文化区域以其景观类型的多样性和功能的复合性形成独特的文化场景、文化生活和文化体验，成为展现目的地形象独特性的一类斑块。此外，城市精神和地方感等也是构建目的地独特性的重要途径。

（6）培育未来休闲旅游形象的目的地文化展示策略有共性途径和不同突破方式。"区域环境基质＋目的地独特文化格局"模式构建目的地形象独特性，游客价值导向是目的地未来休闲旅游流网络斑块节点优化的方向，旅游特色廊道是目的地整合和特色旅游产品供给的重要途径。

我国城乡正在逐步进入现代休闲社会，许多旅游目的地开始从观光旅游向休闲度假旅游转变。三个案例地旅游业发展"十三五"规划都提出打造休闲旅游目的地，且正在加大对休闲度假项目的开发力度。在未来休闲度假旅游目的地竞争中，旅游形象特色依然是竞争的关键，构建各具特色的休闲旅游形象就成为我国旅游目的地未来文化展示的方向。

本研究首先根据三个案例地旅游业发展"十三五"规划提出的旅游发展目标和方向，以"区域环境基质＋目的地独特文化格局"模式，分别归纳提炼出目的地未来培育的独特旅游形象定位，即苏州——"江南水乡氛围浓郁的'双面绣'生活品质型国际休闲旅游目的地"，乐山——"山水禅意特色突出的国际休闲度假旅游目的地"，丽江——"'世外桃源'般环境氛围的民族文化特色突出的国际休闲旅游目的地"，然后按照"目的地文化展示与旅游形象互动模式"，以未来形象定位为统领，从发展理念和取向、目的地旅游文化景观生态系统格局和主要旅游文化因子优化文化展示三个层次，构建目的地未来旅游发展的文化展示时空整体格局；以文化景观作为分析工具，以融入地域文化体系的视角，探讨构建目的地未来旅游形象整体性和独特性的文化展示途径。通过三个案例地的分析比较，归纳提炼出培育未来休闲旅游形象的目的地文化展示策略的共性途径，提出案例地未来休闲旅游形象转变的不同突破方式。

目的地未来休闲旅游文化展示策略的共性主要体现在以下几方面：

第一，"区域环境基质＋目的地独特文化格局"模式构建目的地形象独特性。区域环境基质景观彰显目的地的区域特性，独特的文化格局凸显目的地在区域中的个性特征。两者的结合能有效构建目的地形象的独特性。如"江南水乡"体现长三角城市的特征，"双面绣"生活品质蕴含传统苏式生活和现代苏式生活文化格局，二者结合非苏州莫属。"'世外桃源'般环境氛围"代表中国大香格里拉旅游目的地特征，结合"民族文化＋休闲文化"，就让旅游者联想到丽江。具有山水景观基质，加上佛教文化和休闲文化突出，就构建起乐山的独特旅游形象。

第二，游客价值导向是目的地未来休闲旅游流网络斑块节点优化的方向。苏州旅游流网络研究表明，目的地休闲度假旅游网络与观光旅游网络的重要差异在于，景区节点的价值更为重要，在目的地休闲旅游流网络构建中，大量有特色有价值的景区节点将构成休闲旅游流扩散网络的基本骨架，成为促进旅游流全域扩散，为游客提供更灵活的休闲旅游线路和有价值的休闲旅游活动的重要节点。所以，在休闲旅游背景下，打造有重要游客价值和各具特色吸引力的景区景点是目的地建设的重要内容，游客价值导向是目的地优化提升斑块节点的重要方向。

在苏州旅游目的地，本研究提出充分围绕功能价值、情感价值和社会价值等游客价值，依托苏州的文化优势、生态优势，进行业态创新，结合社区旅游和时尚娱乐趋势，采用"文化＋科技＋艺术"的模式进行品质升级，全面提升古城历史文化斑块和乡村度假文化斑块等六大主题斑块的游客价值，为苏州未来旅游文化展示提供六方面游客新体验。

在乐山旅游目的地，围绕功能价值、情感价值和社会价值等游客价值，采用主题方式展示未来乐山五个区域的优势文化资源，突出支撑乐山整体形象的文化优势，进而在构建乐山国际旅游城市整体形象的同时，强化形象的独特性。依托各区域优势文化，将休闲文化与各区域优势文化相结合，确定五个区域的文化展示主题，同时考虑地方文化与国际文化的结合、历史文化与现代文化的结合、物质文化与非物质文化的结合、主题文化与其他文化的结合，培育价值多元、城市整体休闲文化气质突出的休闲旅游目的地形象。

在丽江旅游目的地，围绕功能价值、情感价值和社会价值等游客价值，从民族特色和特色休闲旅游活动两个方面进行创新，融入以纳西族文化为主的多样民族文化，体现以生态价值、特色休闲价值为主的多元价值体系，打造和培育历史文化商业街区、"演艺＋主题公园＋会展"旅游集聚区、"经济强镇、区域重镇和文化旅游名镇＋旅游"的特色小镇和生态休闲度假主题村落四种形态的未来旅游节点，全面升级丽江旅游的游客价值，让游客获得古城文化深度休闲体验，提高游客的民族文化体验价值和休闲娱乐价值，为旅游者提供更多特色休闲体验，让游客体验四季美丽田园风光、生态地道特色餐饮、特色民俗节庆氛围、乡村户外休闲娱乐活动、农业科普教育和农业智慧等。

第三，旅游特色廊道是目的地整合和特色旅游产品供给的重要途径。特色廊道是旅游流通道，可以串联景区景点，整合斑块内部和斑块之间的各种旅游资源，如专属观光巴士苏州好行，在苏州古城历史文化斑块内，串联起苏州博物馆、拙政园、狮子林、平江路、玄妙观等重要景点。又如丽江未来构建的特色廊道，依托丽江"一带一路"高速公路，打造巨甸—万里长江第一湾—石鼓—三股水—虎跳峡的金沙江油画走廊风景道和南部的山水民族风情风景道，很好地整合了丽江南北的自然和人文旅游资源。

特色廊道也是一种重要的旅游产品，如本研究提出的乐山山地火车观光休闲度假带，整合乐山西南连片分布的高品质山地自然和人文旅游资源，形成巨型山地景观带，开展山地火车观光体验、山地运动健身、山地探险发现、山地考察和山地拓展，以及各具特色的乡村、古镇和彝家新寨观光休闲度假游等旅游活动，可打造为中国高品质山地旅游带和具有竞争力的山地旅游产品。

目的地未来休闲旅游形象转变的突破方式不同：

旅游目的地形象是动态演变的，未来目的地实现从观光旅游向休闲旅游形象转变的关键是，通过文化展示促进目的地旅游文化主导因子变迁为休闲文化因子。案例地比较研究显示，目的地要因地制宜地探索休闲旅游形象转变的不同突破方式。

苏州通过传统与现代的苏式休闲生活方式展示，吸引游客体验老苏州和新苏州的社区休闲活动，打造生活型目的地品牌。乐山的突破方式在于做强（核心区）与扩容（拓展休闲文化展示空间）的结合，通过"山城一体"和"景城一体"策略，加强水上和滨水区域休闲旅游产品开发，做强核心旅游区——乐峨国际休闲度假旅游区，通过山地火车观光休闲度假带辐射区县休闲度假旅游，让游客体验山水禅意休闲活动，打造山水禅意休闲旅游目的地品牌。丽江主要通过扩展民族文化展示空间，在丽江古城休闲旅游产品的基础上，开发丰富多彩的乡村民族文化休闲体验旅游产品，打造民族文化风情浓郁的休闲目的地品牌。

（7）世界遗产资源保护和文化展示是遗产地旅游可持续发展的基石。

世界遗产资源带动和促进了我国旅游目的地旅游的纵深发展。三个案例地旅游形象演变的比较研究显示，文化展示引起三个案例地旅游形象发生不同程度的演变，三个案例地旅游形象不断丰满，休闲度假旅游形象开始显现。在三个案例地旅游形象的变化过程中，世界遗产资源始终是三个案例地最重要的旅游吸引因素。尽管丽江旅游形象已经发生演变，但丽江古城世界遗产一直是丽江旅游最重要的旅游吸引因素。世界遗产苏州园林一直是苏州旅游的核心吸引力。峨眉山—乐山大佛世界遗产景区一直是游客感知乐山的核心吸引力。

未来三个案例地都要实现从观光旅游向休闲旅游目的地的形象转变，本研究显示，三个案例地休闲旅游形象转变的突破方式都要依赖于世界遗产文化展示的带动与辐射。苏州通过传统与现代的苏式休闲生活方式展示，吸引游客体验老苏州和新苏州的社区休闲活动，打造生活型目的地品牌。乐山的突破方式在于做强（核心区）与扩容（拓展休闲文化展示空间）的结合，不断做强作为核心旅游区的乐峨国际休闲度假旅游区，通过构建峨眉山观光驱动的山地火车观光休闲度假带拓展休闲文化展示空间，提供高品质休闲度假旅游产品，打造禅意休闲旅游目的地品牌。丽江在古城休闲旅游产品的基础上，主要通过扩展纳西民族文化展示空间，开发丰富多彩的乡村民族文化休闲体验旅游产品，打造民族文化风情浓郁的休闲目的地品牌。

当未来三个案例地旅游形象成功转变为休闲度假形象，遗产地旅游文化的主导因子将发生变迁，世界遗产文化将成为遗产地旅游文化景观生态系统的背景文化因子，但世界遗产文化仍是遗产地旅游的重要文化资本，世界遗产资源仍然是核心吸引力。所以，世界遗产资源保护和文化展示对遗产地可持续发展至关重要，应成为遗产地旅游发展的重要战略。遗产地在不断丰富文化展示、培育符合未来旅游市场发展趋势的各具特色的旅游形象过程中，要加强软开发，避免过度硬开发，不遗余力地保护和展示世界遗产文化。

第二节　主要创新和不足

本研究的创新主要有：

（一）理论研究创新

1. 探讨基于目的地文化展示的旅游形象演变机制，补充了旅游形象研究，为目的地旅游形象动态管理提供理论依据

对旅游形象的形成研究已经形成共识，认为旅游形象形成是一个心理过程，是游客感知目的地后在心目中形成的总体印象。由于目的地状态是变化的，游客在整个旅游过程中

的感知也是变化的，因而目的地形象具有动态性。旅游形象的动态变化受到国内外学者的关注，着重研究了目的地形象的季节变化、游客旅游过程中不同阶段目的地旅游形象的变化，以及不同旅游市场感知的目的地旅游形象差异等，鲜见探讨旅游形象演变机制的研究。目的地文化展示过程是旅游形象建构过程，目的地文化展示的变化引起旅游形象演变，但缺乏将文化展示与旅游形象结合起来的研究，以及探讨文化展示引起旅游形象演变机制的研究。

本研究在景观生态学理论、生态位变迁理论和旅游形象理论的指导下，采用定性与定量相结合的方法，通过三个案例地的实证研究，探讨基于目的地文化展示的旅游形象演变机制，为目的地实施文化展示管理工程，把控目的地形象演变方向，提供理论依据。研究得出结论，目的地文化展示引起旅游文化景观生态系统文化因子生态位变迁，进而引起系统主导文化因子演替，导致目的地旅游形象演变。旅游形象演变过程中主导文化因子演替是关键。引起文化因子生态位变迁的因素很多，其中，旅游投资因素是重要驱动因素。根据该结论，目的地通过调控旅游文化景观生态系统主导文化因子可优化旅游形象和培育未来旅游形象，可通过对旅游投资的监测，引导旅游投资投向有利于旅游形象演变的方向。

2. 探讨旅游文化因素对目的地形象的影响机制，深化了旅游形象影响因素研究，为构建目的地文化展示体系提供理论依据

有大量研究探讨旅游形象的影响因素，研究结果涉及的影响因素几乎涵盖目的地的方方面面，其中，文化因素是一个重要因素，但文化因素如何影响目的地形象缺乏进一步的影响机制研究。

本研究分别以苏州园林文化、峨眉山佛教文化和丽江纳西文化为研究对象，建立物质文化、非物质文化和文化展示方式三维度文化展示框架体系，借鉴前人已有的旅游形象结构关系模型，采用结构方程方法，探讨文化展示对旅游形象的影响。通过比较三个案例地的研究结论发现，三个案例地文化展示三维度都可被游客感知，并通过认知形象或情感形象间接影响整体形象。但三个案例地文化展示三维度影响整体形象的重要性和路径有差异。差异产生的原因主要是：第一，文化展示方式重要性与目的地文化展示进程有关。第二，物质文化展示与非物质文化展示重要性的差异与文化本身的可感知性有关。第三，形象影响路径差异与认知形象影响路径有关。根据该研究结论，本研究提出景观文化体系化展示途径，为目的地景观文化展示实践提供理论参考。

3. 将目的地文化展示与旅游形象结合研究，构建目的地文化展示与旅游形象互动模式作为目的地旅游形象动态管理工具，为目的地实施形象管理战略提供理论支撑

目前，在目的地旅游形象研究视角上，一些学者从空间物质要素上构建城市意象，如凯文·林奇。在文化展示研究视角上，一些学者从空间生产角度研究文化展示，如贝拉·迪克斯。很多学者注意到目的地文化是旅游形象的影响因素，但忽视了目的地文化展示与旅游形象的互动关系，未构建它们互动的模式、探讨它们互动的路径。

本研究通过对文化展示与旅游形象关系以及对文化展示引起旅游形象演变机制的研

究，结合文化结构理论、目的地文化展示的景观生态空间结构和旅游形象感知理论，构建目的地文化展示与形象互动模式，并在该模式指导下，提出三个案例地当前旅游形象优化的文化展示调控措施和未来各具特色的休闲旅游形象培育的文化展示策略。

（二）研究内容创新

1. 将文化展示研究从景点和景区拓展到目的地层次，构建目的地文化展示系统，探讨以目的地整体形象为基础、独特形象塑造为目标的文化展示路径和文化展示调控策略，拓展了文化展示研究内容

目前，国内外文化展示研究主要针对景区景点和博物馆文化展示，缺乏对目的地文化展示的系统研究。

本研究引入景观生态学，构建目的地旅游文化景观生态系统作为目的地文化展示系统，通过探究目的地旅游文化景观生态系统空间演变规律和特征、独特形象形成规律、目的地文化展示对旅游形象的影响等，从"时—空—文化"三维体系出发构建目的地文化展示体系。构建"过去—现在—未来"的历时性展示时间轴，依托旅游文化景观生态系统的空间单元斑块、廊道和基质，以网络化发展思路，构建目的地文化展示空间载体结构，探讨目的地文化展示的整体性、独特性和调控策略。以文化生态和文化景观理论为指导，构建被展示的文化体系，探讨目的地文化展示的提升和优化途径，拓展了文化展示研究内容，为目的地提供了可操作的旅游文化展示思路。

2. 探讨景观文化体系化展示途径，深化了文化展示研究内容，对目的地文化展示实践具有重要指导意义

目前关于景观文化展示的研究，主要集中在不同空间载体的景观文化构建方面。对现代城市景观特色的营建，许多学者认为营建思路来自地方性和传统文化。对于休闲度假景区景观文化的挖掘展示，认为要提高文化品位，立足场地精神，与自然环境相协调，进行体验性展示。对景点的景观文化展示要遵循生态保护、资源保护等原则。现有研究更多是探讨各类景观文化的构建策略。

本研究构建由物质文化、非物质文化和文化展示方式三维度组成的景观文化展示体系，将景观文化展示与旅游形象影响结合起来，采用定性和定量相结合的方法，实证探讨景观文化展示对旅游形象的影响，提出景观文化体系化展示途径，重视物质文化与非物质文化相结合的展示。不仅深化了文化展示研究内容，而且有利于提高目的地文化展示的效果和科学性，对目的地文化展示实践具有重要指导意义。

3. 将目的地形象塑造研究从偏重营销端拓展到目的地管理端，将目的地形象管理从单纯的形象定位和形象设计等静态管理研究拓展到当前形象优化与未来形象塑造的动态管理研究，丰富了旅游形象管理研究内容

目的地管理和目的地营销对目的地旅游形象塑造都很重要，尤其是在新媒体时代，目的地管理对形象塑造的重要性更加突出。但现有目的地旅游形象塑造的研究，主要偏重目的地营销，忽视目的地管理对旅游形象的影响。在旅游形象管理研究方面，已有研究主要致力于形象定位、形象传播等形象静态管理研究，少有依据旅游者感知进行旅游形象调

控、优化和培育的动态管理研究。

本研究将目的地形象塑造研究从偏重营销端拓展到目的地管理端，探讨目的地文化展示对旅游形象的影响机制，提出实施目的地文化展示管理工程，把控目的地形象演变方向，对目的地形象塑造具有重要的理论和现实意义。

本研究通过对文化展示与旅游形象关系的分析以及对文化展示引起旅游形象演变机制的研究，结合文化结构理论、目的地文化展示的景观生态空间结构和旅游形象感知理论，构建目的地文化展示与形象互动模式，并在该模式指导下，提出三个案例地当前旅游形象优化的文化展示调控措施和未来休闲旅游形象培育的文化展示策略。

（三）研究方法和研究视角创新

1. 引入景观生态学，借助文化学、旅游者行为学、管理学和地理学等多学科理论的综合研究方法

目的地文化展示系统是一个综合的复杂系统，旅游形象形成过程是一个复杂过程，对目的地形象研究带来极大挑战。与目前单一跨文化研究、旅游者行为研究和单一目的地研究相比，本研究进行方法创新，以问题为导向，引入景观生态学，借助文化学、旅游者行为学、管理学和地理学等多学科理论进行综合研究，有助于将文化展示与旅游形象结合进行研究，分析目的地文化展示空间结构和特征，探讨旅游者感知行为规律和形象演变机制，建立目的地文化展示与旅游形象互动模式，探讨目的地文化展示与形象互动共性规律和差异，构建目的地调控文化展示、实施形象动态管理的系统思路。

2. 采用文化生态视角、整体性和独特性视角以及时空动态视角等多维视角进行旅游形象研究

目的地文化展示系统是旅游文化景观生态系统，但目的地形象研究缺少生态视角。文化因素对旅游形象塑造的决定作用日益明显，但缺乏基于文化视角的影响机制研究。对目的地整体形象研究主要集中在形象感知、形象结构及其关系、形象对游客行为的影响等方面。对独特形象研究仅停留于Qu等（2011）提出的整体形象的第三维度是独特形象，且独特形象对整体形象形成的影响仅次于认知评价居第二位，鲜见有对目的地形象独特性塑造的专门研究。本研究把握目的地旅游文化生态系统特征和旅游形象的多维度特征，以文化生态视角、整体性和独特性视角以及时空动态视角等多维度视角聚焦目的地形象研究，并将时空视角贯穿于整个研究过程，探讨文化生态机制下目的地形象演变机制，构建目的地文化展示与形象互动模式，探讨三个案例地当前形象调控的文化展示途径和未来形象培育的文化展示策略。整体性和独特性是目的地形象的两个维度，新媒体时代、散客时代和目的地全球竞争时代，客观要求目的地形象进行整体打造，并以独特性赢得游客市场。所以，本研究基于整体视角，以注重整体研究的景观生态学理论为指导，构建目的地旅游文化景观生态系统和旅游文化展示的斑块—廊道—基质景观生态空间载体，以旅游流网络来整合目的地全域空间资源，提出在区域背景下构建目的地形象，注重目的地整体氛围营造。从独特性视角出发，提出从斑块、廊道和基质景观空间单元及其格局、景观分析方法和融入地域文化系统方法等途径塑造目的地独特性。

（四）应用研究创新

1. 基于案例地当前形象的文化展示调控和优化策略研究

通过对比案例地官方推广的旅游形象与游客对目的地的感知形象之间的差距，再连接旅游市场趋势，分析评价案例地当前形象。从展示内容、展示方式和展示空间特征，以及旅游文化景观生态系统各景观单元等方面评价案例地文化展示。针对案例地旅游形象问题和文化展示问题，提出当前案例地文化展示的调控优化措施，使案例地推广的旅游形象与游客感知的旅游形象一致。

2. 基于案例地未来旅游形象培育的文化展示策略研究

结合案例地"十三五"旅游发展定位和旅游市场发展趋势，以及案例地自然、文化和环境资源条件，以独特性视角和"基质＋主导文化因子"的结构，分析案例地未来旅游形象，以"目的地文化展示与旅游形象互动模式"路径为指导，提出案例地未来文化展示思路和文化展示策略。通过三个案例地比较研究，归纳出目的地未来休闲旅游形象展示的共性途径和不同突破方式。

本研究的不足之处：

（1）旅游流网络发展特征和区域背景下目的地独特性感知方面案例地研究不足。本研究创新性提出目的地旅游流网络体系，设置了一个虚拟的休闲目的地旅游流网络，采用社会网络分析方法，通过对比目前的观光旅游流网络，探讨休闲旅游目的地网络特征，得出了有意义的结论。由于三个案例地中，只有苏州旅游目的地旅游发展较为成熟，旅游流网络化发展较为明显，而乐山和丽江旅游目的地还处于网络化发展的初级阶段，难以进行网络分析。所以，仅研究了苏州旅游流网络的发展特征，个案研究制约了研究结论的普适性。

在研究区域背景下目的地独特性感知时，只选取苏州作为案例地进行研究。因为长三角旅游业发达，苏州又是长三角著名旅游城市，旅游业发展成效突出，游客感知显著。虽然乐山和丽江也是我国著名的旅游目的地，但四川和大香格里拉区域旅游发展不如长三角，影响游客对区域背景的感知，在我们收集游客游记进行初步分析以后，证明了这个判断。虽然该研究属于个案研究，但有地理学关于空间层次理论和相关研究关于空间层次感知理论的有力支撑，本研究的结论具有较强的可靠性。

（2）案例地旅游文化生态位计算数据精度不够高、计算指标有差异。本研究引入生态位理论探讨目的地文化展示引起旅游形象演变的机制，生态位计算成为一个难点。因为文化是一个嵌块体，旅游文化景观单元的边界较难确定，可能存在判别差距，加上我国旅游统计也正在规范中，相关数据获取难度较大，一些数据的获取渠道和方法具有间接性，使计算结果精度受到影响。另外，在分别计算三个案例地旅游文化生态位时，按照本研究提出的旅游文化生态位维度和要素，结合案例地旅游发展阶段不一致的实际，苏州确定了一个指标体系，乐山和丽江确定了另一个指标体系。

本研究认为，精度和指标的差异不足以影响研究结论。因为统计数据获取难度和旅游文化的镶嵌性特征，使旅游文化生态位计算的精度不可能很高，它只能反映目的地旅游文化景观生态系统中旅游文化景观单元的生态位差异和发展态势。另外，有差异的两个指标体系都是在本研究提出的旅游文化生态位维度和要素框架下选择的，反映了旅游文化生态位的内涵，所计算的生态位数值主要用于案例地历时性趋势比较。

第三节 后续研究

1. 区域旅游目的地品牌形象塑造研究。旅游者在区域背景下感知目的地，使区域旅游目的地品牌形象成为目的地的首要标识，是旅游者选择目的地的重要因素。所以，怎样塑造区域旅游品牌形象，促进区域旅游做大做强，带动区域内其他目的地发展，是区域内目的地共同面临的问题。

2. 目的地形象管理战略研究。旅游形象管理战略研究具有重要的理论意义和实践价值。一方面，可将目的地形象研究引向细致深入，对塑造满足游客期望的目的地形象有重要指导意义。另一方面，旅游形象管理涉及目的地方方面面的管理，以旅游形象管理战略为抓手提高目的地管理质量，可为游客提供更多旅游价值，促进目的地可持续发展。

3. 区域旅游文化协同展示效应研究。旅游流具有区域内聚的特点，在构建区域整体形象中每一个次区域品牌都有突出作用。[1] 区域内各目的地因此相互联系、相互作用和相互影响，共同塑造区域旅游形象。在区域层次的旅游文化展示方面，区域旅游文化协同展示效应对塑造区域旅游品牌至关重要，对于把区域旅游合作上升到文化层面具有重要的理论和实践意义。

4. 目的地旅游流网络动态特征和旅游形象演变跟踪研究。

本研究探讨了2016年苏州从观光旅游向休闲度假旅游转变过程中休闲旅游流特征，探讨了丽江1978—2016年旅游形象演变机制，这两个实证研究为今后研究目的地旅游流网络特征和旅游形象演变，提供了参考、比较和借鉴案例。在我国旅游高质量发展和休闲度假旅游快速发展的背景下，跟踪研究苏州旅游流网络动态特征和丽江旅游形象演变，具有重要的理论和现实意义，可进一步探讨目的地休闲旅游网络动态演变特征，为我国旅游目的地发展休闲旅游提供理论支撑，可进一步探讨旅游目的地形象修复机制，为我国旅游目的地形象管理和旅游高质量发展提供理论参考。

---

① Estela Marine - Roig, Salvador Anton Clavé. Perceived Image Specialisation in Multiscalar Tourism Destinations. *Journal of Destination Marketing & Management*, 2016, 5: 202 - 213.

参考文献

中文文献

［美］阿摩斯·拉普特：《文化特性与建筑设计》，常青、张昕、张鹏译，中国建筑工业出版社 2004 年版。

［美］艾·里斯、杰·特劳特：《广告攻心战略——品牌定位》，刘毅志译，中国友谊出版社 1994 年版。

［英］凯·安德森、［美］莫娜·多莫什、［英］史蒂夫·派尔、［英］奈杰尔·思里夫特：《文化地理学手册》，李蕾蕾、张景秋译，商务印书馆 2009 年版。

Abraham Pizam、Yoel Mansfeld：《旅游消费者行为研究》，舒伯阳、冯玮译，东北财经大学出版社 2005 年版。

Dean MacCannell：《旅游者休闲阶层新论》，张晓萍等译，广西师范大学出版社 2008 年。

白凯、马耀峰、游旭群：《基于旅游者行为研究的旅游感知和旅游认知概念》，《旅游科学》2008 年第 1 期。

白凯、孙天宇：《旅游景区形象共生互动关系研究——以西安曲江唐文化旅游区为例》，《经济地理》2010 年第 1 期。

保继刚、楚义芳、彭华：《旅游地理学》，高等教育出版社 1993 年版。

保继刚、古诗韵：《广州城市游憩商业区（RBD）的形成与发展人文地理》，《人文地理》2002 年第 5 期。

卞显红、张树夫：《应用有利形象模式衡量旅游目的地形象研究——以西安市与上海市为例》，《人文地理》2005 年第 1 期。

蔡晨微、张建华：《打造体验性佛教旅游产品的思考》，《上海商业》2012 年第 9 期。

晁华山编著：《世界遗产》，北京大学出版社 2004 年版。

陈超、马海涛、陈楠等：《中国农民旅游流网络重心轨迹的演化》，《地理研究》2014 年第 7 期。

陈传康：《旅游文化的二元结构——传统性与现代化的极化互补》，载白槐主编《旅游文化论文集》，中国旅游出版社 1991 年版。

陈浩、陆林、郑嬗婷：《基于旅游流的城市群旅游地旅游空间网络结构分析——以珠江三角洲城市群为例》，《地理学报》2011 年第 2 期。

陈红梅、郭伟：《基于生态位理论的区域旅游文化测评研究》，《统计与决策》2009 年第 9 期。

陈虹涛、武联：《信息时代我国城市游憩商务空间演变初探》，《西北大学学报》（自然科学版）2007 年第 5 期。

陈华文：《文化学概论》，上海文艺出版社 2001 年版。

陈剑峰：《乡村旅游目的地优化研究——基于游客价值创新视角》，《改革与战略》2012 年第 6 期。

陈文玉：《基于 CIS 理论的"情调苏州"旅游目的地形象构建》，《经济研究导刊》2016 年第 15 期。

陈晓磬：《长沙城市旅游内部空间结构研究》，硕士学位论文，中南林业科技大学，2007 年。

陈兴：《基于人类学视角对"旅游体验"的新思考》，《成都理工大学学报（社会科学版）》2011 年第 2 期。

陈秀琼、黄福才：《基于社会网络理论的旅游系统空间结构优化研究》，《地理与地理信息科学》2006 年第 5 期。

陈宗海：《旅游景观文化论》，《上海大学学报》（社会科学版）2000 年第 3 期。

程德年、周永博、魏向东：《旅游目的地意向固化与更新的动力机制研究——以苏州为例》，《旅游学刊》2017 年第 2 期。

丹尼斯·科斯格罗夫（Denis Cosgrove）：《景观和欧洲的视觉感—注视自然》，载凯·安德森、莫娜·多莫什、史蒂夫·派尔、奈杰尔·思里特夫《文化地理学手册》，商务印书馆 2009 年版。

单霁翔：《从"功能城市"走向"文化城市"》，天津大学出版社 2007 年版。

邓明艳：《旅游目的地文化展示与形象管理研究——以峨眉山—乐山大佛世界文化与自然遗产地为例》，博士学位论文，华中师范大学，2012 年。

邓明艳：《世界遗产旅游研究》，中央文献出版社 2009 年版。

邓明艳：《世界遗产资源保护性开发模式新思考》，《北京第二外国语学院学报》2004 年第 3 期。

邓明艳、罗佳明：《英国旅游目的地网络营销信息构建及启示》，《商业研究》2008 年第 4 期。

邓明艳、覃艳：《基于需求分析的遗产景区旅游解说系统优化研究》，《旅游学刊》2010 年第 7 期。

范龙：《批量化与个性化的共存——量产标准展示设备的异化设计研究》，硕士学位论文，江南大学，2007 年。

范业正：《中国旅游业信息化发展研究》，博士学位论文，华东师范大学，2000 年。

方俊明：《认知心理学与人格教育》，陕西师范大学出版社 1990 年版。

费一鸣、叶梦：《苏州城市公众意象初探》，《山西建筑》2008 年第 8 期。

冯捷蕴：《北京旅游目的地形象的感知——中西方旅游者博客的多维话语分析》，《旅游学刊》2011 年第 9 期。

冯乃康：《首届中国旅游文化学术研讨会纪要》，《旅游学刊》1991 年第 1 期。

付宝华主编：《城市主题文化与名牌城市战略》，中国经济出版社 2008 年版。

付琼鸽、刘大均、胡静等：《湖北省旅游流网络结构的特征与优化》，《经济地理》2015 年第 3 期。

甘露、卢天玲、王晓辉：《国内入藏游客对西藏旅游形象感知的实证研究》，《旅游科学》2013 年第 2 期。

高军、马耀峰、吴必虎等：《外国游客对华旅游城市感知差异——以 11 个热点旅游城市为例的实证分析》，《旅游学刊》2010 年第 5 期。

高莉、何佳荣：《基于生态位理论的区域旅游竞合模式研究》，《珠江现代建设》2009 年第 2 期。

管宁：《时尚创意铸就的朝阳产业——法国文化产业的经验与启示》，《东岳论丛》2012 年第 12 期。

郭伟锋：《从景观凝视到生活方式：旅游的后现代转向》，《四川文理学院学报》2013 年第 6 期。

郭毓洁、陈怡宁：《全域旅游的旅游空间经济视角》，《旅游学刊》2016 年第 9 期。

韩光明：《基于文脉、地脉的区域旅游形象设计研究——以乌兰布和沙漠旅游规划为例》，《干旱区资源与环境》2009 年第 4 期。

何燕：《游客感知下的城市—景区旅游流空间响应研究》，硕士学位论文，西北大学，2007 年。

何玉珍、林昆勇：《美国芝加哥城市转型及其文化力的彰显与启示》，《城市》2015 年第 2 期。

侯兵、黄震方、尚正永：《基于城市意象变迁的城市旅游形象塑造研究——以江苏省扬州市为例》，《经济地理》2009 年第 12 期。

侯兵、黄震方、徐海军：《文化旅游的空间形态研究——基于文化空间的综述与启示》，《旅游学刊》2011 年第 3 期。

胡春雷、肖玲：《生态位理论与方法在城市研究中的应用》，《地域研究与开发》2004 年第 2 期。

胡远航：《基于生态位理论的南宁文化创意产业发展对策》，《广西民族大学学报（哲学社会科学版）》哲学社会科学专辑，2007 年 S2 期。

黄鹤：《文化规划：基于文化资源的城市整体发展策略》，中国建筑工业出版社 2010 年版。

黄鹤：《文化政策主导下的城市更新——西方城市运用文化资源促进城市发展的相关

经验和启示》，《国外城市规划》2006 年第 1 期。

黄杰、王立明、李晓东：《建构主义视角下网络媒介对区域旅游形象的构建——以新疆旅游网站为例》，《传媒》2017 年第 4 期。

黄泰、保继刚：《基于文化空间解读的城市水上旅游组织策划模式研究——苏州环城河水上旅游案例分析》，《规划师》2008 年第 8 期。

黄向、保继刚：《场所依赖（place attachment）：一种游憩行为现象的研究框架》，《旅游学刊》2006 年第 9 期。

季少军：《信息化时代目的地形象的话语权之争》，《旅游学刊》2018 年第 4 期。

季松：《消费社会时空观视角下的城市空间发展特征》，《城市规划》2011 年第 7 期。

贾祥春：《旅游文化的特点及其在旅游业中的地位和作用》，《复旦学报（社会科学版）》1997 年第 3 期。

江金波、赫瑞娜：《基于结构方程模型的城市旅游形象影响路径研究——以西安市为例》，《人文地理》2015 年第 3 期。

姜艳、陈超：《景观设计的"四维"价值探讨》，《南京林业大学学报（人文社会科学版）》2006 年第 2 期。

蒋涤非：《城市形态活力论》，东南大学出版社 2007 年版。

蒋依依等：《旅游景观生态系统格局：概念与空间单元》，《生态学报》2009 年第 2 期。

蒋依依等：《旅游景观生态系统理论》，《生态学报》2008 年第 4 期。

焦世泰：《河西走廊区域旅游形象定位研究》，《干旱区资源与环境》2010 年第 8 期。

焦彦、齐善鸿、王鉴忠：《城市旅游定位的战略方法——以天津城市旅游为例》，《旅游学刊》2009 年第 4 期。

荆哲璐：《城市消费空间的生与死——〈哈佛设计学院购物指南〉评述》，《时代建筑》2005 年第 2 期。

琚胜利、陶卓民、赖正清等：《浙江省国内旅游流系统网络结构演变研究》，《地理与地理信息科学》2015 年第 2 期。

凯文·林奇：《城市意象》，方益萍等译，华夏出版社 2001 年版。

克莱尔·A. 冈恩、特格特·瓦尔：《旅游规划理论与案例》（第四版），东北财经大学出版社 2004 年版。转引自余青、樊欣、刘志敏等《国外风景道的理论与实践》，《旅游学刊》2006 年第 5 期。

乐山市人民政府，上海同济城市规划设计研究院：《乐山市城市总体规划（2010—2030）》，2011 年。

乐山市人民政府：《乐山旅游发展战略（山地旅游）五年行动计划》，亚太旅游协会（PATA），2017 年 9 月。

乐山市文化馆：《乐山非物质文化遗产》（内部资料），2011 年。

黎洁、赵西萍：《美国游客对西安的感知研究》，《北京第二外国语学院学报》2000 年第 1 期。

李包相：《基于休闲理念的杭州城市空间形态整合研究》，博士学位论文，浙江大学，2007 年。

李宏：《旅游目的地形象测量的内容与工具研究》，《人文地理》2007 年第 2 期。

李金早：《全域旅游的价值和途径》，《人民日报》2016 年 3 月 7 日。

李靖华：《城市序列空间的创造》，《规划师》2000 年第 2 期。

李静、Pearce、吴必虎等：《雾霾对来京旅游者风险感知及旅游体验的影响——基于结构方程模型的中外旅游者对比研究》，《旅游学刊》2015 年第 10 期。

李蕾蕾：《从新文化地理学重构人文地理学的研究框架》，《地理研究》2004 年第 1 期。

李蕾蕾：《旅游地形象策划：理论与实务》，广东旅游出版社 1999 年版。

李蕾蕾：《旅游目的地形象的空间认知过程和规律》，《地理科学》2000 年第 6 期。

李琼英、方志远：《旅游文化概论》，华南理工大学出版社 2010 年版。

李瑞：《城市旅游意象及其构成要素分析》，《西北大学学报》（自然科学版）2004 年第 4 期。

廖卫华：《消费主义视角下城市遗产旅游景观的空间生产》，博士学位论文，暨南大学，2010 年。

林立：《浅谈文体活动在打造世界级旅游目的地中的作用》，《乐山师范学院学报》，2011 年第 10 期。

凌馨、施建国：《中国旅游业竞争力升至全球第 15 位》，《中国旅游报》2017 年 4 月 10 日。

刘法建、张捷、陈冬冬：《中国入境旅游流网络结构特征及动因研究》，《地理学报》2010 年第 8 期。

刘宏盈、韦丽柳、张娟：《基于旅游线路的区域旅游流网络结构特征研究》，《人文地理》2012 年第 4 期。

刘军：《整体网分析——UCINET 软件实用指南（第二版）》，上海人民出版社 2014 年版。

刘力：《旅游目的地形象感知与游客旅游意向——基于影视旅游视角的综合研究》，《旅游学刊》2013 年第 9 期。

刘娜、姜洪涛、高倩：《客源地居民对南京市重点旅游景区的感知差异研究——以苏、锡、常等七客源地为例》，《旅游论坛》2009 年第 1 期。

刘鹏、吴华清、江兵等：《旅游目的地形象广告效应分析：基于双重差分模型的估计》，《旅游学刊》2017 年第 8 期。

刘思敏、霍光：《东方意义的摩天追求与宗教旅游和谐发展——"对城市飙高和旅游造神的凝视"之三》，《中国旅游报》2010 年 3 月 12 日第 8 版。

吕帅：《国外旅游形象研究及其对国内的启示——基于 1996 年～2007 年 TM 和 ATR

所载文献》，《旅游科学》2009 年第 1 期。

吕帅：《区域旅游形象绩效评估研究》，硕士学位论文，华东师范大学，2007 年。

马波：《旅游场域的扩张：边界与政策含义》，《旅游学刊》2016 年第 9 期。

马波：《现代旅游文化学》，青岛出版社 2010 年版。

马承艳：《工业遗产在利用的景观文化重建——以北京 798 和上海 M50 为例》，硕士学位论文，西安建筑科技大学，2009 年。

马凌：《本真性理论在旅游研究中的应用》，《旅游学刊》2007 年第 10 期。

马凌：《旅游社会科学中的建构主义范式》，《旅游学刊》2011 年第 1 期。

迈克·克朗：《文化地理学》，杨淑华等译，南京大学出版社 2005 年版。

苗伟：《文化时间与文化空间：文化环境的本体论维度》，《思想战线》2010 年第 1 期。

闵学勤：《感知与意象——城市理念与形象设计》，东南大学出版社 2007 年版。

潘海颖：《基于生活美学的旅游审美探析——从观光到休闲》，《旅游学刊》2016 年第 6 期。

祁新华等：《基于生态位理论的旅游可持续发展策略》，《生态经济》2005 年第 8 期。

邱皓政、林碧芳：《结构方程模型的原理与应用》，中国轻工业出版社 2009 年版。

上海同济城市规划设计研究院、乐山市城乡规划设计院：《乐山历史文化名城保护规划（规划说明）》，2011 年。

沈福煦：《中国景观文化论》，《南方建筑》2001 年第 1 期。

沈学瑞、李天元：《国外旅游目的地形象研究前沿探析与未来展望》，《外国经济与管理》，2013 年第 11 期。

沈仲亮：《中国发展旅游综合效应凸显去年 GDP 贡献 11%》，《中国旅游报》2017 年 1 月 15 日。

沈仲亮、李志刚：《国家旅游局发布〈2016 中国旅游投资报告〉》，《中国旅游报》2017 年 5 月 22 日。

施荣连、施建林：《临沧沧源佤族宗教旅游发展浅论》，《商业文化》2011 年第 5 期。

史坤博、杨永春：《大陆大学生在台湾的旅游动机及旅游形象感知评价》，《资源科学》2015 年第 3 期。

宋欢、喻学才：《城市旅游意象的结构与重构——兼论旅游形象与旅游意象的异同》，《地域研究与开发》2017 年第 1 期。

宋秋：《乐山山水名城资源特色及其现状分析》，《乐山师范学院学报》2006 年第 12 期。

宋秋：《山水城市的构建及其游憩功能的发挥——以乐山市为例》，硕士学位论文，四川师范大学，2006 年。

苏勤、曹有挥、张宏霞等：《旅游者动机与行为类型研究——以世界遗产地西递为例》，《人文地理》2005 年第 4 期。

苏勤、林炳耀：《基于态度与行为的我国旅游地居民的类型划分——以西递、周庄、九华山为例》，《地理研究》2004 年第 1 期。

苏伟忠、杨英宝：《基于景观生态学的城市空间结构研究》，科学出版社 2007 年版。

苏州编委会：《苏州》，当代中国出版社 2012 年版。

苏州旅游局、英国巴斯大学：《苏州古城国际旅游研究报告》，苏州旅游局，2014 年。

苏州市旅游局、北京慧谷旅游规划设计院：《苏州市全域旅游发展规划》，2017 年 9 月。

苏州市人民政府：《市政府办公室关于印发苏州市旅游业发展"十三五"规划的通知》，苏州市人民政府办公室文件（苏府办 18 号），2017 年 1 月 25 日。

孙爱丽、王晞：《五台山的佛教文化及其宗教旅游发展的探讨》，《社会科学家》2003 年第 2 期。

孙剑冰：《从"文化标本"到"文化生活"——以苏州古典园林为资源的社区旅游发展模式研究》，《旅游科学》2012 年第 4 期。

唐莉英：《城市雕塑及其文化含义》，《四川建筑》2005 年第 1 期。

陶玉国、李永乐、孙天胜等：《PI 背景下的 TDI 结构方程模型》，《旅游学刊》2009 年第 7 期。

陶卓民、卢亮：《长江三角洲区域旅游形象设计和开拓研究》，《经济地理》2005 年第 5 期。

提姆·克雷斯韦尔（Tim Cresswell）：《景观、实践的泯灭》，载凯·安德森、莫娜·多莫什、史蒂夫·派尔、奈杰尔·思里特夫《文化地理学手册》，李蕾蕾、张景秋译，商务印书馆 2009 年版。

田晓：《城市历史地段在开发规划中的景观设计》，硕士学位论文，西安建筑科技大学，2008 年。

同济大学城市规划设计院：《乐山市城市总体规划（2003—2020）》，2003 年。

汪德根、陆林、陈田等：《区域旅游形象设计的理论与实证研究——以内蒙古自治区为例》，《地域研究与开发》2004 年第 5 期。

王承旭：《城市文化的空间解读》，《规划师》2006 年第 1 期。

王大悟：《旅游文化之当代解读》，《旅游科学》2007 年第 4 期。

王更生、汪安圣：《认知心理学》，北京大学出版社 1992 年版。

王国新：《论旅游目的地营销误区与新策略》，《旅游学刊》2006 年第 8 期。

王纪武：《人居环境地域文化论——以重庆、武汉、南京地区为例》，东南大学出版社 2008 年版。

王金莹、吴晋峰、唐澜等：《基于 SNA 的中国入境欧洲旅游流网络性质和结构特征研究》，《人文地理》2013 年第 6 期。

王珏：《人居环境视野中的游憩理论与发展战略研究》，中国建筑工业出版社 2009 年版。

王宁：《后现代社会的消费文化及其审美特征》，《学术月刊》2006 年第 5 期。

王晓华、白凯：《新媒体时代目的地形象的解构与重构》，《旅游学刊》2018 年第 3 期。

王昕、陈婷：《基于旅游行为的旅游目的地空间层次与管理》，《人文地理》2009 年第 6 期。

王衍用：《全域旅游需要全新思维》，《旅游学刊》2016 年第 12 期。

王莹、李晟：《旅游文化消费行为研究及其对旅游区文化展示的研究》，《江苏商论》2008 年第 12 期。

王永庶、魏开云：《地域场所文脉的回归——以昆明春融公园的景观规划为例》，《广东园林》2010 年第 3 期。

王媛、冯学钢、孙晓东：《旅游地形象的时间演变及演变机制》，《旅游学刊》2014 年第 10 期。

王兆峰：《旅游产业集群的生态位策略研究》，《人文地理》2009 年第 1 期。

魏胜林、汪洋：《苏州中央公园造园艺术浅议——江南水乡景观与城市现代景观相融糅》，《安徽农业科学》2008 年第 28 期。

魏小安、王洁平：《创造未来文化遗产》，中国人民大学出版社 2005 年版。

文春艳、李立华、徐伟等：《旅游目的地形象研究综述》，《地理与地理信息科学》2009 年第 6 期。

闻飞等：《国际旅游城市研究进展》，《黄山学院学报》2009 年第 4 期。

乌铁红：《旅游地形象的动态研究与其生命周期的演化》，《内蒙古师范大学学报》（哲学社会科学版），2005 年第 2 期。

邬建国：《生态学范式变迁综论》，《生态学报》1996 年第 5 期。

吴必虎：《区域旅游规划原理》，中国旅游出版社 2001 年版。

吴必虎、宋治清：《一种区域旅游形象分析的技术程序》，《经济地理》2001 年第 4 期。

吴必虎、徐斌、邱扶东等：《中国国内旅游客源市场系统研究》，华东师范大学出版社 1999 年版。

吴承忠：《西方国家历史文化旅游发展的现状和趋势》，《人文地理》2004 年第 6 期。

吴抚生：《旅游目的地形象对游客推荐意愿、支付意愿的影响研究——以杭州为例》，博士学位论文，浙江大学，2009 年。

吴光锡：《泉州市宗教文化旅游营销策略研究》，《现代商贸工业》2009 年第 6 期。

吴国清：《都市旅游目的地空间结构演化的网络化机理》，博士学位论文，华东师范大学，2008 年。

吴晋峰、潘旭莉：《入境旅游流网络与航空网络的关系研究》，《旅游学刊》2010 年第 11 期。

武丽娟、于健：《我国宗教旅游的发展与隐忧》，《中国旅游报》2013 年 5 月 3 日。

向延平：《基于生态位理论的旅游发展关系分析——以武陵源风景区为例》，《经济地理》2009 年第 6 期。

向延平：《基于生态位理论的张家界市旅游市场策略选择》，《农业现代化研究》2009 年第 5 期。

向延平：《旅游地的类生命特征研究》，《中国人口·资源与环境》2008 年第 2 期。

谢贵安、华国梁：《旅游文化学》，高等教育出版社 1999 年版。

谢若龄、吴必虎：《30 年境内外宗教旅游研究综述》，《旅游学刊》2016 年第 1 期。

谢彦君：《旅游体验研究——一种现象学的视角》，南开大学出版社 2005 年版。

谢彦君等：《旅游体验研究——走向实证科学》，中国旅游出版社 2010 年版。

谢元鲁主编：《旅游文化学》，北京大学出版社 2008 年版。

熊元斌、柴海燕：《从"二脉"到"四脉"：旅游目的地形象定位理论的新发展》，《武汉大学学报（哲学社会科学版）》，2010 年第 1 期。

徐菊凤：《旅游文化与文化旅游：理论与实践的若干问题》，《旅游学刊》2005 年第 4 期。

徐小波：《纵横聚焦：旅游城市连绵区文化资源整合的必然趋势——以宁镇扬旅游文化圈为例》，《旅游学刊》2007 年第 11 期。

徐小波、沈伟丽、许俊：《旅游区域：对四种常见"区域旅游空间结构理论"的质疑初探》，《桂林旅游高等专科学校学报》2007 年第 3 期。

许梦：《长三角区域城市旅游品牌形象定位研究》，硕士学位论文，新疆大学，2016 年。

杨福泉主编：《策划丽江》，民族出版社 2005 年版。

杨诗源：《海峡旅游视角下的对台宗教旅游产品开发——以泉州市为例》，《吉林师范大学学报》（自然科学版）2012 年第 2 期。

杨新军、马晓龙：《大西安旅游圈：国内旅游客源空间分析与构建》，《地理研究》2004 年第 5 期。

杨兴柱、顾朝林、王群：《旅游流驱动力系统分析》，《地理研究》2011 年第 1 期。

杨兴柱、顾朝林、王群：《南京市旅游流网络结构构建》，《地理学报》2007 年第 6 期。

杨兴柱、吴静：《南京市旅游流网络结构特征历时性比较》，《旅游科学》2015 年第 4 期。

杨永德、白丽明：《旅游目的地形象概念辨析》，《人文地理》2007 年第 5 期。

姚雅欣、李小青：《"文化线路"的多维度内涵》，《文物世界》2006 年第 1 期。

殷利华：《景观文化融注休闲度假景区规划——以峡山湖休闲度假景区规划为例》，《小城镇建设》2004 年第 10 期。

于大中、吴宝岭：《城市空间层次浅析》，《新建筑》1998 年第 1 期。

俞海滨：《基于游客价值的旅游企业服务创新》，《特区经济》2007 年第 5 期。

虞虎、陈田、王开泳等：《中国农村居民省际旅游流网络空间结构特征与演化趋势》，

《干旱区资源与环境》2015 年第 6 期。

臧德霞、黄洁:《国外旅游目的地形象研究综述——基于 Tourism Management 和 Annals of Tourism Research 近 10 年文献》,《旅游科学》2007 年第 6 期。

曾菊新等:《武汉城市圈旅游发展总体规划（2010—2030）》,华中师范大学旅游规划设计研究院,2010 年。

张阿琴:《北京市国内旅游目的地形象认知模型与发展战略》,硕士学位论文,北京第二外国语学院,2006 年。

张高军、吴晋峰、周靖超:《旅游目的地形象的代际差异比较——兼论代沟理论的 3 种不同学说》,《旅游学刊》2017 年第 2 期。

张国宏:《旅游文化学:研究选位与学科框架》,《旅游学刊》1999 年第 1 期。

张宏梅、陆林、蔡利平等:《旅游目的地形象结构与游客行为意图》,《旅游科学》2011 年第 1 期。

张宏梅、陆林、章锦河:《感知距离对旅游目的地之形象影响的分析——以五大旅游客源城市游客对苏州周庄旅游形象的感知为例》,《人文地理》2006 年第 5 期。

张慧玉:《格式塔心理学对形的探讨》,《理论界》2005 年第 7 期。

张敏、刘学、汪飞:《南京城市文化战略及其空间效应》,《城市发展研究》2007 年第 5 期。

张琴:《目的地因素对韩国游客旅游决策的影响研究——以张家界为例》,硕士学位论文,湖南师范大学,2009 年。

张晓明:《传统文化影响下的现代城市景观特色》,《南京林业大学学报》（人文社会科学版）2006 年第 4 期。

张妍妍、李君轶、杨敏:《基于旅游数字足迹的西安旅游流网络结构研究》,《人文地理》2014 年第 4 期。

张中华、王岚、张沛:《国外地方理论应用旅游意象研究的空间解构》,《现代城市研究》2009 年第 5 期。

章尚正:《从黄山市看目的地国际营销的误区》,《旅游学刊》2006 年第 8 期。

赵加积:《从物品价值到符号价值》,《光明日报》2000 年 7 月 18 日。

赵刘、周武忠:《旅游景观的嬗变与视觉范式的转向》,《旅游学刊》2011 年第 8 期。

赵敏:《旅游挤出效应下的丽江古城文化景观生产研究》,博士学位论文,云南大学,2015 年。

赵伟兵:《城市旅游形象定位的理论与实践》,《广西大学学报哲学社会科学版》2001 年第 23 期。

郑健雄:《后现代旅游产品新风貌》,《旅游学刊》2014 年第 8 期。

郑杨:《城市旅游休闲服务网络的建设》,《旅游学刊》1998 年第 2 期。

中国大百科全书总编辑委员会《心理学》编辑委员会普通心理学编写组编:《中国大百科全书·心理学－普通心理学》,中国大百科全书出版社 1987 年版。

中国旅游研究院：《2014 年全国游客满意度调查》，中国旅游研究院 2015 年版。

周年兴、沙润：《旅游目的地形象的形成过程与生命周期初探》，《地理学与国土研究》2001 年第 1 期。

周宁：《各地疯建"老子文化园"》，《新华日报》2010 年 6 月 3 日第 3 版。

周伟民：《苏州旅游发展看重环境效益》，《中国旅游报》2010 年 3 月 17 日。

周燕芳、唐亦工：《丽江大研古城水系的分布及功能初探》，《保山师专学报》2008 年第 2 期。

周永博：《中国旅游发展笔谈——新时代的旅游目的地形象（一）》，《旅游学刊》2018 年第 3 期。

周永博、蔡元：《从内容到叙事：旅游目的地营销传播研究》，《旅游学刊》2018 年第 4 期。

周永博、沙润：《旅游目的地意象研究进展与展望》，《旅游科学》2010 年第 4 期。

周永博、沙润、杨燕：《旅游景观意象评价——周庄与乌镇的比较研究》，《地理研究》2011 年第 2 期。

周永博、沙润、余子萍：《旅游目的地意象三维耦合结构——基于江南水乡古镇旅游者的实证分析》，《地理科学进展》2011 年第 12 期。

周永博、魏向东、梁峰：《基于 IPA 的旅游目的地意象整合营销传播——两个江南水乡古镇的案例研究》，《旅游学刊》2013 年第 9 期。

朱春全：《生态位态势理论与扩充假说》，《生态学报》1997 年第 5 期。

朱光亚、杨国栋：《城市特色与地域文化的挖掘》，《建筑学报》2001 年第 11 期。

朱竑、李鹏、吴旗涛：《中国世界遗产类旅游产品的感知度研究》，《旅游学刊》2005 年第 5 期。

朱竑等：《中国国际级旅游目的地建设的重新审视——基于国外旅行商视角》，《旅游学刊》2007 年第 6 期。

庄志民：《论旅游意象属性及其构成》，《旅游科学》2007 年第 3 期。

庄志民：《文化遗产旅游价值的新探索》，《旅游学刊》2012 年第 5 期。

邹仁爱、陈俊鸿、陈绍愿等：《旅游地生态位的概念、原理及优化策略研究》，《人文地理》，2006 年第 5 期。

邹统钎：《中国旅游目的地发展研究报告》，旅游教育出版社 2008 年版。

英文文献

Alan Lew, Modeling Tourism Movements: A Local Destination Analysis. *Annals of Tourism Research*, 2006, 33 (2): 403 – 423.

Andrew Lepp, Heather Gibson, Charles Lane, Image and Perceived Risk: A Study of Uganda and Its Official Tourism Website. *Tourism Management*, 2011, 32 (3): 675 – 684.

Anita Zehrer, Frieda Raich, Hubert Siller and Franz Tschiderer, Leadership Networks in

Destinations. *Tourism Review*, 2014, 69 (1): 59 – 73.

Anne Campbell, Location, Location, Location: Women's Leisure in Rural Australia. *Leisure Studies*, 2013, 32 (3): 249 – 263.

Anne R. Kearney, Gordon A. Bradley, Carl H. Petrich, Rachel Kaplan, Stephen Kaplan, Diane Simpson – Colebank, Public Perception As Support for Scenic Quality Regulation in A Nationally Treasured Landscape. *Landscape and Urban Planning*, 2008, 87 (2) : 117 – 128.

Arturo Molina, Águeda Esteban. Tourism Brochures: Usefulness and Image. *Annals of Tourism Research*, 2006, 33 (4): 1036 – 1056.

Asunciòn Beerli, Josefa D. Martin, Factors Influencing Destination Image. *Annals of Tourism Research*, 2004, 31 (3): 657 – 681.

Athena H. N. Mak, Online Destination Image: Comparing National Tourism Organisation's and Tourists' Perspectives. *Tourism Management*, 2017, 60: 280 – 297.

Baloglu S. , Mccleary K. W. , A Model of Destination Image Formation. *Annals of Tourism Research*, 1999, 26 (4): 868 – 897.

Barbara J. Mcnicol & Romella S. Glorioso, Second Home Leisure Landscapes and Retirement in the Canadian Rocky Mountain Community of Canmore, Alberta. *Annals of Leisure Research*, 2014, 17 (1): 27 – 49.

Beerli A, Martin J. D. , Tourists' Characteristics and the Perceived Image of Tourist Destinations: A Quantitative Analysis A Case Study of Lanzarote, Spain. *Tourism Management*, 2004, 25 (5): 623 – 636.

Bella Dicks Culture on Display, *The Production of Contenmporary Visitability*. 北京大学出版社 2007 年版 (英文影印版)。

Beverley Skeggs, Matter Out of Place: Visibility and Sexualities in Leisure Spaces. *Leisure Studies*, 1999, 18 (3): 213 – 232.

Birgit Trauer, Chris Ryan, Destination Image, Romance and Place Experience – An Application of Intimacy Theory in Tourism. *Tourism Management*, 2005, 26 : 481 – 491.

Brian Garrod, Exploring Place Perception: A Photo – Based Analysis. *Annals of Tourism Research*, 2008, 35 (2): 381 – 401.

Cara Robinson, Nightscapes and Leisure Spaces: An Ethnographic Study of Young People's Use of Free Space. *Journal of Youth Studies*, 2009, 12 (5): 501 – 514.

Chih – Wen Wu, Destination Loyalty Modeling of the Global Tourism. *Journal of Business Research*, 2016, 69 (6): 2213 – 2219.

Christopher Ling, Ann Dale, Nature, Place and the Creative Class: Three Canadian Case Studies. *Landscape and Urban Planning*, 2011, 99: 239 – 247.

Chun – Chu Chen, Ying – Hsiao (Rebecca) Lai, James F. Petrick, et al. , Tourism Between Divided Nations: An Examination of Stereotyping on Destination Image. *Tourism Manage-*

ment, 2016, 55: 25 – 36.

Connell J. , Page S. J. , Exploring the Spatial Patterns of Car – Based Tourist Travel in Loch Lomond and Trossachs National Park, Scotland. *Tourism Management*, 2008, 29 (3): 561 – 580.

Cuccia T, Rizzo I. , Tourism Seasonality in Cultural Destinations: Empirical Evidence From Sicily. *Tourism Management*, 2011, 32 (3): 589 – 595.

David J. Snepenger, Leann Murphy, Ryan O'Connell, Eric Gregg, Tourists and Residents Use of A Shopping Space. *Annals of Tourism Research*, 2003, 30 (3): 567 – 580.

Deborah Stevenson, City and Urban Cultures, 北京大学出版社 2007 年 6 月（英文影印版）.

Dianne Dredge, Policy Networks and the Local Organisation of Tourism. *Tourism Management*, 2004, 27 (2): 269 – 280.

Dick Ettema, Danielle Zwartbol, The Structure of Joint Leisure Trips: Analyzing Two – Person Leisure Trips of Dutch Students. *Journal of Transport Geography*, 2013, 31: 216 – 225.

Dimitrios Stylidis, Amir Shani, Yaniv Belhassen, Testing An Integrated Destination Image Model Across Residents and Tourists. *Tourism Management*, 2017, 58: 184 – 195.

Dimitrios Stylidis, Avital Biran, Jason Sit, Edith M. Szivas, Residents' Support for Tourism Development: The Role of Residents' Place Image and Perceived Tourism Impacts. *Tourism Management*, 2014, 45: 260 – 274.

Echtner C. M. , J. R. B. Ritchie, The Measurement of Destination Image: An Empirical Assessment , *Journal of Travel Research*, 1993, 31 (4): 3 – 13.

Eleanor Ellison, Leisure in Focus. *International Congress Series*, 2005, 1282: 841 – 845.

Eli Avraham, Destination Image Repair During Crisis: Attracting Tourism During the Arab Spring Uprisings. *Tourism Management*, 2015, 47: 224 – 232.

Eran Ketter, Destination Image Restoration on Facebook: The Case Study of Nepal's Gurkha Earthquake. *Journal of Hospitality and Tourism Management*, 2016, 28: 66 – 72.

Erik Cohen, Nir Avieli, Food in Tourism: Attraction and Impediment. *Annals of Tourism Research*, 2004, 31 (4): 755 – 778.

Erin Heacock, Justin Hollander, A Grounded Theory Approach to Development Suitability Analysis. *Landscape and Urban Planning*, 2011, 100 (1): 109 – 116.

Estela Marine – Roig, Salvador Anton Clavé, Perceived Image Specialisation in Multiscalar Tourism Destinations. *Journal of Destination Marketing & Management*, 2016, 5 (3): 202 – 213.

Feng Li, Rusong Wang, Juergen Paulussen, Xusheng Liu, Comprehensive Concept Planning of Urban Greening Based on Ecological Principles: A Case Study in Beijing, China. *Landscape and Urban Planning*, 2005, 72 (4): 325 – 336.

Franklin A. , M. Crang, the Trouble With Tourism and Travel Theory? . *Tourist Studies*, 2001, 1 (1): 5 – 22.

Frederick Steiner, Landscape Ecological Urbanism: Origins and Trajectories. *Landscape and Urban Planning*, 2011, 100 (4): 333 – 337.

Gallarza M. G. , Saura I. G. , Garcia H. C. , Destination Image: Towards A Conceptual Framework. *Annals of Tourism Research*, 2002, 29 (1): 56 – 78.

Gartner W. C. , Temporal Influences on Image Change. *Annals of Tourism Research*, 1986, 13 (4): 635 – 644.

Gustav Visser, Exploratory Notes on the Geography of Black Gay Leisure Spaces in Bloemfontein, South Africa. *Urban Forum*, 2008, 19: 413 – 423.

Gustav Visser, Gay Men, Leisure Space and South African Cities: The Case of Cape Town. *Geoforum*, 2003, 34 (1): 123 – 137.

Guy Assaker, Vincenzo Esposito Vinzi, Peter O'Connor, Examining the Effect of Novelty Seeking, Satisfaction, and Destination Image on Tourists' Return Pattern: A Two Factor, Non – Linear Latent Growth Model. *Tourism Management*, 2011, 32 (4): 890 – 901.

Hailin Qu, Lisa Hyunjung Kim, Holly Hyunjung Im, A Model of Destination Branding: Integrating the Concepts of the Branding and Destination Image. *Tourism Management*, 2011, 32 (3): 465 – 476.

Honglei Zhang, Jie Zhang, Shaowen Cheng, Shaojing Lu, Chunyun Shi, Role of Constraints in Chinese Calligraphic Landscape Experience: An Extension of A Leisure Constraints Model. *Tourism Management*, 2012, 33 (6): 1398 – 1407.

Hsin – Yu Shih, Network Characteristics of Drive Tourism Destinations: An Application of Network Analysis in Tourism, Tourism Management, 2006, 27 (5): 1029 – 1039.

Hui Fu, Ben Haobin Ye, Junzhi Xiang, Reality TV, Audience Travel Intentions, and Destination Image. *Tourism Management*, 2016, 55: 37 – 48.

Hwang Y. H. , Gretzel U. , Fesenmaier D. R. , Multicity Trip Patterns: Tourists to the United States. *Annals of Tourism Research*, 2006, 33 (4): 1057 – 1078.

Héctor San Martín, Ignacio A. Rodríguez del Bosque, Exploring the Cognitive – Affective Nature of Destination Image and the Role of Psychological Factors in Its Formation, *Tourism Management*, 2008, 29 (2): 263 – 277.

Isabel Llodrà – Riera, Maria Pilar Martínez – Ruiz, Ana Isabel Jiménez – Zarco, etc. , A Multidimensional Analysis of the Information Sources Construct and Its Relevance for Destination Image Formation. Tourism Management, 2015, 48: 319 – 328.

Jay Sang Ryu, J. N. Patrick L'Espoir Decosta, Mikael Andéhn, From Branded Exports to Traveler Imports: Building Destination Image on the Factory Floor in South Korea. *Tourism Management*, 2016, 52: 298 – 309.

Jen – Jia Lin, Tzu – Pen Yu, Built Environment Effects on Leisure Travel for Children: Trip Generation and Travel Mode. *Transport Policy*, 2011, 18 (1): 246 – 258.

Jennifer R. Wolch, Jason Byrne, Joshua P. Newell, Urban Green Space, Public Health, And Environmental Justice: The Challenge of Making Cities "Just Green Enough". *Landscape and Urban Planning*, 2014, 125: 234 – 244.

Jeong Gil Choi, Tamara Tkachenko, Shomir Sil, On the Destination Image of Korea By Russian Tourists. *Tourism Management*, 2011, 32 (1): 193 – 194.

Jianhong (Cecilia) Xia, Panlop Zeephongsekul, David Packer, Spatial and Temporal Modelling of Tourist Movements Using Semi – Markov Processes. *Tourism Management*, 2011, 32 (4): 844 – 851.

John Horne, Understanding Leisure Time and Leisure Space in Contemporary Japanese Society. *Leisure Studies*, 1998, 17 (1): 37 – 52.

Josefa D. Martin – Santana, Asunción Beerli – Palacio, Patrizio A. Nazzareno, Antecedents and Consequences of Destination Image Gap. *Annals of Tourism Research*, 2017, 62: 13 – 25.

Joseph S. Chen, A Case Study of Korean Outbound Travelers' Destination Images By Using Correspondence Analysis, *Tourism Management*, 2001, 22 (4): 345 – 350.

José Manuel Hernández – Mogollón, Paulo Alexandre Duarte, José Antonio Folgado – Fernández, The Contribution of Cultural Events to the Formation of the Cognitive and Affective Images of A Tourist Destination. *Journal of Destination Marketing & Management*, 2018, 8: 170 – 178.

Kathryn Pavlovich, The Evolution and Transformation of A Tourism Destination Network: The Waitomo Caves, New Zealand. *Tourism Management*, 2003, 24 (2): 203 – 216.

Klaus Seeland, Sabine DüBendorfer, Ralf Hansmann, Making Friends in Zurich's Urban Forests and Parks: The Role of Public Green Space for Social Inclusion of Youths From Different Cultures. *Forest Policy and Economics*, 2009, 11 (1): 10 – 17.

Koun Sugimoto, Quantitative Measurement of Visitors' Reactions to the Settings in Urban Parks: Spatial and Temporal Analysis of Photographs. *Landscape and Urban Planning*, 2013, 110: 59 – 63.

Liu J C., Var T., Resident Attitudes Toward Tourism Impacts in Hawaii. *Annals of Tourism Research*, 1986, 13 (2): 193 – 214.

Louise Willemen, Peter H. Verburg, Lars Hein, Martinus E. F. Van Mensvoort, Spatial Characterization of Landscape Functions. *Landscape and Urban Planning*, 2008, 88 (1): 34 – 43.

Lucero Morales Cano, Avis Mysyk, Cultural Tourism, the State, and Day of the Dead. *Annals of Tourism Research*, 2004, 31 (4): 879 – 898.

Marcelo Royo – Vela, Rural – Cultural Excursion Conceptualization: A Local Tourism Marketing Management Model Based on Tourist Destination Image Measurement, *Tourism Management.* 2009, 30 (3): 419 – 428.

Marie – Louise Frv, Seeking the Pleasure Zone: Understanding Voung Adult's Intoxication Culture, *Australasian Marketing Journal*, 2011, 19 (1): 65 – 70.

Martin Oppermann, Convention Destination Images: Analysis of Association Meeting Planners' Perceptions. *Tourism Management*, 1996, 17 (3): 175 – 182.

Martina G. Gallarza, Irene Gil Saura, Haydée Calderón García, Destination Image: Towards A Conceptual Framework. *Annals of Tourism Research*, 2002, 29 (1): 56 – 78.

Mottiar, Z. , Walsh L. , Leisure Space Reflecting Changing City Demography: Tracking the Phase of An International Quarter Development in Parnell Street East, Dublin. *Leisure Studies*, 2012, 31 (1): 21 – 32.

Nancy D. Rottle, Factors in the Landscape – Based Greenway: A Mountains to Sound Case Study. *Landscape and Urban Planning*, 2006, 76: 134 – 171.

Nelson H. H. Gvaburn, The Evolution of Tourist Arts. *Annals of Tourism Research*, 1984, 11 (3): 393 – 419.

Nikolaos Stylos, Victoria Bellou, Andreas Andronikidis, et al. , Linking the Dots Among Destination Images, Place Attachment, and Revisit Intentions: A Study Among British and Russian Tourists. *Tourism Management*, 2017, 60: 15 – 29.

Olivia H. Jenkins, Understanding and Measuring Tourist Destination Images. *International Journal of Tourism Research*, 1999, 1: 1 – 15.

Petra Glover, Celebrity Endorsement in Tourism Advertising: Effects on Destination Image. *Journal of Hospitality and Tourism Management*, 2009, 16 (1): 16 – 23.

Pälvi Marjatta Harinen, Marja Veronika Honkasalo, Jussi Kasperi Ronkainen, et al. , Multiculturalism and Young People's Leisure Spaces in Finland: Perspectives of Multicultural Youth. *Leisure Studies*, 2012, 31 (2): 177 – 191.

Qu H. , Kim L. H. , Im H. H. , A Model of Destination Branding: Integrating the Concepts of the Branding and Destination Image. *Tourism Management*, 2011, 32 (3): 465 – 476.

Raffaella Nicoletta, Rocco Servidio, Tourists' Opinions and Their Selection of Tourism Destination Images: An Affective and Motivational Evaluation. *Tourism Management Perspectives*, 2012, 4: 19 – 27.

Ralf Buckley, Claudia Ollenburg, Linsheng Zhong. Cultural Landscape in Mongolian Tourism, *Annals of Tourism Research*, 2008, 35 (1): 47 – 61.

Richard Mitchell, Steve Charters, Julia Nina Albrecht. Cultural Systems and the Wine Tourism Product, *Annals of Tourism Research*, 2012, 39 (1): 311 – 335.

Richard Prentice. Vivien Andersen Festival As Creative Destination, *Annals of Tourism Research*, 2003, 30 (1): 7 – 30.

Robert E. Wood, Ethnic Tourism, the State, and Cultural Change in Southeast Asia. *Annals of Tourism Research*, 1984, 11 (3): 353 – 374.

Robert L. Ryan. Comparing the Attitudes of Local Residents, Planners, and Developers About Preserving Rural Character in New England. *Landscape and Urban Planning*, 2006, 75 (1) 5 – 22.

Robert Preston – Whyte, Constructed Leisure Space: The Seaside At Durban. *Annals of Tourism Research*, 2001, 28 (3): 581 – 596.

Sameer Hosany, Yuksel Ekinci, Muzaffer Uysal, Destination Image and Destination Personality: An Application of Branding Theories to Tourism Places. *Journal of Business Research*, 2006, 59 (5): 638 – 642.

Samuel Seongseop Kim, Bob Mckercher, Hyerin Lee, Tracking Tourism Destination Image Perception. *Annals of Tourism Research*, 2009, 36 (4): 715 – 718.

Sheela Agarwal, Relational Spatiality and Resort Restructuring. *Annals of Tourism Research*, 2012, 39 (1): 134 – 154.

Soojin Choi, Xinran Y. Lehto, Alastair M. Morrison, Destination Image Representation on the Web: Content Analysis of Macau Travel Related Websites. *Tourism Management*, 2007, 28 (1): 118 – 129.

Statia Elliot, Nicolas Papadopoulos, Of Products and Tourism Destinations: An Integrative, Cross – National Study of Place Image. *Journal of Business Research*, 2016, 69 (3): 1157 – 1165.

Stroma Cole, Beyond Authenticity and Commodification. *Annals of Tourism Research*, 2007, 34 (4): 943 – 960.

Sung – Eun Kim, Kyung Young Lee, Sooll Shin, et al., Effects of Tourism Information Quality in Social Media on Destination Image Formation: The Case of Sina Weibo. *Information & Management*, 2017, 54 (6): 687 – 702.

Svetlana Stepchenkova, Fangzi Zhan, Visual Destination Images of Peru: Comparative Content Analysis of DMO and User – Generated Photography. *Tourism Management*, 2013, 36: 590 – 601.

Tao Hong, Tao Ma, Tzung – Cheng (T. C.) Huan, Network Behavior As Driving Forces for Tourism Flows. *Journal of Business Research*, 2015, 68 (1): 146 – 156.

Tapachai N, Waryszak R. An Examination of the Role of Beneficial Image in Tourist Destination Selection, *Journal of Travel Research*, 2000, 39: 37 – 44.

Tina Tessitore, Mario Pandelaere, Anneleen Van Kerckhove, the Amazing Race to India: Prominence in Reality Television Affects Destination Image and Travel Intentions. *Tourism Management*, 2014, 42: 3 – 12.

Tom Turner, Greenway Planning in Britain: Recent Work and Future Plans, *Landscape and*

Urban Planning，2006，76（1）：240 - 251.

Wang X. H. , Palazzo D. , Carper M. , Ecological Wisdom As An Emerging Field of Scholarly Inquiry in Urban Planning and Design. *Landscape and Urban Planning*, 2016, 155：100 - 107.

Warick Frost, Braveheart - ed Ned Kelly：Historic Films, Heritage Tourism and Destination Image. *Tourism Management*, 2006, 27（2）：247 - 254.

White C. J. , Destination Image：To See or Not to See. *International Journal of Contemporary Hospitality Management*, 2004, 16（5）：309 - 314.

Williams D. R. , Patterson M. E. , Roggenbuck J. W. , et al. , Beyond the Commodity Metaphor：Examining Emotional and Symbolic Attachment to Place. *Leisure Science*, 1992, 14：29 - 46.

Xia J. , Arrowsmith C. , Jackson M. , et al. , the Wayfinding Process Relationships Between Decision - Making and Landmark Utility. *Tourism Management*, 2008, 29（3）：445 - 457.

网络文献

陈洪波：《国内唯一国家级硅材料产业化基地落户乐山》，四川新闻网，http：//www. newssc. org。

成都市旅游局：《2016 年成都市国内旅游抽样调查报告》，成都旅游政务网，http：// www. cdta. gov. cn/show - 65 - 27805 - 1. html。

成都市旅游局：《成都市旅游业发展"十三五"规划》，成都旅游政务网，http：// www. cdta. gov. cn/show - 25 - 28200 - 1. html。

峨眉山风景名胜区管委会：《人类共同的遗产　未成年人的乐园》，http：//gd. sohu. com/minisite/emei/20050801/new_ 06. html。

法国旅游发展署（ATOUT France）、France AgriMer：《2014 法国葡萄酒旅游推介会在京举行》，搜狐网，http：//www. sohu. com/a/593397_ 100668。

《轨交 1 号线艺术墙多角度图说苏州》，http：//news. 2500sz. com/news/szxw/2012/1/ 17/1282746. shtml。

国家发改委：《长江三角洲城市群发展规划》（全文），财经网，http：//economy. caijing. com. cn/20160603/4128701. shtml。

国家旅游局：《2016 中国旅游投资报告》，国家旅游局网站，http：//www. cnta. gov. cn/xxfb/jdxwnew2/201705/t2017 0521_ 826104. shtml。

国家旅游局：《国务院关于印发"十三五"旅游业发展规划的通知》，http：//www. cnta. gov. cn/xxfb/jdxwnew2/201612/t20161226_ 810476. shtml。

国家自然科学基金委员会：《2017 自然科学基金查询与分析系统（基础查询版）》，http：//www. medsci. cn/sci/nsfc_ ab. do? q =636124868855。

环球网：《德国旅游新年新主题　世界遗产 + 文化艺术》，http：//go. huanqiu. com/

news/2013 - 11/4598304. html。

乐山市环保局：《2015 年乐山市环境状况公报》，乐山市人民政府网站，http://www. leshan. gov. cn/lsszww/hjjc/201609/d96dbca213164dc7ae48760dffd6f4ac. shtml。

乐山市人民政府：《乐山国民经济和社会发展"十三五"规划纲要》，《乐山日报》，http://leshan. scol. com. cn/ttxw/201603/54401433. html。

乐山市统计局国家统计局乐山调查队：《乐山市 2016 年国民经济和社会发展统计公报》，http://www. tjcn. org/tjgb/23sc/35110. html。

乐山市征集城市标志、城市名片和城市宣传主题口号活动组委会：《关于乐山城市标志、城市名片和城市宣传主题口号征集评选结果的公告》，http://bbs. city. tianya. cn/tian-yacity/Content/463/1/720. shtml。

李金早：《积极实施"三步走"战略　奋力迈向我国旅游发展新目标——2017 全国旅游工作报告》，国家旅游局，http://www. cnta. gov. cn/xxfb/jdxwn ew2/201701/t20170113_812249. shtml。

《丽江市情简介》，丽江政务网，http://www. ljs. gov. cn/others/article/2013 - 09/03/content_1304. htm。

丽江市统计局：《丽江市 2016 年国民经济和社会发展统计公报》，中国统计信息网. http://www. tjcn. org/tjgb/25yn/35132. html。

冽玮、李思默：《中国大型实景演出十年嬗变：繁荣与危机并存》，中国新闻网，http://www. chinanews. com/cul/2015/06 - 07/7327 469. shtml。

凌馨、施建国：《中国旅游业竞争力升至全球第 15 位》，新华网，http://news. xin-huanet. com/fortune/2017 - 04/06/c_11 20764265. htm。

任可：《把会展经济做得更大》，中国经济网，http://www. ce. cn/macro/home/jjrb/2006 01/27/t20060127_5959992. shtml。

沈仲亮：《中国发展旅游综合效应凸显去年 GDP 贡献 11%》，《中国旅游报》2017 年1 月 15 日。

石培华：《中国"十三五"旅游业发展规划——中国"十三五"旅游业发展规划解读》，人民网，http://travel. people. com. cn/n1/2017/0111/c41570 - 29014156. html。

苏州市人民政府：《2017 苏州市情市力》，苏州市人民政府官网，http://www. suzhou. gov. cn/szgl2017/。

苏州市人民政府：《苏州市简介》，苏州市政府网，http://www. 114huoche. com/zhengfu_SuZhou。

《特色商业街 5 大开发模式及 12 个成功案例详解》，第一商业网，http://www. top-biz360. com/web/html/school/shangyesheji/177768. html。

文化部、国家旅游局：《关于促进文化与旅游结合发展的指导意见》，http://www. cnta. gov. cn/xxfb/jdxwnew2/201506/t20150625_459191. shtml。

西班牙国家旅游局：《世界遗产城市音乐之旅启程在即》，搜狐网，http://www. sohu. com/a/129786667_ 383673。

新华社:《文化产业振兴规划》发布（全文），http：//www. chinanews. com/gn/news/ 2009/09 - 26/1887。

新华网:《苏州连续三年全国游客满意度位居全国第一》，http：//sz. xinhuanet. com/ 2014 - 01/10/c_ 118916864. htm。

央视《经济半小时》:《抻长商业表演的价值链》，中国新闻网，http：//www. chinanews. com/cj/2010/09 - 08/2518556. shtml。

张清:《我市旅游宣传主题口号和形象标识评选出炉》，《乐山日报》，http：//lsrb. newssc. org/html/2009 - 02/25/content_ 445085. html。

中共乐山市委宣传部:《乐山城市形象宣传语和形象标识征集获奖作品公示》，乐山新闻网，http：//www. leshan. cn/html/view/view_ 3D654DEE511234E1. html。

中国旅游研究院:《2016 年旅游经济运行分析与 2017 年发展预测》，搜狐网，http：//www. sohu. com/a/126935837_ 376259。

珠海特区报:《珠海积极拉动实体经济融合新业态　引领旅游会展》，中国经济网，http：//expo. ce. cn/gd/201708/04/t20170804_ 24807694. shtml。

后　记

在这本学术著作即将出版之际，欣喜之情溢于言表，简直是满满的喜悦。可以说，这个成果是我多年辛勤耕耘收获的硕果，是我学术生涯的里程碑，让我的学术水平达到一个新高度，实现了自我超越，印证了我上大学就开始信奉的座右铭："不求收获的耕耘是一定能收获的"。这个成果在理论研究、研究内容、研究视角和方法，以及应用研究方面的创新性突出，具有重要的学术价值和应用价值。对学术的贡献让我感到一点点骄傲，觉得自己实现了作为高校教师在知识创造方面的价值。

这个成果的研究过程让我明白，学术成长是一个漫长的过程，要取得高水平研究成果并非一朝一夕之事，要有坚实的研究基础，要一步一个脚印地扎实前行，还要不断攻坚克难，更要创新。这个成果是我主持的国家社科基金一般项目"旅游目的地文化展示与旅游形象管理突出问题研究"（13BGL088）的研究成果，是对博士论文研究的深化和拓展。这个研究选题早在 2009 年博士论文选题时开始构思，当时，国际上人文地理研究的文化转向浪潮促动我对旅游发展中文化因素的思考和观察。后来，我认真阅读了英国学者贝拉·迪克斯（Bella Dicks）的英文著作《被展示的文化：当代"可参观性"的生产》（*Culture on Display：The Production of Contemprorary Visitability*），受到极大启发，再结合我国旅游发展中的突出管理问题，确定了博士论文选题"旅游目的地文化展示与形象管理研究——以峨眉山—乐山大佛世界文化与自然遗产地为例"，2012 年 6 月，博士论文以优良成绩通过盲审和答辩。在 2013 年申报国家社科基金项目时，我又对博士论文作了进一步的深入思考，对研究内容、研究方法和创新点等方面作了拓展和提升，最终，我作为课题负责人以我的博士论文为基础成功申报国家社科基金一般项目，这是我承担国家级课题的突破，也是乐山师范学院国家社科基金一般项目的突破。经过 4 年悉心研究，课题于 2019 年 1 月以良好等级结题，成果的整个研究过程正好是十年，可谓"十年磨一剑"！磨这一剑并不仅仅是时间的积淀，还要有拼搏精神，吃苦耐劳，克服预想不到的巨大困难，耐得住长期坐冷板凳的孤独。还要有科学精神，经受调研数据失败的打击和考验，坚持不懈地探索。最重要的是要有创新精神，勇于接受挑战，探索新领域，探讨新问题，尝试新方法，让课题研究成果具有价值。研究过程的自我修正和超越是最让我欣慰的事。我在国家课题研究中修正了我博士论文的一些观点，得出了一些新的重要结论，创新让最终磨出的一剑，在学术上拓展和深化了目的地文化展示研究和旅游形象研究，对于国家文化强国战略、旅游强国战略和文旅融合战略具有现实意义，对我的学术生涯具有标志性意义。

这个国家社科基金项目的另一个重要成果是资助了六名硕士研究生的硕士学位论文，这六名硕士研究生分别是四川师范大学地理与资源科学学院的硕士研究生刘霞、刘春艳、张韵停、谢传敏和张丽，苏州大学社会学院旅游系硕士研究生陈希。她们在导师指导下，分别按照课题的思路、方法和内容完成了硕士研究生毕业论文，并顺利通过盲审和答辩毕业。我指导了刘霞、刘春艳、张韵停、谢传敏和张丽的毕业论文，苏州大学社会学院旅游系原主任、博士生导师魏向东教授指导了陈希的毕业论文。参与国家社科基金项目研究，是她们学术生涯中的重要经历，研究过程中得到的各种锻炼，有利于她们今后的发展。

该成果离不开课题组成员的贡献。我独立撰写了课题申报书，提出课题整体的研究思路、研究方法和研究内容，以及各部分的研究思路、研究方法和研究内容，撰写了除其他成员承担内容外的所有内容，撰写内容占成果内容的 90% 以上，对成果进行内容整合统稿、修改和校对，指导了陈希、刘霞、刘春艳、张韵停、谢传敏和陈文玉的研究，并对她们撰写的内容进行修改、补充、深度分析和结论提炼。陈希撰写的内容有：第三章第三节，其中，第二部分"（二）苏州文化景观生态系统的空间特征"由我补充撰写；第五章第四节中第二部分"苏州旅游文化生态位演变"，其中，我做了补充和结论提炼；第六章第一节第一部分的"（一）目的地推广的旅游形象与游客感知的旅游形象不一致"中第一段，第三部分"苏州当前文化展示调控"；第六章第二节的第一部分中"未来苏州旅游形象应包含以下内容"，第三部分的"（一）构建旅游联系顺畅的整体旅游廊道和风景道"和"（二）斑块优化"中的"1. 古城历史文化斑块的历史文化体验性和苏式生活方式塑造：构建现代人诗意栖居的生活家园"。刘霞承担的是第四章第二节的第二部分"目的地空间整合：旅游流整体网构建的苏州案例研究"中，问卷初稿设计、问卷调查、问卷数据处理和初步分析，其中，数据深化分析、结论和启示由我撰写。张韵停承担了第四章第三节的第二部分"景观文化感知：峨眉山佛教文化展示对旅游形象的影响研究"中游客问卷调查和数据处理。刘春艳承担内容有：第五章第三节的第一部分"丽江旅游形象演变"中游记收集处理和高频词初步分析，其中，进一步分析由我撰写；第五章第三节的第二部分"丽江旅游文化生态位演变"中生态位数据收集和计算。谢传敏承担了第五章第五节的第二部分"乐山旅游文化生态位演变"中生态位计算和初步分析。此外，我指导苏州大学社会学院旅游系硕士研究生陈文玉撰写第四章第二节的第四部分"区域背景下目的地独特性感知：苏州旅游形象独特性感知研究"，并对该部分进行多稿修改。丽江师范高等专科学校旅游系的涂静老师撰写了第六章第五节第二部分中的"旅游文化展示方式多样化，但缺乏系统性和创新性"。在此，对课题组所有人员的贡献表示感谢！另外，感谢张肖对苏州和丽江游客问卷数据的处理和结构方程图制作，感谢贾媛媛对结构方程模型图的规范，感谢乐山师范学院旅游学院、丽江师范高等专科学校旅游系和苏州大学三所高校 100 名左右的同学参与乐山、丽江和苏州的游客问卷调查。

这里，还要感谢为本著作作序的香港理工大学肖红根博士，感谢他百忙之中抽空作序，感谢他对成果的高度肯定。感谢课题结题初评专家，他们的修改意见让成果进一步完善。感谢四川师范大学地理与资源科学学院副院长杨存健教授、白忠教授、杨国良教授和卫言老师对研究生工作的大力支持，使课题研究得以顺利完成。感谢乐山师范学院遗产旅游研究基地资助部分成果出版费。感谢家人和亲朋好友对我工作的长期支持与理解，你们是我勇往直前的坚强后盾。最后，衷心祝福所有参与、关心、帮助课题研究和成果出版的人，祝你们生活快乐，幸福安康，事业一帆风顺，心愿成真！

邓明艳

2021 年 1 月 25 日　于嘉州